中国自动化
产业发展报告

ZHONGGUO ZIDONGHUA CHANYE FAZHAN BAOGAO

孙优贤　　于海斌　等编著

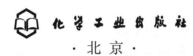
化学工业出版社
·北京·

图书在版编目（CIP）数据

中国自动化产业发展报告/孙优贤等编著.—北京：化
学工业出版社，2017.11
ISBN 978-7-122-30714-9

Ⅰ.①中… Ⅱ.①孙… Ⅲ.①自动化技术-技术经济-
经济发展-研究报告-中国 Ⅳ.①F426.67

中国版本图书馆 CIP 数据核字（2017）第 243682 号

责任编辑：宋 辉 刘 哲 　　　　　　　装帧设计：王晓宇
责任校对：边 涛

出版发行：化学工业出版社（北京市东城区青年湖南街 13 号　邮政编码 100011）
印　　装：大厂聚鑫印刷有限责任公司
787mm×1092mm 1/16 印张 20½ 字数 507 千字 2018 年 1 月北京第 1 版第 1 次印刷

购书咨询：010-64518888（传真：010-64519686） 售后服务：010-64518899
网　　址：http://www.cip.com.cn
凡购买本书，如有缺损质量问题，本社销售中心负责调换。

定　　价：98.00 元

编写委员会

主　任：孙优贤

副主任：于海斌　孙彦广

编　委（按姓名汉语拼音排序）：

胡长平　黄文君　贾　立　贾廷纲　金建祥

卢　铭　宁　滨　石红芳　孙彦广　孙优贤

王大轶　王明辉　王斐慧　王　坛　王文海

汪道辉　俞文光　于海斌　张海涛

编写人员名单

章	负责人	参加编写人员
第1章 控制系统	黄文君，俞文光（浙江中控技术股份有限公司）	卓 明 卢 铭
第2章 仪器仪表	汪道辉（四川省自动化仪表研究所）	汪道辉
第3章 数控系统	于海斌（中国科学院沈阳自动化研究所）	王明辉 杨建中 贺鑫元 胡静涛 朱志浩
第4章 机器人	于海斌（中国科学院沈阳自动化研究所）	王明辉 胡静涛 王笑寒
第5章 石油化工	卢铭（北京安控科技股份有限公司）	卓 明 刘晓良 王 军 夏满民 王斐慧 王理政
第6章 冶金	孙彦广（冶金自动化研究设计院） 胡长平（中国有色金属工业协会）	孙彦广 胡长平
第7章 电力	贾廷纲（上海电气集团） 贾 立（上海大学）	贾廷纲 贾 立
第8章 轨道交通	宁 滨（北京交通大学） 董海荣（北京交通大学）	唐 涛
第9章 航空航天	王大轶（中国航天科技集团第502研究所）	李文博

工业自动化系统由控制装备（如 DCS,PLC,FCS,PAS,SIS 等）、变压器（气动、电动、混合等）、执行器（电动、气动、液动等）和工业装备或过程组成，主要进行生产过程和生产装备的检测、建模、控制、优化、管理、调度、决策等工作，以实现工业生产的优质高效、节能降耗、绿色环保、安全可靠。 自动化技术广泛应用于工业、农业、交通、环境、军事、生物、医学、经济、金融等社会各个领域。

自动化产业的发展水平与一个国家工业发展水平紧密相关。 我国自动化产业起步于 20 世纪 80 年代，大多是在引进成套设备的同时进行消化吸收，然后进行二次开发和应用。 随着国内工业自动化技术的积累和创新以及国家相关产业政策的支持，自动化产业逐步走上规模化自主研发的道路，国产自动化产品在产品适应性、技术服务、性价比等方面逐步显现出优势，形成了具有一定竞争力的自主品牌，并在细分产品和细分行业取得突破，国内企业的整体市场份额不断稳步增长。

为全面总结我国自动化产业发展现状，着重分析我国自动化产业的发展情况，中国自动化学会组织业内专家编写了《中国自动化产业发展报告》，主要分为两大部分，第 1 部分以自动化产品为主线，详细分析了控制系统、仪器仪表、数控系统和机器人的发展历程与现状，介绍了重点企业及其代表性的新产品，预测了产业发展趋势。 第 2 部分以行业应用为主线，介绍了自动化产品在石油化工、冶金、电力、轨道交通、航空航天 5 个国民经济重点行业的应用情况，特别推介了相关行业自动化技术新成果、新产品。

《中国自动化产业发展报告》聚集了我国自动化领域多位深孚众望的专家学者，历经两年时间，召开了三次编委会全体会议，确定了全书的架构及主要内容。 在编写过程中，所有编委所在单位给予了大力帮助与支持，在此谨表示衷心的感谢。

书中不足之处在所难免，恳请批评指正。

编著者

第1部分　自动化产品

第2部分　行业应用

第 1 部分

自动化产品

第 1 章

控制系统

1.1 控制系统产业发展历程

工业控制系统通常被简称为 ICS（Industrial Control Systems），是一个用来描述工业设施与自动化系统的专用词汇。在 ISA-99/IEC62443 标准中，工业控制系统指的是"一个包括人员、硬件以及软件，能够对工业过程的安全性、可靠性造成影响的集合"，通常具有以下四个功能：①测量：获取传感器数据并将其作为下一步处理的输入或直接作为输出；②比较：将获取的传感器数据与预先设定的数据进行比较；③计算：计算历史误差、当前误差与后续误差；④矫正：基于测量、比较及计算的结果对自动化过程进行调整。

上述四个功能通常由工业控制系统中的五个部件完成，传感器：用于测量目标的物理参数；转换器：将测量所得的电学/非电学测量值转换为可用的电信号；发射器：负责控制系统中的电信号的发送；控制器：为整个控制系统提供控制逻辑与输入输出接口；执行器：用于改变控制过程。

在现代工业控制系统中，这些基本部件并不一定是各自独立的。它们通常以子系统的形式进行组合，完成各种复杂的控制任务，如图 1-1 所示。比如，现代工业控制系统中常见的传感模块就由传感器、转换器与发射器（甚至可能会有小型的控制器用于前端数据处理）组成；数据采集与监控系统作为控制系统中的关键子系统，通常又由大量的传感模块、发射器及控制器组成；而可编程逻辑控制器通常集成了发射器与控制器，用于具体工业过程的控制。现代工业控制系统就是由各种传感器、控制器、执行器以及各种具有具体功能的子系统

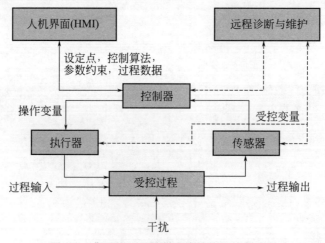

图 1-1　典型的工业控制系统结构及控制流程

构成的具有复杂结构的控制网络。就像"罗马并不是一天建成的"，现代工业控制系统也经历了启蒙时代、古典主义时期才完成现代化的蜕变。

1.1.1 启蒙时代：1935年之前

工业控制系统作为工厂流程的一部分出现在世人面前大约是在18世纪中期，但事实上，古代的希腊人与阿拉伯人就已经开始在诸如水钟、油灯这样的装置中使用浮动阀门进行自动控制了。世界上第一台有记载的自动控制设备是公元前250年左右埃及人所使用的水钟。这台水钟以水作为动力进行计时与矫正，将世界最准确计时工具的头衔保持了将近两千年，直到摆钟被发明。

1745年，安装在风车中控制磨盘间的间隙，已经开始由自动装置进行控制。这种控制机构是最早真正用于工业的控制系统之一，并且最终导致了由蒸汽引擎引发的第一次工业革命。

之后的一个多世纪，绝大部分的工业控制系统所关注的重点是对蒸汽系统中的温度、压力、液面以及机器转速的控制。但随着工业革命的深入，18世纪中期至20世纪初，工业控制系统开始了有史以来第一次全面发展。

航海： 由于大型船只的使用，舵面转向因流体动力学的改变变得更加复杂。与此同时，操作机构与舵面之间传动机构的增多及增大导致动作响应时间更加缓慢。1873年，一名法国企业家兼工程师让·约瑟夫·莱昂·法尔发明了一种"动力辅助器"的装置来解决上述问题。如今，他的发明有了新的名字：伺服机构。

制造业： 这一时期，继电器开始在工厂中大量使用。通过继电器构筑的逻辑（如"开/关"和"是/否"）代替了之前使用人工的制造业控制方式。今天广泛用于工业控制系统的可编程逻辑控制器（Programmable Logic Controller：PLC）就是继电器逻辑发展的产物。

电力： 新兴的电力行业也在这一时期投入大量资金进行工业控制系统的构建。比如出现用于控制电压或者电流使其保持恒定的电力监测与控制系统。到1920年，虽然绝大多数控制手段只是简单的"开/关"，中央控制室（图1-2）已经成为大型工厂和电站的标准配置。中央控制室中的记录器能够对系统运行状况进行绘制

图1-2 典型的电力系统中央控制室

或者使用彩色灯泡反映系统状态，操作员则以此为依据对某些开关进行操作，完成对系统的控制。用于现代电厂的工业控制系统已现雏形。

交通： 工业控制系统在交通领域的发展得益于用于控制平衡以及自动驾驶的陀螺仪的首次使用。这一时期，埃尔默·斯佩里发明了早期的主动式平衡装置。到1930年，许多航空公司在远距离飞行中都使用他发明的自动驾驶仪。

研究： 1932年，"负反馈"的概念被纳入到控制理论中并用于新型控制系统的设计，并完成控制领域中"标准闭环分析"方法的建立。

这一时期，工业控制系统所面临的大多数问题是如何保证工业控制系统的可靠性及物理安全性。由于经典控制理论当时并未建立，相当多的控制系统具有很高的失效率。当时的工

程师常常碰到这样的问题：同样一个控制系统在不同控制环境中的可靠性相差极大，而他们能够做的只有极为有限的定性分析。富有经验的工程师能够在一定程度上通过安全操作规范的形式解决工业控制系统的物理安全问题以及一线工人的人身安全问题。

1935 年，工业控制系统的启蒙时期随着"通信大繁荣"的开始而结束。远距离有线及无线通信技术的应用，标志着工业控制系统古典时期正式开始。

1.1.2 古典主义时期：1935～1950 年

由于奠定了现代工业控制理论及相关标准的基础，1935～1950 年被很多学者称为工业控制领域的古典主义时期。这一时期的工业控制产业和相关标准由四个美国组织所建立。

① 美国电话电报公司：专注于通信系统的带宽拓宽。

② 建设者铸铁公司：艾德·史密斯带领的过程工程师与物理学家团队对他们所使用的工业控制系统进行深入研究，并开始系统性地研究控制理论。他们统一了控制领域的大量术语，游说美国机械工程师协会（ASME）将其编制成正式文件，并且于 1936 年成立了监管委员会。

③ 福克斯波罗公司：设计了第一款现代工业控制中最常用的反馈回路控制部件，比例积分控制器。

④ 麻省理工学院伺服机构实验室：引入了控制系统"框图"的概念，开始对工业控制系统进行模拟。

有了经典控制理论作为基础，工业控制系统的可靠性大大增加，同期的"通信大繁荣"使工业控制领域的安全焦点从物理安全保障转移为通信安全保障，即防止工业控制系统在信号传输过程中被干扰或破坏。

战争是这一时期工业控制系统理论与技术蓬勃发展的重要原因。第二次世界大战期间，各国都将控制领域的专家汇集起来，解决诸多军事上的控制问题：移动平台稳定性问题、目标跟踪问题以及移动目标射击问题。而这些研究成果在战后都很快地转换为民用技术。有了战时技术与理论的积累，工业控制系统在百废待兴的战后时期进行了大规模的更新换代：执行机构更加耐用、更加精密；数据采集系统效率更高、更具实时性；中央控制机构的操作更加直观、更加简单。所有的发电厂、汽车制造厂、炼油厂都全速运行，完全不知道下一个飞跃即将来临。

1.1.3 新的疆域：1950 年至今

1950 年，斯佩里-兰德公司造出了第一台商业数据处理机 UNIVAC，工业控制系统正式全面与通信系统及电子计算机结合，开启了工业控制系统数字化新的疆域。

数年后，全球第一个数字化工业控制系统建设完成。这个系统使用单一计算机控制整个工业控制系统，被称为直接数字控制（Direct Digital Control：DDC），也就是第一代工业控制系统：计算机集中控制系统。同时，现代工业控制系统的结构也逐渐清晰起来，其核心组件开始形成。

（1）可编程逻辑控制器（PLC）

用于工业控制系统的继电器逐渐显示出其局限。继电器价格昂贵，并且一旦配置完成并启动，就难以对其控制逻辑进行改变，这些缺陷导致了可编程逻辑控制器的发展。第一个交付使用的可编程逻辑控制器名为 Modicon，其名称来源于模块化数字控制器英文缩写的组合。之后，它被用于佛蒙特州普林菲尔德市的科比查克研磨公司，用户对其评价极高，称它"没有大量的开关、没有风扇、没有噪声、没有任何的易损部件"。随着大规模集成电路的发展，可编程逻辑控制的控制能力日趋增强，其可用输入输出端口从早期的数个到现在的上百个，控制频率也随着大规模集成电路运算速度的提升而急速上升。需要密集并精确控制的精密制造业因可编程逻辑控制器的发展而获益。随着通信技术的发展，可编程逻辑控制器也由封闭的私有通讯协议转而使用开放的公共协议，大幅度提高了系统的兼容性，方便了系统的维护与更新。

（2）数据采集与监控系统（SCADA）

数据采集与监控系统开始应用于地区或地理跨度非常大的工业控制系统，比如用于与火力发电厂毗邻的高压变电站、自来水给水系统和废水收集系统、石油与天然气管道系统等等。其主要功能是收集系统状态信息，处理数据以及远距离通信。根据数据采集与监控系统所采集的各种数据，控制中心的管理人员可以进行各种操作，维持整个系统的正常运行。

（3）远程终端单元（RTU）

数据采集与监控系统的完善需要远程终端单元的发展。20世纪60年代，第一代远程终端单元在发电厂进行了布设。即使是在发电厂断电的情况下，远程终端单元也需要进行动作，所以其均配备有额外的供电系统。由于远程终端单元是在连续扫描且须快速反应的工作状态中进行操作，其通信协议必须兼具高效与安全，且安全是重中之重，所以早期的远程控制单元供应商所使用的协议各不相同，各供应商的系统完全无法兼容。在国际电气与电子工程师学会（IEEE）的推动以及基于微处理器的通信接口的发展下，远程终端单元的兼容性问题逐步得到了解决。

（4）通信技术

早期的工业控制系统使用电话线路对系统进行监控与操作，其数据速率（波特率）仅300bit/s。为满足系统操作的实时性，工程师将电话线中的数据速率提高到了1200bit/s到9600bit/s。考虑到通信设备的成本与控制成本，相当多的电力控制系统选择了电力线通信技术，即在电力线载波上传输数据与声音。不久电力线载波技术又被微波技术取代。然后，光纤网络开始在广域网（WAN）中使用。现在，有相当多的公司将卫星通信以及更加便宜的900兆赫兹的无线通信系统用于工业控制系统。

（5）协议

随着可编程控制器、远程终端单元以及智能电子设备的发展，通信网络中所传递的早已不是"开"与"关"这样简单的信号。现在，维基百科中所列举的自动化协议已经有37种之多，另外还有6种电力系统协议。协议的巨大差异为系统部署、操作以及维护带来了巨大的挑战，并且这种情况还在随时间的推移不断恶化。

由于电子计算机与现代通信网络的发展，工业控制系统在几十年之内已经完成了多次更新换代，如图1-3所示。

第一次：从20世纪50年代开始，工业控制系统开始由之前的气动、电动单元组合式模拟仪表、手动控制系统升级为使用模拟回路的反馈控制器，形成了使用计算机的集中式工业控制系统。

第二次：大约在20世纪60年代，工业控制系统开始由计算机集中控制系统升级为集中式数字控制系统。系统中的模拟控制电路开始逐步更换为数字控制电路，并且完成继电器到可编程逻辑控制器的全面替换。由于系统的全面数字化，工业控制系统使用更为先进的控制算法与协调控制，从而使工业控制系统发生了质的飞跃。但由于集中控制系统直接面向控制对象，所以在集中控制的同时也集中了风险。

第三次：20 世纪 70 年代中期，由于工业设备大型化、工艺流程连续性要求增加以及工艺参数控制量的增多，已经普及的组合仪表显示已经不能满足工业控制系统的需要。集中式数字控制系统逐渐被离散式控制系统所取代。大量的中央控制室开始使用 CRT 显示器对系统状态进行监视。越来越多的行业开始使用最新的集散式控制系统，包括炼油、石化、化工、电力、轻工以及市政工程。

第四次：20 世纪 90 年代后期，集计算机技术、网络技术与控制技术为一体的全分散、全数字、全开放的工业控制系统——现场总线控制系统（FCS）应运而生。相比之前的分布式控制系统，现场总线控制系统具有更高的可靠性、更强的功能、更灵活的结构、对控制现场更强的适应性以及更加开放的标准。

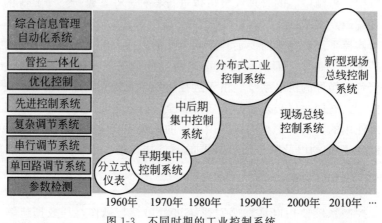

图 1-3　不同时期的工业控制系统

由于技术的快速发展，现代工业控制系统的安全问题越来越复杂，面临的风险及威胁类型也越来越多，包括黑客、间谍软件、钓鱼软件、恶意软件、内部威胁、垃圾信息以及工业间谍。上述风险与威胁针对控制系统的攻击方式也各不相同，有的专门攻击工业控制系统本身的漏洞，有的希望通过入侵工业控制系统所使用的通信网络（包括软件及硬件）获取相关利益。由于工业控制系统管理着大量的国家基础设施，其安全性与可靠性对社会发展及国家安全极其重要，可以断言，在未来相当长时间里，工业控制系统的安全策略与防护措施将持续受到关注。

1.1.4　工业控制系统的变革方向

现在，工业控制系统的变革仍在继续，有以下三个主要发展方向：新型现场总线控制系统、基于 PC 的工业控制计算机以及管控一体化系统集成技术。

（1）现场总线控制系统

由于技术的发展，计算机控制系统的发展在经历了基地式气动仪表控制系统、电动单元组合式模拟仪表控制系统、集中式数字控制系统以及集散控制系统（DCS）后，将朝着现场总线控制系统（FCS）的方向发展。现场总线控制系统（FCS）是连接现场智能设备和自动化控制设备的双向串行、数字式、多节点通信网络，也被称为现场底层设备控制网络。新一代的现场总线控制系统正从实验室走向实用化，必然会影响工业控制系统的前景。很多人相信，经过一段时间，现场总线控制系统将与分布式控制系统逐步融合，并最后取而代之。可以预见，能遵循现场总线通信协议或能与其交换信息的可编程逻辑控制器将成为下一代PLC的主流，充分发挥其在处理开关量方面的优势。

固然以现场总线为基础的 FCS 发展很快，但 FCS 发展还有很多工作要做，如统一标准、仪表智能化等。另外，传统控制系统的维护和改造还需要 DCS，因此 FCS 完全取代传统的 DCS 还需要一个较长的过程，同时 DCS 本身也在不断地发展与完善。可以确定的是，结合 DCS、工业以太网、先进控制等新技术的 FCS 将具有强大的生命力。工业以太网以及现场总线技术作为一种灵活、方便、可靠的数据传输方式，在工业现场得到了越来越多的应用，并将在控制领域中占有更加重要的地位。

（2）工业 PC

工业 PC 自 20 世纪 90 年代初进入工业自动化以来，正势不可挡地深入各领域，获得了广泛应用。究其原因，在于 PC 机的开放性，具有丰富的硬件资源、软件资源和人力资源，能够得到广大工程技术人员的支持，也为广大人群所熟悉。基于 PC（包括嵌入式 PC）的工业控制系统，正以每年 20％以上的速率增长。各大可编程逻辑控制器厂商、工业控制系统集成商也接受了工业 PC 的技术路线，使基于 PC 的工业控制技术成为本世纪初的主流技术之一。

工业 PC 低成本的这一特点，也是其有望成为工业控制自动化主流的另一重要因素。在传统自动化系统中，基础自动化部分基本被 PLC 和 DCS 垄断，过程自动化和管理自动化部分主要由各种高端过程计算机或小型机组成，其硬件、系统软件和应用软件的价格之高令众多企业望而却步。在企业发展的前中期，选择走低成本工业控制自动化的道路是企业的首选，并且由于基于工业 PC 的控制器被证明可以像 PLC 一样可靠，具有易于被操作和维护人员接受、易于安装和使用以及可实现高级诊断功能等特点，为系统集成商提供了更灵活的选择，因此越来越多的制造商开始在部分生产中采用工业 PC 控制方案。

可以预见，工业 PC 与 PLC 的竞争将主要在高端应用上，其数据复杂且设备集成度高。从发展趋势看，控制系统的将来很可能会介于工业 PC 和 PLC 之间，而这些融合的迹象也已经出现。今后在相当长的一段时间内，现场总线技术、可编程逻辑控制器与工业 PC 将会相互补充，相互促进，但工业 PC 的优势将更加突出，其应用范围会迅速扩大到全部的工业控制领域。

（3）管控一体化系统集成

随着 Internet 技术深入到工业控制领域，控制系统与管理系统的结合成为必然，这使得工业自动化界渴望已久的管控一体化、工业企业信息化以及基于网络的自动化的目标成为可能。管控一体化可以使企业选择到真正符合新经济时代的最佳解决方案，从而提高企业的生产效率，增强市场竞争能力。因此，工业控制技术发展新方向是通过以太网和 Web 技术实现开放型分布式智能系统，基于以太网和 TCP/IP 协议的技术标准，提供模块化、分布式、可重用的工业控制方案。其最主要的方面就是发展基于网络的工程化工业控制与管理软件。

建设管控一体化系统，包括多种系统的集成和多种技术的集成。在多种系统集成方面，首先是现场控制网络多种系统的集成，这其中包含三种集成模型。第一是现场总线控制系统 FCS 与 DCS 的集成，即 FCS 实现基本的测控回路，DCS 作为高一层的管理协调者实现复杂的先进控制和优化功能。第二是现场总线控制系统 FCS、DCS 与 PLC 的集成，即逻辑联锁比较复杂的场合使用 PLC、FCS 实现基本的测控回路，DCS 作为高一层的管理协调者，实现复杂的先进控制和优化功能。第三是多种 FCS 的集成，解决不同通信协议的转换问题，重点研究不同现场总线设备的互操作性和统一的组态、监控和软件的研制，以实现无缝集成而不损失或者影响各个独立系统的功能和性能。其次是管理网络与控制网络的集成，在未来的企业管理中，大量的数据来自控制网络，建设企业应用软件系统，包括实时数据库、历史数据库、数据发布、数据挖掘、模型计算、过程仿真、配方设计、运行优化、参数检测、偏差分析和故障诊断等，通过在 Internet/Web 应用网络环境上建立各类数据库，才能真正实现管控一体化。它向下可以为控制软件提供智能决策，向上可以为管理软件提供有价值的数据。

在多种技术集成方面，包括设备互操作技术、通用数据交换技术、EtherNET 和工业以太网技术等多种技术的集成，其中通用数据交换技术又包括了 DDE 动态数据交换技术、NetDDE 网络动态交换技术、ODBC 开放数据库互联技术、COM/DCOM 组件对象模型以及 OPC 技术。而 EtherNET＋TCP/IP 技术可以实现工业现场的控制参数和各网络节点的状态直接在企业信息网络内传输和共享，从而避免了 PLC、DCS 和 FCS 存在多种协议而难以集成的局面。

相信在不久的将来，在上述三项技术的推动下，我们能够看到工业控制领域的再一次质的飞跃。

1.2 控制系统国内外现状

（1）DCS 的发展

20 世纪以来，世界经济的快速发展使得人们对消费品的需求也随之增长。这就要求必须建立更强的生产能力，生产装置大型化是迅速提升生产能力的有效途径。在此背景下，石油炼制、冶金、化工、建材、电力、水处理等行业的单装置能力得到了迅速提升。生产装置的大型化要求设备之间具有更好的协调性，因为一旦停机，带来的损失将会更大。因此，用户迫切希望能够有一种产品或者系统可以解决生产装置大型化和生产过程连续化所面临的控制问题。20 世纪 70 年代中期，大规模集成电路取得突破性的发展，8 位微处理器得到了广泛的运用，使自动化仪表工业发生了巨大的变化，现代意义上的 DCS 也应运而生，1975 年 Honeywell 等公司相继推出了 DCS 系统。DCS 的出现解决了大型化生产对控制系统的要求，因此在连续性生产装置上获得了大量的运用，尤其是石化、化工、冶金、电力、建材、造纸和水处理等流程工业领域，这些行业的单套装置生产能力也得到迅速提高。在工业企业中，应用效益最直接、最明显的系统应当是工业控制系统，特别是 DCS。一直以来，有关 DCS 即将被 FCS（现场总线控制系统）所取代的声音就没有停止，然而直至今日，DCS 仍然具有相当的生命力。2015 年，标志着 DCS 系统进入工业应用 40 周年。过去 40 年中 DCS 发展正好反映了过程自动化从专用技术和封闭系统走向商业化组件、标准现场网络和基于 Windows 的操作系统。今天，DCS 的结构体系已经从以系统为中心发展为业务过程为重点，并帮助过程行业获得卓越的运行效率。

（2）DCS 主要供应商

目前世界上大约有十几个国家，共有 60 多个公司推出自己开发的 DCS 系统，型号众多，自成一体，用途也各有侧重。我国从 20 世纪 70 年代中后期起，首先在大型进口设备成套中引入国外的 DCS，首批有化纤、乙烯、化肥等进口项目。现在中国市场上的 DCS 供应商近 20 家，分为欧美品牌、日系品牌、国内品牌几个集群。最早进入中国市场的是日系品牌的 Yokogawa，其 Centum 系列早在 20 世纪 80 年代我国即已大量引进，同期引进的还有美国 Honeywell 公司的 TDC 系列 DCS 系统。随着世界各国 DCS 厂商纷纷推出自己开发的 DCS 系统，在我国供应的 DCS 品牌也越来越多，近几年，ABB、Emerson、Siemens 生产的 DCS 系统在各自侧重的不同行业都有广泛应用。在大量引进国外 DCS 的同时，我国也开始自己研制和设计 DCS 系统。为了发展我们国家自己的 DCS，政府在国内厂家 DCS 的成长时期给了许多激励政策，这给早期的国内 DCS 厂家的逐步壮大创造了机会。经过近 30 年的努力，国内已有多家生产 DCS 的厂家，其产品应用于大中小各类过程工业企业，其中浙江中控（Supcon）、和利时（HollySys）、国电智深（Zhishen）、南京科远等企业已具有相当规模。不过目前国外 DCS 产品在国内市场中占有率还比较高，从数量来说以采用 Honeywell、Yokogawa、ABB 等公司产品为多。目前，国内市场上 DCS 主要供应商见图 1-4、PLC 主要供应商见图 1-5。

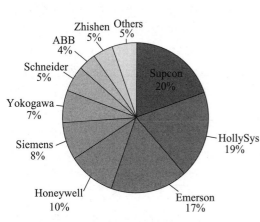

图 1-4　2015 年中国 DCS 主要供应商
市场份额［来自睿工业（MIR）］

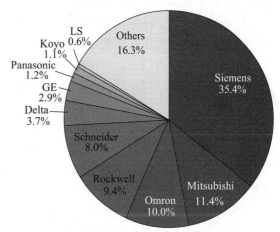

图 1-5　2015 年中国 PLC 主要供应商
市场份额［来自睿工业（MIR）］

DCS 产业是一个相对简单的产业。这里的简单是指，参与市场竞争的厂商少，同时竞争的领域和优势分明。DCS 和 PLC、变频器等产品不同，需要一个长期的经验积累，特别是对工艺的理解和吸收。因此在产业上，我们可以看到层出不穷的仪表厂商，但是 DCS 厂商就只有屈指可数的几家，并且都是在行业内深耕数十年才在市场上站稳脚跟。2015 年 DCS 的整体市场为 60.4 亿元人民币（业绩包含硬件、软件、服务费用及工程费用），较 2014 年下滑 21％。数据见表 1-1。

表 1-1　2010～2019 年中国 DCS 市场规模增长及预测［来自睿工业（MIR）］

年份/年	销售额/百万元	增长率
2010	7160.0	11.9％
2011	7669.0	7.19％
2012	7609.0	−0.8％
2013	7786.6	2.3％
2014	7646.4	−1.8％

年份/年	销售额/百万元	增长率
2015	6040.7	−21.0%
2016	60520	−14.4%
2017E	5730.3	2.0%
2018E	6016.8	5.0%
2019E	6377.8	6.0%

注：E 表示为预测值。

（3）PLC 主要供应商

对于 PLC 市场来说，欧美企业在大型和中型 PLC 市场凭借其领先的技术、完善的销售和服务网络而占有优势；日本企业在小型 PLC 市场占有优势。在中小型 PLC 市场，国内部分企业借助行业综合解决方案的优势，也增长很快。

针对大型 PLC 来说，由于主要应用于冶金、电力、交通等领域，因此用户对其产品的安全性、可靠性和抗干扰性要求比较高。同时应用大型 PLC 的场合一般来说工艺比较复杂，需要多样、灵活的通信方式以及较好的网络拓展能力，罗克韦尔、施耐德、西门子等公司的大型 PLC 的网络通信能力比较强，有较大的市场占有率。对于中型 PLC 来说，在大部分项目型的应用中，需要建立小规模的网络，因此通信能力和组建网络的便利性，成为中型 PLC 的技术趋势，例如施耐德、西门子、三菱等公司在这方面就比较有特色。在小型 PLC 市场，主要格局还是西门子与三菱、欧姆龙等厂家。本土品牌中台达、汇川、信捷、和利时、中控等越来越多的国内企业成功进入 PLC 市场，凭借整体的 FA/PA 解决方案被市场越来越多的接纳。

（4）RTU 主要供应商

相对于成熟的工业自动控制系统装置产品而言，RTU 市场尚处于成长期，经营该产品的公司相对较少，产品也较少。国外自动化公司中有 Emerson、BB、Motorola、Microcontrolsystem 等十几家公司从事 RTU 产品的研发和生产。2006 年，Emerson 收购 BB 公司后，Emerson 公司占据了 RTU 高端市场的大部分份额。2010 年，施奈德收购了加拿大 RTU 厂商微控公司（Microcontrolsystem）。近年来，包括日本横河公司（Yokogawa）、霍尼韦尔（Honeywell）等公司都推出了自己的 RTU 产品。国内企业安控科技、研华科技、烟台东方电子近几年在 RTU 产品研发与生产上也有较多投入，RTU 产品种类逐渐丰富，挑战 Emerson、施奈德等国外公司在 RTU 市场份额，市场竞争将会日趋激烈。

1.3 行业应用状况

1.3.1 2005 年情况

电力、石化和化工行业仍然占据着 2005 年中国 DCS 最为重要的市场地位，它们占 DCS 总市场的比重分别为 35.3%、18.2%、17.1%。建材、市政、冶金和造纸行业的 DCS 业务在 DCS 市场中的比重一般在 5%～6.5% 之间，这四个行业占 DCS 总市场的 23.1%。DCS 在食品饮料烟草和矿业等行业目前也有一定的应用，但目前这些行业 DCS 业务总和占总市场的比重都还比较小，仅为 6.3％。2005 年中国 DCS 市场的行业分布见表 1-2。

表 1-2 2005 年中国 DCS 市场行业分布

行业	数量		销售金额	
	台套	比例	亿元	比例
发电	342	10.0％	21.9	35.3％
石化	210	6.2％	11.3	18.2％
化工	1040	30.5％	10.6	17.1％
建材	253	7.4％	3.9	6.3％
市政	500	14.7％	3.8	6.1％
冶金	295	8.7％	3.5	5.6％
造纸	182	5.3％	3.1	5.0％
其他	583	17.1％	3.9	6.3％
合计	3405		62.0	

（1）电力行业

2005 年，该行业表现最好的厂商仍然是以 ABB 为代表的国外几家大公司和以国电智深、和利时为代表的国内品牌。电力行业的集中度进一步加强，ABB、上海新华、Siemens、Emerson、Invensys、国电智深和和利时 7 家供应商占据了整个电力行业 92％的市场份额。

（2）石化行业

Honeywell、Yokogawa 和 Emerson 是该行业的前三甲，炼油设施的主控系统主要来自这 3 家，其他品牌包括国内品牌一般只在辅助装置中使用。2005 年，Invensys 在该行业取得了比较快的增长。

（3）化工行业

国内品牌浙大中控和和利时由于价格上有较大的优势，已经得到了该行业用户的广泛认可。同时，由于化工和石化行业属于上下游产业关系，石化和化工产品有很强的相关性，生产工艺有较强的相似性，所以在石化领域处于前三位的 Honeywell、Emerson 和 Yokogawa 在化工行业（主要是大型化工项目）中占有重要的地位。

（4）冶金行业

ABB、Invensys、Siemens 和和利时的 DCS 在冶金行业应用比较广泛。Honeywell、Yokogawa、中控、罗克韦尔在冶金行业也有一定的应用。

（5）造纸行业

ABB、Honeywell 等国外品牌为中国的纸浆和造纸业客户提供了最多的 DCS 系统。

（6）建材行业

2005 年，ABB 凭借丰富的业内经验和与设计院所良好的合作关系，在建材行业处于领先位置，占据了很大的市场份额，国内的大型生产线大多使用 ABB 的 DCS 系统。Siemens 凭借 PCS7 产品在水泥行业的发展较快，Honeywell 的 PKS 在该行业也有较多的项目。国内供应商中，和利时、浙大中控在水泥行业也有部分应用。

（7）市政

目前国内的浙大中控以及和利时在供热等项目中已经占有了一定的地位。另外，ABB、

Honeywell、Rockwell 等也已经开始进入。

1.3.2 2015 年情况

2015 年 DCS 整体市场规模达到 60.4 亿元，同比 2014 年下滑 21%。电力、化工和石化仍然是 2015 排名靠前的 DCS 应用行业，石化化工行业受产能过剩的负面影响和国家反腐等政策导致的停工，使得 2015 年这两个行业 DCS 业绩下滑严重。除火电外核电等的增长使得 DCS 在电力行业业绩相对较好。房地产市场萎靡，造成冶金行业和建材中的水泥行业业绩下滑较多。造纸行业受电子媒体冲击业绩持续下滑。因此整体市场在 2015 年业绩下滑幅度较大。具体见表 1-3。

表 1-3　中国 2015 年 DCS 市场规模细分　　（单位：百万元人民币）

行业	2014 年销售额/百万元	2015 年销售额/百万元	增长率
电力	1907.2	1872.6	−1.8%
化工	2649.0	1691.4	−36.2%
石化	1089.4	869.9	−20.1%
市政	538.2	543.7	1.0%
造纸	274.9	211.4	−23.1%
建材	293.5	181.2	−38.3%
冶金	223.0	145.0	−35.0%
其他	671.1	525.5	−21.7%
合计	7646.4	6040.7	−21.0%

数据来源：睿工业（www.MIRindustry.com）

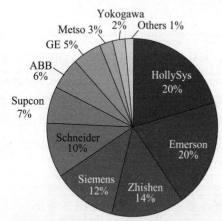

图 1-6　2015 年电力行业 DCS 市场份额

（1）电力行业

虽然近年国家对于火电行业的政策导致火电整体市场缩水，但是核电等的兴起使得电力行业依旧是 DCS 行业的主流应用，2015 年市场规模达 18.73 亿元，占整体的 31%，超过化工排名第一。2015 年电力行业 DCS 市场份额如图 1-6 所示。

① 600～1000MW 的应用状况：在这个领域的厂商主要有 Emerson、ABB、Schneider-Invensys、Siemens、GE、HollySys、国电智深和美卓。

② 300MW 的应用状况：这个领域的厂商主要有 Hollysys、GE-Xinhua、Schneider-Invensys、Westing-house、ABB-Bailey、Siemens 及新华集团。在这个规模的项目上，HollySys 具备相当的优势，主要是国家的支持力度比较大。

③ 热电和小规模自备电厂级别：HollySys、中控（Supcon）、国电智深，主要为本土的厂商。

但是从电力行业现在的发展来看，核电行业是一个热点的市场。国内的企业如

HollySys 和上海自动化仪表股份有限公司都与国内核电装备厂商合作成立合资公司。Invensys 在 2008 年年初拿到 2.5 亿美元的订单，为今后的发展奠定了基础。这一轮新建热潮，若不尽早介入，将会严重错失增长的良机。在《可再生能源发展"十二五"规划》中，到 2020 年装机达 300 万千瓦，这也给 DCS 在电力行业的发展带来了新的发展空间。

（2）化工行业

化工行业 DCS 市场约 16.9 亿元，是 2015 年 DCS 第二大的市场，占比 28％。化工行业 DCS 市场开始低迷，2015 年业绩下滑 36％左右。只有个别煤化工以及在新型材料方面有所发展。2015 年化工行业 DCS 市场份额见图 1-7。

化工行业主要参与者以 Supcon、Emerson、Honeywell、Yokogawa、HollySys 为主。中小化工非主力合同产生，大型化工产出是化工行业热点，中控与和利时在中小化工有绝对优势，但近年中控在大型化工装置、园区一体化项目取得突破，从而巩固领先优势。

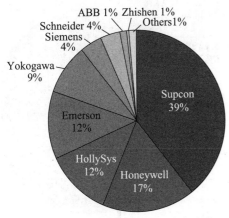

图 1-7　2015 年化工行业 DCS 市场份额

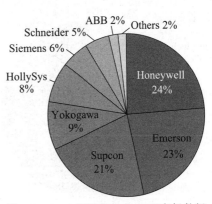

图 1-8　2015 年石化行业 DCS 市场份额

（3）石化行业

2015 年，我国石油和化工行业固定资产投资同比下降 0.5％，为历史上首次下降。其中，石油和天然气开采业投资增速不足 1％，炼油业投资降幅近 20％，化学工业投资增幅滑落至 2％左右，创历史最低纪录。2015 年，石化行业中 DCS 业绩约 8.699 亿，下滑 20％左右。石化行业主要参与者以 Honeywell、Emerson、Supcon 为主。2015 年石化行业 DCS 市场份额见图 1-8。

（4）造纸行业

受电子媒体冲击，造纸行业这两年一直处于下滑状态。目前在造纸行业应用最广泛的是 ABB、Metso、Honeywell 和中控的 DCS 系统。作为造纸行业工艺控制最为重要的一个环节 QCS 系统，目前是众多厂商关注的焦点。2015 年造纸行业 DCS 市场份额见图 1-9。

（5）建材行业

建材行业由于水泥行业受国家对新项目审批的暂停，处于下滑趋势。建材行业分为水泥和玻璃。

水泥行业主要厂商为 ABB、中控、Siemens 和

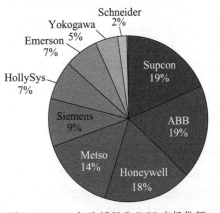

图 1-9　2015 年造纸行业 DCS 市场份额

13

HollySys。

在水泥行业也有一些 PLC 在运用。如施耐德 Quantum，AB Logix5000，法资企业如拉法基稍微偏爱施耐德，而美资企业更偏爱 ABB。

国家对水泥行业的政策导致 DCS 在这个市场的业绩下滑严重，目前的新订单只有小部分的改造项目。2015 年建材行业 DCS 市场份额见图 1 10。

（6）市政行业

市政行业也是投资比较集中的行业，但是该行业也属于 DCS 与 PLC 竞争的领域，PLC 在竞争中占据优势。在市政供热领域，HollySys 非常有优势。在水处理行业西门子的 PCS-7 这两年的推广力度也比较大。同时，横河、中控、艾默生和 Honeywell 也拥有一些比较分散的市场。2015 年市政行业 DCS 市场份额见图 1-11。

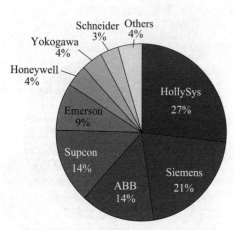

图 1-10　2015 年建材行业 DCS 市场份额

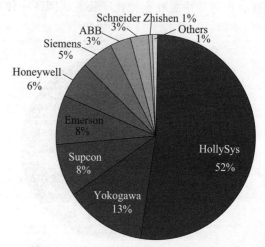

图 1-11　2015 年市政行业 DCS 市场份额

1.4　行业重点企业分析

1.4.1　浙江中控技术股份有限公司

（1）基本信息

浙江中控技术股份有限公司（Supcon）1993 年创立于杭州。主要从事石化、化工、冶金、电力等流程工业自动化软硬件产品的开发、生产、销售及技术服务，提供智慧工厂整体解决方案。业务覆盖工业自动化、城市信息化、工程设计咨询、科教仪器、机器人、装备自动化、新能源与节能等领域。

公司已具备提供从现场仪表、调节阀到 DCS、APC、MES 和 ERP 等一体化产品解决方案的能力，覆盖流程行业智能工厂应用的各个领域，可为工业企业提供从控制方案设计、系统集成、硬件制造、软件配置、现场调试、开车投运，直到售后服务的智慧工厂整体解决方案。

2014 年中控首批通过两化融合管理体系评定；同时通过 CMMI 5 级软件能力成熟度认证；获得 Achilles Level 2 安全认证；产品在保修期内返修率大幅度下降至 1.4‰。截至目前，共获得国家科技进步二等奖 3 次，国家发明二等奖 1 次，省部级以上奖项 29 次，拥有专利 91 项，软著 70 项，主持制定国际标准 9 项，主导制定国家标准 15 项。

公司成立至今，拥有稳定的客户群体，具有扎实的客户关系，已经有 9000 多家客户，20000 余套系统在各行各业中得到应用。根据工控网统计，在国内市场，特别是化工行业，中控产品的市场占有率为 30％，已经位居全球厂商第一；石化行业，其市场占有率超过 20％，位居国内厂商第一位。公司具备在大型、关键的项目及装置中与 ABB、西门子、横河、霍尼韦尔等国际一流企业同台竞争的能力，成为了少数能与跨国公司竞争的自主品牌工业自动化企业，打破了跨国公司长期垄断的局面。

在核心产品上，中控解决了控制系统的高可靠性、高安全性、高行业适用性等关键性能技术，核心产品高端自动化控制系统，目前已经成功应用于"5290 大型化肥装置"、"千万吨炼油联合装置"等大型石化、化工关键装置上。2015 年，中控中标中天合创煤炭深加工示范项目，第一次迈入世界顶级煤炭深加工行列；中标神华宁煤大型乙烯裂解装置，标志着国产 DCS 在大型乙烯项目从 0 到 1 的跨越，在国家重大项目上又取得突破性进展。

中控立足自主研发，围绕自动化、智能化、网络技术，产品在先进性、可靠性、工程应用能力完全达到了国际同类企业水平，企业保持平稳增长。核心产品自动化控制系统（DCS），近年来在中国石化长岭、茂名、扬子石化等数个千万吨级炼油，50 万吨以上级合成氨大化肥，中天合创大型煤制烯烃、神华宁煤乙烯等一批国家特大工程上取得突破应用，创造了国产工控系统点数超 17 万点的最大应用规模业绩，是国内少数能与跨国公司竞争的自主品牌工业自动化企业。

目前，中控与全球著名的 500 强企业如英特尔、罗克韦尔、中石化、中石油、中海油等建立了密切的合作伙伴关系，品牌国际影响力不断提升，产品远销亚洲、欧洲、非洲、南美洲等国家，深受全球用户的信赖。

（2）主要产品及行业应用情况

Webfield® JX-300XP 控制系统是 Webfield 系列控制系统之一。它吸收结合了通信技术、微电子技术，充分应用了最新信号处理技术、高速网络通信技术、可靠的软件平台和软件设计技术以及现场总线技术，采用了高性能的微处理器和成熟的先进控制算法，全面提高了控制系统的功能和性能，同时，它实现了多种总线兼容和异构系统综合集成，各种国内外 DCS、PLC 及现场智能设备都可以接入到 JX-300XP 控制系统中，使其成为一个全数字化、结构灵活、功能完善的开放式集散控制系统，能适应更广泛更复杂的应用要求。

JX-300XP 控制系统简化了工业自动化的体系结构，增强了过程控制的功能和效率，提高了工业自动化的整体性和稳定性，最终使企业节省了工业自动化方面的投资，真正体现了工业基础自动化的开放性精神，使自动化系统实现了网络化、智能化、数字化，突破了传统 DCS、PLC 等控制系统的概念和功能，也实现了企业内过程控制、设备管理的合理统一。JX-300XP 控制系统应用范围已经涵盖石化、化工、炼油、冶金、电力等工业自动化行业。

Webfield® TCS-900 系统是中控面对工业自动化安全领域自主设计开发的高可用性、最先进的大型安全仪表系统（SIS）。该系统由获得 TÜV Rheinland SIL3 认证且符合 IEC61508 标准的特别设计的安全模块组成，因此可以使得您的应用简单快速的符合 IEC61511 标准。

TCS-900 系统可应用于有安全完整性等级（SIL3 及以下）要求的关键过程安全控制场合，包括紧急停车系统（ESD）、火灾及气体检测系统（FGS）、燃烧管理系统（BMS）、大型透平压缩机控制（CCS）等。截至 2016 年 8 月已在石油天然气、大型石化化工、能源、冶金、压缩机组等行业取得了一百多套系统的应用业绩。

Webfield® ECS-700 系统是中控 SPlant™ 整体解决方案的核心平台。ECS-700 系统具有管理大型联合装置的一体化能力。系统在设计时已经充分考虑到大型工厂信息共享与协同工作的需求，其一体化的系统结构和系列应用软件可帮助用户及时获得决策信息，协同不同部门的人员工作，减少维护费用，提升生产效率。ECS-700 系统具有与上位信息系统易于进行数据交换的开放接口，能够充分满足企业信息系统的各种信息需求。同时，ECS-700 系统具备灵活的系统结构，支持持续的在线系统扩容，从而保护用户的投资。

GCS 平台产品是中控面向工厂自动化领域推出的产品，产品包括 G5 中大型混合控制系统和 G3 分布式 RTU 控制系统。GCS 平台上集成了多种控制功能、可视化、网络和信息技术，为各种应用程序提供完全集成化解决方案，如离散控制、运动控制、批处理、安全控制和驱动控制等应用场合。

整个平台基于 UCP 通用通信协议网络进行构架，使得产品适应现场分散的使用场合，满足了连续或半连续工业过程，以及大型基础设施场所的控制需求。如能源、冶金、水泥、隧道以及市政工程这样的领域。

中控已经成为中石化、中海油等国际 500 强企业的主力供应商，且在中石化 DCS 市场份额排名第一。自 2007 年中控 DCS 进入中石化武汉石化 500 万吨炼油主装置以来，中控不断打破国外系统垄断，长岭石化、北海石化、塔河石化、扬子石化、石家庄炼化、茂名石化、安庆石化、九江石化，中控中标并成功实施了中石化 70% 的千万吨级炼油项目。近年来的中天合创世界级的煤质烯烃项目、神华宁煤乙烯项目使得中控触碰到行业的"天花板"，都证明了中控的产品可靠性、工程服务能力和项目管理能力。

中控在化工行业市场份额已连续多年保持市场占有率第一，遥遥领先于各进口品牌，中控的控制系统目前已广泛应用于煤化工、盐化工、精细化工等装置，成功实施了 360 万吨/年甲醇、137 万吨/年聚烯烃、8 万空分、52/90 大化肥、30 万吨/年醋酸乙烯、20 万吨/年乙二醇、40 万吨/年 PVC、5000 吨/年多晶硅、IGCC 等项目。中控可以在化工项目中担当主自动化承包商（MAC）的角色，项目的自动化部分整体可以由中控负责，中控有自己的设计院，可以更早参与前期设计，为终端用户降低项目设计开支。同时中控集团有丰富的化工项目实施经验和 SPlant 产品解决方案，可以为业主提供智能工厂整体解决方案；同时中控拥有一支有资质、有丰富经验的团队来实施项目并运营，在减少用户投资风险的同时也可以帮其降低运营成本。

中控在电力与热电行业已有 3000 多套应用业绩，先后为华能、大唐、华电、国电、国电投、神华、中核、中广核、浙能、华润、粤电、新疆天业、创冠环保、光大生物能源等多家大型电力、核电企业、自备电厂企业提供了可靠产品和优质服务。中控具有完整的电力行业解决方案，提供了 DAS、MCS、SCS、FSSS、BPS、DEH、MEH、ETS、ECS 等全系列的关键控制及联锁保护技术，形成了从锅炉控制到汽轮发电机组控制的全厂一体化解决方案和完善的控制系统产品体系；同时可提供丰富的生产管理平台，如厂级监控管理系统 SIS、操作员仿真系统 OTS，及专业增值平台，如设备管理系统 SAMS、锅炉优化系统 APC、PID 性能评估软件、手机监控软件 SimField、远程故障诊断维护系统 RDMS、智能报警管理系统、设备仪表及现场总线系统等。

神华宁煤百万吨级烯烃项目，首次在百万吨乙烯装置上的突破。百万吨级烯烃（煤化工副产品深加工综合利用）智能制造项目入围 2016 年工业转型升级（中国制造 2025）智能制造综合标准化与新模式应用项目，并获得国家财政部下达的智能制造专项资金 4500 万元。

百万吨级烯烃智能工厂生产工艺复杂、反应条件苛刻、产品种类多、投资规模大，是石油化工行业的典型高端装置，该项目将完成百万吨级烯烃联合装置自动控制系统、先进控制优化系统、生产执行系统能源管理系统、设备运行管理系统、安全风险分级管控与安全应急指挥系统、目标传导式绩效管理系统、业务综合决策分析系统等的国产化示范应用，实现数据的互联互通，并将信息安全技术智能工厂集成技术进行应用，涵盖了从生产底层的智能传感与控制装备到上层的软件及网络设备的产品和系统级应用，最终将建成一个高效节能安全绿色的智能工厂，探索出一种自主可控特色鲜明的石油化工行业智能制造新模式，为更多用户推广应用提供示范。

九江石化800万吨炼油，全面提供炼油解决方案的典型项目。九江石化常减压装置基于分子炼油的实时优化（RTO）系统采用中控软件公司最新的原油分子数据库、原油物性计算和原油分子切割软件，将常减压装置的机理建模和实时优化真正提升到分子水平。在此基础上，还包含核磁共振分析仪在线改造、先进控制系统（APC）性能提升、实时优化模型开发和实时优化平台搭建等内容。

该系统将实时提供1#常减压装置各馏分油温度点的切割方案，自动下达给APC系统在线执行，并建议各馏分的二次加工路线。随着常减压装置RTO系统的投用，九江石化所加工的每种原油表征水平将达到1万个分子以上，常减压装置的模拟和切割预测精度将明显提升，并通过实时优化切割方案，提高分馏精度，显著降低综合能耗，从而提高装置的整体经济效益。

新疆天业化工园区智能制造试点示范项目，新疆天业积极利用互联网技术、物联网技术、云技术、智能仪器仪表构建支持泛在感知与传输的信息网络，实现对设备、物料、能源等关键生产要素的泛在感知与数据自动采集及远程传输。

针对重复性劳动较高的工序环节，积极采用机器人代替传统人工，大幅降低人力资源成本；利用建模、工作流等技术，建立控制模型、工厂模型、调度优化模型、物料平衡等关键模型算法，并在此基础上对主要生产装置配置了DCS自动化控制系统、APC先进过程控制系统，极大地提高了装置操作的自动化水平与操作平稳率；通过MES、生产调度中心、安全管理等系统对生产计划、调度、操作等生产全流程环节中的物料、产品、设备、能源、质量、安全进行预测评估，监视跟踪、优化分析，实现生产管理过程的智能化、精细化管理。

生产过程实现数字化、智能化之后，新疆天业将MES系统与ERP、智能决策系统进行深度集成融合，通过生产管理业务数据、事件自动触发企业核心资源的统一合理配置，形成业务协同联动，并在企业运营决策层面，对生产、运营数据进行深度挖掘分析，为企业领导提供决策支撑。

（3）市场定位及战略走向

中控将继续保持和巩固公司在国内传统业务领域的优势地位，积极扩大市场占有率，加强集团型大客户的深入挖掘，争取重大项目突破，努力实现业务增长；积极推进向服务型制造的延伸，加快行业解决方案开发和推广，打造更贴近用户的服务模式，增强用户黏性，通过仪表、阀门、信息化等产品和解决方案的销售推动传统业务的转型升级。

综合战略新业务战略评估的结果，统筹资源投入，调整公司业务发展策略和方法，引导公司传统业务的优势资源向新业务转移，逐步建立完善既适合传统业务、也适合新业务发展的生态环境。

重视公司自身的流程优化、信息化和智能工厂建设，结合PLM与MES项目的实施，梳理公司的业务和流程,推进股份公司流程优化及信息化建设,提升业务的整体运作效率和资源利用效率,建设自身的智能工厂。

由"增量市场为主"逐步向"增量市场与存量市场并重"转型,引导全体员工转变观念,全面加强存量市场的开拓,从公司层面加大资源投入,建立相对应的组织架构和考核激励政策,主动引导客户需求,通过点检维修、升级替换等途径推动存量市场的机会发掘和业绩突破。

继续坚持开拓海外市场不动摇,着力引进和培养海外市场开拓的高端人才,优化人才结构,搭建起一支精干、能力强、具备国际化经历和视野的海外团队,强化海外业务的开拓力量,为海外业务突破蓄能。

加快关键控制业务发展,一方面大力提升安全控制系统的销售规模和市场占有率,另一方面持续推进机组控制系统解决方案的研发、测试和应用,以尽快实现中控在该领域的产品覆盖和品牌优势。

1.4.2 北京和利时工程股份有限公司

(1) 基本信息

和利时工程股份有限公司(HollySys)始创于 1993 年,是中国领先的自动化与信息技术解决方案提供商。公司以"用自动化改进人们的工作、生活和环境"为宗旨,致力于提升客户的生产效率和产品品质,并保障客户的生产安全和降低环境污染。集团总部设在北京,目前在北京、杭州、西安、深圳、新加坡、马来西亚、印度等地设有研发、生产或服务办公基地。建成有可靠性与系统仿真试验中心、国家级企业技术中心和四条自动化产品生产线。经过二十多年的稳健发展,和利时累计为全球近万家客户提供了超过两万套控制系统,"HollySys"已成为自动化领域的国际知名品牌。

和利时主要从事自动控制系统产品的研发、制造和服务,核心业务聚焦在工业自动化、轨道交通自动化和医疗自动化三大领域。

在工业自动化领域过程自动化方向,和利时提供以 DCS、DEH、SIS、ITCC、仪表、Batch、AMS、APC、OTS、RealMIS、MES、OPC 通信软件等自主产品为基础的过程自动化完整解决方案,在火电、核电、石化、化工和高端过程装备方面业绩卓著。在高端大型火力发电自动化方面,和利时提供的全厂一体化控制系统,全面替代进口,其中的福建鸿山 1000MW 超超临界燃煤发电机组,是目前中国按现场总线技术设计、控制规模最大的百万机组项目。在核电站自动化方面,和利时的数字化仪控系统,推动我国核电系统实现了全面自主化,公司业绩遍布国内所有已建和在建核电站,并出口巴基斯坦。在石化自动化方面,和利时是中国石化、中国石油等大型石化企业的控制系统供应商。在化工自动化方面,和利时是德国巴斯夫公司的控制系统供应商。在高端大型过程装备自动化方面,和利时是上海电气、东方电气、哈尔滨电气等企业的装备控制系统方案提供商。在离散自动化方向,和利时提供自主开发的 LK 系列大中型 PLC、LE/LM 系列小型 PLC、MC 系列运动控制器和配套的触摸屏、步进系统、伺服系统,并为客户提供机器装备电控系统方案定制设计服务,产品已经广泛应用于机器装备控制、地铁、矿井、油田、水处理等行业。在矿山自动化方向,和利时提供自主开发的本安 PLC、矿井集控系统、矿山综合监控系统,致力于提高采矿行业的安全性和生产效率,产品和解决方案广泛应用于神华集团和其他大型煤矿生产企业。

在轨道交通自动化领域干线铁路自动化方向,和利时提供以 ATP、TCC、BTM、

LEU、TC、Balise 等自主开发产品为基础的 350km/h 高铁列车安全控制系统（CTCS-3 标准）和 250km/h 客运专线动车安全控制系统（CTCS-2 标准），所有产品均取得欧洲安全认证机构的 SIL4 级安全认证。和利时的列车安全控制系统广泛应用于中国众多的高铁和客运专线项目，包括郑州-西安、广州-深圳-香港、北京-石家庄-武汉等数十条线路。在城际铁路自动化方向，和利时提供以 ATP、ATO、TCC、BTM、LEU、TC、Balise 等自主开发产品为基础的城际铁路列车安全控制系统，在佛山-肇庆、青岛-荣成、吉林-珲春等多条线路获得应用。在城市轨道交通自动化方向，和利时提供以 CBTC、ISCS、FAO、LK 大型 PLC 等自主开发的产品为基础的地铁列车和地铁车站的安全控制、运行监控和全自动化驾驶解决方案，在北京、深圳、广州、香港、新加坡、武汉、天津等地的众多项目中投入运行或成功中标。

在医疗自动化领域中药调剂自动化方向，和利时研制的中药配方颗粒自动化配药机器，有力推动了中医的现代化，目前已在 2000 多家医院的中药房安装使用。在颗粒包装自动化方向，和利时研制的药品包装和点包一体机，成功应用于颗粒药品的包装生产过程。在实验自动化方向，和利时为生物芯片杂交和检验过程研制了专门的自动化设备。

和利时是国家认定企业技术中心、国家创新型企业、全国优秀博士后科研工作站、国家首批智能制造试点示范企业、国家两化融合管理体系贯标咨询服务机构，是国家高技术研究发展计划成果转化基地、工业企业质量标杆企业。承担了二十多项国家级重大科技专项、高科技产业化专项和工业强基项目，获得国家发改委颁发的"国家高技术产业化十年成就奖"；拥有自主产品开发专利及软件著作权 300 逾项，其中发明专利 35 项；参与并主持多项国家标准的制订，其中 2011 年和利时主持编写的轨道交通行业标准有 3 项发布成为国家标准，和利时正在成长为自动化行业的引领者和规则的制定者。

（2）主要产品及行业应用情况

HOLLiAS MACS-K 分布式控制控制系统是和利时推出的第五代 DCS，是和利时基于先进自动化技术开发的集成工业自动化系统，以开放的系统软件平台将和利时多年开发的各种自动化系统和设备进行有机结合，可根据不同行业的自动化控制需求，提供专业解决方案。该系统采用安全系统设计理念，吸取国际工业电子技术和工业控制技术的新成果，严格遵循国际先进的工业标准，采用全冗余、多重隔离、热分析、容错等可靠性设计技术，从而保证系统在复杂、恶劣环境中能长期稳定运行。基于工业以太网和 ProfiBus-DP 现场总线的构架，方便接入多种工业以太网和现场总线。符合 IEC61131-3 标准，内部集成基于 HART 标准协议的 AMS 系统，方便集成 SIS、PLC、MES、ERP 等系统，以及众多知名厂家控制系统的驱动接口，可实现智能现场仪表设备、控制系统、企业资源管理系统之间无缝信息流传送，能方便地实现工厂智能化、管控一体化，集成多个行业先进控制算法平台，为工厂自动控制和企业管理提供全面的解决方案。实现生产、设备和安全三大目标的协调最佳化，确保工厂生命周期内的投资维护成本最小，生产的运作目标可持续。系统集成火电、化工等各行业的先进控制算法平台，为工厂自动控制和企业管理提供深入全面的解决方案，从而实现生产、设备和安全三大目标的最佳协调，帮助用户实现最小的全生命周期维护成本、最大的设备投资回报。

HiaGuard 安全仪表系统（SIS）是和利时面向工业自动化安全应用领域开发的国内首套具有自主知识产权的三重化冗余容错（TMR）安全控制系统，该系统通过 TÜV Rheinland 的 SIL3 认证，符合 IEC61508/IEC61511/IEC50156-1 标准要求，应用于要求完全完整性等级为 SIL3 及以下的安全相关应用。

HiaGuard 系统采用带诊断的三取二架构（2oo3D），适用于包括紧急停车系统（Emergency Shutdown System，简称 ESD）、火气检测系统（Fire & Gas System，简称 FGS）、燃烧炉管理系统（Burner Management System，简称 BMS）、紧急跳闸系统（Emergency Trip System，简称 ETS）、过程停车系统（Process Shutdown System，简称 PSD）以及关键过程控制（Process Control）等。自 2012 年年底投入市场，在石油化工、天然气化工、煤化工领域取得了近 400 套的应用业绩。

LK 系列可编程控制器（PLC）是和利时在总结十多年的控制系统设计和几千套工程项目实施经验基础上推出的适用于中、高性能控制领域的产品。相对传统 PLC 而言，LK 充分融合了 DCS 和 PLC 的优点，采用了高性能的模拟量处理技术，小型化的结构设计，系统具有强大的处理能力、完善的处理功能、可靠的冗余方案、灵活的系统配置、独特的接线方式等特点。LK 由 CPU 模块、I/O 模块、通讯模块、特殊功能模块、背板、电源模块等组成，可为不同工业领域的用户提供个性化的解决方案，适用于逻辑控制、顺序控制、过程控制、传动控制和运动控制等领域。并已通过 CE、UL 认证。可以广泛应用于地铁、水处理、高端装备、复杂机器、生产线控制等多种应用场景。支持双背板冗余控制系统，完成数据采集、逻辑计算、动作执行、人机交互、数据交换等功能，实现自动化、智能化。该系统支持电源冗余、控制器冗余、网络冗余、背板冗余；冗余切换时间最快 50ms；单控制站支持 124 个 I/O 从站，系统支持 I/O 容量大于 100000 点；模块支持热插拔，通过 SD 卡或 AutoThink 软件进行系统升级。

MC1000 系列运动控制器是和利时经过多年的市场实践，结合国内外先进的控制技术，开发出的一套高性能多功能运动控制器，在运动控制领域拥有领先的技术。高精度 64 位运动解算，双核 ARM Cortex-A9 CPU，667M 主频；伺服周期 0.125～8ms，可配置；编译型执行机制，高速、高效、高精度执行；先进的闭环模拟量控制/开环脉冲控制；支持多厂家 EtherCAT 及 RTEX 总线伺服控制；直线、圆弧、螺旋线、球弧及空间样条曲线插补；灵活的凸轮轨迹、电子齿轮联动运动、多轴叠加运动；实时动态改变指令参数（速度、加减速、PID 等）；高速脉冲捕捉功能，面对包装印刷行业应用；高速脉冲输出功能，面对高速相机及激光控制；内置以太网接口，用于编程及 Modbus TCP 协议通讯；内置 Mirco SD 卡插槽；内含文件操作系统，支持各种文件读写；HLink 动态连接库，方便第三方软件监控连接，文件下载及上传。

神华国华锦界电厂 600MW 凝汽式空冷亚临界发电机组，实现了国产 DCS 在 600MW 亚临界机组中首次应用，也是第一个在采用直接空冷节水技术的火电机组上应用的国产 DCS。2011 年，HOLLiAS MAC V6 分布式控制系统在"国华台山电厂两台超超临界 1000MW 燃煤发电机组"高品质成功应用，实现了 1000MW 机组上首次使用国产 DCS 系统。2015 年，由和利时提供 DCS、DEH、脱硫、脱硝控制系统及现场总线系统的"福建鸿山两台 1000MW 超超临界燃煤发电机组"实现"锅炉水压试验、汽机扣盖、厂用电受电、锅炉酸洗、点火冲管、汽机冲转、机组并网及 168 小时试运"八个一次成功顺利投运。该项目是当时国内按现场总线技术设计、控制规模最大的火力发电机组项目，现场总线应用超过 60%，实现机组自动化和数字化控制，采用主机 DCS 和 DEH 一体化现场总线控制，在 DCS 现场设备层全面采用现场总线技术，现场总线控制数量达 3626 台，DCS 控制点数 13058 点。2016 年，和利时签订 1000MW 机组超过 10 台，其中大唐三门峡电厂等三个电厂为现场总线控制系统，总线仪表数量超过 1200 台。600-1000MW 电厂业绩已同 Emerson 持平。和利时电力行业现场总线控制系统的应用已与国际著名公司位于同一起跑线。

2005 年，和利时中标德国 BASF 上海 BPI（聚异氰酸酯）项目，HOLLiAS MACS 产品被德国 BASF 指定为 MAV。2009 年，HOLLiAS MACS 在中国石化青岛石化 500 万吨高酸原油适应性改造项目上成功应用，和利时被青岛石化评委"十佳供应商"。2012 年，签订中石化海南炼化 60 万吨/年 PX 项目 DCS，后续签订 SIS 项目，该项目是中石化第一套大型 PX 装置，也是中石化在大型炼油化工项目上首次采用国产控制系统。2015 年，签订大型煤化工项目"中安煤化工 170 万吨甲醇"。2016 年签订世界最大多晶硅项目——"东方希望多晶硅"。2016 年，中石油在国内首套采用自出知识产权成套技术设计建设的——"宁夏石化年产 45 万吨合成氨/80 万吨尿素大化肥项目"通过国家验收。

2000 年开始，和利时开始拓展 PLC 业务。2002 年，开始自主研发 PLC 产品。2004 年，和利时推 LM 小型一体化 PLC，并于 2005 年通过国家认证中心 EMC 测试，2006 年通过 CE 认证。2006 年，国内首款大型 PLC-LK 大型可编程逻辑控制器在和利时面世。2012 年，和利时推出高性能 LE 系列小型 PLC。2014 年，和利时开发出的高性能多功能运动控制器——MC1000 在运动控制领域拥有领先的技术。2016 年，和利时推出双背板冗余 PLC 系统，并成功应用于地铁综合监控系统。对每个行业的需求不同，为 PLC 增加不同的应用功能模块，以满足行业应用需求。和利时可针对一些特殊行业，特殊用户，根据客户需求，定制专用 PLC。目前，和利时的 PLC 已经在地铁监控、市政水处理、水利水电、天然气管网、热网、煤炭设备、楼宇空调、铁路电源监控、装备制造等行业均有广泛的应用，并在部分行业已经成为最核心的控制产品。和利时的 PLC 产品，既满足高端机械控制、复杂机器控制、离散制造业工厂控制，也适用于交通、市政、水处理等公用工程。其中 LK 大型 PLC 在北京地铁 14 号线全线 BAS 系统的应用，标志着和利时 PLC 应用又上了一个新的台阶。新加坡汤申线和东区线集成监控系统中的应用，实现了国产高端 PLC 出口到关键应用项目的实破。

（3）市场定位与战略走向

和利时以"用自动化改进人们的工作、生活和环境"为宗旨，秉承"真诚地为用户设想"的经营理念。聚焦优势行业，全力进行市场渗透，提高市场占有率，扩大规模的同时，优化业务的机构，提升服务的比重，提升运营效率。推进数字化电厂管控一体化解决方案；推进现场总线结合 AMS 设备管理系统，达到故障预测和维护的目标；推进 1000MW 电厂 DCS+DEH 一体化；加大大型化工、石化的推广力度，推进大型化工石化 DCS+SIS 一体化；加大热电优化、孤岛运行、新能源、冶金建材、食品制药等行业节能降耗解决能力；推广 DCS 云服务业务。

和利时以自主开发的智能工厂信息集成平台为核心，为国内离散制造和流程生产企业量身打造智能工厂集成解决方案。在装置级和车间级，以智能控制器为核心，实现装置和车间级的单元控制、协调控制及智能控制，并承担车间级的信息安全防护；在工厂级和企业级，基于智能控制云平台构建数字化、智能化工厂。

和利时 PLC 未来的发展将以构建智能工厂为方向，实现智能制造为目标，将自动化、数字化、信息化、智能化最终融为一体。除了具有逻辑控制、运动控制、调节控制功能，还将支持开放的各类通信协议和工业网络、支持互联网接入、支持与云端服务平台的连接。将实现智能化、网络化、开放化、大容量、高性能、小体积、低功耗、高可靠、高安全（含功能安全和信息安全）。

1.4.3 北京国电智深控制技术有限公司

（1）基本信息

北京国电智深控制技术有限公司（以下简称国电智深）成立于2002年，是由国电科技环保集团股份有限公司和国网电力科学研究院共同投资组建的现代化高新技术企业，其前身是中国电力科学研究院电厂自动化研究所和国电龙源电力工程有限责任公司。

国电智深公司长期致力于工业自动化技术和产品的研发、设计制造与工程应用，形成了分散控制系统（DCS）、可编程控制系统（PLC）、现场总线控制系统（FCS）、全激励式仿真系统（SIM）、先进控制与优化（APC）、生产过程优化、工业控制系统信息安全技术、区域分布式集中监控为核心的工业过程控制技术与产品体系，为电力、清洁能源、化工、煤矿、轨道交通等领域提供全生命周期自动化和信息化整体解决方案。

国电智深公司是国内领先的工业自动化产品、技术和服务供应商，先后多次在高端工业自动化领域打破国外垄断、填补国内空白，创造了多项"世界第一"、"中国首台套"的业绩：第一个开发出国产分散控制系统；第一个开发了1000MW超超临界机组自动化成套控制系统并成功应用；第一个研发了世界首台1000MW二次再热超超临界机组控制系统与控制策略并成功应用；第一个研发了世界首台600MW超临界循环流化床机组的控制软件包并成功应用；第一个实现了火电厂"炉-机-电-辅-仿"全厂一体化控制；第一个将自主研发的现场总线控制系统大规模应用于火电厂主控系统；第一个将自主研发的控制系统应用于全流程多晶硅生产过程；第一个将自主化DCS技术应用于大型水电站监控；第一个将自主研发的控制系统应用于太阳能光热发电控制。

国电智深公司先后承担国家科学技术委员会、国家发展和改革委员会、北京市科学技术委员会重点科研项目9个，先后获得国家科技进步奖二等奖2项、省部级科技进步与技术发明奖33项、神华国能集团科学技术进步奖特等奖等众多奖项，是5个国家及行业标准委员会成员单位并参与编写16项国家和行业标准；产品通过CE、G3认证。

国电智深公司产品和技术市场竞争力强，品牌与品质在业界享有盛誉，在各工业自动化领域应用超过1700台套相关产品和工程服务，其中涉及电力装机容量超过2亿千瓦、电力市场份额接近20%。产品还销往东南亚、非洲等地区。

（2）主要产品和行业应用情况

EDPF-NT分散控制系统是国电智深全新研制的大型分散控制系统，系统通过集成化、智能化、网络化全面提升性能和扩展功能，可实现对大规模复杂过程的高性能监控、对第三方设备的开放集成和管控一体化的更高监控模式，满足用户从车间级监控直到全厂综合监控的各层次控制信息化需求。可广泛应用于火厂、水电、核电、新能源、石油、化工、城市热网等产业的过程自动控制和信息监视与管理。

EDPF-CP分散控制系统是国电智深全新研制的大型分散控制系统，在原EDPF-NT系统的基础上进一步实现了硬件结构优化和系统性能提升，具有高度集成、智能化、网络化的特性，能够在线更换I/O模块底座，可实现对大规模复杂过程的高性能监控、对第三方设备的开放集成和管控一体化的更高监控模式，满足用户从车间级监控直到全厂综合监控的各层次控制信息化需求。可广泛应用于火厂、水电、核电、新能源、石油、化工、城市热网等产业的过程自动控制和信息监视与管理。

EDPF-CP 分散控制系统适用于各类大型、复杂的工业过程控制应用，也可构成简单系统，满足小规模、低成本应用的要求。EDPF-CP 是面向整个生产过程的先进过程控制系统。

EDPF-µCP 可编程控制器（PLC）是国电智深完全自主设计的、基于国际标准IEC61131、最新计算机嵌入系统技术和现场总线技术开发的新一代可编程控制器，其融合了先进的控制技术、开放的现场总线标准、工业以太网安全技术等，为用户提供了一个可靠的、开放的控制平台。

EDPF-µCP 可编程控制器充分融合了 DCS 和 PLC 的优点，采用高性能的模拟量处理技术，小型化的结构设计，开放的工业标准，通用的系统平台，产品不仅具有强大的功能，而且具有更高的可靠性，更佳的开放性和易用性。

同时，紧凑的横排背板模块安装方式和灵巧的 I/O 模块，可提供最为紧凑的集成方案，是机柜空间有限情况下业主的理想选择。可广泛应用于火电厂、水电、核电、新能源、石油、化工、城市热网、轨道交通、水处理、建材、纺织、造纸、印刷、制药、冶金、智能楼宇等领域的过程自动控制和信息监视与管理。

EDPF-SCADA 区域分布式集中监控系统具备广泛的适用性，可满足风电、太阳能、城市热网、化工等不同行业的自动化监控需求。该产品技术成熟、运行稳定、便于维护和升级、易于学习和使用，是传统 SCADA 的理想替代品。

EDPF-FB 现场设备智能控制系统是国电智深在完全遵循国际标准的基础上，自主创新开发完成的现场总线控制系统，可实现与 EDPF 系列自动化控制系统的无缝集成。对符合现场总线标准的第三方设备的具有良好兼容性，可实现对大规模现场总线设备的高性能监控、智能诊断和主动预防式维护。满足用户从车间级监控直到全厂综合监控的各层次控制信息化需求。可广泛应用于火厂、水电、核电、新能源、石油、化工、城市热网等产业的过程自动控制和信息监视与管理。

EDPF-DEH 是 EDPF 系列自动化控制系统的专用子系统之一，它以 EDPF 系列自动化控制系统强大的支撑环境为基础，采用与其完全相同的软硬件和通信系统，增加 DEH 专用的软硬件，并根据 DEH 的特殊需要将系统处理周期设置成快速处理模式，构成独具特色的EDPF-DEH 数字式汽轮机电液控制系统。

EDPF-ETS 危急遮断系统（Emergency Trip System）任务是监测汽轮机重要参数，当汽轮机发生异常时紧急遮断汽轮机，它是火力发电机组重要的安全系统之一。ETS 系统设备需要具备高可靠性和高速性能，以及功能安全和故障安全特征。

EDPF-ECMS 电气监控管理系统采用对等型、扁平化的一体化网络设计，取消了传统意义的专用电气操作员站，单元机组的任意一台经过授权的操作员站都可以用来监控电气设备运行。从而实现了发电厂热控—厂用电气的一体化控制。本系统不仅能实现机组和机组之间的协调控制，同时还能协调全厂辅助设备优化运行，并提供设备状态信息和相关机组性能数据，为电厂精益化管理提供手段，提高电厂的整体效益及其应对电力市场的能力。综上所述，本系统可将厂用电气从独立的系统和运维部门纳入到全厂一体化控制系统中，从而避免了信息孤岛。

EDPF-ECMS 与 EDPF-NT 是基于统一的通信、统一的数据结构、统一的数据库、统一的应用方式衍生出来的新一代电气监控系统，使得火力发电机组全厂自动化控制系统统一为一个有机整体，实现机、炉、辅、电一体化监视控制及优化运行，提高了全厂自动化水平。

EDPF-ECMS 是完整、独立的电气监控系统，同时也可与 DCS 进行域间通信，从 DCS 侧对电气系统进行监控，如集中抄表、状态检修、电气逻辑闭锁、电气开关顺序控制、故障报警、事故追忆、各种报表等，同时实现与 DCS 的柔性通讯。自主开发的控制规约转换器集数据采集、协议转换、逻辑控制于一体，大大提高了自动化控制系统的数据处理能力与运行速度。

EDPF-HD 水电站监控系统是我国首个完全兼容 DCS（分散控制系统）和 PLC（可编程控制器）的水电站监控系统。该系统体系结构先进，平台软件完全自主研发。

EDPF-HD 水电站监控系统分为厂站监控层和现地控制单元层。厂站监控层实现了跨 Windows/Linux 平台的监控界面，开发了可视化的 AGC/AVC 功能模块，通过虚拟控制器的扩展 I/O 总线技术（EIO）实现了第三方控制系统及仪表的无缝接入。首创独立运行的水电监控系统健康诊断子系统，可对整体的监控系统健康状态及时作出报警和故障提示，大大提高了系统的可靠性。

在现地控制单元层，可以实现双机热备切换，逻辑自动同步，SOE 事件处理，操作安全闭锁功能，并根据水电负荷控制特点设计开发出专用 PID 控制模块。同时还开发了与各个调度中心通信的通信平台和语音报警查询平台。

EDPF-SIM 电厂全激励式仿真系统是国电智深公司将仿真机的开发与电厂 DCS 系统相结合，在现代 DCS 虚拟控制技术和仿真技术的基础上，开发生产的新型仿真系统。利用计算机面向对象技术和现代仿真技术，构建实际机组的仿真模型；利用 DCS 的虚拟 DPU 及 I/O 功能，使用 DCS 系统逻辑组态、人机界面平台，构成一种控制与实际 DCS 相同、机组工艺特性模型更准确的仿真机。EDPF-SIM 仿真机功能全，可用于运行人员、热工人员培训；可进行控制方案的优化整定，以及对控制方案的可行性研究；还可在此平台进行新型控制理论研究。

NETMON II 工业自动化系统信息安全管控平台是一款自主开发的信息安全功能模块、自动化控制系统安全基线模型，集成先进的信息安全产品和主动防护技术，构建成符合 DCS 信息安全解决方案要求的应用系统。整个管控平台由两个层次组成：监控层和实施层。

（3）市场定位及战略走向

未来，国电智深继续秉承以创新为驱动的理念，在"大众创业万众创新"的发展氛围里，积极营造有利于企业发展的内外部生态环境。重点加强 EDPF 工控平台研发、基于工控平台的高级应用软件研发。包括：智慧化发电站、满足两个细则的优化控制、智能化报警、信息安全管控平台、人员定位及安全系统、可视化设备诊断装置等控制、小堆发电的控制、新能源发电智能控制系统、燃机控制等。

积极将国电智深首个百万等级控制系统出口配套项目印尼爪哇 7 号燃煤电厂 2×1050MW 机组 DCS 项目打造成"一带一路"26 个项目中的精品工程，为进一步有序拓展海外市场奠定良好的基础。

1.4.4　上海新华控制技术(集团)有限公司

（1）基本信息

上海新华控制技术（集团）有限公司（以下简称新华集团）成立于 1995 年，前身为

1985 年成立的"中华电液控制技术开发中心"。

新华集团是一家致力于自动化、信息化、智能化的高新技术企业。20 世纪 90 年代，先后研制并成功投运国产首套火电厂数据采集系统（简称"DAS"）、大型汽轮机组数字式电液调节系统（简称"DEH"）、和大型火电机组分散式数字控制系统（简称"DCS"），成为中国火电厂自动控制领域的领跑者。

经过 30 多年的发展，秉承自主、创新的发展理念，凭借强大的软硬件综合开发能力，新华集团已经成为电力、轨道交通、石化、市政工程、水泥、冶金、造纸等行业自动化、信息化、智能化解决方案的服务商。

新华集团专业从事提供系统方案设计、软硬件开发、产品制造、系统集成、组态调试、售后维保全生命周期一体化解决方案的服务，借助完全自主知识产权的 DCS 控制系统、PLC 控制系统、综合监控系统、智能制造等多个管控平台，集成大小规模的设备和系统，提供节能减排等优化方案，为用户创造更高的经济和社会价值。

经过 30 年的不懈努力，已经为电力、轨道交通、石化、环保、市政、水泥、冶金、造纸等行业提供了 6000 多套的工程应用业绩，获得用户的一致好评。

拥有完全自主知识产权的 DCS 控制系统、PLC 控制系统、综合监控系统、智能制造等多个管控平台产品，满足国内外自动控制、综合监控、智能制造需求。同时与国内著名的仪表、执行机构建立了长期战略合作关系，可以为用户提供仪控电一体化解决方案。

具有强大的硬件、软件及系统研发能力，研发团队拥有自主研发、自主设计、标准化生产、具有自主知识产权的控制系统研发生产经验，可根据用户的需求，量身定制质量可靠的控制系统软硬件，满足各行业管控一体化方案的要求。

具有强大工程设计组态调试能力，具有丰富的现场经验，能独立完成电厂、轨道交通、石化、市政等重大工程监控系统的方案设计、系统集成、组态调试及售后全生命周期的服务。

拥有自动贴片和波峰焊生产线，具备 PLC、DCS 模件生产能力；拥有液压控制器及执行机构设计及生产基地，严格按照高标准、严要求进行管理，保证产品质量。

（2）主要产品及行业应用情况

XDC800 工业过程控制系统以 32 位 CPU 组成的控制器 XCU 为核心，配置标准的以太网和现场总线，构成环型网络结构或星型网络结构的通信网络，运行新华集团开发的 OnXDC 可视化图形组态软件，是工业过程控制、流程工业控制系统的技术平台；XDC800 系统应用最先进的技术，提供给用户一个结构简洁、功能强大、处理高效的控制系统，使用户得以轻松地应用最先进的网络技术、软件技术进行自动化控制；XDC800 系统嵌入了先进的控制算法及控制流程，使用户设备能够优化运行，实现最大效率、产能和效益；XDC800 系统控制功能分散，管理集中，集数据采集、过程控制、管理于一体，是一个全集成的、结构完整、功能完善、面向整个生产过程的先进过程控制系统，并取得 CE、FCC、TÜV、SIL3 及 UL 认证，适用于电力、石油、化工、钢铁、造纸、水泥、脱硫、除尘、水处理等不同领域，尤其适合作为数字化电厂的硬件平台。

XDC800 系统是全开放式系统架构，总体结构体现分组、分层、分块的平台建设思想，分为构件化的技术支持平台和面向对象的应用平台，具有结构简洁、功能强大、系统稳定、界面友好等特点。

2010 年 5 月，XDC800 产品获得国家科学技术部、环境保护部、商务部以及国家质量监督检验检疫总局四部局颁发的"国家重点新产品证书"，并获得上海市科学技术二等奖。

NetPAC 控制系统是新华科技新一代 DCS 产品，是一套基于网络的开放式过程自动化控制系统，具有 I/O 模块双电源供电、双 2MBps 通信速率，I/O 总线并行通信架构，精准校时、全冗余、监控实时性高的强大优势，以及全动态点目录、WEB 配置交换机、支持客户和工艺商专有过程控制策略自定义及加密等多项独创技术。NetPAC 集数据采集、过程控制、信息管理于一体，是一套全集成、结构完整、功能完善、面向整个生产过程的先进控制系统。

NetPAC 以 32 位控制器 NCU 为核心，根据不同工业现场的环境要求，灵活配置 I/O 模块和人机接口 HMI，构成适合各类工业生产过程的专业控制系统。NetPAC 配合新华科技最新开发的可视化图形组态软件（iCAN），利用开放的现场总线和工业以太网实现对现场信息的采集和系统通信。OFFICE 2007 风格界面的 iCAN 全面支持 WIN7 及以上操作系统，其崭新的设计思想、完全的开放性、友好的用户界面、高度的可靠性获得了用户的好评。

NetPAC 进一步发扬了分散控制系统的特征，即控制器物理位置分散、功能分散及显示操作、记录和管理集中的功能，并借助当今世界上先进的网络技术和现代控制理论，使其功能更加完善，更具有时代气息，是基于网络的具有决策功能开放的过程自动化控制系统。

NetPAC 网络结构先进合理，控制软件种类丰富；人机系统接口设计充分体现现代意识；工程设计及维护工具灵活；通信系统开放，能够适应多种过程的监控和管理，具有非常广泛的应用领域，可在电力、石油、化工、造纸、水泥、新能源、环保、水处理等自动控制领域广泛应用。

数字式工业汽轮机控制器 XTC-M800 是以微处理器为基础的调速器。采用参数配置软件引导现场工程师根据具体的发电机或机械驱动要求对调速器进行编程组态，通过操作员站监控控制参数的实际值和设定值。实现超速保护、自动升速、配合电气并网、负荷控制（阀位控制或功频控制）、抽汽控制及其他辅助控制，并可与 DCS 双向通信，使汽轮机适应各种工况并长期安全运行。XTC-M800 可适用于中小型工业汽轮发电机组使用。

XTC-M800 的基本性能指标：转速控制范围 30～3400r/min，精度 ±1.5 转；负荷控制范围 0～115%，负荷控制精度 ±0.5%；抽汽压力控制精度：±1%；转速不等率 3%～6% 可调，抽汽不等率 0～20% 可调；甩额定负荷时转速超调量 <6%；系统可用率不小于 99.9%；XTC-M800 装置运行环境 -10～60℃，相对湿度 10%～90%（无凝结）。

XTC-M800 可实现汽轮发电机冲转、升速、并网、带负荷，控制转速/负荷及抽汽压力等功能，具体包括状态监视、转速控制、同期控制、超速试验、超速保护、自动带初负荷、负荷控制、抽汽控制、一二次调频、负荷限制、甩负荷控制、快速减负荷、显示及报警、模拟仿真等功能。

产品方案在行业领域应用广泛，主要涉及电站（火电、垃圾发电、核电、燃机等）、轨交、石油化工、水处理、市政、智能制造等行业。

电站行业：用户主要集中在中国华能集团公司、中国大唐集团公司、中国华电集团公司、中国国电集团公司、中国电力投资集团公司及其他电力集团，近三年 300MW 及以上（包含 1000MW）有 103 台机组，电站年度销售额占公司总销售额 50% 左右。

轨交行业：主要是上海申通集团投运的所有线路、温州 S1 线、杭州 2 号线、青岛 2 号线、苏州 1 号、2 号等，年销售额占公司总销售额 10％左右。

自动化行业：包含水处理、石化/煤化、市政供热、垃圾处理、生物质等多个行业，年销售额占公司总销售额 40％左右。

水处理：典型用户包括新加坡凯发集团、江苏南京胜科水务有限公司、上海南汇污水处理厂、银川第三污水处理厂、南水北调郑州供水配套工程、安徽淮南市山南新区污水处理厂、甘肃夏河县自来水公司、甘肃榆中县夏官营污水处理厂、广州市番禺区前锋水质净化厂、河南安阳市宗村污水处理厂等。

石化/煤化：典型用户包括中国石化集团、中国石油天然气股份有限公司、中国海洋石油总公司、安徽八一化工股份有限公司、河北龙星化工集团有限责任公司、武汉市中东化工有限公司、山东华鲁恒升化工股份有限公司、晋煤集团、永煤集团、华润煤业、潞安集团等。

市政供热：典型用户包括韩城热力公司、兰州新区双良热力有限公司、西安沣东阳光热力公司、石家庄集中供热、山西芮城集中供热工程等。

垃圾处理、生物质：典型用户包括光大环保能源有限公司、芜湖中电环保发电有限公司、河北灵达环保能源有限责任公司、阿苏卫生活垃圾填埋厂、昆明呈贡垃圾焚烧发电厂、萧山东部生活垃圾处理厂、珠海信环保有限公司等。

冶金：典型用户包括宝钢工程技术集团有限公司、内蒙古包钢钢联股份有限公司、河南省信阳钢铁有限公司、淄博张钢钢铁有限公司、山东泰山钢铁集团有限公司等。

水泥：典型用户包括东方希望重庆水泥有限公司、福建塔牌水泥有限公司、贵州金久水泥有限公司等。

智能制造：浙江正泰电器股份有限公司。

糖业等其他：典型用户包括广西来宾东糖纸业有限公司、湖南林源纸业有限公司、广西东亚扶南糖业有限公司、四川武骏特种玻璃制品有限公司、浙江凯丰新材料有限公司等。

华能山东如意巴基斯坦萨希瓦尔 2×660MW 燃煤电站工程，该项目由由华能山东公司与山东如意集团按照联合投资建设，作为中巴经济走廊国家援巴一期重点项目，受到中巴双方的高度重视，被列入"一带一路"及"中巴经济走廊"重点项目，项目规划容量 2×660MW＋2×1000MW，一期建设 2×660MW 火电机组，二期建设 2×1000MW 火电机组，建成后将是巴基斯坦最大的燃煤发电厂。投产后，可满足旁遮普省快速增长的电力需求，大大缓解巴基斯坦电力短缺的局面，并对巴基斯坦国家调整电力及能源结构、缓解供需矛盾、优化投资环境、促进基础设施建设和人口就业、改善民生等方面产生深远影响，将进一步推动中巴两国政府和人民友好关系的持续发展。

在该项目中，新华承担 2 台 600MW 机组主机及辅网控制系统的工作，包含数据采集系统（DAS）、模拟量控制系统（MCS）、顺序控制系统（SCS）、炉膛安全监控系统（FSSS）、电气控制系统（ECS）、机炉协调控制系统（CCS）以及水、煤、灰、脱硫辅网控制系统。

项目已经通过华能山东公司 FAT 验收，于 2016 年 5 月 16 日顺利发货，现处于现场调试阶段，预计 2017 年年中投产运行。

基于互联网与能效管理的用户端电器设备数字化车间 MES 项目，国内电器行业装配基本以手工为主，部分已经导入半自动检测和自动化包装等自动化装备，工业化与信息化深度融合还有很大提升空间。本项目被列为国家工信部智能制造示范试点项目，将建成我国电器行业首条拥有自主知识产权，运用机器人控制、冲焊组装一体化等新技术和工艺的小型断路器等，是国内第一条全制程自动化生产线，将缩小与国外标杆企业的差距。

在该项目中，新华承担制造执行系统（MES）、PDAS（数据采集系统），完成生产排产与调度管理、车间作业管理、设备管理、质量管理等功能，提升各种数据、过程和信息系统与员工的高度集成，通过人机交互系统、电子看板提升管理可视化，实现质量跟踪全程化，同时通过专家知识库提升管理智能化。目前已有一条生产线投运，得到用户及相关专家的认可。

（3）市场定位及战略走向

"十三五"期间，新华将围绕重点行业，打造重点产品，集成仪控电等关键设备产品，为用户提供自动化、信息化、智能化方案设计、产品制造、产品集成、工程实施、售后服务一体化解决方案，努力把正泰新华打造成国内领先、世界知名的自动化、信息化、智能化集成方案服务商。

公司重点布局三条产品线进行优化与升级，电站负责国内外火电、垃圾发电、核电、燃机等以发电为主的市场；自动化负责非电非轨交其他智能工业、智能制造、智慧城市、风电和太阳能等新能源发电等市场；轨交负责国内外轨道交通行业。在保持电站业务不断扩张的同时，聚焦自动化和轨交，通过产品和解决方案的不断创新和市场的拓展，实现较大的增长。

"十三五"期间，新华将根据国内外大小环境，围绕如下几方面开展技术方案的工作。

① 发电容量持续增长，能源结构持续优化，重点关注新能源。我国经济发展步入"新常态"，发电设备装机容量稳步增长。十三五期间煤电装机容量持续小幅（2％左右）增长，但仍是主要结构（60％），水电、风电、核电、太阳能等其他能源持续稳定增长，2020年机组容量比例达40％左右。

② 由单一系统产品向提供整体解决方案发展。综合利用公司工程业绩的优势，考虑为每个行业设计独特的解决方案。

③ 增加能源管理功能，提高能源使用效率和减少污染排放。我国已经计划2020年碳排放强度比2005年下降40％～45％的指标，在当今能源紧张、污染严重、对节能环保越来越重视的情况下，利用自动化技术实现工业生产的最优化运行、在最大限度地提高生产效率的同时提高能源利用效率是工业领域急待解决的问题。

④ 提供设备管理与智能维修功能，并提供远程诊断与维护功能。通过设备监控系统实现实时自诊断、远程诊断、提供预测性维护信息等功能，不但提高系统运行的可靠性，而且可以减低维护总费用。

⑤ 工业软件将成为创新的驱动力。根据预测，未来全球工业软件市场年增长率将大于8％。软件在工业领域将发挥越来越重要的作用。工业软件与IT将更好地融合，传统的工业自动化软件与全生命周期管理软件（PLM、PDM等）将实现无缝集成。

⑥ 重点开展工业控制系统功能安全和信息安全工作。近几年，随着黑客攻击大型工业关键基础设施的时间在逐年增加，各国对安全生产关注程度持续上升，开展工控信息安全愈发受到重视。

⑦ 新一代控制系统—智能工厂。在工业 4.0 时代，每个工厂企业都将建立"数字企业平台"，通过开放接口将虚拟环境与基础架构融为一体，构成信息物理融合系统，生产自动化系统将升级为信息物理融合生产系统。

1.4.5 杭州优稳自动化系统有限公司

（1）基本信息

杭州优稳自动化系统有限公司是在浙江大学高端控制装备及系统设计开发平台研究团队基础上成立的高科技公司。坚持以自主知识产权的核心技术体系为基础，以控制装备与控制系统产品为核心，以提供配套自动化产品及专业解决方案为导向，进行专业市场拓展，逐步建立控制装备与控制系统行业专业领先地位，并保持稳定持续的发展态势，是建成集控制装备与控制系统产品的研发、制造、销售、集成为一体，国内领先的控制系统产品制造企业。产品包括：UW2100/UW300 可编程控制器、UW500/UW600 集散控制系统、UW900 安全控制系统、UWinTech 控制工程应用软件平台等；生产基地位于杭州市西湖科技园，并设立杭州、南京、济南、石家庄、成都、武汉、西安、沈阳、郑州 9 个办事处与 2 家子公司；各型控制系统产品已广泛应用于化工、制药、炼油、石化、钢铁、能源、建材、轻工、造纸、环保等行业 4000 余套。

技术团队依托浙江大学工业自动化学科优势，具有合理的专业构成、扎实的科研积累与丰富的技术经验，形成独具特色自主知识产权的计算机控制系统技术体系，设计开发全系列控制系统硬件模块与软件平台；在工业自动化领域，作为主要完成人获国家科技进步一等奖 1 项，二等奖 1 项，省部级一等奖 3 项二等奖 4 项，取得发明专利 30 余项，软件著作权 20 余项。

公司坚持"优质稳定、共赢分享"的经营理念，成功打造"UWNTEK"产品品牌与"优稳自动化"公司品牌；获国家高新技术企业、浙江省软件企业、浙江省工业自动化创新服务平台、浙江省企业技术中心、杭州市首批科技型中小企业、杭州市首批雏鹰企业、国际CE 认证、ISO 9001 质量管理体系等企业资质；以"成为自动化领域领先的控制装备制造商，及优势的专业解决方案供应商"为目标，用优质稳定的控制系统产品为客户、伙伴、员工、股东及社会创造价值。

（2）主要产品及行业应用情况

UW500（UWinPAS500）集散控制系统基于全智能化、全数字化、全网络化设计；实现过程控制、逻辑控制、顺序控制、装备控制的混合集成控制；支持先进控制与过程优化策略；具有高可靠性、高安全性、高适应性、大规模化特征，优质稳定的新一代主控系统。控制站规模：AIO：512、DIO：1024；系统规模：AIO：10752、DIO：21504。全硬件冗余容错，无单点故障失效；单重化、双重化硬件冗余表决机制，切换时间 50ms；智能型模块，少类型多功能，软件选择信号类型，减少备品备件，在线校正，自动补偿；内置隔离栅型I/O 模块，支持 I/O 点点隔离、点点互隔、点点配电、点点在线更换，适应高安全性领域；支持通道/模块/模件/网络的自诊断、自恢复、故障隔离，在线修复，便于维护；开放式模块化结构设计，取消机笼、底板、端子板等，双面安装，节省转接电缆与机柜；分布式全局实时数据库，数据规模 10 万点，高效压缩算法，数据全局直接引用；IEC61131-3 标准，FBD、LD、SFC、ST、IL 多种语言混合编程环境，在线编程、模拟调试；实时数据质量戳功能，保证实时数据的可靠性与可信度；C/S 或 B/S 模式，Web 访问，PC 机、iPAD、 iPhone、Android 等智能终端可直接浏览。

UW600（UWinPAS600）大规模分布式控制系统，其硬件装置采用控制装备冗余容错、性能退化在线监控、高适应性智能模块等技术，软件平台采用多领域工程对象模型、集群分布式实时数据库、多语言集成编程开发环境、安全控制与安全防范等技术；是具有高可靠性、高安全性、高适应性、大规模化特征，优质稳定的新一代高端主控系统。控制站规模：AIO：1024、DIO：2048；系统规模：AIO：63488、DIO：126976。全硬件冗余容错，无单点故障失效；单重化、多重化硬件冗余表决，切换时间 5～50ms；高适应性智能模块，少类型多功能，软件选择信号类型，在线校正，自动补偿温漂时漂；本质安全型总线 I/O 模块系列，节省安全栅、隔离栅、安装空间与接线维护工作量；全覆盖诊断与防错保护，支持外部线路诊断，支持过流、过压、反接、错接等过失保护；多领域工程对象模型，行业算法库重构复用机制，控制程序自动生成，提高编程效率 80%；多语言优化编译器，多用户协同编程、在线编程、模拟调试、远程更新，降低维护成本；分布式全局实时数据库，域数据规模 30 万点，驱动池，系统数据与外部数据直接引用；集群分布式实时数据库，集群数据规模 200 万～1000 万点，数据容量：100TB～10PB；网络安全控制模件，支持安全控制与安全防范，实现可信通讯、异常侦测、篡改阻截等。

（3）市场定位及战略走向

制造强国是我国的国家战略，而智能制造是实现制造强国的必经之路，智能制造是制造业产品、装备、生产、管理和服务智能化应用水平的体现，更是推进两化深度融合的核心目标和最新着力点。智能控制装备及系统是支撑我国智能制造自主可控、安全持续、绿色高效发展的整体产品解决平台与成套方案，具有良好的市场前景。控制装备及控制系统的技术发展预测如下。

控制装备与系统的智能化：结合现代控制理论，应用人工智能技术，以微处理器为基础的智能化设备纷纷涌现；先进控制策略、故障诊断、过程优化、计算机辅助设计、仿真培训和在线维修技术等日益得到广泛应用；随着数据库系统、推理机能的发展，尤其是知识库系统和专家系统的应用，如自学习控制、远距离诊断、自寻优等，人工智能将在控制系统各级实现；控制系统架构扁平化趋势下，分散控制向分散智能发展，具体包括：自诊断、自修复、自校正、自适应、自学习、自协调、自组织、自决策等。

控制装备与系统的泛在化及协同化：嵌入式计算随工业互联网（物联网）而无所不在；打破电气控制（包括传动控制、逻辑和顺序控制）、过程控制、运动控制等多专业的桎梏，模糊 SCADA、RTU、PLC、DCS、IPC 等控制装置的产品边界，取消控制域、管理域、企业域等的应用范围边界，构建规模可大可小、具有高可用性，性能稳健，通信、控制、优化等数据能力极强，且无边界的平台——协同过程自动化系统；实现企业全部变量参数的实时可测可控；实现企业运行流程的全闭环控制，保证企业综合指标最优化。

工艺流程、工业装备及控制优化一体化智能设计：结合相应行业装备、工艺设计和工程应用要求，进行一体化智能设计，开发集成基于重大工程的行业模型库、算法库与知识库，以逐步形成核电控制系统、电力控制系统、石化控制系统、水泥控制系统等行业专业控制系统产品。

控制装备与控制系统内建安全与安全防御并重：控制系统相关安全技术主要包括：①系统隔离，传统工控系统以隔离为主要防护手段，具有代表性的网关、网闸、单向隔离等；②纵深防御体系，通过设置多层重叠的安全防护系统构成多道防线，达到对信息安全客体多层隔离防互屏障的目的；③工控系统内嵌持续性防御体系，通过工控系统基础硬件实现，具备低延时、高可靠、可定制化、持续更新、简单化的实施操作等优势；④以攻为守的国家战略，在国家层面注重攻击技术的研究突破，制定以攻为守的国家战略。以攻为守，并以攻击技术提高带动防御技术研究，以攻击威慑力巩固自身安全性。

1.4.6　南京科远自动化集团股份有限公司

（1）基本信息

南京科远自动化集团股份有限公司（以下简称科远股份）始创于1993年，是国内智能工业领域的领导厂商，致力于为客户提供涵盖工业企业全生命周期的软硬件、系统整合解决方案及定制化服务，以领先的工业自动化和信息化技术、产品与服务保障工业企业的高效运营。

在二十多年的发展中，科远股份专注于智能工业领域，围绕过程自动化、流程工业信息化、传感技术和测控装置、机器人与智能制造等四大产业方向，形成了以NT6000分散控制系统（DCS）、SyncBase实时数据库、SY系列智能一体化电动执行机构、SyncDrive伺服系统为主的一批核心产品，并以"让工业充满智慧"为目标，率先践行工业互联网创新融合，成为国内"智慧电厂"、"智能工厂"建设的先驱者。

成立以来，科远股份实现了快速发展，先后获评"国家火炬计划重点高新技术企业"、"全国百强优秀民营科技企业"、江苏省热工过程智能控制重点实验室、江苏省热工自动化工程技术研究中心、江宁开发区博士后工作站分站，承担了国家火炬计划、国家重点新产品计划、国家科技型中小企业技术创新基金、江苏省重大科技成果转化、江苏省软件与集成电路专项等科技项目。截至目前，科远股份先后参与30余项国家级省级科技项目，拥有授权专利80余项、软件著作权200余项。

在核心产品方面，NT6000分散控制系统（DCS）凭借可靠、安全、开放、易用等特性，已成功应用于神华国华舟山发电首台"近零排放"示范项目、国内首座城市环保示范电厂大唐南京发电超超临界发电机组、新疆嘉润资源控股有限公司动力站等众多示范项目。继续保持领先的同时，科远股份开创了国内多个第一：成功中标国信淮安9F级燃机机组DCS，打破进口垄断，首次实现9F级燃气-蒸汽联合循环发电机组国产控制系统应用突破，成功中标亚洲最大垃圾焚烧发电项目，继续领跑垃圾焚烧发电自动化。据中国仪器仪表行业协会出具的有关权威文件表明，科远股份自主研发生产的NT6000分散控制系统（DCS）产品在全国市场排名前三。在辅助车间程序控制系统方面，科远已为国内发电企业提供各种辅助车间控制系统数百套，同时也承担了多个国内首创的重点工程。

目前，科远股份产品与解决方案在电力、化工、冶金、建材、市政等众多行业取得市场领先地位，业绩遍布东南亚、非洲、南美洲、东欧等数十个国家和地区，为全球客户提供真正高品质产品与服务。

（2）主要产品及行业应用情况

NT6000分散控制系统是一套融合了当今世界最先进的控制技术、计算机技术、网络通信技术、总线技术等，采用DCS最高标准设计、开发的大型高端控制系统。可根据不同行业的自动化控制需求，提供专业的行业解决方案。NT6000以高速、可靠、开放的网络和功能强大的分散处理单元为基础，配套先进的运行和维护软件，为用户提供了一个可靠、先进、开放控制平台。功能强大、使用方便、配置灵活。可解决多变量、非线性、大滞后等复杂对象的控制难题。NT6000 按照最高可靠性原则设计，可以充分保证系统安全可靠。系统内部所有模件均采用多重冗余设计，任何局部故障均不影响整套系统的正常运行。同时系统具备一定的故障安全功能，模件在故障状态下进入预设的安全状态，保证生产人员、工艺设备的安全。NT6000 提供完整的现场总线、虚拟 DCS、信息化的解决方案，有效提升工业自动化和信息化水平。NT6000 控制系统应用范围已经涵盖电力、化工、建材、冶金、石化等众多行业。

科远股份以二十多年电力行业成熟的自动化和信息化经验，针对火力发电机组自动化的全面需求，不仅提供分散控制系统（DCS）、辅助车间（水、灰渣、煤、脱硫和空调）程序控制系统、热控盘台柜箱盒、工业电视监控、变频控制、到厂级监控信息系统（SIS）、虚拟 DCS 仿真系统、分布式能源计量监控系统的热工自动化完整产品链，而且提供从方案设计、产品供货、现场调试和技术培训在内的热工自动化完整服务链，为电力企业提供全套的自动化完整解决方案。

科远股份产品与解决方案应用于电力、化工、建材、冶金、煤矿、船舶、机械制造、汽车、市政、石化、新能源、智能家居、医疗、环境保护等众多行业。其中在电力、化工、冶金、建材等行业已取得市场领先地位，拥有 3000 多例成功项目经验，与大唐、华电、国电、国电投、国信、神华、浙能、华润等多个大型电力集团保持良好的合作关系。业绩遍及东南亚、非洲、南美洲、东欧等数十个国家和地区。

大唐南京发电有限公司是国内首座城市环保示范电厂，该公司新、老机组 DCS、辅助车间控制系统、管理信息系统、电动执行机构、仿真系统、凝汽器在线清晰机器人等均采用科远股份产品，是科远股份数字化电厂建设的代表之一。

科远股份还为苏龙电厂提供全厂管控一体化完整解决方案，涵盖 DCS、DEH、辅助车间控制系统、信息化、仿真系统、凝汽器在线清洗机器人等科远股份所有电厂自动化与信息化产品与服务。

神华国华舟山发电有限公司 4 号 350MW 超临界燃煤发电机组工程是国内首台全面达到天然气机组排放水平的燃煤火电机组，并成为国家燃煤机组首台"近零排放"示范项目。该工程机组 DCS 控制系统及 APS 技术均由科远股份提供，是 NT6000 分散控制系统又一个成功示范项目。科远股份成功完成了超临界机组 APS 功能的开发、调试与应用，APS 功能机组自动启动过程，设置冷态启动、温态启动、热态启动、极热态启动四套程序，并且冷态启动只设置三个断点，自动化程度达到国内领先水平。NT6000 分散控制系统在整个调试、投运过程中以卡件"零故障"，展现了国产 DCS 的高度安全性、可靠性。

国信淮安盐化工园 2×475MW 级（9F 级）燃机 DCS 项目是国产 DCS 在 9F 级燃气-蒸汽联合循环机组 DCS 的首次突破。代表中国 DCS 技术实现的燃气-蒸汽联合循环发电的最高端的应用。此外近年来，科远股份持续在重型燃机控制 TCS 系统国产化上加强投入，并分别与北京华清燃气轮机与煤气化联合循环工程技术有限公司、中国科学院工程热物理研究所等单位开展联合研发和调试，共同致力于重型燃机控制的研究与开发。通过不断努力，已经在控制逻辑算法的研究、仿真测试、试车台验证、示范电站建设等方面取得重大突破。

（3）市场定位及战略走向

在"中国制造 2025"的国家战略号召下，科远股份结合了高校、电厂及自身技术研发和积累等基础上提出了新的电厂概念——"智慧电厂"。"智慧电厂"就是在数字化电厂的基础之上，利用互联网、物联网、人工智能、大数据分析、云计算等信息化、虚拟现实等技术，对电厂系统和数据进行深入挖掘，最终达到更安全、更高效、用人更少、更绿色、更盈利的智能化生产运营。

科远智慧电厂技术架构分为三个层面：智慧管控层、智能控制系统层及智能设备层。

智慧管控层，构建三维可视化虚拟电厂，实现数字化移交。管道碰撞校验、准确核算桥架、电缆、保温等材料数量，避免现场窝工及浪费。可视化培训系统，提高运行人员对工艺和设备更直观的了解，精确的设备模型拆装，提高检修水平。智能煤场可以实现无人值守，减少人力，煤场的可视化、集中监控、为电厂在燃烧优化提供基础。智慧管控中心为不同管理人员提供管理驾驶舱、对标管理、上网竞价等辅助决策系统，为电厂生产提供生产运营的实时分析和预判，帮助企业实现绩效的科学管理。安全是电厂管理永恒的主题，基于物联网＋的安全生产管理系统进一步提高了电厂的安全生产管理。

智慧控制系统层，在线仿真系统结合实时数据对运行进行更好的指导。结合 CFD 模型、三维可视化的锅炉防磨防爆系统；基于 TDM 之上的，利用大数据分析、人工智能、专家系统的旋转机械故障诊断系统；基于数据分析和人工智能运行故障诊断和事故预报系统；提高机组可靠性，保障设备的安全运行，减少非停。完整的燃烧优化方案，结合锅炉 CT、一次风测量与调整、CFD 技术，给电厂运营带来了更高的经济性，同时降低了排放。

智慧设备层，完整的智能厂区方案，全自动立体化的智能仓储系统，凝汽器清洗机器人，锅炉 CT，一次风浓度测控设备，这些都和我们的系统很好的结合，形成了一套完整的系统，在电厂运营中发挥重要作用。其中开式循环水机器人平均节约煤耗 1.5g。

随着时间的推移，新技术水平的提高，智慧电厂的功能也会不断地增加和丰富，它将继续用先进的技术服务于电厂，让发电企业高效运转，更加安全、高效、绿色、智能，为最终实现两化融合、中国工业 4.0 的宏伟目标而不断努力。

当前，全球范围内掀起了一场自动化、信息化与数字化浪潮，包括美国的再工业化、德国的工业 4.0 以及我国的"中国制造 2025"战略，而科远股份作为国内领先的工业自动化与信息化技术、产品与解决方案供应商，一直坚持利用技术创新打造企业核心竞争力。

基于此，科远股份在专注于工业自动化与信息化业务的同时，通过对行业发展的前瞻性判断并结合公司的竞争优势，将"智能制造、工业大数据、绿色制造"作为战略发展主轴，围绕工业 4.0 进行战略布局，在经营决策层、控制层和设备执行层结合自身产业技术优势，将公司打造成为国内领先的整体数字化企业平台解决方案提供商。

在战略层面，科远股份制定了具有公司特色的市场战略和产品战略。其中，市场战略如下。

① 流程工业领域：增量市场方面利用产品的性价比优势及市场渠道优势持续扩大市场占有率；存量市场方面利用产品的创新性优势及客户关系优势持续挖掘客户购买潜力。

② 离散工业领域：秉持"解决方案产品化"的市场推广策略与"科远慧联制造平台"的创新性，提升为客户提供整体解决方案的能力，进一步打造智能制造示范项目，逐步帮助客户完成从工业 2.0 向工业 3.0 过渡，并培育工业 4.0 市场。

③ 跟随"一带一路"，做好国内市场的同时，积极拓展海外市场。

产品战略如下。

① 加强产品底层关键技术、核心技术及行业应用技术的研究、攻关和突破。

② 应用为本，产品为相；需求为体，技术为用。持续推进产品经理制度，优化老产品，规划新产品，成为行业引领者。

③ 软件与硬件并举，产品和服务并重。

④ 围绕机器人＋人工智能两条技术主轴，通过外延式并购寻求产品应用领域的"出海口"与创新着力点。

未来科远股份将继续奉行"以技术为后盾，产品为基础，行业解决方案为中心"的经营理念，充分发挥产品链的集成优势，坚持从行业进行突破，为客户提供自动化和信息化整体解决方案，最大限度地满足客户对整体解决方案和一站式服务的需求，形成独特的竞争力。

1.4.7　北京安控科技股份有限公司

（1）基本信息

北京安控科技股份有限公司（简称"安控科技"）创建于 1998 年。作为自动化领域创新产品和行业智慧解决方案提供商，公司自动化产品在研发、生产、销售、系统集成和技术服务上均有较大突破，在石油天然气、城市燃气、供热、水务等行业稳步增速发展。

依托安控科技在油气行业积累的丰富经验，在提供井口、站控、管输全方位油气田自动化业务基础上，积极探索油气田上下游业务的扩展，开展了液压举升、随钻测量、油气撬装等油气装备的研发制造和技术服务，进一步完善了公司在传统油气服务业务的布局，为打造油田综合服务体迈出了坚实的一步。同时目前公司已进入粮食储运信息化、智能化领域，与河南工业大学签署战略合作协议，共同开展粮情检测决策分析云平台联合研究室建设，并为客户提供完整的粮食行业智慧化信息应用产品、解决方案与服务，成功布局智慧粮库业务。另外公司尝试参与污水处理和垃圾处理的智能化改造项目，为客户提供综合治理方案，采用智能技术去提高治理的效果。

（2）主要产品及行业应用情况

① SuperE60 系列 RTU 产品。采用先进的 32 位处理器和高效的嵌入式操作系统，具有多种配置和可选功能的模块化 RTU。可根据用户的实际需求，在不同领域设计开发成各种控制系统。整个系统功能强大、操作方便、集成度高，不仅能完成数据采集、定时、计数、控制，还能完成复杂的计算、PID、通信联网等功能。其程序开发方便，可与上位机组成控制系统，实现集散控制。产品特点如下：采用 32 位处理器，嵌入式实时多任务操作系统（RTOS）；模块化设计，易于扩展，可多站协调工作，组建复杂系统；经济可靠、有功能强大的通信接口，支持 Modbus RTU/ASCII、ModbusTCP、DNP3 等通信协议，具有 RS232、RS485、Ethernet 等通信接口；符合 IEC61131-3 标准，支持 LD、FBD、IL、ST、SFC 五种程序语言；先进的冗余/容错方式；工作温度 $-40 \sim +70\,^{\circ}\mathrm{C}$，工作湿度 $5\% \sim 95\%$ RH，适应各种恶劣环境；通过 CE 认证，达到 EMC 电磁兼容 3 级标准。

② SuperE32 L60x 一体化系列 RTU。是面向工业现场信号采集和对现场设备控制的通用一体化 RTU。与同类 RTU 相比，具有更大的存储容量、更强的计算功能、更简便的编程与开发能力、更强大的通信组网能力和卓越的环境指标特性，能够适应各种恶劣工况环境。产品特点如下：采用 32 位处理器，嵌入式实时多任务操作系统（RTOS）；一体化模块

设计，集成 AI、AO、DI、DO、PI 等 I/O 通道与 RS232、RS485、Ethernet 等通信接口于一身，适用于多种有线和无线网络；符合 IEC61131-3 标准，支持 LD、FBD、IL、ST、SFC 五种程序语言；支持 Modbus RTU/ASCII，ModbusTCP、DNP3 等通信协议；工作温度－40～＋70℃，工作湿度 5％～95％RH，适应各种恶劣环境；产品通过 CE 认证，达到 EMC 电磁兼容 3 级标准。

在国内率先开展研究并实施数字化油气田管理和建设模式，开创了中国陆地石油开采领域规模最大、国产化率最高的油田自动化、数字化管理系统的新纪录。安控科技提出了第一套国产油气田自动化整体解决方案并实现其产品化，ECHO 5000 系列油气田生产自动化产品，填补了我国在该领域的空白。彩南油田：国内第一个百万吨级沙漠整装自动化油田，成功替代进口产品应用；莫北油气田：国内第一个国产化沙漠整装自动化油气田自动化控制系统建设项目；陆梁油气田 SCADA 系统：我国新世纪第一个亿吨级储量的沙漠整装油气田。

（3）市场定位及战略走向

安控科技作为我国 RTU 领域的领军者，围绕"中国制造 2025"智能制造为主攻方向，以工业互联网和自主可控的软硬件产品为重要支撑，积极布局并不断向智慧产业拓展。

2015 年 9 月 8 日，安控科技与西安交通大学签署协议成立"物联网测控技术研究中心"，致力于加快科技成果向生产力转化，实现科技与产业的融合发展；2015 年 7 月 17 日，安控科技与粮食行业里的"黄埔军校"——有"亚洲粮院"美誉的河南工业大学签署战略合作协议，以期为我国粮食信息化发展做出新的成绩。"智慧粮库"是安控科技目前正在积极推进的一个智慧产业项目，能精确采集粮食存储过程中的信息，实现以任务驱动为核心的粮库信息化经营管理模式，对粮食仓储企业进行科学、高效、低成本、绿色生态的管理。

在市场发展方面，安控科技是国内油气开采领域自动化龙头企业，其 RTU 产品占据油气井口市场 45％以上的份额。上市以来，公司从传统的油气和环保领域向上下游延伸完善，并布局智慧产业；产品方面由 RTU 系列产品向专用产品链延伸完善，会陆续推出低功耗 RTU、视频 RTU、SuperE60 系列产品，从而满足日益提高的安全化和信息化的现场应用要求；服务方面则从较为单一的施工、集成、运维等转向增值服务，并增强软件方面的实力，以期为用户提供更全面的服务。

安控科技将在巩固和加强自动化行业领先优势的基础上，利用上市公司的优势，以自动化、信息化技术为基础，通过资本驱动，加大技术创新力度和加快产业链上下游资源的整合；在自动化、油气服务、智慧产业业务领域，为客户提供具有自主知识产权的、有竞争力的的产品及解决方案。

安控科技油气服务业务将依托公司在油气行业积累的丰富经验，通过服务能力建设和提升，为客户提供工程项目设计、地面建设、装备制造、油井技术服务、水处理等相关业务，实现从油气生产产业链下游向上游的拓展，从提供低端、单一服务延伸到高端、综合服务，打造油气服务综合服务体。

安控科技智慧产业业务将利用和发挥公司在自动化、信息化、物联网等信息技术领域的创新优势和业务整合能力，选择智能化需求迫切且自动化、信息化有很大发展空间的领域（粮库、城市能源、综合管廊、环保、楼宇等），为客户提供行业自动化、信息化产品和解决方案、系统集成和服务，参与相关产业智能化改造与运营，成为集商业模式、产品、运营服务结合的综合服务提供商。

1.5 产业政策要求与发展预测

2017 年是我国实施"十三五"规划、推动供给侧结构性改革的关键之年，在去产能、去库存、降成本等方面将进一步取得超预期的效果，补短板力度会加强，关系国计民生和培养经济增长新动能的重大工程和基建投资将会加速推进，成为稳增长的主要力量。2017 年，国家将加大去杠杆力度，民间投资受制于转型升级、缺乏市场动力、融资渠道不畅等原因将继续下滑，企业高债务率加大了债务违约的风险，行业各企业都将存在回款难度加大和回款风险加大等问题。

2017 年，"互联网＋工业"继续向纵深推进，工业领域依托大数据、云计算、机器学习、人工智能等先进技术手段的技术创新活动日趋活跃，工业生产更加依赖科技创新和效率提升，高技术产业、高端装备制造将快速增长，传统产业持续改造重组。各工业跨国巨头如GE、艾默生、西门子、施耐德等公司纷纷完成工业领域的业务并购及重组，加大对工业自动化软件分析领域的投入，以期在中国工业自动化、工业化、信息化、智能化的转型升级中继续保持强劲的竞争优势。

2017 年，在工业自动化领域，火电、水电基建投资继续呈现下降趋势，化工中小企业去产能力度加大，核电、风电、光热发电投资将呈上升趋势。电力、石化、化工等重点应用领域先进控制技术优化、围绕用户体验的竞争深度加剧。

章后语

在本章付梓之际，作为笔者的我们，第一次参与《中国自动化产业发展报告》的编撰，感到惶恐与不安，希望读者能拨冗指正，以便我们在下一版的编撰时，文稿更加贴近、符合产业的现实与未来。同时特别要感谢卢川等作者以及 MIR 睿工业，正是你们的支持与帮助，使得文稿能得到完整与落地。

第 2 章
仪器仪表

第
2
章

2.1 仪器仪表产业发展概况

2.1.1 产业发展历程

（1）国家把仪器仪表产业的发展放在了举足轻重的地位

现代社会的显著特征是信息技术已经成为推动科学技术高速发展的关键技术。而信息技术主要包括测量技术、计算机技术和通信技术。测量技术是信息技术的先导、基础和源头。不难得出这样的论断，仪器仪表行业的发展在当今信息时代对于推动科学技术和国民经济的发展具有决定性的地位。

正由于仪器仪表产业的重要作用和地位，近十几年来国家采取了一系列重大措施加快其发展。

2001 年 3 月，在七届四次全国人大会议上，第十个五年计划纲要明确提出把发展仪器仪表行业放到重要位置，国家计委、经贸委、科技部等各部委都又将仪器仪表行业发展列入了许多专项，调用大量经费扶持仪器仪表行业的飞速发展。

2005 年，国家发改委出台了加快振兴装备制造业的若干意见，在各行各业中选出 16 项重点发展领域，其中第 11 项即重大工程自动化控制系统和精密测试仪器。

2006 年，国家中长期科学与技术发展规划纲要中，支持了多项测量控制系统和仪器仪表发展项目。

2008 年 4 月，科技部、发改委、教育部和中国科协联合制订了关于加强创新方法工作的若干意见，在全国正式开展技术创新工作，首当其冲的就是仪器仪表的技术创新。

在国家航天科技发展计划中，也把仪器仪表与测量控制系统的发展放到了相当重要的位置。

（2）行业发展概况

在 21 世纪过去的若干年中，我国仪器仪表行业的发展比较迅速，但不是发展最理想的，可以叙述为发展相对比较平稳。

到 2011 年止，我国仪器仪表行业已连续四年增长率 20% 以上，即四年中年增长率均在 20%～27% 之间，体现了仪器仪表行业的高速、平稳发展。仪器仪表行业的一个突出问题就是进出口逆差较大，而且是机械工业 13 个行业里逆差最大的一个。2011 年以后，我国仪器仪表行业虽然仍基本上维持大体增长的态势，但增长率明显放缓，均处于 20% 以下，年增长率下降到百分之十几甚至百分之几。其中 2012 年还处于负增长状况（增长率为 -9.6%），而 2013 年增长率为 17.6%，2014 年增长率为 6.6%，2015 年增长率为 6.2%。

37

经过近二十年来的建设与发展，我国仪器仪表产品在各行各业中已经应用相当广泛，初步形成了产品门类品种比较齐全，具有相当生产规模和一定开发能力的产业体系，成为亚洲除日本以外当之无愧的第二大仪器仪表生产国。庞大的国内市场，是支撑中国仪器仪表产业的坚强后盾。

"十二五"期间，我国仪器仪表行业已经连续八年保持了经济高速发展的态势。在全球受金融风暴影响，各行各业经济进程有所放缓的情况下，我国仪器仪表行业的增长态势并没有改变。这里可能主要有三个原因：一是国内市场庞大；二是国家的经济仍然处于高速发展状态；三是国家降低增速的宏观调控政策对仪表行业的影响会有一个滞后，这是因为仪表通常在工程后期才交付使用，因此，因宏观调控政策而减少的投资对目前仪表行业的影响不会太大。而庞大的国内市场是支撑中国仪器仪表产业发展最为关键的原因。

综合国家统计局及海关等方面数据统计，2014年我国国内仪器仪表产品产值规模为8904.48亿元。

2015年，仪器仪表大行业中20个小行业，规模以上企业共计4321家，实现主营业务收入9378亿元，换算为产值大约9500亿元。产值维持了增长势态，但未达到"十二五"规划"行业产值达到或接近万亿"的预期。营收同比增幅6.2%，增幅创本世纪以来新低，且营收增幅首次低于GDP增幅。全年利润总额为824亿元，增幅5.36%，低于主营收入增幅0.84个百分点，也创历年新低。使得在这方面的成效更远离《仪器仪表行业十二五发展规划》中明确要求的到2015年，年平均增长率为15%左右的宏伟规划。

从小行业具体情况分析大致如下。

第一，随着国家对民生问题关注度的极大提高，对食品安全、药品安全、突发事故的检测报警、对环境和气候监测等相关的仪器仪表的要求源源不断的出现。受水、土、气环境监测类产品以及制药、食品等产业卫生监控产品需求拉动，实验分析仪器达到增幅13.86%，增长比较突出。

第二，需求疲软集中在两个以往情况较好的领域：一是与传统流程工业有着密切关系的工业自动化仪表与控制系统；二是特别受房地产业影响的电工及供应类仪表，二者约占全行业产销的50%，其同比负增长拉低了整个行业境况。工业自动化仪表与控制系统、电工及供应类仪表、光学仪器同比增幅低于大行业。虽实验分析仪器两位数增幅，但由于其占比不大，不足以抵消整个行业下行的影响。

第三，国家出台的十大振兴规划中，纺织、轻工业、钢铁、船舶等都提到了设备对自动化和智能化的要求。此外，风电、核电、智能电网、高速列车和轨道交通等产业对仪器仪表来说都是巨大的市场增长点。仪器仪表作为知识密集、技术密集型产业，是多学科的综合体，是高端制造装备的不可或缺重要组成部分。可惜的是最近几年仪器仪表行业在这些方面并没有显著进展，关键原因在于行业自身开发能力始终不足。

从经济类型上看，民营企业依然是行业发展的中坚力量，三资企业2015年首次出现营收、利润同比的双双负增长。此外，全行业亏损企业数从年初的1307家下降到526家，亏损面逐步收窄。

仪器仪表行业发展中最严重问题是我们虽然在数量上有明显的发展，但在产品质量的稳定性和可靠性上则一直存在问题，长期地严重制约着我国仪器仪表行业的发展。

（3）仪器仪表产品在技术上依托高科技逐步成为发展的主流

高科技化已经是仪器仪表产品过去若干年来发展的主流，也必然成为今后仪器仪表科技与产业的发展主流。20多年来，计算机技术、微电子技术、互联网技术、纳米技术、激光技术、超导技术和生物技术等一大批高新技术得到了长足的发展。使得仪器仪表产品灵敏度更高、速度更快、稳定性更强、使用更方便、成本更低廉，使得仪器仪表产品在功能、性能上都发生了飞跃的变革。

现场总线的应用，新型智能模块和智能信息处理技术的加入，使得仪器仪表发展历程出现了重大转折。

仪器仪表应用领域的拓展，尤其非传统应用领域的进一步拓展，为仪器仪表行业的发展带来了全新的面貌。

仪器仪表产品的总体发展趋势是六高一长和二十化，即仪器仪表将朝着高性能、高精度、高灵敏、高稳定、高可靠、高环保和长寿命的六高一长的方向发展。新型的仪器仪表与元器件将朝着小型化（微型化）、集成化、成套化、电子化、数字化、多功能化、智能化、网络化、计算机化、综合自动化、光机电一体化；在服务上专门化、简捷化（便携化）、家庭化、个人化、无维护化以及组装生产自动化、无尘（或超净）化、专业化、规模化的二十化的方向发展。其中占主导地位的是数字化、智能化和网络化。

仪器仪表产品向更高层次的进化，还体现在节能、环保方面。

节能降耗、减少排放和低碳经济是各国长期发展的大趋势，这一趋势也带动了一大批新产业飞速发展，例如，风电、核电、智能电网、高速列车和轨道交通等，同时对仪器仪表行业的发展也带来不可估量的推进作用。要在各个领域切实实现节能减排的目标，毋庸置疑，就必须对耗能、排放等过程进行精确数据采集、计量、分析，并进行实时监测、控制，这不仅给仪器仪表产品的拓展、给仪器仪表行业的发展带来前所未有的机遇，同时，反过来，这些节能降耗减排仪器仪表产品的应用又对节能降耗减排的大业起到了无比高效率的推进作用。

（4）政策扶持仪器仪表行业顺利发展

近几年，国家出台的一系列关于工业经济发展的调整战略政策中，对于仪器仪表行业的扶持政策一直在进行，这些政策中如不予免税进口商品目录中关于仪器仪表类别的大调整，又如《关于加快推进信息化与工业化深度融合的若干意见》、《国家中长期科学和技术发展规划纲要》、《国务院关于加快振兴装备制造业的若干意见》、《中国制造2025》、《关于加快培育和发展战略性新兴产业的决定》、《关于组织实施2013年智能制造装备发展专项的通知》、《加快推进传感器及智能化仪器仪表产业发展行动计划》、《战略性新兴产业重点产品和服务指导目录》、《"十三五"国家科技创新规划》和中国工程院"制造强国战略研究"咨询项目——仪器专业领域课题组工作的启动等。可以毫不夸张地说，自1986年863计划以来，仪器仪表行业一直是国家政策大力扶持的宠儿。

（5）仪器仪表行业发展的模式

仪器仪表制造工业的发达是任何一个工业强国的根基。对于向工业化强国奋进的中国，如何发展好仪器仪表产业至关重要。

从国际仪器仪表产业发展模式说，不外两种模式：一是以本国资金和技术为主，二是以外资及其技术为主。工业发达国家一般采取第一种模式，而发展中国家由于条件所限只能够采取第二种模式。

目前的现状是外资大举进入国内仪器仪表行业，新一轮的特点是以外方独资和绝对控股的形式为主，并逐步并购吞并我国优良企业。与此同时，仪器仪表进口还大幅度激增。这种严峻局面，挤兑国内仪器仪表企业局限于中低档产品为主，个别行业中领军企业已在某些高技术领域取得一些突破进展，但无力全面抗衡国外产品垄断的局面。

中国仪器仪表行业要想突破国门，在世界仪表行业占据一席之地，可以说任重而道远。

总而言之，我国仪器仪表行业是以"量"取胜，而国外企业则是以"质"取胜，今后还须努力。

2.1.2 国内外产业现状

（1）国内仪器仪表产业现状

随着科技的全新发展，市场对仪器仪表检测的精度、稳定性、可靠性等的要求也越来越高，仪器仪表行业面临着新的发展时期。

由于仪器仪表行业对于我国国民经济发展具有重要作用，在市场需求刺激和国家政策扶持双重作用下，近些年来国家对我国仪器仪表行业投资增速一直维持在一个较高的水平，增长率几乎都在 20% 上下。

随着我国"十三五"规划的深化发展，随着"中国制造 2025"、产业互联网、大数据等规划的大力推进，仪器仪表行业的发展也紧随着进入了网络化、智能化特征的新的发展期。按照规划，我国仪器仪表行业将向着先进自动控制系统、大型精密测试设备、新型仪器仪表及传感器三大重点方向奋进。近年来，随着政府对人民身体健康和生活质量的高度关注，包括雾霾的加重、食药监的改革、阶梯式水价推广等，刺激了环保监测仪器行业、食品医药监测仪器等行业的快速发展。

但是由于近些年（2011 年后）我国在仪器仪表行业在自身发展模式上始终不能够摆脱由"量"的发展模式到"质"的发展模式的变化，整个行业增长率不但不再继续增长反而逐渐下滑，这是一种值得严重关切的趋势。

（2）国外仪器仪表产业现状

由于各个国家发展的差异性，对于国外仪器仪表行业的分析并不一定需要关注别国的具体产值、增长率等经济指标的变化情况，而关键在于研究、学习他们发展变化的趋势与特点。

进入 21 世纪以来，国外仪器行业发展呈现以下特点。

① 新技术普遍应用

目前国外在开发、生产仪器仪表产品过程中普遍采用专用集成电路（ASIC）、数字信号处理（DSP）、电子设计自动化（EDA）、计算机辅助制造（CAM）、表面贴装技术（SMT）和计算机辅助测试（CAT）等许多最先进的技术。

② 产品组成发生革命性变化

在产品的开发上更注重新技术的应用与系统集成，不仅着眼于模块、单机，更注重系统硬件、软件集成以及产品的软化。随着各类仪器运用上了 CPU，实现了数字化后，更在软件上投入了巨大的人力、财力。新一代的仪器仪表归纳成一个简单公式，即：仪器＝AD/DA＋CPU＋软件。

③ 产品开发准则发生巨大变化

从技术驱动逐步转为市场驱动，或者说从供方市场逐步转化为需方市场，即从原来一味追求产品的高精尖转为提供给定制用户产品的恰到好处。产品开发准则的另一变化是收缩方向，把原来为供方市场提供多型号、多规格产品的精力，集中在为客户提供优质产品最大限度满足用户需求的技术优势和优质服务上。

④ 注重专业化生产而不再是大而全

开发与生产过程都突出采用目前最前沿技术,如生产线上采用以 GP-IB 仪器组建的自动测试系统等。

与国外仪器仪表行业比,我国仪器仪表行业技术水平的发展,还存在相当大的差距。

(3) 我国仪器仪表行业发展水平在国际上比较是比上不足比下有余,还须花大力气赶超国际先进水平

仪器仪表行业由于无论国内国际市场需求普遍地不断扩大,以及人类生活水平提高对于仪器仪表产品的必需性的依赖,已经非常明显地体现出其行业超前发展的战略意义,已经成为国际社会各个国家重要的国际性战略行业,并不断致力于争相展现其更高的技术水平及产品高科技特性。

2011 年进入"十二五"发展阶段以来,我国仪器仪表市场虽然与国外仍然存在很大差距,但从未停止其发展的脚步。特别是近年来发展绿色产业、采用新能源以及强调重视生态环保等要求,出现许多新兴产业,为仪器仪表的创新型发展提供了充足的源泉。新兴产业的快速发展,带动了仪器仪表行业,智能化技术的进一步深化应用也让仪器仪表行业向技术高端制造业逐步转型。

我国仪器仪表行业发展有一些情况,值得我们认真关注。

① 中国仪器仪表行业的发展水平与发达国家相比至少有 10~15 年的差距,但在发展中国家里,我国是仪器仪表行业市场最大、规模最大、门类品种最齐全、综合实力最强的一个国家。

② 我国的仪器仪表需求量很大,按市场需求量考察是发展最快的国家之一。世界上仪器仪表的增长率是 3%～4%,而我国已连续多年实现 20% 上下的年增长率,有的产品已经占据了全世界市场的十分之一。

③ 我国仪器仪表行业在目前是直接与外商竞争的行业,外资在华已进入第三阶段。第一阶段外资是以合资和技术输出为主;第二阶段是在 20 世纪 90 年代前后,外资从合资为主转成控股为主;目前已进入到第三阶段,外资则已经发展到以独资和兼并我国优秀企业为主的状态。外资进入国内行业有利有弊,如何趋利避害,是国内行业发展必须认真研究的问题。

④ 一些中低档产品已具有规模优势和国际市场竞争力。如普通数字万用表等产品占了世界很大销量,家用电度表生产销售能力占到世界的 50%。我国目前已成为电度表、水表、煤气表、温度计、压力表、显微镜、望远镜、光学元件等产品的生产和出口大国,集装箱检测设备等高档产品的出口也开始取得一些突破。

⑤ 国内更多仪器仪表产品,尤其是中低端产品产能过剩以至于产品价格每况愈下的问题日益严重,必须靠技术创新走出这个困境。

对于国产产品的技术现状,我们可以做如下评述:

我国仪器仪表产业主要集中于中低端产品,国际上大部分高端、尖端产品市场几乎被跨国公司占领,对于高端仪器仪表产品来讲,我国还比较薄弱,处在发展水平。即使已经面市的一些高端仪器,其核心技术及产品售后服务等仍然停留在较低水平,落后于发达国家水平。在这种背景下,国家把仪器仪表行业列为"十二五"和"十三五"规划重要位置有着重要的战略意义。

（4）国产产品的标准化及底层硬件、软件基础开发将推动仪器仪表行业发展

我国企业在研发新产品过程中，往往陷入一个怪圈，就是盲目跟风，靠"拿来"技术迅速占领市场。这种开发模式一方面是难于结合中国实际国情，很难满足用户对功能、性能的真实需求，尤其是对产品稳定性、可靠性的需求；另一方面是又没有足够实力在国内市场中占据优势，更没有足够实力跻身国际市场，一时间功能、性能低下的中低端产品充斥市场，全体企业的销售策略就是拼命压价，互相倾轧。

从根本上说，这是由于我国企业在开发产品时缺乏争创自主知识产权和自己品牌推广的长远打算，没有进行足够的市场前期调研，在产品硬件、软件开发上尤其是底层硬件、软件的落地的、精准的开发上没有下够功夫。从开发工作的过程与程序上说，是缺乏制订相应的严格标准来指导产品开发的。

可以说，仪器仪表行业产品的标准化，是提高全行业的标准化水平，提升全行业产品品质、质量的关键，也是我国仪器仪表行业大打翻身仗的必由之路。

业内同行千万不要误解，以为标准制订是项务虚的事情，事实上是：标准制订的背后，是要求开发企业完全按照标准的规范与要求，完全落地地从底层硬件、底层软件做起，进而扩展到软件中间件直到系统应用层面软件进行全面的、彻底的技术开发甚至是创新型技术开发，即完整地基于由原理样机转化为生产样机的各种国际、国家、行业、企业相关产品标准，其中包括：电气安全性、环境适应性（又分为气候环境适应性和机械环境适应性等）、电磁兼容性、可靠性、可制造性、可测性和可维修性等标准的要求，完整地进行硬件详细设计和软件详细设计。其中，硬件详细设计又包括：逻辑设计、时序校核、负载校核、结构设计、PCB图设计、焊装搭试、参数计算、参数调试、功能调试、性能试验、时序试验等。软件详细设计则主要包括：数据流图绘制、信号流图绘制、程序结构设计、模块设计、程序流程框图设计、时序图设计（重点）、编程、功能调试、性能调试、时序调试、参数调试、时序试验等。而且通常应当采用汇编编程语言进行底层程序编制，借助实时在线仿真开发工具监视，深入到底层软件的每条指令的每个状态周期直至每个相位周期等的硬件、软件执行过程对底层开发进行详细入微的考察，直到产品符合标准要求为止。

（5）中国仪器仪表行业的发展还欠缺什么？

国家大力推进节能减排和绿色经济，新兴行业得以迅猛发展，而新兴行业的发展为仪器仪表行业提供了巨大的发展机会。但是在这场已经到来的变革面前，国内仪器仪表企业，尤其中小企业却存在着诸多问题。

国内仪器仪表企业发展与变革到底缺少了什么呢？下面我们从资金、技术、人才、管理四个层面来分析。

① 资金

根据国内仪器仪表行业协会统计，2011年行业利润同比增幅在20%，这个增幅在整个机械电气行业中，也是非常突出的业绩。应当说，从全国宏观而论，我国仪器仪表行业的生态调整，资金不成其为一个重要问题，关键出在人的思路上。中国历来奉行"拿来"主义，不仅技术"拿来"，甚至连传感器、元件器件、IC芯片、功能模块全"拿来"，尤其底层硬件、软件，要企业自己开发，很多企业领导会觉得那是费力不讨好，"又费马达又费电"，不体现经济效益，不愿意下功夫去做，这才是问题的根源，其实与资金紧张不紧张基本无关。

② 技术

从技术角度考察国内仪器仪表行业，事实上是我们行业在传感器、基础元件器件、IC芯片、智能化仪器仪表硬件底层模块、体现智能化信号处理技术的底层软件、中间件的开发等方面不落地，始终是在这些基础件、关键件上长期依赖国外进口，使得我国基础技术水平与国外先进水平的差距越来越大，而仪器仪表产品的成本和利润，都主要体现在这些基础件和关键件上面，使得国内仪器仪表企业长期以来受别国制约，"外国吃肉本土喝汤"的局面长期得不到改变。

2008年全球金融危机以来，各国充分意识到目前世界发展格局已经完全告别以投资驱动、以要素驱动（资源耗尽型驱动）的发展模式，而代之以创新驱动的发展模式。创新才是硬道理。提升仪器仪表行业主导型的竞争力，而不仅仅满足于在国际厂商的旗下分一杯羹，是国内业内企业必须认真思索的问题。

③ 人才

缺高端人才、缺技术蓝领几乎成了仪器仪表行业及整个装备制造行业难以解决的问题。人才问题的积重难返，问题出现在两头。一头是企业很少对人才进行再培养，而是绝大多数用来解决生产过程中繁杂的打杂事务。企业的技术人员长期处于这种应付日常事务的模式，要想人才具备底层技术开发的能力几乎是不可能的。另一头是出在以培养人才为宗旨的高校身上。多数高校对于如何培养具有企业技术开发能力的工程技术人才关心较少，在工程技术适用型人才培养方面，还不到位。

④ 管理

多数仪器仪表企业在管理上对技术重视不够，不规划企业赖以生存的诸如底层硬件、软件等技术的开发。还有不少企业选择的管理模式效用不高，如有的企业选择上市来反作用助推企业的管理进程，或采用购买国外企业产权来助推企业的管理进程，等等。我们之所以不太赞同上述一些管理举措，不是从根本上否定这些办法，而是觉得采用这类模式作为企业管理的出路，很难断定哪种模式真正符合企业需求起到应有效用，这些管理模式很难在短期内看到其推进效用。举例说明，比如购买国外企业产权，把握得好肯定会带动企业向更大效益和更高技术水平推进，但是购买国外企业产权绝大多数情况下并不可能全盘掌握其技术，尤其是核心技术，这是国内外有太多事例和经验教训的。所以我们认为最为稳妥、最为彻底的管理模式是企业自己规划并实施最落地的底层技术开发，而以最稳妥、最彻底的管理模式来保障其成功。当然，这种管理路子是非常艰难的。

此外，在仪器仪表行业发展的管理理念方面，把"好"置于"快"之先，注重产品质量和服务质量并举的理念，才是最有前途的。

2.2 行业应用状况

2.2.1 行业结构分析

中国仪器仪表行业所生产产品，几乎涉及国民经济建设的任何一个方面，大到各行各业生产监测中的应用，小到机关、单位、医院、学校、公共场所乃至家庭的日常应用，无一能够离得开仪器仪表的应用和服务。就国民经济建设主要行业来说，应用仪器仪表规模最大、种类品种最多的要数：电力行业、石油行业、化工行业、冶金行业、造纸行业、建材行业以及市政建设方面的应用。

下面我们仅以仪器仪表在电力行业、石油石化行业等方面的应用状况加以说明。

2.2.2 电力行业应用状况

国内电力行业应用的仪器仪表包括通用仪器仪表大类中的电工仪器仪表类的产品和专用仪器仪表大类中的供应用仪表中的电能表产品。主要包括：电能仪表、自动抄表管理系统、数字式电表、安装式指示测量仪表、实验室及便携式直接作用指示电表、交直流电测量仪器、电力负荷管理系统、电磁参数测量仪表、电磁参数分析与记录装置、配电系统电气安全检测与分析装置、电源装置、标准与校验设备、扩大量程装置、电力自动化仪表及系统、非电量电测仪表及装置、其他电工仪器仪表产品等。

我国应用于电力行业的这两大类仪器仪表产品，经过业内企业近 60 年的艰苦奋斗，已经较其他类型仪器仪表更早发展成为在国际有一定影响力的、具备全球规模的产业集群。其中电能表、便携式数字万用表等产品的产销量居世界第一，成为国产率最高的行业之一，目前出口率远超 15%。

电力系统对仪器仪表产品需求量约占电工仪器仪表产品市场的 80% 以上，对电工仪器仪表产品的需求起着决定性作用。尤其自 2009 年国家全面启动智能电网建设以后，对于智能仪表提出了更高的要求，不少智能化新产品成为实现智能电网信息化、自动化、互动化的关键装置，大大推动了电力行业的空前发展。

有资料反映，根据对目前国内的电工仪器仪表产品需求量及价格走势的预测，发现国内许多种类电工仪器仪表产品生产能力已严重过剩，全行业处于微利状态。但一些高技术含量产品的性价比与老产品相比将有明显的竞争优势。

目前在智能电网中智能电力仪表的应用增速较快。智能电力仪表经过近十几年的不断研发、改进，逐步趋于成熟。精度、通信手段等性能逐步得以提升，稳定性逐渐趋好。智能电力仪表在智能电网中的应用越来越广泛，必将为推动智能电网建设作出可喜贡献。

智能电力仪表市场主体由国外企业和国内企业形成的三部分企业组成。

第一部分企业主要是国外知名电力仪表企业，如 ABB、施耐德（Schneider）、巴赫芬（Bachofen）、柯尔摩根（Kollmorgen）、奥特罗尼卡（Autronica）、索克曼（Socomec）、塔科马（Takoma）、洛克菲勒（Rockefeller）、迪瑞合（Dexerials）、魔贝普拉格（Mobiplug）等。这些国外企业借助其多年品牌优势，在我国智能电力网和电力行业市场占有相当丰厚的份额。

第二部分企业则是国内经营历史比较悠久或产品质量过硬的企业。如：珠海派诺、深圳中电、广东雅达、爱博精电、江阴斯菲尔、上海安科瑞、丹东华通等。

第三部分企业多是国内中小企业，这些企业往往规模较小，多为中低端质量产品，无法与前两者强力竞争。这部分企业数量多。

2.2.3 石油石化行业应用状况

大量的石化工程除了采用常规仪器仪表或智能化仪表如温度、流量、压力、压差、液位等仪表和自动化系统外，由于组成原油的主要元素是碳、氢、硫、氮、氧，而含硫、氧、氮的化合物对石油产品有害，在石油加工过程中需尽量去除，这就使生产加工过程中对于一氧化碳、二氧化硫、硫化氢等毒性气体和苯、醛、酮等有机蒸气的检测分析与控制仪表显得非常重要。此外，在石油生产过程中对可燃气体氢、氧等环境气体泄漏检测也异常重要。据估计平均每万吨成品油生产就需用气体检测仪器仪表及压力校验仪约 40 台（套），其中可燃气体 20 台（套）。以目前成品油约 4 亿吨的年产量计算，气体检测仪器仪表年需求量约在 160 万台（套），其中可燃气体检测仪器约 80 万台（套）、毒性气体检测仪器约 40 万台（套）、其它有机蒸汽及气体分析设备等 40 万台（套）。而各类油气站对可燃气体、一氧化碳、二氧化硫、硫化氢等毒性气体和苯、醛、酮等有机蒸气检测的气体检测器需求量也很大。

国内石油石化产品需求保持稳步增长的同时，对石油石化产品的质量、品种等也将提出更多和更高的要求。这些高要求的结果，几乎都归结到对于仪器仪表在品种、规格、数量与质量更高标准的要求上，所有这些又大大促进了仪器仪表的高度发展和高速发展。从石油石化行业对于仪器仪表要求的变化可以归纳为两个方面：一是在供给数量上突飞猛进的变化，一是对于仪器仪表高精度、高稳定性和高可靠性方面更加严苛的质量要求。

2.3 产业重点企业分析

2015 年仪器仪表行业 20 强评选结果公布，排序依次是：

①华立仪表集团股份有限公司　　　　⑪江苏苏净集团有限公司
②江苏林洋电子股份有限公司　　　　⑫安徽天康（集团）股份有限公司
③德力西集团有限公司　　　　　　　⑬鞍山自控仪表（集团）股份有限公司
④重庆川仪自动化股份有限公司　　　⑭中国电子科技集团公司第四十一研究所
⑤吴忠仪表有限责任公司　　　　　　⑮浙江天煌科技实业有限公司
⑥上海自动化仪表股份有限公司　　　⑯南京万达（集团）有限公司
⑦中环天仪股份有限公司　　　　　　⑰深圳市科陆电子科技股份有限公司
⑧重庆耐德工业股份有限公司　　　　⑱杭州百富电子技术有限公司
⑨威胜集团有限公司　　　　　　　　⑲深圳市航天泰瑞捷电子有限公司
⑩聚光科技（杭州）股份有限公司　　⑳承德热河克罗尼仪表有限公司

从上述排序可以清晰地看到一个现象，即一些私营的、产品相对单一的、技术处于中、低端的仪器仪表企业的活力远强于国营体制的、产品多元化的、技术性极强的、国家战略所依赖的综合性仪器仪表企业。这一现象值得我们每一位自动化界仪器仪表人深思，为什么会是这样？到底应当走一条什么样的道路？是应该把当前、近期效益放在企业发展首位还是应当将长远的技术发展追求放在企业发展首位？为什么在人才、技术、资金、国家政策扶持诸方面都占绝对优势的几大综合仪表基地的典型国营企业反倒跑到了势单力薄的、品种比较单一的私营企业的后面？我们在哪些方面出了问题？

为了弄清楚这些问题，下面我们选择国家大力培育的几大综合仪表基地的几个上榜代表，即排名第④的重庆川仪自动化股份有有限公司、排名第⑥的上海自动化仪表股份有限公司和排名第⑦的中环天仪股份有限公司，将这三个企业的情况罗列出来；再在排名靠前的几个典型私营企业即华立仪表集团股份有限公司、江苏林洋电子股份有限公司和德力西集团有限公司中选择最具典型性的华立仪表集团股份有限公司，也将其情况罗列出来；同时，在国家大力培育的另外几大综合仪表基地如北京京仪集团有限责任公司、西安仪表集团、国家火炬计划承德仪器仪表产业基地、辽宁（丹东）仪器仪表产业基地等仪表基地和仪表集团中，选择颇有代表性的辽宁（丹东）仪器仪表产业基地，也将其情况简述出来。然后我们试图通过对比分析，看看能不能够找出问题之所在。

2.3.1 重庆川仪自动化股份有限公司

（1）基本信息、经营业绩

重庆川仪自动化股份有限公司于 1999 年 11 月成立，它的前身是 1965 年从上海、江苏、西安、南京、辽宁等地 10 多家内迁重庆的厂合为四川热工仪表总厂，后更名为四川仪表总厂，建厂于重庆市江北区。其与上海自动化仪表股份有限公司、西安仪表厂等同是上世纪 60 年代国家重点布局的三大仪器仪表制造基地之一。

其前身四川仪表总厂在 1986 年已经发展到拥有 20 个分厂，职工 8000 余人，其中工程技术人员 1000 余人，建有经营销售服务部和成套技术服务部的大企业。主要生产工业自动化仪器仪表、工业控制机、仪表元件、仪表材料等产品，产品主要为电力、冶金、石油、化工、建材及轻工业、纺织工业服务。

公司经过多年奋斗，到目前先后荣获全国首批"创新型企业"、全国首批"质量标杆企业"、"国家信息产业基地龙头企业"、"国家高技能人才培养示范基地"、"重庆工业 50 强"、全国"五一劳动奖状"、"国家科技进步二等奖"、"中国工业行业排头兵企业"、"全国工业重点行业（通用仪器仪表制造）效益十佳企业"、全国"守合同重信用企业"、"重庆市市长质量管理奖"、"重庆市国企贡献奖"等诸多奖励与荣誉。

在重庆川仪总厂有限公司建设 40 周年的时候，公司在北部新区投资 1 亿多元、占地 262 亩，建成中国四联·重庆川仪仪器仪表研发制造基地。使重庆川仪建成为全国最大的综合性仪器仪表制造基地。

（2）主要行业、主要项目

公司产品主要服务于电力、冶金、石油、化工、建材及轻工业、纺织工业等国民经济支柱产业，并实施多元化战略，积极延伸拓展核电、市政环保装备、城市轨道交通自动化装备等新业务。

主打产品有：FCS 控制系统、智能电动执行器、现场总线仪表与系统等。

（3）市场定位、市场活动、市场占有率

经过多年的发展，重庆川仪自动化股份有限公司现已成为工业自动控制系统装置制造业国内综合实力排名第一的企业，"川仪"品牌被认定为"中国驰名商标"。

近 50 年来，川仪以工业自动化控制系统及仪表、电子信息元器件、电子信息功能材料、成分分析仪器等高新技术产品为主导，为电力、冶金、石油、化工、建材、轻工等领域提供大量成套技术设备及仪器仪表装置，取得非常可喜的经营业绩。2004 年，重庆川仪实现销售收入为建厂初期的 672 倍，年均增长 19%；2005 年大约完成销售收入 16.5 亿元，实现利润 8500 万元。2010 年实现销售收入约 45 亿元、利润总额约 3 亿元。

（4）战略走向

公司业态横跨装备制造和电子信息两大领域，其技术发展水平既体现了国家综合科技实力，也是国民经济可持续发展的坚强支柱。川仪公司规划在国家以高新技术改造传统产业、推进新型工业化、以智能制造实施产业升级的战略布局中，在 21 世纪我国与大国竞争中，为国家建设做出其卓越的贡献。

川仪公司正努力构建体制完备、技术领先、运转高效、管理科学、效益良好的上市公司，打造具有国际竞争力和持续创新能力的全球自动化仪表领先企业。

2.3.2　上海自动化仪表股份有限公司

（1）基本信息、经营业绩

上海自动化仪表股份有限公司是一家以自动化产品制造、工程服务和系统总承包为主要业务的国家大型一档企业。拥有一批生产各类自动化仪表产品的分厂，包括我国第一家仪表制造商——大华仪表厂（成立于 1925 年），以及上海自动化仪表一厂、三厂、四厂、五厂、六厂、七厂、九厂、十一厂、上海远东仪表厂、上海华东电子仪器厂、上海调节器厂、上海转速仪表厂、上海光华仪表厂、上海自一船用仪表有限公司等共计 9 家工厂（制造部）、12 家中外合资企业，下设技术中心、销售公司、进出口部以及 5 家自动化系统工程公司。现有员工 1 万余人。

上海自动化仪表股份有限公司长期作为我国三大仪器仪表制造基地之一，现已发展为中国工业自动化领域同时拥有系统、仪表和执行器产品，国内规模较大、产品门类齐全、结构优良、系统成套综合制造能力很强的工业 IT 企业，上海市高新技术企业，公开发行 A、B 股的股份制上市公司，是"中国 500 家最大工业企业"和"全国工业企业技术开发实力百强"之一。公司各个环节建立了完整的 ISO 9001 质量管理体系，自动化仪表及控制系统是上海市推荐的名牌产品。

（2）主要行业、主要项目

上海自仪长期以来主要服务于火电、核电、轨道交通三大行业。早在 20 世纪 80 年代，公司开始进入核电领域，跻身于商用核电站建设。1996 年上海第一条城轨建设时，上海自仪市政自动化公司就开始踊跃参与。迄今为止，已先后承接并参与实施了上海地铁 5 条线路的信号系统项目工程。

主要产品有工业生产过程控制系统、成套仪器装置和仪表、可编程序控制器（PLC）、不间断电源（UPS）及仪表控制柜、低压电器柜等盘柜类产品。在工业生产过程控制方面的产品有 20 个大类、150 个系列、共计 3000 多个品种，拥有现代工业过程控制所必需的、适应不同层次需要的分散控制系统、调节器、测量、显示、记录仪表以及执行机构、调节阀等各类产品。

该公司目前除了开发、设计、生产制造自动化控制系统、自动化控制成套装置、自动化仪器仪表及其元器件等以及与上述业务相关的机电产品和工艺配套件外，还承接集成自动化仪器仪表及其成套装置的业务，并以工程总承包的方式从事建筑智能化系统工程设计与施工；从事自动化系统设计、集成；提供与上述业务相关的技术服务与技术咨询等。

（3）市场定位、市场活动、市场占有率

上海自仪自成立起步以来，较早定位于电力行业尤其是火电行业的自动化仪器仪表的开发、设计、生产、营销，之后逐步步入多元发展的道路，路子越走越宽广。目前，火电、核电、轨道交通三大行业自动化业务已成为上海自仪快速发展的"三驾马车"。2009 年年底，以上海自仪为主承担的上海市科技攻关《大型先进压水堆核电站数字化控制系统及核级仪表研制》项目通过验收，使上海自仪的核电站常规岛数字化控制系统以及配套的核级仪表跃上了一个新高度。

（4）战略走向

1991 年以后，上海自仪开始大力开发分布式控制系统 DCS 产品。公司在开发 DCS 过程中，非常注意其与 IPC、现场总线的协调、协同工作机理。在开发 DCS 的同时，上海自仪启动了对现场总线技术的研发。通过 10 余年坚持不懈的研发，上海自仪采取引进技术、集成创新与自主创新相结合的路线，在 HART、FF、PROFIBUS 等国际主流现场总线和具有我国自主知识产权的 EPA 工业以太网技术开发上，取得了显著成效，建设了 HART、FF、PROFIBUS 和 EPA 等协议现场总线开发平台和测试平台，研制了基于现场总线的一系列智能仪表，还通过了 HART 基金会、FF 基金会和 PROFIBUS 国际组织的认证测试。

上海自仪将具有自主知识产权的 DCS 控制系统技术与同样具有自主知识产权的现场总线技术相结合，研制了具有多种现场总线集成能力的 FDCS 控制系统。在核心技术积累过程中，重点研究现场总线主站技术、冗余技术和集成技术等关键核心技术，打造具有自主知识产权的全数字化现场总线控制系统。

2.3.3 中环天仪股份有限公司

（1）基本信息、经营业绩

中环天仪股份有限公司是原天津天仪集团仪表有限公司，于 2009 年 1 月 1 日正式更名。是我国仪器仪表行业中的骨干企业和天津市"高新技术企业"，与川仪、上仪一起被称为三大综合性仪器仪表基地。公司产品门类齐全，具有较强系统成套能力。现任中国仪器仪表行业协会常务理事单位、中仪协自动化仪表分会理事长单位。

公司拥有国家级企业技术中心，承担着国家 863 计划、天津市科技攻关计划等现场总线、智能化多项研究课题。公司通过 QES（JB/19001/2008）国际质量保证体系认证。

公司是国内产品门类齐全和具有较强系统成套能力的自动化仪器仪表制造企业，集团总资产 7.57 亿元，固定资产 3.25 亿元，占地面积 310400m²，建筑面积 198500m²，公司员工 3500 余人，其中工程技术人员 800 余人，营销人员 600 余人。

（2）主要行业、主要项目

公司为客户提供系统工程配套设计、安装、调试，实行交钥匙工程。产品广泛应用于电力、冶金、石油、化工、轻工、纺织、水泥、食品、建筑、市政等领域，与国家和省市各专业设计院所和工矿企业有着广泛的合作关系。

（3）市场定位、市场活动、市场占有率

公司专业设计、生产和销售 DCS、PLC 等系统集成和工业自动化仪器仪表，拥有完全自主知识产权的温度、压力、流量、物位、控制阀、阀门定位器、执行器、电动执行机构、气象环境仪器等系列产品和仪表盘柜等产品，还生产气动单元组合仪表、电动单元组合仪表、建筑仪器、非金属材料实验机、环保仪器、晒图仪器、黑色及有色金属铸造制品等，技术、性能指标和质量水平居于国际、国内先进水平。

公司在国内各省、市设有 35 家办事处（销售处）以及设计院和重点客户合作网络，在国外设有欧洲、南美和东南亚联络处。与 ABB、西门子、东芝等公司有着广泛的合作关系，与美国费希尔公司、日本三井密烘—伊达制钢公司、日本撒布浪斯公司、德国威格公司和丹麦吉麦克公司分别建立了合资公司；并先后从德国题世公司、芬兰维萨拉公司、英国肯特、桑达斯公司、法国伯纳德公司、日本金子产业株式会社等引进先进技术。

各类产品出口东亚、东南亚、西亚、南美、中东及北非等 20 多个国家和地区。

2.3.4 华立仪表集团股份有限公司

（1）基本信息、经营业绩

华立仪表集团股份有限公司是华立集团旗下的核心业务公司，创立于1970年9月28日，1993年即建设成为中国电工仪表行业规模最大影响力最大的企业。

华立仪表集团公司从1970年开发、生产出第一代DD16型机械式电能表以来，40多年一直在公共计量仪表及系统集成领域潜心耕耘。自1993年起，公司电能表的产销量、出口额、利润、市场占有率等主要经济指标就一直持续位居全国第一名，企业获得"中国机械工业核心竞争力百强企业"的荣誉称号。"华立"牌电能表先后获得"中国驰名商标"、"中国名牌产品"、"国家免检产品"等荣誉，华立仪表在2005年成为行业内首家"进出口商品免验"企业。

华立曾先后多次入选全国500家大企业集团、中国企业500强、中国民营企业500强、中国机械工业企业核心竞争力百强、一带一路建设示范企业等。"华立"等7个商标先后荣获中国驰名商标殊荣。

华立被认定为"国家火炬计划重点高新技术企业"、"国家AAAA级标准化良好行为试点企业"，成为全国仪表行业第一家获得AAAA级标准化良好行为的企业。

华立的总资产已超100亿，同时控股国内四家A股上市公司，2008年实现营业收入120亿元，荣登中国民营企业50强宝座。

（2）主要行业、主要项目

华立仪表主要致力于公共计量仪表及系统的集成、电力自动化系统的研发、生产销售以及综合服务。主要产品有电能表、燃气表、水表、SCADA/EMS/DMS（省级、地区级、县级网）、电能量计量计费系统、变电站及工业大用户用电信息综合管理系统、居民用电信息综合管理系统、电力地理信息系统、综合自动化系统、配电线路综合信息管理系统等。华立也为各同业厂商和电力用户提供功能模块和系统技术解决方案。

（3）市场定位、市场活动、市场占有率

华立仪表集团在深圳、重庆、美国、泰国、印度、阿根廷、乌兹别克斯坦、坦桑尼亚、约旦等十多个国家和地区建立了各类产业的生产制造工厂和研发中心，并形成了覆盖中国28个省市自治区及全球50多个国家和地区的营销网络，产销量连续15年位居中国仪器仪表行业首位，成为中国最具综合竞争力的公共计量仪表及系统供应商。

（4）战略走向

华立在全国各地甚至海外，已经建设了一支千余人的科研团队。拥有了3个国家级技术中心、8个省级企业技术中心、6个产业研究院、12个高新技术企业、3个博士后工作站。

2007年，华立仪表及系统制造园区竣工投产，该园区占地600余亩，总投资10亿元，在职员工1000人以上。使华立仪表向一流的公共计量仪表及系统集成研发、制造、物流及管理中心的目标迈出了坚实的一大步。

2.3.5 存在问题及探讨

（1）大量私营企业的成就与问题

我国仪表行业中有一大批"草根"私营企业，其中只有像华立仪表、江苏林洋电子、德力西、吴忠仪表等少数几家上榜企业运营情况良好，绝大多数"草根"私营企业，其实还挣扎在生存线上。剖析这一批中几个典型的例子。首先是华立仪表,虽然华立仪表近些年已经花气力去开发如 SCADA/EMS/DMS、电能量计量计费系统、变电站及工业大用户用电信息综合管理系统等高技术产品,但真正使华立在市场大风大浪中稳坐钓鱼台的还是数量巨大的电能表、燃气表、水表等常规仪表的销售,其中一些产品的销售量几近其所涉足的国内国际市场的一半。在排行榜上排名第二的江苏林洋电子与华立仪表很相似,其主要根基还是立足于电能表的销售。在排行榜上排名第三的德力西集团有限公司则是以生产经营输配电气为主,仪器仪表只是其一个部分。排名第五的吴忠仪表主要是有近 50 年的调节阀生产历史,其显著特色是采用了日本、意大利等最先进的柔性加工设备 30 多台,各种精确加工设备 520 多台,并且在生产中严格履行 ISO 9001 国际质量体系认证、ISO 14001 环境管理体系认证以及 GB/T 19002.1(ISO 01012-1)计量检测体系认证等多项体系认证举措,在生产上已经做到精益求精。后面排名的"草根"私营企业就不再一一赘述,其实,从前面的叙述中我们已经清晰地看到一点,就是上榜的"草根"私营企业的佼佼者,基本生产的中端甚至是低端的产品,只不过他们用"草根"艰苦卓绝的精神赢得了市场,换来应有的丰厚业绩。但是"草根"私营企业中的大多数,由于生产中低端产品、再加上质量并不过硬,产能往往过剩,最后结果只能够在生死线上挣扎。

(2)国家扶持国营企业和产业基地的成就与问题

我们先看看重庆川仪仪器仪表基地北部新区的情况。

重庆北部新区可以毫不夸张地说是近几年仪器仪表产业集群的头牌。2012 年,北部新区 GDP 实现了 365 亿元,工业总产值 1003 亿元,其中以仪器仪表产业为主的高新技术产业贡献卓著。可惜的是,中国仪器仪表企业的贡献却不那么乐观。

仔细观察一下情况非常清晰,入驻北部新区的更多是那些实力雄厚的外资企业,如施耐德、ABB、霍尼韦尔等,它们反客为主,成了北部新区基地的中坚组成部分。

下面我们再以辽宁(丹东)仪器仪表产业基地的情况说明一些问题。

作为行业新贵中的典型,曾在仪器仪表领域创下多个全国第一的丹东仪器仪表基地应当是风头最盛的。辽宁(丹东)仪器仪表省级重点产业基地于 2009 年 4 月成立,是近几年号称最具竞争力的高新技术产业集聚区以及具有世界顶级技术水平的仪器仪表产业开发区。但是,很多时候好的愿望不一定产生好的结果。"理想很丰满,现实很骨感"。据丹东政府发布的报告,这个产业集聚区所有取得的业绩,几乎与仪器仪表产业的发展没有太大关系。

在许多产业集群所体现的"大而杂乱,大而不强"的特点,在仪表产业集群上也同样体现得淋漓尽致。盲目性、同质化的发展模式,将会严重削弱甚至抵消我国体量大、市场大、资金雄厚的先天优势。

目前我们仪器仪表产业发展的症结究竟在哪里?我们通过以上调研认为:首先是产业内自主创新能力不强,其次是在创新型发展模式上没有形成创新的产业链,而前述两点导致的直接结果是仪器仪表产业做大容易而做强却很难。这种现状,使原本以壮大产业规模,以期提升产业竞争力,进而加速推进新型工业化进程的目的,变得异常渺茫,而实际的效果是国家花大量精力、耗大量资金推进的产业新兴力量,并没有给市场带来预期的改观。

那么,这里关键的问题究竟在哪里?

其实各个企业进入产业基地园区的时候,都是"严格"经过考察、筛选的,但是,这里几乎所有机构和执行者都忽略了一个最最根本的问题,即这些技术是否是具备完全自主知识产权的技术,换句话说,是否是基于芯片、元件、器件的底层硬件开发和基于汇编语言一条一条指令以及一小段一小段时序的底层软件设计形成的完全自主知识产权的成果，而非借用国外的硬件、模块，采用国外提供的高级语言开发工具或 C 语言开发工具开发的根本不具备"完全"自主知识产权的成果。

（3）仪器仪表产业发展的关键问题

我们的目标是建设成创新型国家，国际上普遍认定创新型国家的标准至少应满足以下三大指标：①科技创新对经济发展的贡献率一般在 70% 以上；②研发投入占 GDP 的比重超过 2%；③对国外科技依存度低于 20%。

从这些标准我们可以非常明确地认识到，创新必须彻彻底底做到至少以下两点：

① 我们国内的企业必须落地，自主研发从基于芯片、元件、器件的底层硬件开发和基于汇编语言一条一条指令以及一小段一小段时序认真校核的底层软件设计形成的完全自主知识产权的产品，而非借用国外的硬件、模块，采用国外提供的高级语言开发工具或 C 语言开发工具来开发根本不具备"完全"自主知识产权的半拉子成果。

② 这种完全落地的开发，不应当也不可能完全依靠企业自身的能力从头到尾全部自己完成。因此这里的关键，一是政府组织力量加强对企业技术开发人员的培训，二是组织有能力的科研院所、大专院校与企业共建政产学研用创新体系，或者培育形成这样一种共同开发、生产的新型机制。无论采用何种模式，这里的关键是需要有关各方扭成一股绳，共同形成产业链。

2.4 产业发展预测及发展要求

2.4.1 产业发展预测

（1）仪器仪表行业的总体形势预测

中国社会科学院经济学部撰写的《经济蓝皮书春季号：2016 年中国经济前景分析》指出，由于我国近几年对仪器仪表行业的重视，行业年生产量和招标率都在大幅度的持续高增长，每年增速几乎都保持在 30% 以上。

但是由于我国仪器仪表行业多数企业对自己产品质量的内功做得不够，在国家一再强调创新驱动的号召下，多数企业仍然无法应对，使得虽然招标率大幅度增加，许多订单却被国外企业争夺过去。因此加重造成了我国仪器仪表行业产能过剩问题。

对于这种非常被动的局面，蓝皮书给出两大解决策略。

① 蓝皮书指出，由于我国仪器仪表行业许多企业产品技术落后于进口产品，这些企业往往错误采用薄利多销的营销理念，认准生产科技含量低的产品，依靠数量来获得微薄利润。虽然这些企业也可能勉强生存，但这往往会造成社会产能过剩的死循环。

从这里实际上可以看出，企业活力不足是当前工业经济增长面临的主要问题。因此，要解开这个死扣，无论是政府还是当事企业，都必须以加大对仪器仪表产品核心技术的研发为首要任务，就是以技术创新来解决问题。如果所有企业都围着原有的技术和产品打转，而不去下功夫开发核心技术和基础传感器、基础元件器或模块，我们将永远无法解决产能过剩的问题。

② 蓝皮书指出的第二个办法是跨行业寻求更大市场机会。目前，我国仪器仪表发展遭遇一个转型期，不断的发展和日益加重的产能过剩的矛盾严重制约着仪器仪表行业的前进步

伐。如果不找出一个转化的机制，可能很难得以突破。跨行业、跨领域找销路也许成为解决问题的一大思路。即是说，到农业机械、纺织机械等新领域中去发现应用的机会，这样可以比较完善的解决产能过剩问题。

蓝皮书突出地指出，2016年我国经济转型必须从新技术、新产业、新业态、新商业模式中去找思路、找出路。仪器仪表行业在发展过程中，针对产能过剩现象，也可以通过新技术和新业态去解决，以实现我国仪器仪表行业产品质量和成本的双丰收。

我们非常赞同蓝皮书的主要观点，但是在解决问题的方式上与蓝皮书有迥然不同的意见。蓝皮书一针见血地指出了问题的关键点在企业不愿意在核心技术上开发、创新，但在解决策略上又不得不迁就企业，提出对于企业大量生产的中低端的产品在农业、纺织等行业中去找出路。不能够说这不是一个办法，但这只是在问题的外延上打主意，不能够解决仪器仪表行业老是在中、低端打转，不能突破困局的内涵问题。我们认为彻底的解决措施是：由各地政府出面，大力组织尽可能多的企业与科研院所、大专院校结成政、产、学、研、用的创新开发对子，形成遍布市场的创新体系，一是由科研院所、大专院校培训企业的技术开发人员、协助企业进行落地的、有效的核心技术开发；二是采取合约方式由企业、院所院校各自分担开发的任务，共同完成开发核心技术和产品的任务；甚至不排除采用合股开发核心技术，直到出产品、投放市场的研发、生产、销售产品全过程的捆绑方式进行全方位合作。关键是，市场问题用市场的手段解决。

（2）仪器仪表行业发展的新气象

根据一些国内仪器仪表刊物的报道，近些年来仪器仪表行业发展出现了一些可喜的新气象。

① 一些采用高新技术开发的新型仪器仪表潜力正在显现　在某些行业应用领域，一些采用高新技术开发的新型仪器仪表大受市场欢迎，比较显著的是一些智能仪器仪表的面市，需求潜力逐步显现。

② 企业更加重视专利的申报和利用　据权威机构报告显示，近些年来仪器仪表专利持续累积数量年均增长近30%，呈现快速增长态势。

③ 仪器仪表销售依赖电子商务逐渐成发展方向　有专家预计，未来我国仪器仪表行业应用电子商务开拓市场，将成为行业持续发展的主流趋势。

④ 产业融合将助推仪器仪表行业发展　随着高新技术发展的深化，国家已经把仪器仪表行业列为当今社会发展的重点行业，赋予其更大的战略要求。而随着全球环保、低碳、绿色等标准的提高，更刺激仪器仪表行业向更高规格的发展。

近几年来，我国的各种新兴产业如环保、新能源、微生物、食品、制药、生命科学等，对仪器仪表的发展提出了更高的要求，因而对仪器仪表行业的发展造成了巨大的推动作用。新兴产业的发展带动了仪器仪表行业的发展，仪器仪表行业的发展又反过来刺激着新兴产业更上一层楼，这种良性循环状态不断持续进行，促进了产业融合，促进了产业间全面协调的发展。

例如，随着食品安全快速检测的市场要求，快检仪器潜在市场扩大到了基本执法单位和小食品企业。我国县级相关行政单位大约就有3000个，乡镇相关单位数量则过万，而食品生产企业更是超过50万家，市场潜力异常巨大。又如制药行业科学仪器市场，2015版《中国药典》正式实施，在检测技术方面，提出了中药材DNA条形分子鉴定法、色素测定法、近红外分光光度法、基于基因芯片的药物评价技术等指导方法，无疑大大增加了相关仪器仪表的需求量。

仪器仪表行业对国民经济发展所起的重要推动作用越来越显现，使得仪器仪表行业自身的发展前景也越来越乐观。2008年受经济危机影响所致的订单量减少，经过近几年的恢复和发展，形势已经大为好转，还有不少企业发展势头很好。预计未来许多年，这种发展向好的态势还将继续延续下去。

（3）国家在仪器仪表行业的科研经费投入将越来越大，有利行业迅猛发展

近期，国务院正式发布的《"十三五"国家科技创新规划》中计划在"十三五"期间，研究与试验发展经费投入强度达到占GDP的2.5%，规模以上工业企业研发经费支出与主营业务收入之比要达到1.1%。

"十三五"期间还将加强平台建设系统布局，形成涵盖科研仪器、科研设施、科学数据、科技文献、实验材料等的科技资源共享服务平台体系，加强对前沿科学研究、企业技术创新、大众创新创业等方面的强有力支撑，下大力解决原来一直对科技发展构成隐患的科技资源缺乏整体布局、重复建设和闲置浪费等严重问题。

（4）仪器仪表行业的并购整合已经成为产业发展的重要趋势

在目前中国主体经济下滑，石化、煤炭、钢铁等传统工业领域处于极度低迷状态的背景下，许多国内有能力的仪器仪表企业为了加快发展，借助我国仪器仪表行业稳健发展的态势，采取了并购整合的发展策略。典型的例子有：聚光科技收购深圳市东深电子、北京鑫佰利、三峡环保；先河环保收购美国Sunset；雪迪龙收购两大国际品牌即英国质谱商KORE和比利时检测器及色谱商ORTHODYNE；海能仪器收购上海新仪和德国GC-IMS制造商G.A.S.。

并购整合无疑是一种企业发展壮大的路子。借助资本力量，经过并购整合，不仅壮大了企业自身发展能量，拓宽了路子，也更有利于吸引更多资本的投入。可以预计，将来一定时期内，这种并购整合的局面将会更加热烈。

2.4.2 技术发展预测

（1）技术总体发展趋势预测

仪器仪表产品的总体发展趋势可以称为"六高一长"和"二十化"。

① 数字化

信号处理技术与数字信号处理器DSP的的结合是数字信号处理的优良解决方案。DSP适用于密集型数学运算与实时信号处理，它可实时完成如FIR滤波、IIR滤波、FFT及DFT以及各种通信体制下的信号编解码等。目前DSP的应用几乎遍及数字化信息时代的整个电子领域。此外，DSP还引入了并行处理技术，这对于信息处理中满足运算量日益增长的需求在技术上给予了巨大的支持。以DSP为核心的技术及创新应用正成为现代仪器仪表领域的顶尖技术。

② 智能化

当代仪器仪表中以微处理器为主体，代替传统仪表的常规电子线路，形成了新一代具有某种智能的灵巧仪表。这类仪表已经从模拟电路和逻辑电路的开发为重点转向专用的微处理器功能部件、接口电路和输入/输出通道应用以及应用软件的开发。这类仪表除信息采集、信息处理、四则运算、逻辑判断、控制执行等外，还具备自校正、自诊断、自适应、自学习的能力，因此被称之为"智能仪表"。

仪器仪表的智能化是仪器仪表发展中最主要和最重要的趋势。而伴随现场总线的问世，为仪器仪表进一步实现多功能、高性能、高精度、高稳定性、高可靠性、高适应性、低消耗等提供了巨大的发展空间。

③ 网络化

基于 Internet 和 Intranet 的网络仪器是计算机技术、虚拟技术、网络技术的完美结合，是仪器仪表领域的主要发展方向。网络化仪器可实现任意时间、任何地点对系统的远程访问，由此可组建大规模分布式测控网络。网络仪器是现代仪器仪表发展的突出方向，是产业互联网、物联网、大数据技术发展的先驱和根基。物联网要实现 M to M（Man to Man、Man to Machin、Machin to Man、Machin to Machin），最根本的技术是依赖今后日益庞大的网络仪器仪表。

（2）仪器仪表行业发展关键技术预测

根据仪器仪表行业历史和近期发展在技术层面所体现的发展趋势看，仪器仪表行业今后发展所体现的关键技术不外兴起传感器技术、工业无线通信网络技术、功能安全技术、精密加工技术和特殊工艺技术、分析仪器功能部件及应用技术、智能化技术以及系统集成和应用技术这七大类技术，下面重点介绍一下前四种技术和智能化技术。

① 新兴传感器技术

预计将主要体现在固态硅传感器技术、光纤传感器技术、生物芯片技术、基因芯片技术、图像传感器技术、全固态惯性传感器技术、多传感器技术和智能传感器技术等方面，这些技术将进一步推动物联网的快速发展。

② 工业无线通信网络技术

工业无线通信网络技术的进步已经极大地推动了工业现代化的进程，发挥了积极的作用，下一步工业无线通信网络标准的制订和工业无线通信网络认证技术将进一步规范该技术的发展。

③ 功能安全技术

功能安全技术及安全仪表对于石化工业尤其重要，达到整体安全等级 SIL3 的控制系统、各种变送器、电动执行机构以及阀门定位器的开发与应用，将是今后一个阶段重要的工作，而安全仪表系统评估方法研究和评估工具的开发等，也将成为功能安全技术及安全仪表未来发展的方向。

④ 精密加工技术和特殊工艺技术

这是推动我国仪器仪表向高端化发展的重要技术。当前的重点是多维精密加工工艺，精密成型工艺，球面、非球面光学元件精密加工工艺，晶体光学元件磨削工艺，特殊光学薄膜设计与制备工艺，精密光栅刻划复制工艺，特殊焊接、粘接、烧结等特殊连接工艺，专用芯片加工技术，MEMS 技术，全自动微量、痕量样品分析与处理技术等。

⑤ 智能化技术

仪器仪表的智能化是人工智能在仪器仪表中的具体应用。仪器仪表的智能化首先是指仪器仪表不仅具备单一技术参数的检测能力，而是能够通过检测与待测参数相关的一系列参数，通过类似于人的分析、判断、综合的思维能力，在诸多干扰因素存在的情况下，能够高精度、高准确度、高稳定度、高可靠地得出检测值本来的面目，也就是常说的数据融合的能力，也可以说是大数据技术的底层应用。仪器仪表的智能化还体现在智能仪器仪表具有自动适应检测环境的能力，如：仪表能够在电源大幅度波动的情况下自动地给予补偿；又如：当检测仪表在量程相差极大的不同检测值之间切换时，能够自动地、准确地切换量程。当然，仪器仪表的智能化更关键的是其应具备不仅对于数据还兼备对于知识问题的分析、判断、综合、归纳、总结等处理数据与处理知识的能力，那就是更高级别的智能化仪器仪表了。

仪器仪表的智能化技术应用的实例，如运用神经网络、遗传算法、进化计算、混沌控制等智能算法，使仪器仪表实现高速、高效、多功能、高灵活性等。又如，运用模糊规则的推理算法，对事物的各种模糊关系进行各种类型的模糊推断或决策。再如，用软件实现信号滤波，如快速傅立叶变换、短时傅立叶变换、小波变换等，具有简化硬件，提高信噪比，改善传感器动态特性等作用。还有，利用神经网络的自学习、自适应、自组织能力，实现仪表的联想、记忆等功能以及更复杂的类人类思维功能。

这项技术利用计算机技术模拟人的智能，用于机器人、专家系统、医疗诊断、推理证明等诸多方面。该技术的深化发展将代替人的部分脑力劳动，在视觉（图形及色彩辨读）、听觉（语音识别及语言领悟）、思维（判断、推理、学习与联想）等方面具有一定的能力，使许多用传统方法根本不能解决的问题得以解决。

（3）技术发展中需要重点解决的问题预测

① 以技术创新开发为龙头，大力提升国产仪器仪表高新技术水平，一改多年来只能够生产中低端产品被动局面，向高端产品市场挺进

当前我国仪器仪表产品主要集中在中低端产品市场，而高端市场几乎90％被国外品牌占据。在相当多的高端产品的市场内，国产产品甚至是空白。这就迫切需要未来我国仪器仪表向高端产品市场进军，扩大高档产品占有率。不仅如此，在中低端市场上的产品也必须提升技术水平。必须在数字化、智能化、网络化上下大力气，在性能、可靠性、自动化、精密度等方面狠下功夫，在采用高新技术上狠下功夫，在技术创新上狠下功夫，那样，我国仪器仪表产业的市场占有率才将提升。

② 必须以技术创新开发切实解决中国仪器仪表质量差可靠性差的严重问题

我国产品质量和可靠性（尤其是可靠性）一直是仪器仪表行业发展中的一大硬伤，是迫在眉睫必须限定时间解决的问题。否则在国际市场创新驱动一派火热的今天和明天，国产仪器仪表将有可能完全丧失国际市场竞争力。

③ 进一步提升仪器仪表产品的自动化程度和精密度

我国仪器仪表产品自动化程度绝大多数都非常低，有许多产品还需要人工进行操作。许多仪表的检测精度也有限，这与国际市场仪器仪表自动化程度、测量精度普遍较高的格局不符。国内企业为了生存，这个问题将不得不解决。

（4）做大做强国际市场

有权威机构指出，我国仪器仪表技术水平与国际比，至少有10～15年的差距。这对逐步走向世界的中国来说，是我国发展的要害点之一。在一定时期内，严峻形势将会倒逼我们去做大做强国际市场。

2.4.3　产业发展要求

（1）创新是解决中国仪器仪表行业问题的根本

中国仪器仪表行业中有许多问题需要去解决，但是如果不找到问题的根本，不找到问题的抓手，中国仪器仪表产业的发展就会受阻，那么，中国仪器仪表行业中问题的抓手究竟是什么？这个问题早已经经过千百次的讨论，就是创新。

（2）创新中的障碍

许多企业实行了产学研融合的创新体系，但还是反反复复不见显著成效，原因是创新中的障碍问题根本没有解决。

创新中的障碍问题在于：企业单独技术创新没有基础，虽然很多企业也实行了产学研融合的创新体系，但对于科研院所和大专院校来说，绝大多数做做实验室里的开发没有问题，一做产品就漏洞百出。许多产学研合作不成功在于企业不太懂高新技术，而院所院校很多又不懂如何将高新技术转化为产品，这种情况反复出现，许多企业就完全丧失信心进行核心技术或新产品的开发，宁可不动，宁可继续恶性低价销售、继续在生死线上挣扎。

现在的问题转化为：找出产学研融合创新中的障碍问题。

上述创新中的障碍问题从技术角度说根本在于以下几点。

① 创新技术开发手段不落地，大多依赖不到位的所谓"高级"开发手段

从开发手段说，绝大多数企业或院所院校采用高级应用程序开发工具进行所谓的"高级语言"二次开发，自己几乎不进行底层硬件、软件开发，或者极少数自己作硬件软件技术开发的企业或院所院校所采用的开发手段多数仍然采用 C 语言开发底层驱动软件和系统应用软件，而采用汇编语言并同时采用实时在线仿真开发工具开发手段的少之又少。前两种开发手段，实际上是造成我国缺乏电子产品方面关键技术、核心技术和过硬产品的根本原因，是创新技术开发的拦路石。要想突破关键技术、核心技术，要想出高质量、高稳定性、高可靠性产品，必须在底层开发中采用汇编语言并同时采用实时在线仿真开发工具并同时进行扎实的时序分析、时序设计这样一种落地的开发手段。中国技术人员过分依赖 C 语言进行底层开发，是造成我国技术落后并严重不可靠的根本原因。

我们之所以说采用 C 语言作底层开发是创新技术开发的拦路石，原因在于以下几点：

a. 首先是采用 C 语言开发的结果使得开发针对功能尤其是性能不落地

无论采用什么手段对于硬件作底层软件开发，满足硬件所实现的功能和性能是第一位的。而要满足功能和性能，必须涉及实现功能和性能时的工作过程和时序，有许多时候还要同时满足多个相关元件相互之间激励信号与响应信号之间的激励-响应过程与时序。

采用 C 语言开发产品底层最不利的是绝对不能够直接考察到指令一级的操作过程和时序安排，更不能够直接考察到一条指令执行过程中的操作过程和时序安排，这是 C 语言开发只涉及语句不涉及下层机器指令的本质所决定的，是 C 语言开发面向过程而不面向机器的实质所决定的。显然，这是完全不落地的、粗枝大叶的开发方法。

换句话说，C 语言开发工具提供的功能和性能是研发 C 语言开发工具的底层开发人员在开发过程中早就给二次开发者预先开发好的，但由于 C 语言开发人员并不知道每个二次开发者应用的目的，是不可能针对每位二次开发者所面临的每个问题去考虑功能和性能的需求的，是没有针对性的，只能够适合一般应用场合，因此，功能一般、性能一般，就是这种开发模式的必然结果。

而汇编语言开发会细致到每条机器指令的时序以及过程甚至更细微到每条指令的每一小段（状态、相位）的过程和时序，可以细到每条指令执行过程中各个元件激励与响应信号之间的激励—响应过程与时序，因为汇编语言开发的实质即面向机器。

b. 采用 C 语言开发产品时很多时候是采用 C 语言工具提供商预先开发好的功能模块，这些模块不问应用条件和性能要求（尤其像时序要求等），千篇一律，完全不理会、不考虑应用场合的适应性、快速性或简化性等各种各样不同的要求。所以说采用 C 语言开发工具

开发的性能很难适应应用现场环境需求。

而采用汇编语言开发时，开发者完全可以根据不同要求采取适合于应用的不同思路，想方设法采取不同程序来满足不同的功能或不同的性能的要求，因而总是能够采取合适开发方法彻底满足应用的要求。是充分灵活的、完全适应于应用环境要求的开发方法。

这里采用汇编语言程序开发的方法来极大地满足产品功能、性能的要求虽然看起来比采用 C 语言费事，但出于开发完全自主知识产权的技术、开发功能与性能完全满足要求的产品来说，是完全值得的，也是正确的方法。

c. 开发我们自己的核心技术或自主知识产权产品时，还有一个非常重要的要求就是技术或产品的高度可靠性。为达这个极高的要求，在程序编制过程中有许多技术、有许多措施或技巧要融入到程序编制中。

但是在采用 C 语言开发产品时，由于其编制程序时其格式固定，使得本来需要采取一些编程技巧来解决的问题根本无法解决。

而更重要的是，由于 C 底层功能开发人员开发底层功能时根本无法预计该功能执行时会遇到哪些不可靠因素的干扰，不会预先考虑抗干扰措施，因此，其不可靠几乎是本质的。

而采用汇编语言来编制这些程序时，由于汇编语言编程的充分灵活性，针对具体对象所面临的各种干扰因素和不可靠因素，底层软件开发者只要有的放矢地采用灵活应用的可靠性技术、措施以及技巧，将它们方便地编制进程序中去则可。

我们并不是一味反对采用如 C 语言这类的高级语言进行开发，开发软件中间件、系统应用软件，往往还得依赖这些高级语言，但是开发面向硬件的底层软件，我们是坚决反对采用高级语言来开发的。

中国几十年来从教育到工程实践，普遍存在重视软件轻视底层硬件和底层驱动程序开发的现象，使得我们在技术上长期大规模依赖国外，自己产品往往处于中低端。

② 技术开发过程中许多环节不进行时序分析，是造成产品性能不稳定、不可靠的主要原因

计算机要实现任一功能，无论何种指令都是进行一个过程，任一过程必得与时序发生密切关系。绝对没有离开时序的过程，同样，也绝对没有离开过程的时序。

所谓时序分析、时序设计，就是研究过程中的任何步骤随时序变化的技术问题。在完成的设计中考察时序安排是否满足过程演进的需求，就是时序校核；而设计软件来配合、满足过程演进中的时序需求，就是时序设计。

在这里，激励往往是一个跳变或一个持续一定时间的电平，这里的时序与过程对应的问题就是：跳变（上升沿或下降沿）后延续多久能够完成对应的响应，或一个合用的电平（高或低电平）延续多久能够完成对应的响应。这就是时序分析或时序设计。

这里，时序分析与时序设计是必须的，如果时序设计不到位，在过程演进的信号变化过程中某激励对应的响应时间不够用，这个响应不能够顺利实现，整条指令或整个程序就不能够正常执行，这个设计就是行不通的。

在时序设计中，任何子过程完成需要的时间必须有一个容许的延迟时间段（这就是过程设计中时序"容限"的问题），否则在特殊情况下（如多种信号偶然情况下的时序竞争、信号过渡过程波动引起时间延迟等）时间过分不充裕有可能导致子过程的失败。很多采用如高级语言比如 C 语言开发的结果，满足不满足时序是靠最终试验来判断的，而非进行严格的时序校核或时序设计获得的。这种方法无异于"瞎子摸团鱼"，不能够判断在特殊情况下

（如多种信号偶然情况下时序竞争、信号过渡过程波动引起时间延迟等）时序"容限"还够不够的问题。

上面我们说明了时序设计与校核的重要意义，也从旁说明采用 C 语言编程是没有办法完成这些任务的。其实这里的深刻含义还远远不止上述这些。

在以汇编语言编程时，由于其显著的灵活性，我们在编程中更是可以贯彻一种"切分-切换"的时序设计思路。使得我们采用的 F. Neumann 串行执行机制可以尽量模拟并行机制运行，在可能的范围下，尽量让其功能、性能接近并行处理机的能力，使得简单的单片机系统都仿佛具有多线程处理的能力。

这里所谓的"切分"，就是把程序功能模块尽量划分为尽量细分的小模块，每次执行时，只根据执行状况进入其中一个小模块执行，由于模块短小，执行时间大幅度缩短。

所谓"切换"，是为了照顾到全局所有需要执行的模块，而在所有模块之间按照大模块的规律跳过来再跳过去，以不延误所有功能的正常进行，并充分保障快速性。

这里的"切分-切换"，C 语言在大的方面还可以考虑，在细小方面（深入到指令级）是无法实施的。

③ 中国技术开发人员许多开发手段没有学习完整

目前不少工程技术人员具备了部分或全部应有的技术知识与技能，完全是在工作岗位中因实战而学得的。现在我们简单列出一个合格的工程技术人员应当掌握的技术知识和技能如下。

• 开发底层硬件所需　逻辑设计、时序设计、负载校核、结构设计（涉及太多内容，还应涉及电气安全设计、环境适应性设计、电磁兼容设计、可靠性设计、可制造性设计、可测性设计和可维修性设计等内容）、印制板 CAD。

• 开发底层软件所需　数据流分析、信号流分析、时序分析、程序流程框图设计、软件结构设计、软件模块设计、汇编语言编制程序、C 语言编制程序。

• 由原理样机转化为生产样机所需　3C 认证、电气安全设计、环境适应性设计、电磁兼容设计、可靠性设计、可制造性设计、可测性设计和可维修性设计等。

• 有关产品生产所需　工艺设计与管理、质量管理、检验、标准、技术安全、环境保护、生产管理、售后技术服务等。

④ 对产品的稳定性、可靠性把握不好，依赖外购设备、装置、模块的稳定性、可靠性

绝大多数企业或院所院校在可靠性问题上的考虑几乎无不是完全依赖硬件的可靠性。几乎都是想的购买国际上产品可靠性高的企业的产品，如采购控制器产品，都会想到西门子、施耐德、霍尼威尔等等这些公司的产品。

这里以西门子、施耐德、霍尼威尔等公司的产品故障率达到 10E-7 为例（故障率已经是相当低的了），来看看它们到底有多么"可靠"？假如这是一个传感器，考察它一天。一天 24h 折算为 ms 总共是 86400000ms，如果这个传感器每 ms 检测一次，每天有可能出错 8.64 次；如果这个传感器每 10ms 检测一次，每天将有可能出错 0.864 次；如果这个传感器每 100ms 检测一次（太慢了，几乎不可能），每天将有可能出错 0.0864 次；……。何况一个装置中往往并非一个传感器，假定为 10 个，则这个装置每天将有可能出错 86.4 次、8.64 次或 0.864 次。想想，这个装置还能用吗？

这里的结论是，把希望完全寄托在硬件所谓的"绝对可靠性"上，是完全不靠谱的。我们提倡采用智能故障诊断与容错处理的方法大幅度提高可靠性，其中一个最简单有效的方法

就是软件监视策略，即采用汇编语言编制程序，在程序运行中执行任何一个小功能时，都以软件对这个功能执行结果的正确性给以验证、评价、判断。这样做大大提高了可靠性，但并非百分之百绝对可靠，因为这里附加软件对功能执行结果的正确性验证、评价、判断也有出错的可能，也有其自身故障率的困扰，但只要其故障率不高，以其判断故障率为 10E-6 为例（已经劣于上述传感器故障率），则在原来纯粹依赖硬件可靠性每天可能出现 0.86 次故障的情况，下降到 100 年只出现 0.03139 次故障的概率。哪怕这个软件判断故障率高达百分之一，也至少将系统故障率降低 99％即降低到 1％。

纯粹依赖硬件可靠性的方法对故障可以说是防不胜防，后一种依赖智能故障诊断与容错处理的方法对故障来说则是防范有术，这是主动自适应的方法，是真正科学的方法。何况我们可以采取成千上万种抑制故障的举措。靠硬件可靠性来保障系统可靠性的办法无异于要求一个优秀学生次次考试都必须得 100 分一样，是很难奏效的。此外，还须说明一点，上述所说成千上万种抑制故障的方法都是在汇编语言程序设计中实施的，在 C 语言编制程序中很难付诸实践，这是其不是指令级编制程序的特性使然。

(3) 解决创新中障碍问题的关键举措

事实上，无论企业还是院所院校，都有无论开发自己核心技术还是开发自己产品都很成功的。就是说，这些企业、单位掌握了采用汇编语言开发工具、在线实时仿真开发工具、采用时序分析设计技术、采用完整的底层硬件、软件设计、开发技术以及可靠性设计、开发技术等相当全面的核心技术的设计、开发技术。他们才是真正掌握开发核心技术和产品的真正功夫的单位。政府应当用招标并加以审查的方式发掘一大批这样的单位，由这些单位来担任产学研合作体系的中坚或创新产业链的中坚。由他们主要负责培训企业技术开发人员甚至科研院所和大专院校的产学研队伍，以此来壮大真正能够承担产学研技术开发任务的队伍。这才是解决问题的关键。只有这样做，产学研的产业链才能够真正形成。

第3章

数控系统

3.1 数控系统概述

3.1.1 数控系统产业发展历程

1948 年，美国帕森斯公司接受美国空军委托，研制飞机螺旋桨叶片轮廓样板的加工设备。由于样板形状复杂多样，精度要求高，一般加工设备难以适应，于是提出计算机控制机床的设想。1949 年，该公司在美国麻省理工学院伺服机构研究室的协助下，开始数控机床研究，并于 1952 年试制成功第一台由大型立式仿形铣床改装而成的三坐标数控铣床，不久即开始正式生产，于 1957 年正式投入使用。这是制造技术发展过程中的一个重大突破，标志着制造领域中数控加工时代的开始。数控加工是现代制造技术的基础，对于制造行业而言，具有划时代的意义和深远的影响。

数控机床是工业的母机，其技术水平代表着一个国家的综合竞争力。数控系统是机床装备的"大脑"，是决定数控机床功能、性能、可靠性、成本价格的关键因素。数控系统包括数控单元（数控装置）、伺服驱动器、伺服电机三个主要组成部分。按照国产数控机床行业对数控系统的分类办法，一般把两轴联动配置步进电机驱动的数控系统称为经济型数控系统，把三轴或四轴联动、配置交流伺服驱动的数控系统称为普及型数控系统，把五轴联动数控系统称为高档数控系统。各类型数控系统具体如下。

（1）经济型数控系统

经济型数控系统是指主要与价格相对较低的数控车床、数控铣床配套的数控系统产品。一般是两轴或者 3 轴联动，开环控制，配置步进电机驱动，系统分辨率大于 $1\mu m$，主轴转速最高可达到 $6000r/min$ 左右，快移速度最高可达到 $8 \sim 10m/min$，定位精度可达到为 0.03mm。国外典型的经济型数控系统产品有西门子的 802S 等产品。国产经济型数控系统产品有广州数控的 GSK928、华中数控的 HNC-21M 等。

（2）普及型数控系统

普及型数控系统是指主要与价格相对较低的数控铣、全功能车、车削中心、立/卧式加工中心配套的数控系统产品。可实现 3 轴或者 4 轴联动、真正实现半闭环反馈控制、系统分辨率达到 $1\mu m$、主轴转速最高可达到 $10000r/min$ 左右，快移速度最高可达到 $24 \sim 40m/min$，定位精度可达到 $0.03 \sim 0.005mm$，具有人机对话、通信、联网、监控等功能，可以配置交流伺服进给电机驱动和交流伺服主轴电机。国外典型的普及型数控系统产品有发那科的 0i 和西门子的 802D、810D 等产品。国产普及型数控系统产品有广州数控的 GS K988、华中数控的

HNC-210BM 等。

（3）高档数控系统

高档数控系统可实现多轴联动（五轴或者五轴以上）、多通道控制能力、支持全闭环反馈控制、系统分辨率达到亚微米或纳米级、主轴转速可达到 10000r/min 以上，快移速度可达到 40m/min 以上，进给加速度可达 1g 以上、定位精度可达到 0.01～0.001mm。除具有人机对话、通信、联网、监控等功能外，还具有专用高级编程软件，可进行多维曲面加工、复合加工、热变形补偿，是与多轴、多通道、高速、高精、柔性、复合加工的高档、大/重型数控机床和数控成套设备配套的数控系统，主要满足航空航天、军工、通信、汽车、船舶等重要、关键零件的加工。可以配置交流伺服进给电机驱动和交流伺服主轴电机。国外典型的高档型数控系统产品有发那科的 16i、30i，西门子的 840D 等产品。国产高档型数控系统产品有华中数控的 HNC-848 等。

机床数控系统经历了 60 多年的发展，从初期由机床研制单位自行设计制造转变为专业的制造商生产，形成了专门的产品——数控系统及其产业。从诞生到今天，大致经历了以下 5 个发展阶段，见表 3-1。

表 3-1　机床数控技术发展的不同阶段

特点	第 1 阶段 研究开发期 （1952～1970 年）	第 2 阶段 推广应用期 （1970～1980 年）	第 3 阶段 系统化 （1980～1990 年）	第 4 阶段 集成化 （1990～2000 年）	第 5 阶段 网络化 （2000～2015 年）
典型应用	数控车床、数控铣床、数控钻床	加工中心、电加工机床和成形机床	柔性制造单元 柔性制造系统	复合加工机床 五轴联动机床	智能、可重组制造系统
系统组成	电子管、晶体管小规模集成电路	专用 CPU 芯片	多 CPU 处理器	模块化多处理器	开放体系结构
工艺方法	简单加工工艺	多种工艺方法	完整的加工过程	复合多任务加工	高速、高效加工 微纳米加工
数控功能	NC 数字逻辑控制 2 轴-3 轴控制	全数字控制 刀具自动交换	多轴联动控制 人机界面友好	多过程多任务、得合化、集成化	开放工数控系统 网络化和智能化
驱动特点	步进电动机 伺服液压马达	直流伺服电动机	交流伺服电动机	数字智能化 直线电动机驱动	高速、高数度、全数字、网络化

数控技术是战略性核心技术，五轴及五轴以上联动的高档数控系统和机床装备，一直是重要的国际战略物资，受到西方国家严格的出口限制。历史上著名的"东芝事件""考克斯报告"，都充分说明高档数控机床和高档数控系统对于我国国防安全的极端重要战略意义。我国曾经引进日本发那科和德国西门子的数控系统技术，但对方都采取了"高附加值产品销售—落后技术转让—合资办厂"等占领中国市场的手段。我国数控系统产业经历了"六五"期间技术引进、"七五"期间技术消化吸收，"八五"期间技术自主开发，"九五"到"十二五"期间中、低档数控技术产业化和高档数控系统缩小差距的发展过程。

"六五"期间，国内数控系统的发展主要寄希望于引进国外先进技术。但国外公司通常只是将其落后淘汰的技术转让给我国，掌握核心硬件芯片控制权，不提供五轴联动高档数控系统关键技术的转让。

第 **3** 章

61

"七五"期间，国内开始在引进技术的基础上消化吸收，并开始推动产业化。但国外公司将其性能质量更好、集成度更高的数控系统产品推向中国市场，阻滞我国数控系统产业的发展进程。然后，又以进口全套散件国内组装、合资办厂的方式，导致我国在引进技术过程中培养出来的骨干人员流失严重，实现产业化的进程停滞不前。

"八五"至"十五"期间，国内数控系统企业依靠自力更生、不断摸索，通过自主创新来缩小与国外的差距。历史上，我国形成了"中华Ⅰ型""航天Ⅰ型""蓝天Ⅰ型""华中Ⅰ型"四个自主知识产权的数控系统。在激烈的市场竞争中争得了一席之地，销量逐年增加，市场占有率不断提高。在产业化方面，数控系统行业形成了"东南西北中"（东——华星数控、南——广州数控、西——广泰数控、北——凯恩帝数控、中——华中数控）的行业格局。2010年，国产数控系统的年产销量达到16万台以上，中国市场占有率达到60%左右。

数控系统是数控机床总成本的重要部分，特别是在国产中高档数控机床上，数控系统约占机床总成本的30%～50%。如果我国数控机床全部配置国外数控系统，数控机床产品销售额约一半是为国外推销数控系统。2010年，中国低档经济型机床占比60%，其中95%是国产数控系统；中档标准型机床占比38%，其中国产数控系统占20%；高档机床占比2%，其中国产高档数控系统仅占2%。据国家海关统计数据，2010年我国进口数控系统金额达18.1亿美元。正是因为中高端数控系统受制于人，我国机床制造企业在市场竞争中缺乏定价权。

目前，全球制造业正发生着深刻的变革。以德国"工业4.0"为标志，智能制造已经成为全球制造业发展的基本方向。数字技术、网络技术和智能技术日益渗透融入到产品研发、设计、制造的全过程，机器人、自动化生产线等智能装备在生产中得到广泛应用。数控系统是各类智能制造装备的核心部件，是智能装备的关键支撑，是工业化和信息化融合的"倍乘器"。

实施"中国制造2025"是在新形势下建设制造业强国的国家战略。"中国制造2025"提出了宏伟的三步走战略目标，并将高档数控机床和机器人列为十大重点领域之一。基础薄弱、"缺心少脑"一直是"中国制造"的短板。数控系统、伺服电机、伺服驱动等是制造装备最重要的关键基础部件，广泛应用于高档数控机床、机器人、电动汽车等，但是目前这些关键部件基本上由国外垄断。智能制造是"中国制造2025"的主攻方向，要实现这个宏伟目标，离不开数控系统包括伺服驱动、伺服电机等关键技术的自主创新。如果不彻底改变中高档数控系统主要依赖进口的现状，即使我国数控机床产业发展壮大了，我国的机床厂也是国外产品的"加工中心、组装中心"，而不是"制造中心"。

3.1.2　国内数控系统产业发展现状

我国数控系统起步于1956年，前后经历了起步发展阶段（1956～1979年）、开放发展阶段（1980～1999年）和创新发展阶段（2000年至今）。我国数控系统研发起步并不比国外晚，但是由于种种原因导致现今我国数控系统与国外先进技术相比仍有一定差距。

（1）起步发展阶段（1956～1979年）

这个阶段的主要特点是在封闭的环境下依靠自己的力量进行技术创新，进步缓慢，与领先国家的技术差距较大。

1956年机械工业部在沈阳设立第一专业设计处（后迁往大连改名大连组合机床研究

所），在北京成立机床研究所，在济南成立锻压机械设计研究处（后与铸造机械设计室合并为济南铸锻研究所），1957年在苏州成立电加工研究所，在成都成立工具研究所，1958年在郑州成立磨料磨具和磨削研究所，1959年在广州成立热带机床研究所，这批研究所引领我国机床工具的实验研究和产品创新40年。

1957年，清华大学和哈尔滨工业大学先后研制成功数控铣床。哈工大研制的数控铣床，是电子管计算机编程，磁带记录控制机床，主轴采用电磁离合器齿轮变速，进给采用步进电动机—液压马达扭矩放大器—滚珠丝杆驱动，光栅反馈，机械部分由齐齐哈尔第二机床厂制造。这一总体构思与当时世界先进水平是同一档次，毫不逊色。

在20世纪60年代，我国就开发出了第一代数控机床——1968年研制成功X53K-1立式铣床。后来由于国外对我国实行的技术封锁使得电子元器件进口受到限制，数控系统水平很难提高，大部分未达到实用水平。同时，由于设计水平落后和机、电等基础元部件不过关、计算机技术落后等问题，致使数控机床在可靠性和其他质量方面不能满足商品化的需要。美、德等先进国家从50年代起竞相投入巨资进行研发，其技术在国际上遥遥领先。70年代末，正是国际上电子技术成熟，数控机床进入大规模产业化的时期。到1979年数控技术已经发展到超大规模集成电路、大容量存储器、可编程接口阶段，我国数控技术差距被拉大。

（2）开放发展阶段（1980~1999年）

1980年我国刚刚开始改革开放，技术引进成为当时实现技术赶超的重要手段，这个阶段数控技术发展的主要特征是技术引进与政府主导的科技攻关相结合。

我国开始向市场经济转型，政府开始由直接的指令管理，向政策调节过渡，整个阶段政府指令和政策调节同时起作用。数控机床企业的话语权增强。政府对数控机床企业的行为不再直接干预，使其在与其他行为主体的关系中具有主动性，成为整个系统的中心。但是由于数控机床产业绝大部分是国有企业，虽然具有了经营决策权，但机制转轨未能到位，造成效率低、研发不力、高素质人员流失等，致使企业没有能力展开数控系统的技术创新。

另外，政府主导下的技术引进和科技攻关成为这一阶段技术发展的主力。自1979年，政府组织机床行业开始了大规模的技术引进，到20世纪90年代中期，有80余家企业通过许可证贸易、合作生产、购进样机、来料加工或合资生产等方式，先后从日本、德国、美国等10多个国家引进与数控机床生产及引用有关的技术，例如，"六五"期间的三个技术引进项目奠定了国内数控系统研发的基础。北京机床研究所先后引进了日本FANUC（发那科）公司的3、5、6、7系列数控系统技术，辽宁精密仪器厂从美国Bandix公司引进了napathe-10数控系统样机及散件，上海机床研究所引进GE公司的MCI数控系统。通过单项技术引进，一方面填补了我国数控技术领域的空白，另一方面提高了数控机床的设计制造水平和产品质量，使得30多个国家重点骨干数控机床及关键配套产品生产厂的50%左右数控产品水平达到国外同类产品20世纪80年代初或80年代末的水平。但是由于技术引进的方式、引进技术的水平存在偏差，致使引进本身存在一些问题，加上消化吸收工作的滞后，并没有通过这种方式实现技术的突破。

国家从"六五"开始连续四个五年计划组织科研院所、高校和企业开展攻关。例如，"七五""八五""九五"连续三个五年计划国家组织的科技攻关，攻克了经济型数控系统的难题，但在普及型的数控系统产业化和高级型数控系统开发方面屡攻不下，技术水平仍落后国外先进技术10~15年；"七五"期间，国家安排了"数控一条龙"攻关项目，主要针对"六五"期间的引进项目有重点地进行消化吸收和国产化的二次开发，这使得数控系统的国产化率有所提高，如 FANUC-6 系列产品的国产化率达到 60%，BS-04 型号数控系统的国产化率超过 80%，但是由于片面强调国产化率，在电子元件质量得不到保证和可靠性未经充分验证的情况下，对新产品进行大面积推广使用，导致国产数控系统产品的信誉受到损害，从而阻碍了产业化进程。"八五"期间，依托"三大三小"项目开展数控技术攻关，航天数控、珠峰数控和东方西门子三家单位进行普及型数控系统的研发，上海开通、南京大方和辽宁精密机械厂进行经济型数控系统的开发。通过自主研发，技术取得了一定突破，比较成熟的普及型和高级型数控系统有中华Ⅰ型、航天Ⅰ型、蓝天Ⅰ型、华中Ⅰ型这 4 个系列产品。到 20 世纪 90 年代中期，我国国内数控系统供应商已经具备向用户提供各种档次数控系统的能力，但由于长期以来国内市场被日本 FUNAC 公司和德国西门子公司两家国外企业垄断，因此国产数控系统市场的开拓面临极大困难，产业化水平和市场占有率较低。虽然面临着众多问题，但是，该阶段数控机床技术创新结构发生了明显变化，从生产经济型数控机床为主转向开始规模化生产普及型数控机床，从单机型技术发展为主开始转向成套性技术为主，从以主机的制造技术发展为主，开始转向以模块化、功能化部件的制造技术为主，从以提高数控机床单机功能研究为主开始转向提高数控机床的网络化、智能化水平为主。

总体来说，该阶段在开放的条件下进行技术学习，经过"六五"的国外技术引进，"七五"的消化吸收和"八五"国家组织的科技攻关，再加上"九五"的产业化，使得我国的数控技术有了一定的发展。许多机床厂实现了从传统产品向数控化产品的转型，国内初步形成了数控产业基地，建立了一支数控技术研究、开发的管理人才队伍，初步实现了国产化和产业化。

（3）创新发展阶段（2000 年至今）

从 2000 年以后，数控系统的自主研发得到国家和企业的重视，由企业自身主导的数控技术研发取得跨越式发展。

数控系统企业在技术创新中变现越来越主动，一方面在"产学研用"中的主体地位越来越强，另一方面通过海外并购的方式进一步利用国际技术资源，加快了技术进步的速度。以企业为主体，通过国内外的重组和并购，初步形成了产学研结合、国内外结合的新型数控技术开发体系。数控系统技术创新成果主要表现为高档数控机床品种明显增加，普及型数控机床技术已经成熟，功能部件及配套件初具规模。

在企业主导的自主开发阶段，政府更加重视数控产业的发展，但对产业的直接干预减弱。政府多次发布政策性文件，为数控机床产业进行顶层设计，并在政策上对行业发展给与支持。1999 年国家出台了《技术改造国产设备投资抵免企业所得税》的规定，鼓励购买国产设备，同时各部委要求，凡国产设备能满足技术要求的尽量采用国产设备。此后，财政部、国家税务总局又联合出台了《关于数控机床产品增值税先征后返问题的通知》，对部分数控机床企业生产销售的数控机床产品实行增值税先征后返，返还的税款专用于数控机床产品的研究开发。在此期间，我国数控技术上有了明显进展，并形成了一定的生产规模，经济型数控机床机系统在国内已具有一定的市场优势。

2005 年国务院发布的《国务院关于加快振兴装备制造业的若干意见》中进一步指出，随着我国机械、汽车、航空航天工业的发展，对大型中高档机床的需求将不断增加，同时要进一步增加高档数控机床的出口，建议重点发展大型、精密、高速数控加工设备、数控系统及功能部件，以改变大型高精度机床大部分依赖进口的现状和满足扩大出口的需要，并且在调整进口税收优惠、鼓励使用国产首台设备、加大技术研发支持等政策方面进行了重大突破。"十五"期间国家在"863"计划和科技攻关中都安排数控机床相关项目，此次科技攻关在机制上有所创新，"产学研用结合""主机和数控系统结合""国有企业与民营企业合作"，技术攻关中企业发挥更大的作用。另外，《国家中长期科学和技术发展规划纲要（2006—2020年）》、《国民经济和社会发展第十一个五年规划纲要》、《国民经济和社会发展第十二个五年规划纲要》以及《数控机床产业发展专项规划》在科研扶持、首台套、财税政策等方面支持数控产业的发展。

2009年以来，我国通过实施重大科技专项"高档数控机床与基础制造装备"（04专项），大力推动高档机床国产化技术攻关。04科技重大专项提出，要瞄准国外数控系统先进技术，强力支持"中国制造"的短板——国产数控系统企业自主研发高档型、标准型数控系统、伺服驱动和伺服电机等最重要的关键基础部件。通过在航空航天、汽车、发电装备、船舶和数控机床制造重点企业的应用示范，推动国产数控系统的技术进步和产业化。

在国家相关政策和项目的引领下，数控系统行业有了重大发展，取得了显著的成绩。数控系统的功能与技术水平上也取得了突破，如高速主轴制造技术（12000～18000r/min）、快速进给（60m/min）、快速换刀（1.5s）、亚微米（0.1μm）及纳米插补技术等，产业规模和行业实力得到了迅速的提升，具体主要表现在以下几个方面。

① 形成一批数控系统骨干企业，产业格局趋于完善，产业规模初步形成。目前，我国数控系统形成了"东西南北中"的基本产业格局，其中在行业内具有影响力的包括：东（上海开通数控有限公司、南京华兴数控技术有限公司、南京新方达数控有限公司、江苏仁和新技术产业有限公司等）、南（广州数控设备有限公司、深圳市珊星电脑有限公司等）、西（成都广泰实业有限公司、绵阳圣维数控有限责任公司等）、北（北京凯恩帝数控技术有限责任公司、沈阳高精数控技术有限公司、沈阳机床股份有限公司、大连光洋数控系统工程研究中心有限公司、北京航天数控系统有限公司、大连大森数控技术有限公司、北京凯奇数控设备成套有限公司等）、中（武汉华中数控股份有限公司、武汉登奇机电技术有限公司、武汉迈信电气技术有限公司、武汉华大新型电机有限责任公司等）的全方位布局，市场覆盖全国绝大部分地区。

② 系统开发和成果转化能力显著提高。2009年，04科技重大专项立项支持华中数控、广州数控、大连光洋、沈阳高精和航天数控等5家数控系统企业，自主研发高档数控系统关键技术。经过两年多的努力，5家企业均攻克了高速高精、多轴联动、总线技术、多过程控制、复杂曲线及曲面处理等一批高档数控系统关键技术，先后开展了开放式数控系统体系结构和软硬件平台的研究，研制出全数字总线式高档数控系统产品样机，9轴联动，可控64轴的高档系统；实现从模拟接口、脉冲接口到全数字总线控制、高速高精的技术跨越，打破工业发达国家对我国的技术封锁和价格垄断，在满足国内市场需求的同时还具有批量出口能力。

2012年，04科技重大专项数控系统的任务部署转向重点对标。确立两个标靶：高档数控系统瞄准的是西门子840D——具有五轴联动、多通道、高速高精、车铣复合等功能；中档普及型、标准型技术瞄准的是市场上量大面广的发那科0i系统。华中数控、大连光洋承担了高档型数控系统开发和应用验证；广州数控、华中数控承担了标准型数控系统开发及产业化。

2015年6月到2016年2月，国家机床质量监督检验中心组织专家组对04专项数控系统课题的研究成果和产品进行了评测。华中8型数控系统、广州数控系统通过了全部633项标准型对标评测项，通过率100%。华中8型数控系统通过了1952项高档型对标评测项，通过率达98%。大连光洋承担的五轴立式铣车复合加工中心，高可靠性光纤总线开放式高档数控系统、精密测量系统、伺服装置和电机技术及产品成套系统工程也通过了专家鉴定。

③ 产业化条件大为改善，产业规模不断扩大，产业集成度逐步提高。通过企业投入和政府支持，主要数控系统企业大部分已具备良好的工程化中试和验证条件，具有电磁兼容性、可靠性和环境实验等仪器设备，建有先进的数控系统的生产、装配和联调车间，同时这些企业大多建立了规范的现代企业管理体系，并按ISO 9001：2000认证体系组织生产，形成了一定的批量生产能力，产业集成度逐步提高。其中华中数控建成了年产2万台套中、高档数控系统的生产基地；广州数控建成了年产10万台套数控产品的数控产业化基地；沈阳高精数控建成了年产万余台套的中、高档数控系统生产基地；大连大森、大连光洋等企业都相继兴建投产了具有5000台套以上规模的数控系统产业化生产基地。此外，行业中产量排名前5位的企业产销量之和占全国产销量的比重高达85%。

④ 产销量逐年增加，市场竞争力有所增强。通过自主研发，我国在数控系统的技术水平和产业规模方面均取得明显进展，市场竞争力有所增强。国内数控系统企业如华中数控、广州数控、沈阳高精数控、大连光洋、航天数控等单位先后开展了开放式数控系统体系结构和软硬件平台的研究，并基于这些平台研制、生产了涵盖多种加工工艺的各种规格、档次的自主知识产权数控系统，在激烈的市场竞争中，争得了一席之地，销量逐年增加，在市场中取得了不错的销售业绩。

⑤ 国产数控机床市场占有率迅速提高。目前，我国一些具有国际视野的数控系统企业已经展开了拓展国际市场的步伐，取得一定的成绩，如华中数控、沈阳高精、北京凯奇、广州数控、上海开通等公司的部分产品均销往东南亚等国外市场。

据统计，国产高档数控系统的市场占有率已从04专项启动前的2%提升到目前的5%，中档、标准型数控系统的市场占有率已从04专项启动前的20%提升到目前的约40%。

⑥ 功能部件的研发生产能力增强，全套解决方案初步形成。为适应数控系统的配套要求，华中数控、广州数控、凯奇数控等一批企业相继开发出交流伺服驱动系统和主轴交流伺服控制系统，完成了20～400A交流伺服系统和与之相配套的交流伺服电机系列型谱的开发，并形成了系列化产品和批量生产能力。

⑦ 技术及可靠性方面的突破。整体技术上虽然我们和国外系统还有一些差距，但国产数控系统近年来取得了很大进步，在可靠性方面也取得了长足的进步。为使我国中高档数控系统产品可靠性设计、试验、生产和管理达到国外先进水平，满足我国数控机床行业对国产数控系统可靠性设计与制造技术的迫切需求，使国产数控系统的质量迈上一个新台阶，国内部分数控系统研发和生产企业如华中数控、高精数控等建立了达到国家标准规定检测能力的质量检测中心，配置了先进的电磁兼容性和可靠性检测仪器设备，如快速瞬变脉冲群发生器、雷击浪涌脉冲发生器、静电放电检测仪、振动试验台、冲击试验台、高温运行实验室和高低温环境实验室等，这些检测设备基本上具备了对数控系统进行可靠性考核的条件。经过几年的努力使国产中高档数控系统的平均无故障工作时间（MTBF）达到30000h，接近国外同档次数控系统可靠性水平。

⑧ 质量和可靠性有所突破，用户认同度不断提高。国产经济型数控系统已形成了规模优势，可靠性获得了广大用户的广泛认同，有很强的竞争优势，目前已主导中国市场。如广州数控为首的经济型数控系统目前已占据了该领域的大部分市场份额。国产中档普及型数控

系统已实现批量生产，可靠性不断提高，正逐渐被用户接受。如：华中数控、大连光洋、沈阳高精等都分别与国内多家企业生产的多种规格的中高档数控机床（含加工中心）实现了批量配套典型。

近年来，由于全球经济的影响和国家整体创新能力的提高，国家更是连续出台了相关的政策促进数控产业的发展。在《国民经济和社会发展第十三个五年规划纲要》中，指出了实施智能制造工程，构建新型制造体系，促进新一代信息通信技术、高档数控机床和机器人、航空航天装备、海洋工程装备及高技术船舶等产业发展壮大。"中国制造2025"围绕实现制造强国的战略目标，明确了9项战略任务和重点，其中一项就是大力推动重点领域突破发展，聚焦新一代信息技术产业、高档数控机床和机器人、航空航天装备、海洋工程装备及高技术船舶、先进轨道交通装备等十大重点领域。"中国制造2025"要求大力推动高档数控机床领域突破发展，开发一批精密、高速、高效、柔性数控机床与基础制造装备及集成制造系统。加快高档数控机床、增材制造等前沿技术和装备的研发，以提升可靠性、精度保持性为重点，开发高档数控系统、伺服电机、轴承、光栅等主要功能部件及关键应用软件，加快实现产业化。

3.1.3 国外数控系统产业发展现状

数控系统作为反映综合国力强弱的重要战略产品和国际贸易的重要组成部分，受到世界各国特别是发达国家政府和企业的高度重视，国际竞争日趋激烈。为了在世界市场中立于不败之地，各国政府纷纷制定扶持本国数控系统产业发展的政策，如立法和制定振兴计划、科研经费支持、提供购买国产数控系统贷款、税收优惠等。在运用国家调控政策方面，发达国家更是采用高端禁运、低端倾销的手段扼杀欠发达国家的数控产业于萌芽状态。

日本拟定了一系列与之配套的措施来促进本国机床工业和数控系统产业的发展。早在1956年，日本政府就选择以金属切削机床为代表的19类机械产品作为机械工业振兴的对象，颁布了第一个机械工业振兴法——《机械工业振兴临时法》，到1978年，日本政府共颁布了4个机械工业振兴法，同时制定了一系列与之配套的措施。日本政府一方面不断出台规划引导日本机床行业的发展，另一方面提供充足的研发经费，鼓励科研机构和企业大力发展数控机床，战略上先仿后创，特别注意发展关键技术，开发核心产品。日本政府引导鼓励FANUC公司开发数控机床的数控系统部分，其他厂家重点研发机械加工部分。FANUC公司现已成为世界上最大的数控机床数控系统供货商，其生产的数控系统在日本市场的占有率达到80%以上，即使在世界市场上，其数控系统的销售份额也达到了约49%。这使得日本数控产业在经过短短20多年的发展后一跃而超过美、德而稳居第一位。据美国《金属加工行业报告》发布世界机床制造企业产值前107位排名中，日本有6家机床企业位于前10，包括山崎马扎克（第一）、天田（第四）、大隈（第五）、森精机（第六）、JTEKT（第九）和牧野（第十）。这种分工合作关系提高了日本数控机床行业效率。日本的数控技术基础研究较美国、德国薄弱，但日本的产、学、研协同一体研究开发体制能集中各界力量，企业更重视开发和应用研究，很快将科技成果转化为生产力，并通过产品和市场创新战略在短时间内形成竞争优势，实现市场份额的最大化。

德国特别重视数控系统、数控机床主机及配套件的先进性与实用性，注重理论与实际相结合，基础科研与应用技术科研并重，企业与大学科研部门紧密合作。德国对数控系统设计、使用技术精益求精，处处为用户着想，对用户产品、加工工艺、机床布局结构、数控机床的共性和特性问题进行深入的研究，设计出最佳数控系统，营造自身品牌，满足用户多方面的要求，这和美、日大力发展无人化、全自动化生产工厂也形成了鲜明的对比。德国的数控系统研发和配套机床的生产水平也因此在世界上一直处于前列甚至领先地位，如SIEMENS公司的数控系统和海德汉（HEIDENHAIN）公司的精密光栅，世界闻名，数控系统产品畅销全球。

美国政府为保护自己的机床工业免受过量机床进口冲击，1986年颁布了总统国内行动计划，与11个国家和我国台湾地区签订限制向美出口数控机床的所谓"自动约束限制协议（VRA）"，还签订了促进美国本身数控机床的发展计划等。美国数控系统企业充分发挥本国电子、计算机技术的领先优势，注重"效率"和"创新"，其数控技术基础扎实，高、精、尖的高性能数控系统在世界上一直处于领先地位。

意大利政府颁布了刺激设备投资和采用中高档技术装备的法案，并通过贷款和分期付款方式鼓励企业购置本国的数控机床、为制造厂提供研究开发资金及出口信贷、对进口机床提高关税等一系列措施，为意大利机床工业的振兴解决了市场、资金等问题，从而使其数控产业在20世纪70年代后期和80年代中期得以大踏步的发展。法国、西班牙、印度等相继采取过特殊贸易补贴、实行关税壁垒等。

20世纪90年代以来，受计算机技术高速发展的影响，利用计算机丰富的软硬件资源，数控系统朝着开放式体系结构方向发展。该结构不仅使数控系统具备更好的通用性、适应性和扩展性，也是智能化、网络化发展的技术基础。工业发达国家相继建立开放式数控系统的研究计划，如欧洲的OSACA计划、日本的OSEC计划等。

各数控系统企业更是充分发挥自身优势，开发各具特色的产品以满足市场要求，扩大市场份额，目前来看数控系统水平最高的主要集中在德、美、日三国。主要数控系统制造商有西门子（Siemens）、发那科（FANUC）、三菱电机（Mitsubishi Electric）、海德汉（HEIDENHAIN）、博世力士乐（Bosch Rexroth）、日本大隈（Okuma）等。目前，国际、国内市场上，中、高档数控系统专业生产已逐渐集中到日本发那科和德国西门子两家企业，其中日本发那科产量占一半，是世界上最大的数控系统生产商。上述两家公司中、高档数控系统在全球的市场占有率高达70%，在中国市场占有率达70%以上。

进入21世纪，数控系统技术在控制精度上取得了突破性进展。2010年国际制造技术（机床）展览会（IMTS 2010）上，专业的数控系统制造商纷纷推出了提高控制精度的新举措。FANUC展出的Series30i /31i/32i/35i-MODEL B数控系统推出了AI纳米轮廓控制、AI纳米高精度控制、纳米平滑加工、NURBS插补等先进功能，能够提供以纳米为单位的插补指令，大大提高了工件加工表面的平滑性和光洁度。Siemens展出的SINUMERIK 828D数控系统所独有的80位浮点计算精度，可充分保证插补中轮廓控制的精确性，从而获得更高的加工精度。此外，Mitsubishi公司的M700V系列数控系统也可实现纳米级插补。

日本发那科公司经过多年的经营努力，其产品在我国中高端数控机床中得到了较广泛应用，主要产品有：0i系列，面向中低端高性价比的数控机床，可用于车、铣、磨床等，最多可控制4个轴，包括FS0i/0i Mate Model C；16i系列，面向中高端高速高精度机床，包括FS16i/18i/21i Model B；30i系列，用于多通道复合、多轴联动、人工智能和纳米控制的高端数控机床，包括FS30i/31i/32i/35i Model B，最多可有10个通道，控制40个轴。

德国西门子公司的数控系统产品主要有：808D，面向普及型数控机床；828D，集HMI、CNC和PLC功能于一体，结构紧凑，性能优越；840D，如SINUMERIK 840D sl，采用模块化的结构以及新型驱动总线和伺服驱动技术，可实现纳米控制，具有多轴多通道和丰富的扩展接口。其中，SINUMERIK 840D sl 采用先进多核处理器技术、基于驱动的高性能 NCU（数控单元），应用非常广泛，除了车削和铣削应用，还可用于各种加工工艺，包括磨削、激光加工、齿轮加工以及多任务加工；模块化、体系化：SINUMERIK 840D sl 不但其 NCU 性能可扩展，而且其操作部件还采用了高度模块化设计；采用 PROFINET 工业以太网标准进行通信，可集成到西门子全集成自动化（TIA）环境。

近年来，出现了不同结构层次的数控系统产品，包括全系统、半成品和核心软件。例如，德国的 ISG 公司仅提供数控软件知识产权，由用户自行配置或二次开发形成自己品牌的数控产品。美国国家标准与技术研究院 NIST 及其他开源组织可提供开源的 LinuxCNC 数控软件，用户可免费得到其源代码，并可在 GNU 共享协议下进行开发。德国的 PA（Power Automation）公司、倍福（Beckhoff）公司则提供模块化的数控系统平台，由用户自行配置后形成自己品牌的数控产品。美国 Delta Tau 公司提供 PMAC 运动控制卡和相关软件，由用户开发组成自己的数控系统等。

3.2 行业应用状况

3.2.1 行业结构分析

数控系统是数控机床装备的核心关键部件，可用于数控机床的生产，也可以对原有的数控机床或非数控机床进行系统升级、改造，其具体的应用市场包括机械、电子、汽车、航空、航天、轻工、纺织、冶金、煤炭、邮电、船舶等。航空航天、船舶制造、大型电站设备、冶金设备、汽车制造等都是我国机床业的下游产业，都离不开高档机床，因而也为数控系统的发展提供了广阔的空间。进入 21 世纪以来，我国国民经济持续稳定发展，也带动了数控技术的发展，近几年来，在引进消化国外数控技术的基础上，我国已生产出自主知识产权的数控系统和数控机床。国产经济型数控系统由于顺应了大多数国内用户的实际使用水平和机床制造企业数控技术配套要求，加上价格优势得到了广大用户的认同，已形成规模优势，国产数控系统企业已占领了我国经济型数控系统 95％以上的市场份额；在中型数控系统领域，国产数控系统的功能性已达到国外同类产品水平，价格和服务方面还有较大的优势，市场占有率不断提高。

未来若干年内，我国数控机床市场需求量将继续以年均 10％～15％的速度增长，市场潜力巨大。随着中国制造业升级，中国现有普通机床也亟须改造升级，因此，数控系统行业市场空间广阔，具备进一步发展的巨大潜力。

"十二五"期间，随着国民经济快速的发展，汽车、船舶、工程机械、航天航空等行业将为我国机床行业提供巨大的需求，产品结构也逐渐向中、高档转化，其中高档数控系统所占比重将提升至 10％左右，中档数控系统所占比重提升至 50％左右。而根据国家科技重大专项之一《高档数控机床与基础制造装备》要求，到 2020 年，国产中、高档数控机床用的国产数控系统市场占有率达到 60％以上；高档数控系统市场占有率将从现在的 1％提高到 20％。目前市场中高端市场主要被西门子、发那科等国外品牌占据，国内中高端数控系统市场有 12 万台的替代空间，未来行业空间巨大。

为了推动国产数控系统的应用示范和产业化，04 科技重大专项立项支持了一批航空航天、汽车、发电装备和船舶制造企业应用国产数控机床和数控系统。华中数控、广州数控、大连光洋、沈阳高精所研制的高档型数控系统与10多类600多台高速、精密、五轴联动高档数控机床实现了配套。国产高档数控系统已在沈飞、成飞、航天8院、东汽等航空航天、汽车、发电装备制造重点企业批量应用。

3.2.2　航空航天领域应用情况

航空企业是高端数控装备的聚集地，目前使用的数控系统基本上被国外品牌垄断，在功能和性能上受到国外封锁限制，且存在国家安全隐患，设备使用和维护都非常被动。

航空工业所涉及的范围越来越大，产品越来越多，其主要产品分为军用飞机、民用飞机、机载设备、非航空设备四大类，其重点是前两类。飞机制造所需要的数控机床主要用于加工发动机、机身（含机头、机翼、尾翼等）、机载设备（控制仪表、救生、通信、战术导弹等设备）。飞机发动机的加工方式以高精度数控机床为主，如加工箱体的四轴以上联动卧式加工中心和立式加工中心、加工叶片的五轴联动加工中心、加工主轴用数控车床、高精度数控磨床等。飞机机身零部件加工采用数控龙门式机床为主，如数控龙门镗铣床、数控龙门加工中心、数控落地铣镗床、数控五轴联动龙门加工中心等。机载设备加工主要采用规格较小的高精度、高速数控机床，如中小型高精度立式加工中心、高精度数控车床、数控磨床等。

航空制造领域作为技术高度密集的行业之一，航空产品零部件形状结构复杂、材料多种多样、加工精度要求严格。航空产品零件制造的复杂性主要体现在以下几个方面：①通常带有复杂的理论外形曲面、纵横交错的加强筋结构、厚度较小的薄壁结构等，不仅形状复杂，而且孔、空穴、沟槽、加强筋等多，工艺刚性较差。②现代飞机具有长寿命、高可靠性要求，这使零件表面的质量控制要求更为严格，零件的尺寸精度和表面质量要求越来越高。③为了提高零件强度和工作可靠性，主要采用整体毛坯件和整体薄壁结构，结构复杂、材料去除量大、精度及表面质量要求高，加工周期较长。④零件的材料多为高强钢、铝合金、钛合金、高温合金和复合材料等难加工材料。

航空航天产品的关键零部件的复杂性特点，对数控机床不断提出新的要求。

（1）对高速、高效数控机床的需求

对于薄壁零件，由于具有重量轻、节约材料、结构紧凑等特点，已在航空零部件中得到广泛的应用，但薄壁零件由于刚性差、强度弱，在加工中极容易变形，使零件的形位误差增大，不易保证零件的加工质量。使用高速数控切削设备可以大大改善这种状况，因为切削力随着切削速度的提高而下降；切削产生的热量绝大部分被切屑带走；在高速切削范围内机床的激振频率远离工艺系统的固有频率范围，并且可以尽量减少加工中的径向切削力和热变形。以上特点有利于减小工件变形，改善薄壁零件的加工精度和表面质量。

对于飞机结构件，也是应用高速加工的主要领域，特别是在铝合金结构件、复合材料构件的切削中应用广泛。这类零件通常采用"整体制造法"，即在大块毛坯上去除余量，形成薄壁、细筋结构的零件，需要去除大量金属材料，导致切削时间占用零件总生产时间比例很大，整加工周期较长，最终零件成品的重量只有毛坯的10%～20%，其余的80%～90%材料都成了切屑。使用高速高效数控设备可以实现这些零件的切削加工过程对于高效、准确加工的迫切需求。

对于镍基高温合金、钛合金以及高强度结构钢等被现代航空产品大量采用的难加工材料，由于这些材料强度大、硬度高，耐冲击、加工中容易硬化，切削温度高、刀具磨损严重，只有采用高速切削技术，才可以有效地减少刀具磨损，大幅度提高生产率并提高零件的表面质量。

在航空零部件加工中，高速切削正在被大量应用，目前，高速加工的切削速度为常规切削的 5～10 倍，航空零件切削加工现场配备的高速铣削设备主轴转速已经达到 24000r/min。高速切削，首先是高的速度，即高的主轴转速，另一方面，又应有高的进给速度，为了提高效率，机床还要具有快速移动、快速换刀、高的主轴加速度和进给加速度，高速切削加工技术对数控机床的结构及材料、机床设计制造技术、高速主轴系统、快速进给系统、高性能 CNC 控制系统都提出了较高的要求。数控机床厂家在保证加工精度的前提下，提高机床切削速度是适应航空零件加工的一个方向。

（2）对多功能的多轴数控加工中心的需求

随着飞机产品飞行性能的提高，对现代航空零件加工精度的要求也逐步严格，复杂形状表面的精度误差从早期的 ±(0.15～0.3)mm 已经提高到 ±(0.08～0.12)mm，表面粗糙度从 Ra 6.4～1.6 提高到 Ra 1.6～0.8。对于以机翼梁、机身框、翼肋及壁板为典型代表的飞机机体结构件，以及以机匣、整体叶盘、叶片以及轴、盘为典型代表的航空发动机零件，既要保证零件的表面质量，又要保证加工的位置精度和形状精度，这些零件，一般都要求一次装卡，一次定位加工成型，只有多轴联动的加工中心才能满足上述要求。对于航空零部件，五轴联动的数控铣床以及具有 5 坐标联动控制、转台结构的数控机床等复合设备的需求增加。

在沈飞、成飞、西飞、洪都航空、航天八院、航天三院、核九院、黎阳发动机等航空航天、发电设备制造企业开始批量示范应用国产数控系统，实现了国产高档数控系统在航空航天等国防军工领域应用"零的突破"。

2012 年，华中数控和沈阳高精为沈阳飞机工业（集团）有限公司改造了一台已经连续使用 14 年的辛辛那提 LANCE2000 加工中心，更换了机床原有的数控装置、伺服驱动和伺服电机、主轴驱动和主轴电机；对电气控制柜进行了元器件更新和优化布线；解决了国产数控系统与机床原光栅尺的信号接口问题，实现了全闭环控制。改造完成后，机床的定位精度达到 5μm。经过近一年的生产验证，数控系统完全能满足使用要求。这是我国航空制造主机厂结构件加工中首次采用国产高档数控系统。在第一台机床改造成功实施的基础上，华中数控为沈飞 10 多台设备进行数控改造，包括五轴龙门、立式加工中心、车削中心等，这是国产高档数控系统在航空企业应用的良好开端。

上海航天设备制造总厂在 04 专项"国产高档数控机床与数控系统在航天复杂结构件加工中的示范应用"课题的实施过程中，应用大连机床厂配套华中 8 型数控系统的 DLM16/DLM20 精密车削中心、DLH20 高速车削中心、VDBS65 高速立式加工中心等 4 台高档数控机床加工航天复杂结构件。通过各方的共同努力，解决了主轴 C/S 切换、动力头刚性攻螺纹、华中 HSV-180U 总线式驱动器适配西门子电主轴/伺服电机/直线电机、车间网络接入功能等技术难题，取得良好的应用效果，国产高档数控系统完全能够满足航天领域的复杂结构件加工，上海航天设备制造总厂将在二期示范应用工程中对国产五轴高档数控系统进行示范应用。

沈阳高精开发了以高性能为特色的"蓝天数控"系列化产品，形成了以"蓝天数控" LT-GJ400 系列产品为代表的总线式全数字高档数控系统，通过对高档数控系统进行裁减，形成了面向加工中心、全功能数控车床的标准型数控系统 GJ300 系列。产品与中航工业沈飞集团、中航工业沈阳黎明航发集团等主机厂和最终用户进行了配套，进行了应用与示范，实现了叶轮、机匣等复杂曲面零件的高效加工。

大连光洋依托其具有生产高档数控机床的优势，将高档数控系统应用于其生产的高档数控机床上，并在示范应用工程中得到成功应用。大连光洋先后与哈尔滨东安发动机、贵州黎阳航空发动机、湖南株洲南方动力等企业签订合同，进一步扩大专项成果在航空中的应用示范。

广州数控开发的高档数控系统成果 27i、25i 已经实现批量销售，在上海航天八院搅拌摩擦焊成功应用。大连光洋为中国航天科工集团研制的我国首条航天核心产品生产线顺利完工，包括 22 台精密五轴数控机床在内的新产品即将运往北京。新产品由大连光洋自主研发设计，性价比更高、可靠性更强。其中，伺服系统、电机等关键部件成功打破国外垄断。

华中数控与大连机床集团合作，研制的高档数控机床被上海航天技术研究院选用，成功用于批量加工航天卫星零件，实现了国产高档数控系统在航天领域的突破。

3.2.3 船舶制造领域应用情况

我国造船海洋产业的目标是通过系统整合从造船海洋"大国"转变到造船海洋"强国"、海洋装置国际市场占有率超过 20％、船舶配件国产化率超过 80％等。2015 年出台"中国制造 2025"重点领域技术路线图，海洋工程装备和高技术船舶被纳入十大重点发展领域，国内船舶制造的领先者也将会进一步完善创新研发体系和机制，以自主创新推进产业结构调整和发展方式转变，推动船舶产业的发展。

大型船舶的关键加工件集中在大功率柴油机的机座、机架、气缸体、缸盖、活塞杆、十字头、连杆、曲轴，以及减速箱传动轴、舵轴和推进器（螺旋桨）等，关键加工件材质为特种合金钢，一般为小批加工，要求加工成品率 100％。关键加工件具有重量大、形状复杂、精度高、加工难度大等特点。因此，大型船舶关键件加工一般要求具有大功率、大扭矩、高可靠性以及多轴的重型、超重型数控机床和专用加工机床，其中重型、超重型曲轴和大型螺旋桨加工具有典型性，需要超重型数控专门机床。

用于加工船用螺旋桨的多轴联动数控机床是船舶制造领域的高档关键设备，国外一直对国内严加封锁和控制。目前，国内用于大型船用螺旋桨数控加工的机床很少，并且无法实现车铣复合加工。

华中数控与武汉重型机床集团和镇江推进器厂合作，承担国家 863 项目，生产用于加工 8m 船用螺旋桨的七轴五联动立式车铣复合加工中心 CKX5680。该机床最大加工直径达到 8m，最大加工高度 2m，承重 100t，具有七轴控制、五轴联动车、铣复合加工、在线测量等功能，可实现工作台自动精确分度，能一次装卡完成螺旋桨数控五轴联动数控加工，达到当代国际先进水平，打破了国外技术封锁，填补了国内空白。目前，该机床已经在镇江推进器厂投入使用。

3.2.4 能源领域应用情况

2009 年东方汽轮机有限公司联合北京胜为弘技、华中数控共同开发研制具有完全自主知识产权的大型叶片九轴六联动数控砂带磨床，解决以汽轮机叶片为代表的复杂曲面磨削抛光的技术难题，经过四年多的生产运行，加工多种型号叶片共 8000 多片，所加工的叶片完全满足核电叶片加工工艺要求。目前共有 10 台 6 坐标联动数控砂带磨床在东汽现场使用。该机床 2011 年 5 月 14 日通过了由中国机械工业联合会组织的鉴定，鉴定意见认为：在砂带磨床、数控系统、加工工艺及编程软件具有自主知识产权，总体技术达到同类产品的国际先进。

3.2.5　3C 加工领域应用情况

近年来，智能手机金属化外壳加工制造成为 3C 制造业高速增长的先锋，带动了相关加工设备和产业爆发式的增长，这些需求带动了高速高精加工技术的发展。高速钻攻中心是加工手机金属外壳的核心装备。据统计，2014 年珠三角地区装机量超过 10 万台，其中东莞就占了 60%，而且仍以每年 20% 的速度高速增长。

但是，一直以来在 3C 领域以高速钻攻中心为代表的制造设备上，数控系统全部被国外数控系统品牌垄断，价格高，维护成本居高不下，严重制约了 3C 行业生产效率的提升，打破 3C 制造依赖进口局面已成当务之急。近年来国产数控系统和装备在高速加工技术上取得了很大的突破，在数控专项课题的支持下，国内数控系统研发和应用企业以西门子、发那科等国外先进数控系统为对标产品，自主研发高档型、中档型数控系统，攻克了开放式平台技术、现场总线技术、高速高精、多轴多通道、同步控制和可靠性等一批核心关键技术，实现了数控系统的跨越式发展。

华中数控针对 3C 行业需求，在华中 8 型数控系统基础上推出了高速钻攻中心用数控系统 HNC-818AM，同时配合华中数控最新研发的 LDD 伺服电机，加减速性能提高了 1.5 倍，最高转速达到 4500r/min，加工效率大大提高，在满足加工质量的前提下，加工效率提高了 20%。截至 2016 年年初，已经在珠三角、长三角地区批量配套累计 7000 台。

华中数控与劲胜精密机械公司合作建设配置华中数控机器人的智能制造示范车间。该项目利用自主知识产权的国产数控系统配套国产高速钻攻中心机床装备，与国产工业机器人配套。智能设备层由 180 台创世纪高速钻攻中心（配置华中 8 型高速钻攻中心数控系统），72 台华数机器人，25 台 RGV 和 15 台 AGV 小车构成，集成华中数控云服务平台，组成完整的移动终端配件智能制造典范工厂。

此外，沈阳机床的 i5M1 系列智能钻攻中心也是国内具有代表性的产品。

3.2.6　模具行业应用情况

模具作为装备制造业的基础，被称为"工业之母"，75% 的粗加工工业产品零件、50%的精加工零件、绝大部分塑料制品均由模具加工成型。作为国民经济的基础工业，模具涉及机械、汽车、轻工、电子、化工、冶金、建材等各个行业，应用十分广泛。

近年来，我国模具市场飞速发展。2015 年 1～10 月累计中国模具产量 1260.92 万套，行业总产值突破 2 万亿元。模具市场的增长，一是由于我国汽车、铁路机车、航空航天、军工行业高速发展，为使产能匹配迅速提高的市场需求，行业企业大量将非核心配件外包，与此同时，全球一体化也使跨国工业制造企业将部分设计制造、采购、销售和售后服务环节转移至中国，带动了一批高端、高精密模具供应商；二是市场竞争和自主研发提升了国内模具厂商水平，全球订单增多，模具出口金额呈现大幅上升的趋势。如图 3-1 所示。

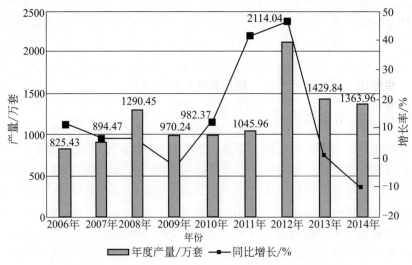

图 3-1　2006~2014 年全国模具产量及其增年度统计图

五轴联动等多轴联动数控机床是高技术含量、高精密度、适用于加工具有复杂曲面、高精度要求的模具。因此，随着行业发展对模具要求的提高，对五轴等高端数控机床的需求将会增加。应用五轴数控系统，可以对普通的三轴机床难以加工的复杂模具进行加工，加工带有复杂曲面或深腔的模具时，可以取得最佳切削状态，通过在机床加工区域内的任意位置改变刀具轴的设置角度，实现加工不同的几何形状。对直纹面类模具的加工，可采用侧铣式一刀成型，加工质量好，效率高。而对于型腔为复杂的空间曲面及沟槽或者具有深孔腔的模具，数控机床的多轴联动具有良好的深孔腔综合切削能力，满足三维曲面的高精度、高速度、高稳定性加工要求，多轴联动数控机床的需求也将增大。

另一方面，具有复合加工性能的数控机床在模具加工中起到越来越重要的作用，发展前景广阔。具有复合加工性能的数控机床适应了模具的加工需求，在一台数控机床上能完成从粗加工到精加工的所有加工，同时将数控铣与激光三维加工复合在一起、将金切与电加工复合在一起以及将电火花与激光复合在一起的复合数控加工机床，能将机械加工与电、化学、高能波束等不同原理加工方法进行复合，不仅能快速生产，而且能满足模具需求方的个性化定制。

同时，随着并行工程和反向工程等先进技术在模具加工方面应用的不断发展，模具加工对数控机床提出了数字传递转化、高精度、高效率、自动化等方面的要求。

3.2.7　汽车行业应用情况

中国汽车行业已经成为机床产业的消费主体，其消费量约占总量的 70%。作为数控机床行业的第一大客户，汽车产业的发展必将给数控系统及数控机床产业带来更好的前景。

目前国内已发展了一批满足汽车零部件生产需要的数控机床，如五轴联动加工中心、全功能数控车床和车削中心、数控铣镗床、数控高速磨床、各种高速立卧式加工中心、多轴数控的齿轮加工机床以及汽车零部件加工的高效专用机床，如车车拉机床、曲轴高速外铣机床等。数控机床在汽车工业中主要用于发动机、变速箱、底盘、零部件及模具制造。

缸体是发动机中最大的单独式部件，需承受各有关零部件的重量，也是将热能转化为机械能的重要零件之一。2009～2015 年，国内缸体总产量由 75 万吨上升至 91 万吨，预计后续国内缸体市场将依然保持目前的发展趋势。对于发动机缸体、缸盖及变速箱壳体等箱体类零件制造高速加工中心的主轴转速已提高到 10000～15000r/min，甚至更高；快速进给速度已达到 60～100m/min，且快速进给加减速度提高到（1～1.5）g；换刀时间 1.0～1.5s。其他设备还有一些专用机床，如珩磨机、精镗机床、精铣机床。

凸轮轴主要负责进、排气门的开启和关闭。现在大多数量产车发动机采用顶置式凸轮轴。按照凸轮轴的数量，可以分为单顶置凸轮和双顶置凸轮两种，而双顶置凸轮轴为目前的主流配置，平均每台发动机安装两根凸轮轴，根据这样的配套关系简单测算每年配套市场的发动机凸轮轴需求：2015 年国内汽车产量达到 2450 万辆，OEM 市场对凸轮轴的需求量约为 4900 万套。除了 OEM 市场外，目前近 2 亿辆的汽车保有量组成的后装市场对于凸轮轴也有巨大的需求。预计随着整车销量和保有量的增长，凸轮轴的市场需求将维持稳定增长的态势。发动机凸轮轴生产线需要的主要生产设备有数控车床等。

汽车齿轮加工需要的设备有数控滚齿机、数控插齿机、数控珩齿机、数控磨齿机等。在汽车底盘及零部件的制造中，需要的设备与发动机、变速箱需要的设备种类近似，只是数量更多，规格更多。

3.2.8　轨道交通行业应用情况

轨道交通装备主要包括电力机车、内燃机车、动车组、铁道客车、铁道货车、城轨车辆、机车车辆关键部件轨道等系统。在高速列车的车体和机车的制造中，需要大量高档数控机床用于电动机车和内燃机的制造，以及转向架、制动系统等的加工。应用的数控机床包括各种大中型立式和卧式加工中心、数控铣镗床、数控立式车床、数控磨床及数控专用机床等。高速动车组的车轮系统的加工多采用以数控立式车床组成的自动线；车轴加工多采用由数控卧式车床和上下料机构组成的自动生产线。

按照世界各国目前公布的规划，预计到 2024 年，全球高铁总里程可达 4.2 万公里，2020 年前，海外高铁投资合计将超过 8000 亿美元，其中欧美发达国家的投资额为 1650 亿美元，带动其他产业创造的市场规模将达 7 万亿美元，中国高铁将迎来前所未有的出口机遇。中国轨道交通正处快速发展期，结合 PPP 模式的推广，未来依然有望维持较高景气度。轨道交通行业的发展将进一步扩大带来对数控机床的需求的增长。

3.3　产业重点企业分析

3.3.1　武汉华中数控股份有限公司

武汉华中数控股份有限公司创立于 1994 年，是从事数控系统及其配套产品研究、开发和生产的高科技企业。2011 年 1 月 13 日，武汉华中数控成功在深圳证券交易所创业板上市，成为我国数控系统行业的首家上市公司。公司与华中科技大学（国家数控系统工程技术研究中心）产学研紧密结合，拥有强大的科研、开发和产业化实力，被国家科技部首批授予"国家高技术研究发展计划成果产业化基地"称号；被国家发改委授予百家"高科技产业化示范工程"企业，是首批国家级"创新企业"、全国机械工业先进集体、中国机床工具协会副理事长、数控系统分会理事长单位、全国机床数控系统标委会秘书长单位。已获得国家科技进步二等奖 1 项、省部级科技进步一等奖 4 项，有 9 项产品被评为国家级重点新产品，华中数控系统被列入首批自主创新产品目录。

华中数控以华中科技大学和"国家数控系统工程技术研究中心"为技术依托，在跟踪数控技术发展前沿的基础上，面向国家重大高档数控装备的技术要求，通过自主创新，在我国中、高档数控系统及高档数控机床关键功能部件产品研制方面取得重大突破，攻克了规模化生产工艺和可靠性关键技术，是国内极少数拥有成套核心技术自主知识产权（包括数控系统、伺服单元和电机、主轴单元及主轴电机等）并形成自主配套能力的企业。在"八五"期间成功开发了华中Ⅰ型高档数控系统，并在"九五"期间开始进行规模化生产。之后，通过产学研结合，华中数控开发了具有自主知识产权的包括经济型、普及型和高级型在内的"世纪星"系列数控系统。2013 年，应用华中数控系统，武汉重型机床集团有限公司成功研制出 CKX5680 7 轴 5 联动车铣复合数控加工机床，用于大型高端舰船推进器关键部件——大型螺旋桨的高精、高效加工。公司形成了系列化、成套化的中、高档数控系统产品产业化基地，可生产 HNC-848/818/808、HNC-808e、HNC-808xp 等高档、中档、普及型数控系统，以及全数字交流伺服主轴系统、全数字交流伺服驱动系统等产品。每年生产、销售中、高档数控系统上万台套，形成了 20 万台伺服驱动和伺服电机的生产、销售能力，已与大连机床、沈阳机床、武重集团、南通科技等国内一流主机厂实现了批量配套。

华中数控五轴联动数控系统打破国外封锁，2009 年～2016 年 2 月底，华中数控累计销售数控系统 62461 套，伺服电机及驱动 110 万台套。其中，包括量大面广的数控车床、车削中心、数控铣床、立式加工中心、卧式加工中心、钻攻中心等中、高档数控机床，还包括与 04 专项配套的 600 多台高档数控机床，产品覆盖十余类规格的机型，应用领域涉及航空航天、能源装备、汽车制造、船舶制造、3C 等。2011～2015 年，武汉华中数控累计销售数控系统 38000 余台，其中铣床、加工中心数控系统 1.6 万余台，车床数控系统 2.2 万余台，累计销售额 10 余亿；2015 年累计销售数控系统 9387 台，营业收入 1.99 亿元。

公司建成了先进的质量检测中心，具有电磁兼容性、冲击、振动和环境试验设备。公司通过了 ISO 9001：2008 质量体系的认证。

2014 年，"NCUC 现场总线"获湖北省技术发明一等奖；2016 年，"高档数控系统"获湖北省科技进步一等奖；2016 年，"高档数控系统"获中国机械工业科技进步一等奖。

2014 年，华中数控围绕新一代云数控的主题，推出了配置机器人生产单元的新一代云数控系统和面向不同行业的数控系统解决方案。新一代云数控系统以华中 8 型高档数控系统为基础，结合网络化、信息化的技术平台，提供"云管家、云维护、云智能"3 大功能，完成设备从生产到维护保养及改造优化的全生命周期管理，打造面向生产制造企业、机床厂商、数控厂商的数字化服务平台。2015 年，武汉华中数控联合东莞劲胜精密构建集国产高档数控机床、国产机器人、自动化设备、国产系统软件于一体的 3C 产品智能工厂，形成智能制造工厂在 3C 行业的示范，实现高速高精国产钻攻数控设备、数控系统与机器人的协同工作，建立全制造过程可视化集成控制中心，实现对钻攻中心、机器人、物流装备等的全面支持，降低产品不良率，缩短产品研制周期，提高设备利用率，提升车间能源利用率，最终实现少人化人机协同化生产。基于国产高档数控系统的良好开放性，建立了智能工厂设备大数据平台，通过对设备实时大数据的采集、分析，实现了机床健康保障、G 代码智能优化、断刀监测等智能化功能。智能工厂全部使用国产智能装备、国产数控系统、国产工业软件。智能工厂最核心的设备——配套国产数控系统的国产高速钻攻中心机床，可与进口同类产品同台竞技,打破国外垄断。配套国产高档数控系统的高速钻攻中心机床,实现高速高精加工,与进口同类产品同台竞技,实现机床装备高端化。

3.3.2　广州数控设备有限公司

广州数控设备有限公司是中国南方数控产业基地,广东省 20 家重点装备制造企业之一,是国内技术领先的专业成套机床数控系统供应商、中国机床工具行业协会数控系统分会副理事长单位、国家认证的首批高新技术企业、国家 863 重点项目《中档数控系统产业化支撑技术》承担企业,拥有全国最大的数控机床连锁超市。公司秉承科技创新、追求卓越品质,以提高用户生产力为先导,以创新技术为动力,主营业务有:数控系统、伺服驱动、伺服电机研发生产,数控机床连锁营销、机床数控化工程,工业机器人、精密数控注塑机研制等。现拥有专利 83 项,其中发明专利 16 项、实用新型专利 29 项、外观专利 38 项;拥有软件著作权登记 43 项,拥有作品著作权 1 项,参与主持制订国家或行业标准 42 项。

广州数控设备有限公司年投入科研经费占销售收入 8% 以上,年新产品收入占总销售的 75% 以上,年产销数控系统连续 10 年全国第一。

广州数控设备有限公司是目前国内数控系统产销量最大的企业,形成了车床数控系统、铣钻床数控系统、加工中心数控系统、磨床数控系统以及交流伺服单元、主轴伺服单元、进给伺服电机和主轴伺服电机等近二十个产品系列、几十个品种,可广泛满足不同用户的使用需求。具有自主知识产权的数控系统已与国内机床行业多个主流厂家,如沈阳机床、济南一机、大连机床等实现了批量配套。

广州数控由高档数控专项支持开发的高档数控系统成果 27i、25i 已经实现配套近百台,用于沈阳巨浪特种机床、广州宏力立加、江阴贝尔滚齿机、宁国飞鹰专机改造、哈斯机床旧机改造等。与上海航天八院联合研制的搅拌摩擦焊已经成功应用,其配套的广数高档数控系统得到好评。

1992 年自主研发第一套 GSK928 车床数控系统,1994 年被评为国家级新产品;1997 年经济型数控技术推广应用被评为"八五"国家技术创新新技术推广优秀项目;1999 年,成功研发交流伺服,此产品填补国内空白,迫使国外同类产品降价 50%;GSK980TD、GSK928TE、DAP01 交流异步伺服主轴驱动、DA98B 全数字式交流伺服驱动等被评为广东省自主创新产品;GSK928TE 系列机床数控系统、DA98 系列全数字式交流伺服驱动装置、GSK21M 系列加工中心数控系统、GSK980TD 系列机床数控系统产品等被评为广东省高新技术产品;《面向先进装备的控制检测共性技术及应用》《基于领域建模的嵌入式数控系统开发平台》获得广东省科学技术奖励一等奖;《基于实时操作系统的嵌入式车床数控系统》获得广东省科学技术奖励二等奖、广州市科技进步一等奖;GSK980TD 系列车床数控系统通过市级科技成果鉴定,获广州市、白云区科技奖励一等奖,并被广州市软件行业协会评定为 2007 年度"优秀软件产品"。

GSK983M-V、980MD 铣床数控系统、GSK980TDa、928TEII、980TB1、218TB 车床数控系统、DAP03 主轴伺服驱动、ZJY208、ZJY265 主轴伺服电机等新产品投入批量生产。GSK218M、990MA 铣床数控系统、928GA/GE 磨床数控系统、80SJT 系列伺服电机等新产品进入小批量生产。

国家科技重大专项产品包括 GSK25iT/iM 系列数控系统、GSK 988T/TA/TB/MD 系列数控系统、218TC/TD/MC/MD 系列数控系统、GS/GH/GE 系列驱动单元、175SJT 系列高速交流伺服电动机、265SJT 大转矩交流伺服电动机、ZJY208 系列高速主轴伺服电机、ZJY265 系列高速主轴伺服电机和 ZJY440 系列大功率主轴伺服电动机。

3.3.3 大连光洋科技集团有限公司

大连光洋科技工程有限公司成立于 1993 年，在 2014 年更名为大连光洋科技集团有限公司。公司主营光纤总线开放式高档数控系统和直驱式关键功能部件（直驱式力矩电机和驱动装置、直驱式单/双轴转台电主轴），以及电主轴、主轴编码器、细分器、实时核、软 PLC 等数控产品。科德数控股份有限公司成立于 2008 年，是大连光洋科技集团有限公司的全资子公司，是专业配套自主化高档数控系统和高档数控机床的制造商，主营五轴立式车铣磨复合加工中心、五轴联动卧式铣车加工中心、五轴工具磨床等机床产品，其中立式系列加工中心已经出口到德国。

大连光洋集团是国家创新型企业、国家火炬计划重点高新技术企业、国家知识产权试点企业、国家数控机床高新技术产业化基地、国家地方联合工程研究中心，承建高档数控机床控制集成技术国家工程实验室，承担了国家科技支撑计划、国际科技合作计划、国家高档数控机床科技重大专项等十余项国家级课题；主持制定数控系统现场总线国家标准，参与制定国家标准 7 项；数控系统源代码通过国家测试认证；拥有有效专利 300 余项；通过 ISO 9001：2000、CMMI L3、CE 等国际认证。

大连光洋专业从事数控系统及数控机床的研究、开发和生产。公司重视国际合作交流，坚持技术引进、消化吸收、自主创新和产学研相结合的模式，成功研制了新一代总线构架开放式数控系统 GDS07G 系列高档数控系统等产品，面向用户提供多层次的开放化解决方案。公司配备了先进的 SMT 贴片生产线、机加工生产线、表面处理生产线、激光应用中心、可靠性测试中心及数控系统综合比较测试平台，具备数控系统及其配套功能部件制造能力。

目前，大连光洋在航空航天、机床工具行业成功进行了高档数控系统应用示范工程。此外，公司基于自主开发的数控系统与伺服驱动装置间 100M 高速同步数字通信工业现场总线协议 GLINK，已成功应用于立式加工中心、龙门式加工中心、斜床身数控车床、高速高精度的数控雕铣机床等多种产品中。

3.3.4 沈阳高精数控智能技术股份有限公司

沈阳高精数控智能技术股份有限公司主要从事数控技术、伺服驱动技术、信息技术、机器人技术、智能技术、数字化车间技术及产品开发、生产、销售。沈阳高精以高档数控国家工程研究中心为技术依托，具有强大的研发能力和良好的测试、验证环境，并在国家发改委高技术产业化示范工程项目的支持下，在沈阳浑南国家级高新技术开发区建成了大型化和专业化的成套数控技术产品研发中心和生产、装配、检测及销售和服务基地。沈阳高精是中国机床工具协会数控系统分会副理事长单位和全国工业机械电气系统标准化技术委员会安全控制系统分会主任委员单位，通过了高新技术企业、软件企业、ISO 9001 质量体系等多项认证。

沈阳高精在数控产品的研发与生产方面，优先发展高档数控系统，同时兼顾普及型数控系统的市场需求，包括 NC-110、NC-310、GJ-200、GJ-30M、GJ-301T、GJ-301M 等型号，涵盖了高档、普及型、经济型以及专用数控系统等多个方面，形成多个系列十余种型号的数控系统和配套伺服驱动单元、主轴驱动单元等产品，广泛应用于大型、多功能复合加工中心、小型加工中心、铣床、车床、雕铣机床与木工机械等装备的数字化控制。

沈阳高精产品在装备制造骨干企业及航空航天、汽车等领域配套应用，树立了以高性能为特色的"蓝天数控"产品品牌。在基于"蓝天数控"在开放式数控的技术积累，开展了基于二次开发平台的专用型数控系统的研制及产业化推广，将数控技术拓展到电加工、柔性组合单元、激光加工等专用领域，拓展了国产数控系统的应用范围。

沈阳高精曾获得了国家高技术产业化十年成就奖、中国专利优秀奖、辽宁省科技进步一等奖、辽宁省重大科技成果转化奖、辽宁省新产品一等奖。已申请发明专利百余项，其中已授权 55 项专利，主持制定并发布了多项国家标准，获得"用户满意品牌"。

3.3.5　北京航天数控系统有限公司

北京航天数控系统有限公司（简称航天数控）隶属于航天长峰股份有限公司，是国家定点机床数控系统研发中心和产业化基地，是北京市高新技术企业，获得 A 级机床改造资质，主要从事机床数控系统及其配套产品的设计、开发、生产、销售和服务以及机床数控化改造工程。公司前身是北京航天机床数控系统集团公司。

航天数控产品主要涉及车床、铣床、磨床、加工中心等控制系统，以及螺杆铣、磨齿机、制锁机械、纺织机械等专用数控系统。相继开发了高、中、低档次多个系列的产品，广泛应用于军工、船舶、汽车、航空、航天、造纸、建筑等各领域。公司现已形成年产 5000 套数控系统及伺服的生产制造和装配调试能力。开发的开放式 21 系列数控系统和 DSSU02 系列全数字交流伺服，相关技术水平达到国内先进及国际同类产品水平。

1997 年产品首批通过了国家机床质量监督检验中心的产品检验；1998 年在国产数控行业率先通过了 ISO 9001 质量管理体系国际认证，2004 年已完成 ISO 9001：2000 版的国际质量管理体系认证工作。公司先后为数百家企业机床进行了数控化改造。

3.3.6　上海开通数控有限公司

上海开通数控有限公司成立于 1993 年，其前身是上海机床研究所数控部，是国内最早从事数控系统和交流伺服驱动系统研发和生产的单位之一。2008 年被第一批认定为高新技术企业。公司隶属于中国最大的机电装备类企业集团——上海电气集团股份有限公司，是集团的数控产业化基地。

公司生产的各类数控系统、交流伺服驱动系统和智能控制器都具有完全自主的知识产权。KT 系列基于 PC 的嵌入式中高档数控系统、普及型数控系统已广泛应用于车、铣、磨、加工中心、切割、弯板、绕簧等各类机床和其他制造业；全系列数字式交流伺服驱动装置大批量生产，广泛应用在数控机床、纺织、印刷、包装、玻璃、饲料和微电子机械上；高性能空压机控制器与国外著名空压机制造商配套，得到了广泛应用。

上海开通从引进美国 GE 技术起步，也与美国 SoftServo 公司紧密合作，成立了上海中美数控技术研究所，开发的切割机数控系统即是双方合作的成果，另外在 ServoWorks 光纤数字伺服网络平台上共同开发开放式数控系统产品，采用这一系统最多可以控制 16 轴，产品出口日本和美国。公司和日本住友重机械工业株式会社合作开发专用数字化交流伺服驱动器已批量生产，产品出口日本。

2007 年，开通数控完成了基于以太网总线技术的开放式数控系统软硬件平台的研发。通过广泛的产学研合作及自主创新，学习国外的先进技术，开通数控攻克了数控系统开放式体系结构、网络通信、高速加工、多轴联动等关键技术，总体水平在国内处于领先地位。在此平台上研发的铣床、车床和磨床等应用系统，实现了批量生产，取得了较好的经济效益。其数控系统和伺服驱动平台具有完全自主的知识产权，在此平台上，还继续开发各种智能化功能，如远程诊断、图像识别、自适应控制等。

3.3.7 上海维宏电子科技股份有限公司

上海维宏电子科技股份有限公司是一家专业提供运动控制系统解决方案的高科技企业。目前公司已经发展为一家以各类数控机床控制系统为主的专业运动控制系统供应商。

维宏集成数控系统主要分为 NK105 系列、NK200 系列和 NK300 系列。NK105 系列是手持型控制器，使用于简单的木工类雕刻机。NK200 系列和 NK300 系列适用于雕刻机、玻璃磨边甚至数控铣和加工中心，并且可以延伸至 4 轴应用。目前在加工中心领域已经和南通的机床厂商达成合作。NK300 为旗下明星产品，曾获得 2011 中国国际工业博览会铜奖。

维宏针对精密磨削领域推出 6 轴叶片砂带磨床数控系统，该数控系统于 2013 年成功应用于国内某知名高校机电研究所 6 轴叶片砂带磨床，实现了型线精度控制、压力控制、表面质量、砂带脱落及断裂防护等关键控制技术，解决了以汽轮机叶片为代表的复杂曲面进行磨削抛光的技术难题，可广泛推广于燃气轮叶片、航空发动机叶片以及核电汽轮叶片等的磨削加工。

3.3.8 南京华兴数控技术有限公司

华兴数控是国内主流数控系统供应商之一，提供从数控系统、交流伺服、主轴伺服、交流伺服电机、主轴伺服电机到隔离功率变压器的机床全套电控产品，全部产品均自主设计与生产，具备极佳的性价比和可靠性。

经过数年发展，公司积聚了大批各层次的研发队伍，具备丰富的产品开发应用经验，并拥有多项专利及前沿技术，已在机床、纺织、印染、食品、医疗等设备的运动控制上产生了广泛影响，2010 年以来年销售数控系统 3 万～5 万套。

华兴数控自主研发的产品有 7 系列数控系统、9 系列数控系统、3 系列数控系统，以及伺服电机和伺服驱动。

WA-710XTN 是华兴数控最新推出的总线式数控系统，采用 POWERLINK 工业以太网总线通信行规，控制周期 $128\mu s$～$4ms$，配合华兴自产的 4kW 主轴伺服单元，具备行业内极高性价比。WA720T-3 是华兴数控集十多年数控系统开发经验，在原有多代成熟产品的基础上，推出的新一代高性能车床数控加工中心。系统采用超大规模可编程逻辑电路方案，具有更高的加工控制品质和系统升级空间。系统可控制数字式交流伺服驱动器及三相细分步进驱动器；系统的电子齿轮功能使得系统可与任意螺距丝杠直连；螺距补偿功能使机床的精度检验大为简化；显示采用 8.4″液晶屏彩色显示，具有加工零件图形实时跟踪显示以及坐标字符显示的功能，具有三维立体模拟和二维平面模拟显示的功能。便捷的双 U 盘接口，可实现 U 盘与系统间的程序互存，以及系统在现场升级功能。

3.3.9 南京仁和数控有限公司

南京仁和致力于经济型和普及型数控系统的产品研发。2011 年 10 月，江苏仁和新技术产业有限公司与武汉华中数控股份有限公司联合成立南京锐普德数控设备股份有限公司。具有自主知识产权的锐普德系列数控系统，目前已经形成车床、铣床类高、中、低端十多个数控系统应用品种，这些产品已广泛应用于国内机械、汽车、能源、航空航天、教育等行业。南京锐普德数控设备股份有限公司集成华中数控和仁和数控的核心技术，整合已有产品线，推出了4种级别车床数控系统以及交流伺服驱动单元、步进驱动单元，全面满足不同档次数控车床的要求。

3.3.10　北京精雕科技有限公司

北京精雕从机床结构设计、机床制造技术、精密数控技术、高速精密电主轴技术、小刀具专用 CAD/CAM 软件、机床关键零部件设计与制造技术等多个方面展开深入细致的研究，自主研发了 300 多种型号、具有国际先进水平的高速、高精密精雕数控机床，共获得 70 多项国家专利和 26 项软件著作权。业务范围涵盖数控机床、数控系统、CAD/CAM 软件、高速精密电主轴、高精度旋转功能部件等相关领域，主营产品精雕数控机床被广泛应用于 3C 产品、精密模具、木雕、医疗器材等三十多个领域。

北京精雕推出的 JD50 数控系统，具备高精度多轴联动加工控制能力，满足微米级精度产品的多轴加工需求，配备 JD50 数控系统的 SmartCNC500E _ DRTD 系列精雕机，可用于加工航空航天精密零部件叶轮。JD50 数控系统的特点是采用开放式体系架构，支持 PLC、宏程序以及外部功能调用等系统扩展功能。此外，JD50 数控系统提供包括加工文件操作、机床信息获取、机床状态监控、机床远程控制在内的 4 大类网络接口，可以轻松接入客户工厂的信息化管理系统。

3.4　新产品的研发、投产情况

3.4.1　华中 8 型高性能数控系统（武汉华中数控股份有限公司）

具有自主知识产权的华中 8 型高性能数控系统为全数字总线式高档数控系统，其功能强大，技术先进，包括 5 轴联动 RTCP 控制技术、5 轴机床结构参数自动测量技术、5 轴数控机床的动态特性测定和调整方法技术、5 轴大圆插补技术、5 轴定向加工技术等，这些技术已经在航空航天、能源领域的 5 轴关键设备上得到了应用。同时，华中 8 型高性能数控系统能够实现模板切换、客户定制的要求，具备柔性。能够实现三维加工仿真功能和会话式编程功能，集成了 SSTT、进给速度优化、IEC61131 PLC 编程工具等软件，整合单元技术，丰富了数控系统的功能。数控系统可以应用在 3C 与智能制造的加工、机床工具的加工、汽车制造、能源装备领域等。

华中 8 型高性能数控系统产品包括 10 个系列的数控装置产品，其中 HNC-848、HNC-818AT、HNC-818BT、HNC-808E、HNC-818AM、HNC-818BM、HNC-808T、HNC-808M 这 8 种数控装置均采用了具有自主知识产权的 NCUC 工业现场总线技术。

HNC-848 数控装置采用双 CPU 模块的上下位机结构，模块化、开放式体系结构。具有多通道控制技术、五轴加工、高速高精度、车铣复合、同步控制等高档数控系统的功能。主要应用于高速、高精、多轴、多通道的立式、卧式加工中心，车铣复合，五轴龙门机床等。

HNC-818AT 数控装置、HNC-818BT 数控装置、HNC-808E 数控装置、HNC-818AM

数控装置、HNC-818BM 数控装置、HNC-808T 数控装置、HNC-808M 数控装置采用模块化、开放式体系结构，支持总线式全数字伺服驱动单元和绝对值式伺服电机，支持总线式远程 I/O 单元，集成手持单元接口，采用电子盘程序存储方式，支持 CF 卡、USB、以太网等程序扩展和数据交换功能。主要应用于全功能数控车床、车削中心、数控铣床、铣削中心。

HNC-808MEB 数控装置采用先进的开放式体系结构，内置嵌入式工业 PC 机、高性能 32 位中央处理器，集成进给轴接口、主轴接口、手持单元接口、内嵌式 PLC 接口于一体，采用大容量电子盘程序存储方式支持 CF 卡、DNC、以太网、USB 等程序交换功能，主要适用于数控铣床和简易加工中心的控制。具有高性能、结构紧凑、易于使用、可靠性高、价格低的特点。

HNC-808TEA 数控单元采用先进的开放式体系结构，内置嵌入式工业 PC，配置 7in 彩色液晶显示屏和通用工程面板，集成进给轴接口、主轴接口、手持单元、内嵌式 PLC 接口于一体，采用电子盘程序存储方式以及内置 CF 卡程序交换功能、具有低价格、高性能、结构紧凑、易于使用、可靠性高等特点，主要应用于各类数控车床、车削中心的控制。

3.4.2 GSK980TDi 总线式车床数控系统（广州数控设备有限公司）

GSK980TDi 是 GSK980TD 系列产品家族中的新成员，是继 GSK980TDc 之后广州数控针对普及型数控车床及车削中心市场的最新力作。

GSK980TDi 基于 GSK-Link 工业以太网总线，标配总线式伺服驱动单元及多圈 17 位绝对式编码器的伺服电机，最小移动单位 $0.1\mu m$，最高移动速度 $100m/min$；支持车铣复合加工；支持伺服参数在线配置、伺服状态实时监视；支持显示界面二次开发（用户自定义）；支持无挡块机械回零；标配总线式伺服驱动单元和多圈 17 位绝对式编码器。

3.4.3 GSK980MDi 系列钻铣床数控系统（广州数控设备有限公司）

GSK980MDi 采用全新外观结构，双排软功能按键；GSK-Link 工业以太网总线控制，6 轴 6 联动控制，最小控制精度 $0.1\mu m$，最高移动速度 $100m/min$；具备在线式 CAM 功能，支持伺服参数在线配置、伺服状态实时监测、无挡块机械回零；具有编程向导、平面铣削自动编程功能；支持 I/O 单元扩展，可适配圆盘式和斗笠式刀库；标配总线式强过载型伺服单元，伺服电机位置反馈采用 17 位线编码器；适配总线式主轴伺服驱动单元，可实现主轴定向、刚性攻螺纹、圆柱插补以及分度台控制。

3.4.4 GSK25i 系列加工中心系统（广州数控设备有限公司）

广州数控的 GSK25i 是新一代高性能高可靠性 CNC 控制器，产品已经通过欧盟 CE 和德国 TUV 认证，系统功能强大，操作方便，最大控制 2 个通道 8 个进给轴 3 个伺服主轴，适用于多功能加工中心、镗、铣、钻、车、磨等机床、复合机床和自动化设备的控制。

该系统采用 ARM＋DSP＋FPGA 硬件平台，Linux 操作系统，自主研发伺服实时通信工业以太网机床串行总线 GSK-Link，实现全数字化控制，传输速率可达 100Mbit/s，最多可连接 21 个站点。系统可实现五轴联动加工，能适配工件摆动、刀具摆动、混合型及非正交五轴机床结构，拥有五轴 RTCP、倾斜面（3＋2 定位）加工、五轴手脉插入等功能，支持进给轴同步、PLC 轴控制等功能。1000 段前瞻、多种轨迹光顺模式，能兼顾加工效率和表面质量，实现微小线段的高速高精加工。配套 GH 系列高动态响应伺服系统，电流环周期低至 100μs，17 位高分辨率绝对式编码器伺服电动机，0.1μm 级控制精度，可实现智能识别、参数动态自整定、陷波器、摩擦补偿功能。

该系列具有开放式 PLC，支持 PLC 在线编辑、诊断、信号跟踪，I/O 点最大可扩展至 1024/1024，PLC 高达 12000 步处理能力，指令处理速度 0.5μs/步。GSK25i 可借助上位 PC 机软件，通过基于 TCP/IP 的以太网接口构建网络，实现对 CNC 系统的远程监控、远程诊断、远程维护、网络 DNC 功能。通过网络可管理分散在生产现场的 CNC 控制器，实现远程监控和故障诊断，可在远程终端随时获取生产和设备信息，实现生产信息管理、设备运行监控。此外，系统支持龙门轴、PLC 轴、Cs 轴、五轴 RTCP 刀轴光顺、特征坐标系变换、插补型螺距误差补偿、全闭环、自定义界面等功能。

3.4.5　五轴联动数控系统（沈阳高精数控技术有限公司）

该系统采用新一代"蓝天数控"高性能开放式体系结构，系统由人机接口单元（HMU）和机床控制单元（MCU）组成，各单元通过高速现场总线互联形成高性能分布式处理平台，HMU 配置 12in 彩色液晶显示屏、集成机床操作面板、可安装多种操作系统，MCU 支持大容量存储（最大 320GB），提供 1000M 以太网、USB、DNC 等程序存储及数据交换功能，支持 3 种现场总线接口，可配置 AD/DA 接口、Endat2.2 接口、振动/温度/噪声传感器接口，适用于控制高速高精机床、复合加工中心、柔性线等，满足航空航天、船舶、汽车、发电设备等领域的加工要求。

系统特点：人机接口（HMU）和机床控制（MCU）分离的高可靠性分体式结构，部署灵活；HMU 可安装 Windows 或 Linux 操作系统，支持二次开发；MCU 采用高性能刀片式处理器模块（可选配龙芯 64 位处理器模块）；MCU 遵循 PICMG 2.0 CompactPCI 标准，具有良好的维护性和扩展性；高速同步串行总线 SSB3，传输速率 100Mbit/s，同步精度 1μs；最小插补周期 0.125ms；高速程序预处理，程序动态前瞻段数：2000；八通道八轴联动；双轴同步功能（每通道）；内置全功能软 PLC，总线式 I/O 扩展；可选配五轴加工工艺包（3D 刀具补偿、RTCP 等）；小线段加工、NURBS 样条插补、S 曲线加减速；支持几何误差、热误差、动态误差补偿；基于温度、噪声、振动信号的智能故障诊断功能；远程控制功能，适用于控制超大型车削中心、加工中心等高档机床。

3.4.6　CASNUC 2000TD 经济型车床数控系统（北京航天数控系统有限公司）

北京航天数控系统有限公司最新推出的 CASNUC 2000TD 数控系统是一款具有卓越性价比的经济型车床 CNC。该系统是将控制系统、显示面板、操作面板集于一体，结构紧凑，易于安装；具有功能全面、性能可靠、连接简单、性价比高等优点。

系统特点：X、Z 两轴联动、微米级插补精度，最高速度 15m/min；可实现电动刀架、主轴自动换挡控制；具有螺距误差补偿、反向间隙补偿、刀具长度补偿、刀尖半径补偿功能；采用直线型加减速控制；具有攻螺纹功能，可车削公英制单头直螺纹、多头直螺纹、锥螺纹、端面螺纹，变螺距螺纹、螺纹退尾长度、速度特性可设定，高速退尾处理；零件程序全屏幕编辑，可存储 4.8MB、200 个零件程序；提供多级操作密码功能，方便设备管理；支持 CNC 与 PC 间双向串口通信；支持用户数据恢复和备份功能；系统采用中文菜单，人性化界面，参数界面带有中文提示，中文报警提示，操作面板按键中文标识，使其操作更加简单、方便等。

3.4.7 CASNUC 2110eM 一体化铣床数控系统（北京航天数控系统有限公司）

北京航天数控系统有限公司最新推出的 CASNUC 2110eM 数控系统是将 PC104 板嵌入到控制系统中的一体化的铣床闭环数控系统。该系统是将控制系统、显示面板、操作面板集于一体，结构紧凑，易于安装；彩色 LCD 显示，具有功能全面、性能可靠、连接简单、性价比高等优点。

系统特点：采用 8.4in 真彩液晶显示器，分辨率为 640×480；系统配置 1GB 主频 PC104 主板，标贴 256MB 内存，板载 128MB 容量 CF 卡，支持 U 盘接口，可通过 U 盘对系统软件、参数、用户梯图进行升级、备份；具备 4 轴联动，插补精度 $1\mu m$；开放式 PLC，梯形图编程，具备 I/O 状态监测、故障报警中文提示等自诊断功能；具有刀具长度补偿、半径补偿、间隙补偿、螺距补偿等补偿功能；完善的 G 代码，支持刚性攻螺纹，满足多种加工需求；具有 RS232 接口，支持 DNC 功能；显示全中文界面，菜单操作简单；控制系统、显示面板、操作面板集于一体，结构紧凑，易于安装。

3.4.8 i5 数控系统（沈阳机床股份有限公司）

沈阳机床于 2007 年开始，在智能数控系统及相应智能产品的开发和产业化上投入大量资源，通过对运动控制技术、智能化技术、网络技术融合应用的技术突破，面向用户和未来制造业市场自主研发出 i5 智能系统，在 2012 年正式推出的新一代基于网络的智能控制技术平台及相关的产品，并于 2014 年实现相关产品的产业化应用，不仅实现了核心技术完全自主，而且引领了世界智能机床发展的潮流。

i5 智能数控系统以用户需求为核心，通过特征编程、图形引导、工艺专家、可视化图形 UI 等智能化功能的高度集成，方便用户使用。通过图形诊断、远程诊断及远程升级与维护等智能化功能，让用户使用更高效，降低使用门槛，为用户降低使用成本。i5 智能系统是计算机软件、硬件和当代通信技术的高度集成，具有天然的互联网＋的功能，开放的应用软件，可以实现用户应用的可迭代的持续开发与升级，实现人与机器、机器与机器、人与过程的互联互通。该系统满足了用户的个性化需求，用户可通过移动电话或电脑远程对 i5 智能机床下达各项指令，使工业效率提升了 20％，实现了"指尖上的工厂"。基于 i5 智能数控系统，沈阳机床进一步开发完成 i5 机床产品、智能化工厂信息系统，实现了从机床的智能化到车间、工厂智能化的机床加工行业全链条解决方案，诞生以智能设备互联，基于数据和信息分享的工业云平台，以此为载体连接社会的制造资源，实现社会化生产力协同的模式，并催生出个性化定制网络协同等行业的应用模式和业态。

i5 智能运动控制具备普通数控机床所没有的智能化功能和网络化功能，核心技术完全自主，可以根据用户的不同工艺特性进行适应性开发和匹配，与用户一起进行完全针对于用户特点的优化和开发，这是 i5 智能数控系统最大的优势所在。

i5 智能数控系统是智能、互联的数控系统，其具有全新的智能化触屏面板，结构简单，颠覆了传统的烦琐层层菜单选择，主界面一键到达常用界面。在运动控制过程中，通过一些智能化应用，帮助用户实现从构思到成品的全生命周期加工需求。

采用 Linux＋RTAI 实时操作系统进行任务调度管理，EtherCAT 总线技术将伺服驱动和 I/O 连接在一起，并采用 SoftPLC 实现机床的过程逻辑控制。伺服驱动系统采用 Ether-CAT 总线的 SoE（Sercos over EtherCAT）运动控制协议。这是一种基于数字总线的符合规范标准的高性能伺服控制器。每一个伺服控制器都有两个总线接口，它通过标准的 RJ45 以太网网线和其他设备组成线形结构。在每个控制周期中，NC 核心通过发送一帧含有所有轴的位置控制命令等信息的报文。报文陆续到达每个伺服控制器，并同时带回每个轴的实际位置反馈信息给 NC。报文同步和出错处理机制由 EtherCAT 协议完成，这大大简化了 NC 和伺服控制器以及 I/O 之间的连接。i5 数控系统可在人机界面中实现 SoftPLC 的编程、调试，并可对伺服控制器进行调试和配置。此外，还提供了直线、圆弧以及数字示波器等图形化的仿真分析工具，用于对伺服参数的优化、故障诊断等工作。

i5 智能数控系统基于产品加工的全生命周期考虑，从数控系统的编程、操作、加工控制、管理、和维护等多个方面出发，完成智能操作、智能维护、智能加工管理等智能化功能。i5 智能数控系统实现了控制参数及伺服参数的自适应优化，优化的伺服参数可以通过总线实时传递到伺服控制器中，能够使数控系统及伺服控制器控制参数适应加工条件的变化，自动采用优化的参数，从而保证加工稳定，加工质量的改善；i5 智能数控系统提出了集特征编程、工艺参数支持、三维轨迹模拟检查及 cycle 引导循环编程为一体的智能编程模块，有效地解决了一直存在的半自动编程效率低、对人员专业性要求高等问题，方便了用户使用；在机床维护方面，i5 智能数控系统集成了图形化诊断工具和图形化优化工具，能及时发现机床存在的故障和方便用户调试机床的动态性能，通过基于事件的日志管理，更快捷方便地告知相关人员关于机床各方面的信息，同时 i5 智能数控系统的智能化特性可以支持对机床能耗的自感知。

搭载 i5 智能数控系统的机床类型覆盖了车床、铣床、车铣复合、加工中心等，以及对数控系统有着极高要求的五轴机床，也可以用在作为互联网的智能终端的智能机床上，目前应用 i5 智能数控系统的机床主要包括 T 系列和 M 系列产品，例如，i5 T1.4 智能机床主要针对通用型盘类零件及轴类零件的加工，涵盖轴承、齿轮、汽车、传动轴等多种行业，作为通用行业的工具机，具有广泛的通用性；i5 T3 系列智能机床是基于零部件结构极简与数量极少原则全新打造的，可用于一般工业的标准机型，适用于各行业对回转体类零件的加工；i5 T5 系列智能机床适合汽车行业、摩托车行业、轻工机械等行业，对旋转体类零件进行高效、大批量、高精度加工；i5 M1 系列智能机床主要用于加工手机、平板电脑等消费电子类产品的外壳、中框、按键等小型金属零部件；i5 M4 系列智能机床主要应用于汽车、摩托车零部件及通用型零件的加工；i5 M8 系列是智能多轴立式加工中心，适用于复杂的产品加工。

i5 数控系统从研发开始就是基于互联网思路，设计并预留了网络接口，不仅支持与上位服务器等的数据传输，还支持各智能机床之间互联通信，对装备集成提供智能化支持；在此基础上，沈阳机床诞生以智能设备互联，基于数据和信息分享的 iSESOL 工业云平台，以此为载体连接社会的制造资源，实现社会化生产力协同的模式，在此基础上催生出个性化定制网络协同等行业的应用模式和业态。在整个完整的生态体系中，i5 智能技术是核心，i5 智能机床是基础装备；i5 智能工厂是技术和装备的集成与载体，是实现互联网＋制造的核心载体；最终通过 iSESOL 工业云平台的连接，将社会资源与生产资源连接起来，形成一个全社会协同的互联网＋智能制造体系，实现实现分级式结构、分布式布局、分享式经济新工业模式与业态。

3.4.9 K2000TC(i)、K2000MC(i)数控系统（北京凯恩帝数控技术有限责任公司）

K2000TC（i）是凯恩帝公司开发的新一代总线式高档车床用数控系统，采用8.4/10.4in液晶屏，横式/竖式两种结构，共4种外形。系统通过KND串行伺服总线KSSB（KND Serial Servo Bus）与伺服单元实时通信，可控制进给轴、模拟主轴、数字主轴、I/O模块等。配套的伺服驱动器与高分辨率绝对值编码器电机，可实现$0.1\mu m$级位置精度，可满足高精度车铣复合加工需求。

K2000MC（i）是凯恩帝公司开发的新一代总线式高档加工中心数控系统，采用8.4/10.4in液晶屏，横式/竖式结构，共4种外形。系统通过KND串行伺服总线KSSB（KND Serial Servo Bus）与伺服单元实时通信，可控制进给轴、模拟主轴、数字主轴、I/O模块等。配套的伺服驱动器与高分辨率绝对值编码器电机，可实现$0.1\mu m$级位置精度，可满足高精度铣削加工需求。

3.5 产业政策要求与发展预测

3.5.1 产业政策要求

（1）国家支持国内数控系统自主研发

高档数控系统是制造业的重中之重，国家从产品研发、测试验证、应用示范、创新平台建设等方面，对数控系统给予了大力的支持，对数控系统提出了明确的产业化目标，到2020年，要求高档数控系统、关键功能部件与主机实现批量配套，并得到应用示范，国产中高档数控机床用的国产数控系统市场占有率达到60%以上，高档数控系统的市场占有率将从现在的1%提高到20%左右。

（2）"中国制造2025"对国产数控系统的需求

"中国制造2025"将数控机床和基础制造装备行业列为中国制造业的战略必争领域之一，目的是为推动我国从制造大国向制造强国的转变，即到2025年步入制造强国行业，到2035年时赶超德国、日本。数控机床和基础制造装备是装备制造业的"工作母机"，而数控系统是数控装备的"大脑"。数控系统技术决定着数控机床的性能、功能、可靠性的关键因素，发展的过程需要数控系统技术作为动力的源泉。数控系统技术广泛应用于汽车、航空航天以及军事工业等领域，它决定一个国家制造业的发达程度，是决定一个国家在精密制造成就的制造的高尖技术。从制造大国转变为制造强国有很多途径，大力发展国产数控系统技术则是重要道路之一。

（3）市场需求

高档数控系统可以应用于数控机床的生产，也可以对原有的数控机床或非数控机床进行系统升级、改造。其具体的应用市场为机电行业，包括机械、电子、汽车、航空、航天、轻工、纺织、冶金、煤炭、邮电、船舶等。另外，航空航天、船舶制造、大型电站设备、石化和冶金设备、汽车制造等都是我国机床业的下游产业，都离不开高档机床，为机床业的发展提供了广阔的空间。

随着中国经济快速的发展，汽车、船舶、工程机械、航空航天等行业将为中国机床行业提供巨大的需求。根据最新的《高档数控机床与基础制造装备》国家科技重大专项要求，到2020年，中国将实现高档数控机床主要品种立足于国内：航空航天、船舶、汽车、发电设备制造所需要的高档数控机床与基础制造装备80%实现国产化；国产中、高档数控机床用的国产数控系统市场占有率达到60%以上；高档数控系统市场占有率将从目前的1%提高到20%。

3.5.2 技术发展预测

（1）数控系统体系结构向基于 PC 的全数字化开放体系结构方向发展

① 基于 PC 的开放式数控系统已得到广泛认可，具有强大的生命力。

开放式系统理念的一个重要特点是，可以在数控核心部分，使用标准的开发工具对用户指定的系统循环和功能宏进行调整。从最近几次国际机床展上可以看到著名厂商的高档数控系统，都以基于 PC 的开放数控系统为主流。如 SINUMERIK 840Di sl、FANUC 16i/18i/21i/30i 系列等都采用 Windows 操作系统，在 PC 完成操作界面、编程、数据管理、网络等相对弱实时性要求功能，并提供动态链接库函数供用户二次开发。

② 全数字化是未来数控系统发展的必然趋势。

全数字化是未来数控系统发展的必然趋势。全数字化不仅包括数控单元到伺服接口以及伺服系统内部是数字的，而且还应该包括测量单元的数字化。因此现场总线、编码器到伺服的数字化接口、驱动单元内部三环（位置环、速度环及电流环）数字化，是数控系统全数字化的重要标志。

③ 多信道软件体系结构是适应整合数控机床的最新选择。

针对制造业对整合数控机床（即融合工业机器人、影像处理系统和精密物料搬运各项功能的机械，不仅能完成通常的加工功能，还具备自动测量、自动上下料、自动换刀、自动误差补偿、自动诊断和联网等功能）的市场需求，各著名数控系统厂纷纷将多轴（包括多主轴）多通道控制、轴同步控制、轴叠加控制、轴混合控制、信道协同等功能列为新的研究点。

（2）高速高精控制是数控技术发展永恒的主题

高速、高精已成为高档数控机床的主要特征，同时速度和精度也是数控机床的两个重要指标，它直接关系到加工效率和产品质量。高速、高精数控机床是多品种、变批量加工环境下保持高效与柔性统一的必要工具。为此，国际知名数控机床和系统制造商从未停止对高速高精控制的追求。

在速度方面，目前数控机床运动的加速度已提高到（2～3）g，快速移动速度提高到150～200m/min。现代化的加工将越来越多地采用高性能切削技术（HPC-High Performance Cutting），该技术不仅要求提高切削速度（即提高主轴转速），而且要求提高刀具的进给速度，如何针对给定的材料和其他条件，将刀具切削速度和进给速度有机地结合起来，以实现高性能切削，是未来研究的热点问题。

在精度方面，精密数控机床的机械加工精度已从道级（0.01mm）提升到微米级（0.001mm）。超精密数控机床的微细切削和磨削加工精度可稳定达 0.05μm 左右，形状精度可达 0.01μm 左右。

数控机床的高速、高精要求，对数控系统的高速高精控制算法、高速高精动态特性提出相应的控制要求。除纳米插补，纳米 CNC 系统等概念外，以下新的技术也是值得进一步关注的问题。

① HRV4 控制技术　HRV4 继承并发展了 HRV3 的优点，是纳米数控系统高速高精伺服控制，并可减少电机发热。其特点为：在任何时刻，均采用纳米层次的位置指令；超高速伺服控制处理器；超高分辨率的脉冲编码器（16million/rev）；防止机械振颤的 HRV 滤波器。

② MTC（Machine Tip Control）　为了控制机床在加工点处的振颤，FANUC 研究了机床顶部控制（MTC）和加速率传感单元用于检测加工点处的加速率，采用 MTC 后可明显减小机床振颤。

③ 反向间隙加速功能　由于存在反向间隙，在高速加工时会导致响应滞后，引起象限尖峰，并影响加工精度。采用反向间隙加速功能后将显著改善象限尖峰，提高加工精度。

④ MPC（Machining Point Control）　采用 MPC 功能，可在加工点处抑止振颤，获得更高的加工精度。

⑤ 捷度控制　通过增加捷度控制能力，提高机床动态响应能力。

（3）智能化控制是提高数控加工效率的有效手段

由于数控加工过程是一个具有多变量控制和加工工艺综合作用的复杂过程，包含诸如加工尺寸、形状、振动、噪声、温度和热变形等各种变化因素，为实现加工过程的多目标优化，数控机床应能根据切削条件的变化，基于多信息融合下的重构优化、智能决策，实时动态调节工作参数，使加工过程能保持最佳工作状态，从而得到较高的加工精度和较小的表面粗糙度，同时也能提高刀具的使用寿命和设备的生产效率。

（4）CAD/CAM 与 CNC 的集成已成为扩展数控系统功能的重要途径

国际主流数控系统厂商在研制最新数控系统的同时，都非常注重对 CAD/CAM/CNC 集成技术的开发，并明确地将图形化、集成式的编程系统作为扩展数控系统功能、提高数控系统人机交互方式友好性的重要途径。SIEMENS 的 Shop Turn、Shop Mill 车间级集成式编程系统，FANUC 公司的集成式编程系统，HEIDENHAIN 公司的对话框式集成编程系统等，都已成为各公司历次展会宣传的重点。

（5）精密、超精密加工和测量技术应用领域的扩展

精密、超精密加工和测量技术在航空、航天、核能、微电子、激光、仪表及医疗器械等得到应用，在解决自身抗振、高分辨率、环境温度控制、超净化等方面都有很大的提高。这些先进技术用于超高精加工的金刚石刀刃口圆弧半径已达 $0.002\sim0.004\mu m$，可切下 1nm 厚的切削和表面粗糙度小于 $Ra0.01\mu m$ 的工件。

（6）高效，复合加工与柔性化不断融合

实现复合加工的途径有：工序复合（如车、铣、钻等多种切削工艺的复合）、工艺复合（切削工艺与其他工艺如热处理）、激光加工等工艺复合，以及集机械加工与其他加工、测量功能于一身的集成制造单元等。

实现高效加工的途径有以下几种。

① 采用高效加工及高速运动的功能部件，如：采用技术电更加成熟的主轴，目前转速 $15000\sim24000r/min$ 的电主轴已成为主流；采用大功率、大推力直线机驱动技术，减少传动环节，提高系统响应速度；采用直接驱动技术使数控转台、刀架等功能部件的运动速度更快；采用新型刀库结构适应更加快速换刀需求，刀-刀的换刀时间缩短到 1s 以内。

② 采用机床多任务位、多轴、多刀同时加工。

③ 采用复合刀具、复合工艺加工。

以缩短生产周期为主要目标的组合切削刀具，使用一个刀杆可逐次完成车端面、车外圆、车内孔或者钻孔和倒角等多种不同的加工工艺；多功能复合加工机床，多功能、多轴、柔性、复合加工已成为车床类的主流产品，可一次装夹完成零件车削、钻孔、镗削、铣削加工等全部加工工序。

3.5.3 数控系统行业市场发展趋势

（1）信息化

随着制造业的发展，数控机床不再是一个独立的加工单元，数控机床和人、数控机床之间的交流都离不开网络。面向制造自动化集成的网络功能数控系统应具有与上层信息管理系统交换信息功能，这些必要的交换信息包括制造加工任务计划，数控系统及底层执行装置的工作状态及故障信息等。同时基于新一代云服务平台的大数据采集、大数据挖掘等变得越来越重要，这些都离不开高速、可靠的网络信息功能。

（2）智能化

智能化是制造技术发展的一个大方向，随着人工智能在计算机领域的渗透，研制智能数控系统必将成为未来的发展趋势。例如：研制开放式智能化数控系统，支持温度、振动、RFID 等传感器介入的物联网平台；研制基于高级语言的智能化数控系统解释器；研究基于开放式智能化数控系统智能加工技术，如智能化加工路径控制、进给率自适应、故障诊断、监控与设备的自动维护等。

（3）机器人的广泛使用

未来机床的功能不仅局限于简单的加工，还具有一定自主完成复杂任务的能力。机器人作为数控系统的一个重要应用领域，其技术和产品近年来得到快速发展。机器人的应用领域，不仅仅局限于传统的搬运、堆垛、喷漆、焊接等岗位，而且延伸到了机床上下料、换刀、切削加工、测量、抛光及装配领域，从传统的减轻劳动强度的繁重工种，发展到 IC 封装、视觉跟踪及颜色分检等领域，大大提高了数控机床的工作效率。

（4）3C 行业迅速发展

近年来，3C 产品需求量极大，而国内在加工 3C 产品的高速钻攻中心一直被日本、美国、韩国等国家占据第一阵营。3C 产品款式多样，如手机、鼠标、耳机的外壳，这些零件形状各异，考虑到设计的美观性和实用性，又以复杂曲面居多，技术难度集中在复杂曲面加工上，对钻攻中心的加工效率、精度、自动程度有着更高的要求，这就对数控系统在高速高精上有着更高的要求。

第4章
机器人

机器人（Robot）是一种半自主或全自主工作的机器，具备一些与人或生物相似的感知能力、规划能力、动作能力和协同能力，它既可以接受人类指挥，又可以运行预先编排的程序，也可以根据人工智能技术制定的原则纲领行动。机器人能够辅助或代替人类完成许多太危险或太单调的工作，扩大或延伸人类的活动及能力范围，把人类从烦琐沉重的简单重复性劳动中解放出来。

机器人的诞生和机器人学的建立及发展，是20世纪自动控制领域最具说服力的成就，是20世纪人类科学技术进步的重大成果。机器人技术是现代科学与技术交叉和综合的体现，先进机器人的发展代表着国家综合科技实力和水平，受到世界各国的高度关注。2013年，麦肯锡全球研究所发布的《引领全球经济变革的颠覆性技术》报告中，将先进机器人列为物联网、云技术、下一代基因技术、3D打印、新材料、可再生能源等12项颠覆性技术中的第5项。

机器人是现代产业革命的产物，从20世纪诞生之日起，一直充当产业变革的急先锋和承担者。随着其应用领域的不断扩大，机器人已从传统的制造业进入到人类工作和生活的各个领域，其结构和形态也呈现多样化发展，从最初的简单机电一体化装备，逐渐发展成为具备生机电一体化和智能化特征的装备。机器人未来必将向拟人化、智能化发展，能够有效适应变化的环境，具有很强的自适应能力、学习能力和自治功能。国内外业界专家预测，智能机器人将是21世纪高技术产业新的增长方向。

4.1 工业机器人

4.1.1 工业机器人概况

4.1.1.1 工业机器人产业发展历程

工业机器人（Industrial Robot）是面向工业领域的多关节机械手或多自由度的机器装置，它能自动执行工作，是靠自身动力和控制能力来实现各种功能的一种机器。

工业机器人的发展过程可分为三代，第一代为示教再现型机器人，它主要由机械手控制器和示教盒组成，可按预先引导动作记录下信息重复再现执行。1954年，美国戴沃尔最早提出了工业机器人的概念，并申请了专利。1960年美国AMF公司生产了圆柱坐标型机器人Versatran，这是世界上第一种用于工业生产上的机器人。20世纪50~60年代，随着机构理论和伺服理论的发展，机器人进入了实用化阶段。20世纪60~70年代，日本、德国面临劳动力短缺的严重问题，两国投入巨资研发机器人来替代劳动力，机器人技术迅速发展，日本一举超越机器人起源国美国成为世界机器人第一强国，同时也为全球机器人产业的发展打下了坚实的基础。1969 年，美国通用汽车公司用 21 台工业机器人组成了焊接轿车车身的自动生产线。自此以后，各工业发达国家都开始重视研制和应用工业机器人，全球工业机器人由样机进入小批量生产阶段。

第二代为感觉型机器人，如有力觉触觉和视觉等，它具有对某些外界信息进行反馈调整的能力。20 世纪 80～90 年代，随着计算机、传感器技术的发展，工业机器人的功能越来越强大，自由度、精度、作业范围、承载能力等传统的衡量工业机器人水平的各项技术指标都有了显著的提升，已经具备了初步的感知、反馈能力。工业机器人首先在汽车制造业的流水线生产中开始大规模应用，随后，日本、德国、美国等制造业发达国家开始在其他工业生产中也大量采用机器人作业，出现了机器人对产业工人的替代热潮。全球机器人市场趋于成熟，产业化应用全面推进。

第三代为智能型机器人，它具有感知和理解外部环境的能力，在工作环境改变的情况下，也能够成功地完成任务。21 世纪以来，随着人工智能的不断发展，机器人开始具备感觉、识别、推理和判断能力，甚至可根据外界条件的变化，在一定范围内自行修改程序。工业机器人正向着智能化方向发展，而智能工业机器人将成为未来的技术制高点和经济增长点。

我国的工业机器人研究最早开始于 20 世纪 70 年代。进入 80 年代后，在高技术浪潮的冲击下，随着改革开放的不断深入，我国机器人技术的开发与研究得到了政府的重视与支持。经过"七五""八五"科技攻关，以及国家高技术研究发展计划（863 计划）支持的应用工程开发，基本掌握了工业机器人设计制造技术、工业机器人应用中的单元和生产线设计制造技术，研制出了喷涂、点焊、弧焊和搬运等机器人，奠定了我国独立自主发展机器人产业的基础。

从 90 年代初期起，我国的国民经济进入实现两个根本转变时期，掀起了新一轮的经济体制改革和技术进步热潮，我国的工业机器人又在实践中迈进一大步，先后研制出了点焊、弧焊、装配、喷漆、切割、搬运、包装码垛等各种用途的工业机器人，并实施了一批机器人应用工程，形成了一批机器人产业化基地，为我国机器人产业的腾飞奠定了基础。

经过 40 多年的发展，中国的工业机器人产业已经初具规模，但和国际同行相比，我国的工业机器人技术及其工程应用的水平差距还很明显，市场占有率更无法相提并论。工业机器人很多核心技术，目前我们尚未掌握，这是影响中国机器人产业发展的一个重要瓶颈。

4.1.1.2　我国产业现状及存在的主要问题

在产业政策的激励和市场需求的带动下，近年来我国工业机器人产业实现快速增长，业内领军企业产业化能力不断提升，与此同时越来越多的新企业也积极投身于机器人产业当中。目前我国工业机器人产业主要集中于东北、京津冀、长三角及珠三角地区，覆盖领域包括工业机器人及其自动化生产线、工业机器人集成应用、工业机器人技术咨询等产品和服务。

东北地区作为国内老工业基地，是最早从事工业机器人生产的地区，拥有新松机器人自动化股份有限公司、哈尔滨博实自动化股份有限公司等工业机器人行业龙头企业。京津冀地区因其技术优势，机器人产业也有所发展，代表企业包括北京紫光、艾捷默、远大超人、拓博尔等。长三角地区是中国汽车制造业、电子制造企业集中地，也是重要的机器人自动化公司集聚地，主要企业有上海富安工厂自动化、上海机电一体化工程中心、上海广茂达伙伴机器人、安徽江淮自动化设备公司等。珠三角工业机器人企业主要集中在深圳、顺德、东莞、广州和中山，主要企业有广州数控设备有限公司、深圳罗博泰尔机器人技术有限公司等。

伴随着工业转型升级，在政策、资本、企业等多方面参与的背景下，国内工业机器人市场正迎来一波井喷期。2013～2015年，中国连续三年成为全球最大工业机器人市场，国产机器人市场份额正在以20%以上的增速逐年上升。据国际机器人联合会统计，2014年，中国销售5.6万台，约占全球市场份额25%，其中本土企业销量为1.6万台；2015年，中国销售6.7万台，约占全球市场份额27%，其中本土企业销量为2.04万台。2016年上半年，中国国产工业机器人市场销售良好，结构改善，显示产业发展处于上升通道。上半年累计销售国产工业机器人19257台，增速比上年同期增长10.2个百分点，连续多年保持了较高增长速度。如图4-1、图4-2所示。

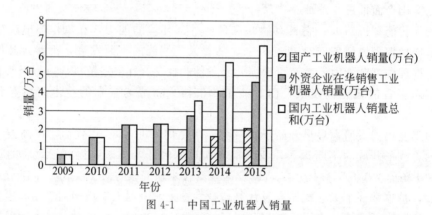

图4-1 中国工业机器人销量

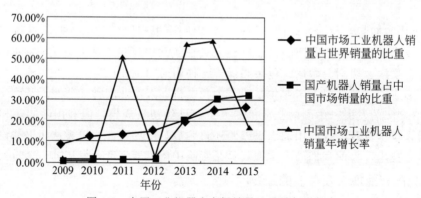

图4-2 中国工业机器人市场销量比重及年增长率

我国机器人产业在高速发展的同时，也面临着一些问题。

（1）关键零部件依赖进口，产业面临空心化风险

我国工业机器人近年来在某些关键技术上有所突破，但在整体核心技术方面仍处于落后地位，特别是在制造工艺与整套装备方面，缺乏高精密、高速与高效的减速机、伺服电机、控制器等关键部件，这就导致了工业机器人关键零部件严重依赖进口，特别是在高性能交流伺服电机和精密减速机方面的差距尤其明显，形成严重依赖进口的局面，影响了国产机器人的市场竞争力。

（2）品牌影响力处于劣势

国内机器人企业在过去十年中取得了不菲的成就，但品牌影响力处于劣势依然是民族企业面临的重大问题。虽然我国已经拥有一大批企业从事机器人的开发，但都没有形成较大的规模，缺乏市场的品牌认知度，在市场层面一直面临国外品牌的打压。

（3）创新成果及产学研实际转化率较低

成果转化率和产业化率不高，严重制约了我国机器人与自动化装备产业的发展。与世界发达国家相比，我国机器人在技术研究层面上尚未形成"产学研用"有效紧密结合的协同创新格局，导致技术成果转化率低。

（4）企业规模偏小，成本压力大

目前我国工业机器人生产企业规模普遍较小，即便是龙头企业销售收入也仅在 10 亿元左右，难以形成规模效应，令企业人力、研发和营销成本居高不下，加之关键零部件大量依赖进口，导致国产企业的生产成本比国外企业的生产成本高出很多，使我国机器人生产企业与外资品牌在价格竞争中处于不利地位。

4.1.1.3 国外产业现状及发展战略

根据国际机器人联合会 IFR 的统计，过去十多年，全球工业机器人景气度较高。2015 年，全球工业机器人总销售量达到 24.8 万台，同比增长 15％。2002～2008 年，全球工业机器人年复合增长率为 8.6％；2009～2015 年全球工业机器人年复合增长率为 23.5％，是过去 6 年的 2.7 倍，近几年全球工业机器人增速明显加快。中国、韩国、日本、美国和德国的总销量占全球销量的 3/4。中国、美国、韩国、日本、德国、以色列等国是近年工业机器人技术、标准及市场发展较活跃的地区。

（1）日本机器人产业

日本工业机器人的产业竞争优势在于完备的配套产业体系，在控制器、传感器、减速机、伺服电机、数控系统等关键零部件方面，均具备较强产业技术和市场竞争优势，日本已经发展成为全世界最大的工业机器人制造国，工业机器人约占全球 66％份额。FANUC、安川电机的机器人产品系列全、品种多，广泛应用于装配、搬运、焊接、铸造、喷涂、码垛等不同生产环节，满足客户的不同需求。

日本政府十分重视工业机器人产业的发展，并在其中发挥着重要作用。经济产业省借助各类产业政策扶持机器人产业，2002 年开始实施的"21 世纪机器人挑战计划"将机器人产业作为高端产业加以扶持，2004 年推行的"面向新的产业结构报告"将机器人列为重点产业，2005 年的"新兴产业促进战略"再次将机器人列为七大新兴产业之一，强力推动机器人技术进步和产业发展。

目前日本机器人产业面临的重大挑战是如何拓展应用领域。一方面，日本近年工业机器人在食品、药品、化妆品"三品产业"领域有较快发展，与汽车和电子产业不同，"三品产业"的卫生标准更高，解决卫生标准需要更先进的技术支持。另一方面，日本服务型机器人开发领域虽然取得重要进展，但是产品量产的服务型机器人还很少。例如，医疗介护和灾害救援的机器人已经研发出来，但是推广普及仍然缺乏技术和制度的支持。

（2）美国机器人产业

美国是全球工业机器人第三大市场。早在 1962 年就已开发出第一代工业机器人，但受限于就业压力，直到 20 世纪 70 年代末，美国政府才取消了对工业机器人应用的限制，工业机器人投入广泛应用。此后，美国企业生产出具备视觉、力觉等能力的第二代机器人，实现了市场占有率的较快增长，但未能打破日本和欧洲的垄断格局。到2013年，美国工业机器人生产商的全球市场份额仍不足10％，且国内新增装机量大部分源于进口。

受到生产自动化的发展趋势以及美国重振制造业的战略影响，2014年美国机器人市场规模达到2.6万台，较2013年增长了11％。但是机器人本体利润少、技术含量低，美国制造机器人本体的制造商较少，更多的企业注重于技术方面的研发。截至2015年，美国共申请1.6万余件相关专利。在机器人技术分类方面，除了机械手、控制单元、焊接、机床零件等基础技术除外，美国的高智能、高难度的国防机器人、太空机器人已经开始投入实际应用。

2011年6月，美国启动了《先进制造伙伴计划》，提出通过发展工业机器人提振美国制造业，重点开发基于移动互联技术的第三代智能机器人。以智能化为主要方向，美国企业一方面加大对新材料的研发力度，另一方面加快发展视觉、触觉等人工智能技术。世界技术评估中心的数据显示，目前美国在工业机器人体系结构方面处于全球领先地位，其技术的全面性、精确性、适应性均超过他国。随着智能制造时代的到来，美国有足够的潜力反超日本和欧洲。

（3）韩国机器人产业

韩国是全球工业机器人第四大市场。目前，韩国的工业机器人已占全球5％左右的市场份额，机器人产品主要集中在汽车零部件，特别是电子零部件领域。2014年，韩国机器人市场规模达到历史第二高的2.47万台，较2013年增长16％，仅低于2011年的2.55万台。

韩国机器人产业起步晚、发展速度快。韩国在20世纪90年代初通过现代集团引进日本发那科，全面学习其技术，到21世纪初大致建成了工业机器人产业体系，工业机器人产业进入第二轮高速增长期。现代重工已可供应焊接、搬运、密封、码垛、冲压、打磨、上下料等领域的机器人，大量应用于汽车、电子、通信产业。但整体而言，韩国技术仍与日本、欧洲等领先国家存在较大差距。

政府的推动作用对于韩国机器人产业发展起到了重要作用。2004年韩国政府启动"无所不在的机器人伙伴"项目后机器人产业步入快速发展期。2008年，《智能机器人促进法》将机器人列为国家级战略性产业，对于人才培育、质量把控和平台搭建方面进行了顶层设计。

韩国政府近年来陆续发布多项政策，旨在扶植第三代智能机器人的研发与应用。2012年，韩国知识经济部发布了十年为期的《机器人未来战略2022》，计划投资3500韩元使机器人产业规模拓展10倍。2013年，韩国知识经济部基于该战略制定了《第二次智能机器人行动计划（2014—2018年）》，提出2018年韩国机器人国内生产总值要达到20万亿韩元，出口达到70亿美元，占据全球20％市场份额的目标。

（4）德国机器人产业

德国是欧洲最大的机器人市场，也是世界第五大机器人市场。二战后劳动力短缺和提升制造业工艺技术水平的要求，极大地促进了德国工业机器人的发展。除了应用于汽车、电子等技术密集型产业外，德国工业机器人还广泛装备于包括塑料、橡胶、冶金、食品、包装、木材、家具和纺织在内的传统产业，积极带动传统产业改造升级。

1985年，德国开始向智能机器人领域进军，经过10年努力，以库卡为代表的工业机器人企业占据全球领先地位。2011年，德国工业机器人销量创历史新高，并保持欧洲最大多用途工业机器人市场的地位，工业机器人密度达 147 台/万人。2014 年其工业机器人市场规模超过 2 万台，较 2013 年增加 10％。2010～2014 年，德国工业机器人年均增长率约为 9％，主要推动力是汽车产业。2014 年德国工业机器人密度为 282 台，是法国的两倍、英国的四倍。

德国政府在工业机器人发展的初级阶段发挥着重要作用，20 世纪 70 年代中后期，德国政府强制规定"改善劳动条件计划"，在某些有毒、有害的岗位施行机器换人的计划。其后，产业需求引领工业机器人向智能化、轻量化、灵活化和高能效化方向发展。2012 年，德国推行了以"智能工厂"为重心的"工业 4.0"战略，将物联网和信息技术引入制造业，打造智能化生产模式。

4.1.2 行业应用状况

4.1.2.1 行业结构分析

从应用行业来看，汽车、电子行业是国内工业机器人主要的应用领域。汽车行业是国内工业机器人最大的应用行业，占比达到 50％以上，汽车行业也是机器人使用密度最高的行业。随着我国工厂自动化的发展，工业机器人在其他应业行业中也得到快速推广，如电子、橡胶塑料、军工、航空制造、食品工业、医药设备、金属制品等领域。

4.1.2.2 汽车行业应用状况

从全球范围而言，汽车行业是工业机器人应用最广的一个行业。工业机器人在汽车工业中所负责的工艺主要有以下几个环节。

① 焊接作业：随着汽车制造技术的发展，焊接工艺被广泛地使用。据统计每辆汽车的车身上约有 4000 个焊接点。手工焊接容易损害工人的健康，且很难保证质量。焊接机器人可以克服恶劣的工作环境，大幅度提高焊接速度和质量。

焊接工业机器人在一汽、上汽、沈阳中顺、金杯通用、重庆长安、湖南长丰等整车制造企业广泛应用，在大连华克、上海华克、上海龙马神、南京新迪、长春佛吉亚、上海汇众等零部件及配件生产企业也有着典型的应用。

② 组装作业：现阶段汽车上要求安装的精度和速度越来越高，且小配件也越来越多，人工安装已经很难满足生产需求了。用于装配作业的机器人，小到车门、仪表盘、前后挡车、车灯、电池、座椅的安装，大到发动机的装配等，发挥了越来越重要的作用。

③ 液体物质填充作业：汽车上各个部件、机构使用的专用油品的数量也逐渐增多，每次液体物质的填充，既需要无污染又需要填充量的准确。机器人可以做到准确、高效、无污染。

④ 涂胶作业：涂胶作业任务量不大，但是准确度要求高，如果涂胶做得不好，将影响到汽车的整个外观品质，现代消费者对于这些是特别挑剔的，这些部位有车身涂折胶、汽车挡风玻璃涂胶、车底 PVC 涂胶及汽车发动机涂胶。涂胶机器人则可以做到准确涂胶，很大程度上减少了消费者的挑剔。

⑤ 喷涂作业：主要是用于车体外表的漆皮的喷涂，这个对于车体的整车效果影响很大。众所周知，人眼睛是最挑剔的，深浅稍有不同，就会让顾客联想到汽车内部品质的不可靠性，所以机器人在这方面的使用使得喷涂作业更均匀，使外观更能赢得消费者的青睐。

⑥ 搬运作业：搬运需要和生产环节精密地结合，且最大限度地避免搬运中对于加工零

部件的损害，这些都非常适合于机器人来执行。

4.1.2.3 电子行业应用状况

电子行业需求在全球工业机器人销量中占比约 30%，为汽车及汽车零部件之后的工业机器人应用第二大行业。从目前我国工业机器人在电子行业的发展情况来看，主要应用在手机、电脑、零部件等领域。

（1）电子类的 IC、贴片元器件领域

工业机器人在这些领域的应用均较普遍，目前工业界装机最多的工业机器人是 SCARA 型 4 轴机器人，第二位是串联关节型垂直 6 轴机器人，两者总和超过全球工业机器人装机量一半。

（2）手机生产领域

视觉机器人，例如分拣装箱、撕膜系统、激光塑料焊接、高速 4 轴码垛机器人等适用于触摸屏检测、擦洗、贴膜等一系列流程的自动化系统的应用。

（3）电子行业的特定工艺领域

特定工艺所应用到的机器人由生产商根据电子生产行业需求进行定制，小型化、简单化的特性实现了电子组装高精度、高效的生产，满足了电子组装加工设备日益精细化的需求，自动化加工大大提升了生产效益。

4.1.2.4 食品行业应用状况

尽管新兴产业不断涌现，但食品工业仍是国民经济第二大支柱产业，食品工业的现代化水平已成为反映人民生活质量高低及国家发展程度的重要标志。随着我国劳动力成本的提高，对产品质量控制的日益严格，我国工业机器人在食品产业中的应用越来越广泛并受到青睐。目前，工业机器人在食品中的应用主要集中于以下几种类型。

（1）包装机器人

包装是目前食品产业中应用工业机器人最为广泛的领域。在食品产业中，机器人之所以受欢迎，主要是因为它们具有灵活性。包装商需要满足消费者各种不同的要求，机器人比传统的包装设备更能适应不同尺寸和形状的包装物。例如，一条生产两种包装量的薯片生产线，一个机器人就能完成包装任务，操作人员只需要调整一下抓手即可。传统设备则需要更多的零部件调整。

食品产品趋向精致化和多元化方向发展，单品种大批量的产品越来越少，而多品种小批量的产品日益成为主流。国内食品生产厂的大部分包装工作，特别是较复杂的包装物品的排列、装配等工作基本上是人工操作，难以保证包装的统一和稳定，可能造成对被包装产品的污染。机器人的应用能够有效避免这些问题，真正实现智能化控制。

（2）拣选机器人

拣选机器人是指能根据一定的标准，按照一定的原则将无规则堆放和散放在一起的一种或多种物品挑选、拣取、放置的机器人。原来依靠人工进行的拣选及配置到指定位置的作业实现自动化之后，有望节省劳力并减少作业错误。由于还可移动比较重的对象物体，因此有助于减轻作业者的负担。食品产业的拣选机器人技术难点与其他行业的同类机器人类似，在于必须利用机器人视觉系统进行对象识别从而实现智能拣选并进行相应的操作。

（3）码垛机器人

使用机器人进行码垛是目前很多行业包括食品行业生产使用机器人的普遍应用。使用机器人码垛速度快、效率高，而且可以搬运较重的物品，大大节省了人力成本。

（4）加工机器人

工业机器人在食品产业中加工的应用也是层出不穷，花样繁多。如自动切割牛肉机器人、刀削面机器人、凝乳切片机器人等。要使机器人系统能熟练地模仿一个熟练屠宰工人的动作，最终的解决办法将是把传感器技术、人工智能和机器人制造等多项高技术集成起来，使机器人系统能自动适应产品加工中的各种变化。

4.1.2.5 其他行业应用状况

（1）橡胶塑胶行业

塑胶工业的要求越来越高，人工已经没有办法很好地满足，在不久的将来，工业机器人将会代替所有人工岗位。要跻身塑胶工业需符合极为严格的标准，这对机器人来说当然毫无问题。工业机器人的作业速度、高效、灵活的特点，能承受最重的载荷，由此可以最佳地满足日益增长的质量和生产效率的要求并确保企业在今后的市场竞争中具有决定性的竞争优势。

（2）铸造行业

在极端的工作环境下进行多班作业——铸造领域的作业使工人和机器遭受沉重负担。此外还适用于高污染、高温或外部环境恶劣的领域。机器人以其模块化的结构设计、灵活的控制系统、专用的应用软件能够满足铸造行业整个自动化应用领域的最高要求。它不仅防水，而且耐脏、抗热。它甚至可以直接在注塑机旁、内部和上方用于取出工件。此外它还可以可靠地将工艺单元和生产单元连接起来。另外在去毛边、磨削或钻孔等精加工作业以及进行质量检测方面，机器人表现非凡。

（3）化工行业

化工行业是工业机器人主要应用领域之一。目前应用于化工行业的主要洁净机器人及其自动化设备有大气机械手、真空机械手、洁净镀膜机械手、洁净 AGV、RGV 及洁净物流自动传输系统等。很多现代化工业品生产要求精密化、微型化、高纯度、高质量和高可靠性，在产品的生产中要求有一个洁净的环境，洁净度的高低直接影响产品的合格率，洁净技术就是按照产品生产对洁净生产环境的污染物的控制要求、控制方法以及控制设施的日益严格而不断发展。因此，在化工领域，随着未来更多的化工生产场合对于环境清洁度的要求越来越高，洁净机器人将会得到进一步的利用，因此其具有广阔的市场空间。

（4）玻璃行业

无论是空心玻璃、平面玻璃、管状玻璃，还是玻璃纤维——现代化、含矿物的高科技材料是电子和通信、化学、医药和化妆品工业中非常重要的组成部分。而且如今它对于建筑工业和其他工业分支来说也是不可或缺的。特别是对于洁净度要求非常高的玻璃，工业机器人是最好的选择。

（5）家用电器行业

白色家电的大型设备领域对经济性和生产率的要求也越来越高。降低工艺成本，提高生产效率成为重中之重，自动化解决方案可以优化家用电器的生产。无论是批量生产洗衣机滚筒或是给浴缸上釉，使用机器人可以更经济有效地完成生产、加工、搬运、测量和检验工作。它可以连续可靠地完成生产任务，无需经常将沉重的部件中转。由此可以确保生产流水线的物料流通顺畅，而且始终保持恒定高质量。

（6）冶金行业

工业机器人在冶金行业的主要工作范围包括钻孔、铣削或切割以及折弯和冲压等加工过程。此外它还可以缩短焊接、安装、装卸料过程的工作周期并提高生产率。即使在铸造领域，配备了专用的铸造装备的库卡机器人也显示了其非凡的实力，它具有使用寿命长、耐高温、防水和防灰尘等优势。此外库卡机器人还可以独立完成表面检测等检测工作，从而为高效的质量管理做出重要贡献。

（7）烟草行业

工业机器人在我国烟草行业的应用出现在 20 世纪 90 年代中期，玉溪卷烟厂采用工业机器人对其卷烟成品进行码垛作业，用 AGV（自行走小车）搬运成品托盘，节省了大量人力，减少了烟箱破损，提高了自动化水平。工业机器人在烟草行业的应用使我国烟草行业多年来不断加强技术改造，促进技术进步，重点卷烟企业的生产设备已达到国际 90 年代初期水平。

4.1.3　产业重点企业分析

4.1.3.1　沈阳新松机器人自动化股份有限公司

（1）基本信息

新松公司隶属中国科学院，是一家以机器人独有技术为核心，致力于数字化智能高端装备制造的高科技上市企业。公司的机器人产品线涵盖工业机器人、洁净（真空）机器人、移动机器人、特种机器人及智能服务机器人五大系列，其中工业机器人产品填补多项国内空白；洁净（真空）机器人多次打破国外技术垄断与封锁，大量替代进口；移动机器人产品综合竞争优势在国际上处于领先水平，被美国通用等众多国际知名企业列为重点采购目标；特种机器人在国防重点领域得到批量应用。在高端智能装备方面已形成智能物流、自动化成套装备、洁净装备、激光技术装备、轨道交通、节能环保装备、能源装备、特种装备产业群组化发展。新松是国际上机器人产品线最全厂商之一，也是国内机器人产业的领导企业。

公司每年推出新产品几十项，完成重大科技攻关项目 90 多项，拥有 200 多项国家专利，研发出了 60 余种具有完全自主知识产权的系列工业机器人产品。公司起草并制定了多项国家标准，通过标准的输出，带动了中国机器人产业的迅速崛起。

2016 年上半年，沈阳新松公司主营业务收入实现稳定增长。营业总收入 889047571.84元，比上年同期增长 9.75%。归属于上市公司普通股股东的净利润 165701310.66 元，比上年同期增长 5.25%。

（2）主要应用行业

新松公司致力于工业机器人、智能物流、自动化成套装备、洁净装备、激光技术装备、轨道交通、节能环保装备、能源装备、特种装备及智能服务机器人等领域发展。新松公司主要项目体现在以下几个行业。

① 汽车行业　汽车总装生产线：根据客户不同需求，公司研发出多品种 AGV 适用于各小型汽车的动力总成、前后桥、油箱等与白车身合装。例如汽车底盘合装中的电动筒式双举升装配型 AGV，主要由 AGV 车体、两台 AJS1000 升降机等组成，适用于汽车的动力总成、有压缩减振弹簧的后悬挂总成与白车身合装。以及变速箱装配型 AGV，用于各种类型变速箱装配线进行变速箱输送、装配的 AGV 产品，根据系统装配工艺要求分为平置式变速箱装配型 AGV、纵翻式变速箱装配型 AGV 和横翻式变速箱装配型 AGV。

② 电子电器　开关柜机器人焊接系统：具有激光焊缝自动检测，激光焊缝自动跟踪功

能。整个系统根据客户的要求不同，可以具有自动上料、自动传输、自动焊接、自动下料等功能，解决了手工焊接工作强度大，焊接质量不稳定的难题。以及新松为中国电子科技集团公司第十四研究所、北京新松佳和电子系统股份有限公司、腾辉电子有限公司提供的电子电器智能物流系统。

③ 激光行业　激光打标机：激光打标是用激光束在各种不同的物质表面打上永久的标记。打标机适用行业广泛，可以用在电子、仪表、通信器材、包装、饮料、电池、卫生洁具、机械制造、汽车配件、集成电路（IC），还适用于陶瓷彩色贴纸打标、玻璃表面打标。以及 XSL-FL3000 激光焊接工作站，在整个加工范围内采用国外高端整机控制系统，适合大批量生产作业。激光器额定功率 3kW，加工中心具有三个工位，每个工位焊接工件范围 ϕ150～360mm，工件高度范围 15～100mm，工件最大质量 40kg。该设备最大熔深可达 6mm，对应 1～6mm 的熔深，激光功率在 1～3kW 的范围内调节时，焊接速度范围约为 1～9m/min。

④ 交通行业　轨道交通环境设备监控系统（BAS）：采用计算机网络技术、自动控制技术、通信技术及分布智能技术，实现设备监控分散控制、集中管理的系统模式，对地铁车站及区间隧道内的空调通风、给排水、照明、电梯、扶梯、安全门等机电设备进行全面的运行管理与控制。一旦发生突发事件，BAS 系统会迅速进入智能运行模式，快速消除隐患，极大地提高了地铁运营的智能化和安全性。以及自动售检票系统（简称 AFC 系统），提供城市一卡通解决方案；提供手机 NFC 支付、支付宝快捷支付解决方案，目前已应用于沈阳地铁一号线 AFC 系统、澳洲墨尔本自动检票机采购项目、沈阳公交地铁一卡通系统等。

⑤ 化工行业　胶块机器人装箱系统：胶块机器人装箱系统是用于化工厂丁苯橡胶、顺丁橡胶、丁腈橡胶等胶块的整形、搬运、码垛装箱。这不仅极大地提高生产效率，而且减轻工人的劳动强度。胶块机器人装箱系统包括胶块输送、胶块液压整形机构、木箱输送、装箱机器人、液压压沉机构、称重装置、电控柜、系统操作台、机器人围栏。以及应用于昆明贵研催化剂有限责任公司、珠海醋酸纤维有限公司的化工行业智能物流系统（自动化立体仓库系统）。

⑥ 烟草行业　叉式搬运型 AGV：叉式搬运型 AGV 是新松公司根据不同行业的实际要求而研发的系列 AGV 产品，主要由 AGV 车体、升降装置等组成。该设备承担空托盘、带载托盘、纸卷等升降搬运工作。应用客户有山东兰剑物流科技股份有限公司、吉林烟草工业有限责任公司、上海烟草集团有限责任公司。

⑦ 能源行业　石油天然气行业：新松公司将先进的机器人自动化技术运用于油气田的各种管处理作业中。现已形成以油气田勘察船用抓管机器人、油田钻台机器人、二层平台机器人系统等为主的一系列先进实用的机器人产品。性能稳定，运行状态良好，可为油田用户提供安全、高效、高速的自动化作业服务。

（3）市场定位

新松公司作为一家以先进制造技术为核心的解决方案提供者，其核心业务主要表现在以下几方面：先进机器人技术、先进制造技术装备、轨道交通自动化装备、能源自动化装备等。同时，公司围绕自身的核心业务，现以建成了自己的产业发展基地——新松产业园，为产业的持续成长提供了良好的发展平台，业务领域互相促进、共同发展。在系统集成成套设计能力和实施交钥匙工程综合能力方面，公司形成了极强的综合竞争优势和差异化比较竞争优势。2015 年新松机器人的市值已经位居全球同行业第三，国内遥遥领先。

由新松机器人公司牵头，联合中科院沈阳自动化研究所、中科院深圳先进技术研究院、中科院自动化研究所等研究机构和企业，成立了中科院机器人产业联盟，重点面向我国制造业转型升级对智能装备的迫切需求，开展工业机器人和智能装备核心技术与产品研发及应用推广。

新松公司还联手创维集团、海信集团、宇通汽车、广州风神物流等行业龙头企业开展行业层面的战略合作。共同推进生产线自动化改造、自动仓储物流、机器人自动化的应用，优化工厂工艺流程，打造行业领先的数字化、自动化、智能化工厂，增强客户的市场竞争能力，全力推进"中国制造2025"。

（4）战略走向

新松公司立足自主创新，形成了以独有技术、核心零部件、领先产品及行业系统解决方案为一体的完整产业链。服务遍及欧、美、亚洲等十多个国家和地区，全方位满足工业、交通、国防、能源、民生等国民经济重点领域对以机器人及自动化技术为核心的高端装备需求。公司在北京、上海、杭州、深圳及沈阳设立五家控股子公司，正以前沿的创新理念、齐全的产业线以及行业的权威影响，力争攻克制约我国高端制造装备的关键技术，在推动产业转型升级中发挥关键作用。

公司的发展目标是快速成为全球机器人与智能装备制造企业的领跑者，能够影响世界机器人产业发展格局和方向。公司结合行业现状和自身实际情况确立内生加外延式发展的路径。首先，公司以技术创新构建"高、精、尖"的业务板块，以高端化、服务化、融合化、低碳化的行业解决方案提升公司的市场地位。其次，公司将走资源整合之路，把握国内机器人行业发展机遇，利用开放式的创新平台及资本市场平台，吸引并整合人才、政治、资本等资源，促进公司加快实现长期发展目标。

4.1.3.2　哈尔滨博实自动化股份有限公司

（1）基本信息

哈尔滨博实自动化股份有限公司创立于1997年9月，坐落在哈尔滨高新技术产业开发区，占地面积12万平方米，注册资本6.817亿元。

公司主要产品及业务包括工业机器人、自动化成套装备及系统解决方案，并提供相关的增值服务。产品主要应用于石油化工、煤化工、盐化工、精细化工、化肥、冶金、物流、食品、饲料等行业的固体物料后处理，包括单机产品、单元产品和系统成套设备，能够满足客户多层次、全方位的需求。公司是国际上少数几家能够系统完成自主研发、成套生产和配套服务的企业之一。产品覆盖国内除港、澳、台的所有省区，并出口到欧洲、亚洲、非洲等十余个国家。

公司始终致力于民族装备工业的振兴，自主研发的多项技术和产品填补国内空白，多项成果获得国家级和省部级科技进步奖，拥有完全自主的知识产权。主要产品的性能指标已经达到国内领先、国际先进水平。凭借技术领先优势、大系统成套优势、综合服务优势及品牌优势，公司在所从事的领域市场占有率遥遥领先，2009年入选"福布斯中国最具潜力中小型企业"200强。2012年9月，公司在深圳证券交易所成功登陆资本市场。在优秀的人才、技术、产品等基础上，借助于资本血脉的涵养，公司进一步做强企业优势、做大产业规模，2014年荣登"福布斯中国上市潜力企业"100强。2015年，公司实现营业总收入717389683.38元，同比增长18.05%；实现营业利润171257178.92元，同比降低1.33%；实现利润总额201988690.83元，同比降低3.46%；归属于上市公司股东的净利润

180673929.73 元，同比降低 3.55%。

（2）主要应用行业

博时公司具有突出的技术及人才优势，在"发展高科技，实现产业化"的方针指引下，将工业机器人技术与生产实际相结合，一直致力于化工、粮食、医药等行业自动化成套设备的研究开发、系统集成以及工程实施，为国民经济建设的主战场服务。公司系列高新技术产品技术达到国内领先、国际先进水平，成功得到推广应用并且出口创汇，实现了高科技成果的产业化。博时公司的主要项目体现在以下几个行业。

① 化工行业　粉粒料称重包装码垛成套系统：博实公司的粉粒料包装码垛成套系统广泛应用于石油化工、煤化工、盐化工、化肥、精细化工等化工行业的固体物料后处理。该系统可将化工行业的粉状、粒状等散状物料（如合成树脂中的聚乙烯、聚丙烯、ABS 树脂、聚氯乙烯、聚苯乙烯，工业盐、碱、磷氮钾肥、复合肥等）从称重、包装、金属检测、重量复检、码垛到仓储物流实现自动化无缝连接作业，可根据客户需求及不同物料特性提供特定的完整解决方案，生产线最大生产能力每小时 2000 包。该系统主要由以下部分构成：自动称重系统、自动包装系统、自动输送检测系统以及自动码垛系统。

② 橡胶行业　带式干燥箱式合成橡胶后处理成套设备：合成橡胶后处理系统代替人工实现橡胶生产后处理过程完全自动化，是提高石化行业生产自动化水平、提高生产效率、保证产品质量的重要大型成套自动化技术。其组成环节多、功能复杂，核心技术含量高，可根据不同橡胶品种（丁苯、丁腈、SBS 等合成橡胶）提供特定的完整解决方案。该套设备是将凝聚后的各种胶料按照生产工艺过程进行搅拌清洗、废水分离、挤压脱水、胶料破碎、带式干燥或膨胀干燥等产品精制作业，使胶料的各项理化参数达到规定的指标，再将产成品进行定量称重、压块、检测、包装、码垛或装箱等作业。此生产线最大生产能力每年 5 万吨。该系统主要包括：脱水、干燥单元，称重、压块单元，输送、检测单元，包装单元，码垛、装箱单元。

③ 食品行业　称重包装码垛成套系统：食品工业生产必须达到最高卫生标准，同时还要保证高产，作为自动化包装领域中经验丰富的产品供应商，博实公司拥有顶尖的技术专家，并且对包装所有过程有着透彻的理解。可为客户提供生产过程自动化产品、系统以及精选服务。更可根据客户需求及不同物料特性提供特定的完整解决方案。该生产线最大生产能力达每小时 800 包。博时公司所生产的码垛系统主要有高位码垛机、低位码垛机以及翻垛机。

④ 冶炼行业　出炉作业专用重载机器人及系统：出炉作业专用重载机器人及系统为国内首创，填补了国内冶炼行业机器人自动化出炉的空白，技术达到世界领先水平。该系统将出炉作业人员从炉前环境温度高、劳动强度大、安全风险高的人工作业现状中解放出来，实现了冶炼出炉的自动化和智能化，使冶炼出炉作业从危险繁重变得安全轻松。工作人员可在安全区域内远程操控，根据视觉监控系统传回中控室内的影像，判断冶炼出炉现场的具体工况，通过人机交互平台远程操控机器人，完成自动上母线、烧眼、开眼、带钎、扒炉舌、修眼、堵眼和清炉舌等作业。该系统有效替代人工，单台冶炼出炉岗位可减少至 2～3 人，既保证了安全生产，又实现了减员增效。

⑤ 智能物流　自动装车系统：全自动装车系统替代人工对多种袋装、箱装物料进行装车作业，适用于多种车型（如厢式货车、敞篷货车、集装箱等），其结构紧凑、运动灵活、控制精准。全自动装车机具有数据管理功能，可与智能工厂控制系统进行数据交互，实现工

厂自动化管理。

实现装车单元无人干预自动行走、物料的自动编组装车等复杂作业。装车控制系统内部集成自动导航技术，根据车壁轮廓，在行走过程中自动进行路径修正，实现全向平台的无人驾驶和自动化运输。在堆码过程中，控制系统每次采用相同路径，具有精确、安全、适应性强的运行特点。同时在设备本体周围具有完善的安全防护设施，可以在行进过程中对周围的环境进行实时检测，当安全区域内出现异常时停车并给出报警提示，有效地保护物品及周边设备。控制系统根据人机接口反馈的料袋尺寸等参数自动规划料袋位置并控制系统自动完成装车操作，整套系统可灵活高效地完成自动装车任务。

（3）市场定位

哈尔滨博实自动化股份有限公司的产品与技术主要分为以下 8 个方向：①工业机器人；②称重设备；③包装系统；④输送检测设备；⑤码垛系统；⑥智能物流系统；⑦橡胶后处理装备；⑧节能环保装备。

（4）战略走向

哈尔滨博实动化股份有限公司发展战略属于企业战略中的一个层面，是对企业长期、健康发展的谋划，其基本特征是发展性，是企业中长期发展战略，是企业中长期发展的行动纲领和灵魂。哈尔滨博实自动化股份有限公司是国内自动化包装码垛设备行业综合实力最强的供应商，面对当前公司销售额及利润率均成下降状态的不利形势，如何适应新的市场环境，增强公司自身实力，从而改变现在的不利局面，提升销售额，实现博实公司健康持续的发展，是目前公司最需要解决的问题。

4.1.3.3 南京埃斯顿自动化股份有限公司

（1）基本信息

南京埃斯顿自动化股份有限公司创建于 1993 年，受益于国家改革开放的发展机遇以及创业团队历经 20 多年的努力奋斗，目前不仅成为国内高端智能装备核心控制功能部件领军企业之一，而且已在自身核心零部件优势基础上强势进入工业机器人产业，华丽转身为具有自主技术和核心零部件的国产机器人主力军企业。2015 年 3 月 20 日，埃斯顿自动化在深圳证券交易所正式挂牌上市（股票简称：埃斯顿，股票代码：002747），成为中国拥有完全自主核心技术的国产机器人主流上市公司之一。

公司现为国家认定的高新技术企业，拥有国家企业博士后工作站、3 个江苏省工程技术中心、江苏省省级企业技术中心、国家机械行业工程技术中心，国家锻压机械行业标准委员会功能部件专业分会，中国工业机器人产业联盟副理事长，江苏省工业机器人专业委员会理事长单位，国际机器人协会（IFR）中国会员。同时，公司先后多次承担国家重大科技项目的研发任务，包括工信部 04 专项（基础装备和数控机床重大专项），科技部 863 高科技专项 2 个，江苏省成果转化产业化项目 2 个，等等。先后独家或牵头制定多项数控设备和数控系统的国家或行业标准；拥有数百项国内外专利。2015 年度公司实现营业总收入 485221329.93 元，较上年同期下降 5.21%；利润总额 55115807.61 元，较上一年同期上升 17.33%；归属于上市公司股东的净利润 51653590.76 元，较上一年同期上升 17.49%。

（2）主要应用行业

长期以来，埃斯顿自动化秉承"专注、诚信、共成长"的价值观，始终坚持以客户需求为指引的全球资源整合及自主技术创新，推出了一系列拥有独特竞争优势的智能装备自动化及工业机器人完整解决方案，目前已形成了两大业务模块：

① 智能装备核心功能部件模块，包括数控系统、电液伺服系统、交流伺服系统及运动控制解决方案；

② 工业机器人及智能制造系统模块，包括机器人本体、机器人标准化工作站及智能制造系统。

南京埃斯顿自动化股份有限公司的主要项目如下。

① 金属成型机床数控系统。具备 D、E、PAC、FlexCon 等多个完整系列产品，其中部分高端剪折数控装置与国际著名品牌 DELEM 合作，全面覆盖金属成型机床行业的不同种类和层次。

② 基于电液伺服控制技术的电液伺服液压系统。产品与国际液压主流厂商合作，形成高端机械装备电液伺服系统 SH、ALP、TPM、SVP 和 DSVP 等多个系列和 30 个以上规格。

③ 交流伺服系统。具备国内最为完整的 EDC、EDB 和 ProNet、EDS、ETS 和 EMT、EMT2/EHD 等系列和 25 个规格，主要产品功率范围覆盖 50W～300kW，拥有直驱系列低速大扭矩交流伺服系统产品和 CAN、Profibus、EtherCat、Powerlink 等多种数字现场总线功能。

④ 工业机器人产品。具备 6 轴通用机器人、4 轴码垛机器人、SCARA 机器人、DELTA 机器人、伺服机械手等系列及其自动化工程完整解决方案。上述产品现已应用到机床、纺织机械、包装机械、印刷机械、电子机械等机械装备的自动化控制，以及焊接、机械加工、搬运、装配、分拣、喷涂等领域的智能化生产。

（3）市场定位

公司已成为国内高端智能装备核心控制功能部件领军企业之一，而且已在自身核心零部件优势基础上强势进入工业机器人产业，华丽转身为具有自主技术和核心零部件的国产机器人主力军企业。

（4）战略走向

埃斯顿自动化在新的发展阶段提出了"双核双轮驱动"发展战略。双核即两项核心业务：智能装备核心功能部件（基础业务），工业机器人及智能制造系统（新兴业务）；双轮即两种发展动力：内涵式发展（技术，产品和业务模式创新），外延式发展（并购，投资和跨业发展）。

基于"双核双轮驱动"发展战略，埃斯顿将以客户需求为最高目标，以智能装备核心功能部件作为公司长期和基础性的发展战略，以技术创新继续保持核心功能部件领先竞争优势，为更多智能装备提供具备一流水平的控制功能部件，推动我国智能装备制造业的全面提升和高速发展。

同时，作为国内少数拥有工业机器人关键技术和核心零部件的企业之一，埃斯顿充分发挥这一独特竞争优势，把拥有自主核心技术的国产工业机器人产业作为未来发展的主要引擎，在公司智能制造核心产品优势组合的基础上，整合工业互联网及信息化技术，以智能制造系统为下一个重点发展目标，紧紧抓住新一代工业革命和机器人产业这百年一遇的机会，积极利用资本市场这个平台进行产业优质资源整合，利用互联网思维探索新的商业模式，肩负起埃斯顿应该肩负也具备能力肩负的机器人民族产业发展重任，立志成为一个受到国际机器人领域所尊重的中国面孔，致力于成为实现中国制造强国之梦的重要力量。

4.1.3.4　安徽埃夫特智能装备有限公司

（1）基本信息

埃夫特智能装备股份有限公司是国内唯一一家通过大规模产业化应用而迈向研发制造的机器人公司，也是目前国内销售规模最大的工业机器人厂商，公司成立于 2007 年 8 月，总部安徽芜湖；注册资本 2 亿元整；企业员工 500 余人，其中研发人员 300 余人（外籍员工100 余人）；公司建成了年产 1000 台的工业机器人装配检测线。埃夫特现有六大事业部或子公司，分别专注通用机器人研发制造、喷涂机器人、高端金属加工及汽车装备自动化领域，并在意大利设有智能喷涂机器人研发中心和智能机器人应用中心。作为国内机器人领导厂商，埃夫特先后牵头承担工信部国家科技重大专项 2 项，科技部 863 计划项目 4 项，发改委智能制造装备发展专项 5 项，参与制定多项机器人行业国家标准。

埃夫特公司 2010 年 3 月通过 ISO9001 国际质量体系认证，2013 年 5 月成立蔡鹤皋院士工作站，是中国机器人产业创新联盟和中国机器人产业联盟发起人和副主席单位，埃夫特所研制的国内首台重载 165kg 机器人载入中国企业创新纪录，并荣获 2012 年中国国际工业博览会银奖。2014 年、2015 年公司连续获得中国机器人网"最畅销国内机器人品牌奖"。2015年埃夫特机器人还荣获高工机器人大奖"年度机器人本体奖金球奖""年度最具投资价值公司""年度本土机器人品牌价值奖"。公司建成了年产 1000 台的工业机器人装配检测线。产业化基地建设已投入 1.3 亿元人民币；每年研发投入超过 2000 万元。

（2）主要应用行业

埃夫特在自动化装备设计实施方面有多年的行业积累，尤其在汽车焊装工艺设备、自动化输送设备、涂装工艺设备、机器人集成应用等领域为合作伙伴或终端用户提供整体解决方案。在中国制造全面升级的背景下，埃夫特公司以"'智'造智能化装备，解放人类生产力"为己任，致力成为国际一流的智能装备制造商。

埃夫特的主要产品分为以下四类：①工业机器人：主要有 ER210-C40、ER20-C10、ER6-C604 等，其中 ER210-C40 轴数为 6 轴，负载 210kg，重复定位精度 ± 0.3mm，周围温度 $0\sim45$℃，本体重量 1110kg，能耗 9kW，应用于点焊、打磨、搬运、码垛，最大臂展2674mm。②CMA：主要有 GR650 ST、GR6100 HW、GR520ST 等，其中型号 GR650 ST，负载 5 kg，轴数 6 轴，重复定位精度 1mm，最大工作半径 2174mm，本体重量 450kg。③EVOLUT：主要有在机床上下料应用、机器人协同在检测-包装中的应用、零件加工-清洗-检测应用、码垛-垛应用等；④自动化装备：主要有在高洁净喷漆室、低能耗烘干室、摩擦式运输机等方面的应用。

2008 年以前，奇瑞汽车生产线的机器人完全依赖国外进口，处处受制于人。为了节约进口成本，研发中国人自己的"机器人"，2007 年 8 月，安徽埃夫特智能装备有限公司（以下简称埃夫特）正式成立。同年年底，哈尔滨工业大学与埃夫特公司正式签订了战略合作协议，共同研制机器人。2009 年年初，经过反复调试改进，埃夫特公司制造的第一台机器人在奇瑞公司试用，其精准度和稳定性与进口机器人不相上下。自此，从奇瑞起步的埃夫特开始在工业机器人领域崭露头角。

（3）市场定位

从 2007 年到 2015 年，短短 8 年间，借助中国机器人高速发展的大势，埃夫特经历了从无到有，从有到优的发展过程。如今的埃夫特在工业机器人整机设计与制造领域，拥有多款具有较高重复定位精度和轨迹跟踪精度的产品，被广泛应用于焊接、搬运、激光切割、打磨抛光等行业，销量位于自主品牌机器人前列。更是被中国机器人产业联盟执行理事长兼秘书长宋晓刚列为中国机器人"四大家族"之一。

目前公司涵盖从最小 1kg 到最大 500kg 的产品，开发了包括喷涂机器人在内的 5 个系列 21 款产品，产品系列全面。在整机开发方面，紧紧围绕市场应用需求，从需求技术特点、使用场合、价格定位等多方面，根据市场情况，对机器人主机进行正向定制化开发，满足新型市场应用及客户需求。

（4）战略走向

国内机器人发展目前遇到的最大挑战是机器人相关上下游配套能力的不足。上游关键零部件产品不够成熟，下游应用方案不够成熟及人才严重缺乏。针对这些问题，埃夫特和众多上游的机器人关键零部件厂商建立了深入的合作，通过与他们进行长期的合作，为其提供关键零部件的测试平台，通过不断测试改进国内优秀的核心零部件，尽快使国内机器人上游配套企业成长起来，从而实现上游关键零部件的自给自足。经过与下游集成商的深入合作，形成战略联盟，通过在价格和技术上的不断支持，培养下游行业的应用，从而加快机器人在各行业的应用速度，同时通过与一些企业和学校的合作，进行机器人应用人才的培养，经过几年的时间，解决应用人才短缺的问题，提升下游应用企业的实力。

未来工业机器人在技术方面将逐步实现智能化。工业机器人与视觉、力觉、激光等传感器的结合，以及基于专家系统、人工智能和大数据技术的快速发展，机器人将逐步具备感知能力、判断和决策能力以及自学习能力，变得更加智能化。随着机器人智能水平的提升，机器人将会越来越大范围地解放人类劳动，使人类可以专注于更多创造性的工作。在产业化方面，未来机器人将逐步向轻型化、模块化、开放式方向发展，机器人硬件也将向标准化发展，实现批量化生产，从而进一步降低成本。机器人软件将逐步开放甚至开源，实现运行平台的统一，会有越来越多的非专业人员参与到机器人的应用当中，实现机器人更广范围的发展。

4.1.3.5　广州数控设备有限公司

（1）基本信息

广州数控设备有限公司（GSK）中国南方数控产业基地，国内技术领先的专业成套机床数控系统供应商。公司秉承科技创新，以核心技术为动力，以追求卓越品质为目标，以提高用户生产力为先导。GSK 是国内最大的机床数控系统研发、生产基地，科研开发人员 800多人，年投入科研经费占销售收入 8％以上，年新产品收入占总销售的 75％以上。GSK 拥有国内一流的生产设备和工艺流程，年产销数控系统连续 10 年全国第一，占国内同类产品市场的 1/2 份额。公司科学规范的质量控制体系保证每套产品合格出品。

GSK 拥有完善的服务网络和一流的服务团队，全方位、多层次、科学高效的服务管理方式和手段，保证用户在最短时间得到快捷、可靠、有效的响应。GSK 广州数控以"打造百年企业、铸就金质品牌"的企业理念和"精益求精，让用户满意"的服务精神，通过持续不断的技术进步与创新为提升用户产品价值和效益，为推动数控系统产品国产化过程不懈努力。

（2）主要应用行业

广州数控设备有限公司的主营业务有：数控系统、伺服驱动、伺服电机研发生产，数控机床连锁营销、机床数控化工程，工业机器人、精密数控注塑机研制，数控高技能人才培训。主要项目集中在以下几个方面。

① RB 系列工业机器人　RB 系列工业机器人每个关节的运动均由一台伺服电机和一台高刚度低侧隙精密减速机共同实现，每个伺服电机均带有失电制动器；同时配以先进的电气控制柜和示教盒，使其运动速度更快，精度更高，安全性更优越，功能更强大。

该产品可以广泛应用于搬运、弧焊、涂胶、切割、喷漆、科研及教学、机床加工等领域，是汽车、摩托车、家电、烟草、工程机械、物流等行业的最佳选择。

② 机床数控系统配套　GSK 系列加工中心、钻铣床、车床数控系统，DA98 系列进给伺服驱动装置和 SJT 系列伺服电机、DAP01 系列大功率主轴伺服驱动装置和 ZJY 系列主轴伺服电机等数控系统的集成解决方案。

③ 教学机床及软件　广州数控教学专用示教机可作为职业或学历教育的数控教学实验设备。它将机床简化后直观地放在了平板上，使学生更清楚地看到机床各驱动部件的运动情况。

④ 工业自动化应用　广州数控 DA98 系列交流伺服系统具有高质量、高性能、操作简易的特点，已经累计销售超过数十万套，广泛应用于加工设备和机床的进给，食品、包装设备和进料装置，也可应用于纺织机械等自动化设备，例如机床、食品包装、切纸机械、搬运机械、纺纱设备、绣花机等。

（3）市场定位

广州数控（GSK）是中国南方数控产业基地，广东省 20 家重点装备制造企业之一，国家 863 重点项目《中档数控系统产业化支撑技术》承担企业，拥有全国最大的数控机床连锁超市。公司秉承科技创新、追求卓越品质，以提高用户生产力为先导，以创新技术为动力，为用户提供 GSK 全系列机床控制系统、进给伺服驱动装置和伺服电机、大功率主轴伺服驱动装置和主轴伺服电机等数控系统的集成解决方案，积极推广机床数控化改造服务，开展数控机床贸易。

广州数控设备有限公司（GSK）是"国家 863 项目承担企业""广州市高新技术企业"、"博士后科研工作站"获批企业，集科、工、贸于一体，多年专业数控系统、伺服系统规模制造；致力开发生产数控系统，伺服系统和推广数控化改造服务。现有产品包括 GSK 系列车铣数控系统，DA98A、DA98 系列全数字式交流伺服驱动装置，DY3 系列混合步进驱动，DF3 系列反应步进驱动装置，99 系列多功能位置控制器等多种数控产品，生产的经济型、普及型数控系统自 1999 年起产销量居国内行业首位，成为中国数控系统行业的第一品牌，产品畅销全国。

（4）战略走向

广州数控（GSK）同时拥有完整的生产品质保障体系，完善的售前售后服务机制，在全国拥有数十个售后服务网点，提供准确快捷的售后服务。广州数控（GSK）以"精益求精，让用户满意"的企业精神和"打造百年企业，铸就金质品牌"的企业理念，为用户提供优质稳定的产品和优质的服务。

4.1.4　新产品的研发、投产情况

4.1.4.1　沈阳新松机器人自动化股份有限公司

随着机器人为核心的智能制造技术不断成熟，制造模式正在发生深刻变革。为满足不断发展的市场需求，更多具有革命性改变意义的新型工业机器人产品得以问世，极大地拓展了机器人的应用领域。新松研发的新产品总结归纳为以下几种类别。

① 轻载复合机器人：全新的轻载复合机器人基于移动机器人及工业机器人融合研发，采用视觉误差补偿等技术，满足了企业数字化智慧工厂对整个机械结构运动精度的苛刻要求，解决了因多个运动单元的误差累积而造成精度不达标的问题，拓展了机器人的应用适应性。轻载复合机器人是新松公司在国内率先推出的复合机器人产品，产品一经推出就获得了近50台的批量市场订单。该产品推向市场的时间与国外知名厂商几乎同步，但是市场占有率及应用范围在国际上也是领先的，未来在电子、能源、电商、机械等领域会广泛应用。

② 重载复合型机器人：随着复合机器人市场规模日趋扩大，中、重载复合机器人也成为了市场新的需求方向。目前，新松公司移动机器人负载能力能够达到80t，工业机器人负载能力能够达到500kg。公司基于在重载领域研发优势，在国内率先推出了采用麦特纳姆轮的重载复合型机器人，其车体负责能力能够达到2t，机械手负载能力能够达到50kg。该重载复合机器人已经在控制系统、运动单元、搬运单元全部实现国产化，可以实现全方位灵活运行。重载复合机器人的研制成功属国内首创，在国际上也是率先推出的，标志着国产机器人水平再上一个新的台阶。

③ 六轴并联机器人：SRBL3A系列六轴并联机器人也是新松公司推出的明星产品之一，与目前市场在售的三轴、四轴并联机器人相比，六轴并联机器人具备运动精度高、运动范围大、承载能力强、姿态调整灵活等特点。此外该机器人在交互方式上有很大改变，除传统示教盒调试之外，外部I/O控制模式（人工手动示教）是这款机器人的亮点之一。操作员直接牵引机器人运动，机器人自动记录并对轨迹进行自动优化再生，不仅简化了示教过程，同时保障了轨迹高精度复现，该控制模式的研发成功标志着国内机器人控制领域进入了一个全新模式，同时也打破了国外厂商对人工牵引示教的垄断。

④ 柔性多关节机器人：新松柔性多关节机器人是国内首台7自由度协作机器人，具备快速配置、牵引示教、碰撞感知、视觉引导等功能，特别适用于布局紧凑、精度要求高的柔性化生产线，满足精密装配、产品包装、打磨、检测、机床上下料等操作需要。其极高灵活度、精确度和安全性的产品特征，将开拓全新的工业生产方式，引领人机协作新时代。

4.1.4.2 哈尔滨博实自动化股份有限公司

目前，国内电石生产的出炉环节仍采用人工手动方式，而且该环节也是所有生产工序中人员最为密集的环节，存在安全隐患大、工作条件恶劣（高温、粉尘）、工人劳动强度大等问题。

博实公司自主研发并生产的电石出炉机器人系列化产品与电石生产企业的生产物流管理系统相衔接，实现智能生产，推动传统电石生产模式向智能制造方向转型升级。该套设备显著提高了电石生产效率，大大减少了作业人员数量，降低了工人的劳动强度，对于电石生产企业实现安全环保生产、减员增效具有重要作用，是电石行业的一次重大技术革新。

① 出炉机器人系统：主要包括电石炉前作业机器人、可视化遥操作系统、工具架以及相关专用工具。操作人员在中控室内，通过人机交互平台可远程操控机器人，完成自动上母线、烧眼、开眼、带钎、扒炉舌、修眼、堵眼和清理炉舌等作业。该机器人系统能有效替代人工炉前作业，规避了出炉作业存在的灼烫、机械伤害、物体打击、触电等多项作业风险，极大提高了电石生产的安全性，改善了工人操作环境。采用该电石炉前作业机器人系统后，单台电石炉出炉岗位可减少至2～3人。

② 捣炉机器人系统：可在无线遥操作下自动实现电石炉料面疏松、硬壳破碎、料面耙平、下料口物料疏通等操作，并可实现多个炉门口之间的自由移动。捣炉机器人具备出力

大、速度快等特点，其料面处理范围大、处理点密集、处理更加深入彻底，显著提高了料面处理的综合质量和生产效率，极大降低了工人劳动强度，整个捣炉作业只需 1 人即可完成。在新疆中泰化学股份有限公司的大力支持下，目前该设备已完成了运行测试，系统运行状态良好、安全可靠，得到了用户的好评。

4.1.4.3　南京埃斯顿自动化股份有限公司

埃斯顿自动化长期专注于智能装备核心控制功能部件、工业机器人及智能制造系统的研发、生产和销售。目前不仅成为国内高端智能装备核心控制功能部件领军企业之一，同时凭借在自身核心零部件的技术优势，已跻身于具有自主技术和核心零部件的国产工业机器人及智能制造领域领军企业方阵，并在以下几个方面积极投资研究。

①金属成形行业：金属成形行业的工作环境整体比较恶劣，工作单调且强度大，是自动化介入最早的领域之一。埃斯顿自动化成功开发了机械压力机专用控制装置、HELM 吨位仪监控系统、液压过载保护单元、带滑块锁紧一体式离合/制动器，以及伺服压力机自动控制完整解决方案、高精度位置控制电液混合伺服解决方案、全电伺服转塔冲床电控解决方案等一系列的解决方案。未来，埃斯顿将结合自身优势，凭借在工业自动化领域掌握的核心技术和完善的产品链，继续在工业自动化和智能化的道路上深耕细作，为推动国内高端装备制造业自动化、智能化发展带来强大动力。

②码垛机器人：ESTUN 码垛机器人结构设计精致、速度快，采用专用码垛软件，操作简单、灵活，可同时处理多条生产线；机器人品种丰富，负载能力从 130～450kg，最大有效臂展达 3300mm，能够满足不同行业的码垛需求；同时，公司自主研发的机器人控制系统、交流伺服系统等核心功能部件，能使码垛机器人应用更为精准高效和灵巧便利，即使是特殊性高的需求，它也能应对自如。

③钣金柔性制造生产线：通过工业机器人、智能仓储、激光切割、折弯、打磨、装配、视觉检测等方面实现生产自动化、管理信息化，完美呈现了智能制造生产线中生动的机器人工作流水线，无人化工厂。不仅能够显著提升机床、机械加工设备的生产力，同时也确保待加工产品符合日趋严格的品质要求和小批量差异化的需求，从供给侧层面满足客户多样化、个性化需求。

4.1.4.4　安徽埃夫特智能装备有限公司

埃夫特已经形成机器人应用领域的全面覆盖，尤其在喷涂、金属高端加工等领域，远远领先国内其他工业机器人企业。埃夫特能为客户提供全方面的机器人、系统集成解决方案及专业的自动化装备设计制造服务。CIROS2016 展会上埃夫特展示了如下几种新产品。

①新品 GR680ST 喷涂机器人：此应用为金属件喷涂，使用旋杯配合机器人实现自动化喷涂作业，该种方式编程轨迹精度准确，喷涂油漆利用率高，适用于中大型金属件、汽车零部件、塑料件、木制品等的自动化喷涂。

②ER50-C20 铸件打磨机器人：埃夫特新研制的自动化打磨工作站，可较大地提高打磨效率，减少调试过程中的人工示教工作量，提高了打磨精度。解决了大体积铸铝毛坯件因自身形变而造成的打磨困难等问题，实现了打磨工作站的无人化、智能化以及标准化。

③ER3A-C60 机器人：此机器人有毛笔字书写功能。此款机器人结构紧凑、轻巧、柔性化高，重复定位精度高、运动速度快，配合公司自主开发的离线系统，可以广泛用于绘图、装配分拣、搬运、打磨等领域。

4.1.4.5 广州数控设备有限公司

广州数控十分重视新产品的研发,公司科研开发人员 800 多人、年投入科研经费占销售收入 8% 以上,年新产品收入占总销售的 75% 以上。公司近期研发的新产品如下。

① GSK 系列工业机器人:广州数控完全独立自主研发 GSK 系列工业机器人,包括机器本体、控制器、伺服电机、伺服驱动和减速机等关键功能部件。目前,GSK 系列工业机器人已完成搬运、焊接、打磨、喷涂、码垛、并联 6 大系列 20 多个规格型号产品的研制。

② RB 系列搬运机器人:拥有 6 自由度,具备准确、高效的搬运、装卸、喷涂等功能,可应用于汽车、家电、物流等行业。该型号系列产品可根据用户实际需求,机器人采用地面或者侧面安装,通过移动导轨,增加运动行程和工作范围,实现一台机器人给多台机床上下料。

③ 新型专利产品:RJ 系列上下料专用机器人(3 轴)、防爆喷涂演示系统 RP05 及 RP15、打磨机器人、大吨位的 165kg 搬运机器人等。

4.1.5 产业政策要求与发展预测

4.1.5.1 产业政策要求

(1)大力实施细分行业应用示范工程,推进产业化发展

加强政府引导,以企业为主体,产学研用紧密结合,实施一批效果突出、带动性强、关联度高的典型应用示范工程,在工业机器人用量最大的汽车及其零部件行业,在劳动强度大的纺织、物流行业,在危险程度高的国防军工、民爆行业和对产品生产环境洁净度要求高的制药、半导体、食品等行业开展自主品牌工业机器人的应用示范,大力推进科研成果产业化。通过示范工程,鼓励用户采用自主品牌机器人,提升自主品牌的市场认知度,同时增强工业机器人生产企业实践经验。

(2)提高产业集中度,打造国际知名品牌

规范市场竞争秩序,营造良好市场环境,充分发挥市场在资源配置中的决定性作用,通过市场竞争的优胜劣汰规律,使分散的生产能力向优势企业集中,改善企业的规模结构,提高产业集中度。引导具有技术与产业优势的地区,合理安排产业布局,科学谋划有序推进各地机器人产业的集群化发展。通过兼并重组和市场竞争,发现并大力培育具有国际竞争力的工业机器人龙头骨干企业,努力打造国际知名品牌,实施品牌战略,开展品牌营销,将培育与发展知名自主品牌工业机器人作为打造中国经济升级版的一项重要任务。

(3)重点支持关键基础部件的研发生产

减速器、驱动器和控制器是工业机器人的三大关键基础部件。我国在三大关键基础部件研制方面虽然已经取得一定的进展,但是与国外先进国家相比仍然存在差距,大部分都依赖进口,严重制约我国自主品牌工业机器人的发展。因此,在支持工业机器人产业发展的过程中,应重点支持关键基础部件的研发及产业化,重点发展高精度减速器、谐波减速器、高速高性能机器人控制器、高精度机器人专用伺服电机和伺服驱动器等关键基础部件。实现关键基础部件的国产化是完善我国工业机器人产业链体系的重点,可通过本体企业的自主研发及本体企业与关键基础部件企业间的深度合作两方面进行突破。

(4)加强质量和标准化建设

我国工业机器人产业可持续发展的关键是提高产品的可靠性、提高产品全生命周期中的

使用价值。一方面，应全面推进质量保障工程，强化产品合格认证，提高企业质量意识，加强产品质量建设，制定质量工作规划，推广先进质量管理方法，大力提升工业机器人本体及关键零部件的质量；另一方面，强化统筹协作，依托跨部门、跨行业的标准化研究机制，协调推进工业机器人标准体系建设。按照急用先立、共性先立原则，加快基础共性标准、关键技术标准和重点应用标准的研究制定。鼓励和支持国内机构积极参与国际标准化工作，提升自主技术标准的国际话语权，通过标准化建设引导行业有序发展、平衡发展，形成具有国际竞争力的工业机器人产业体系。

（5）科学分析决策，避免一哄而上

尽管工业机器人在我国尚处于产业化初期阶段，但产业投资过热的苗头正在显现。"十二五"以来，随着多项支持工业机器人产业发展的政策措施陆续发布，地方政府和企业十分重视"工业机器人"等相关项目，以期在国内外竞争中取得先机。但是，任何一个行业，如果违反经济规律，一哄而上，就有可能适得其反，产生负面效果。如果国内工业机器人生产企业都盲目在短时间大干快上，而技术水平却没有实质性提升，最终必然导致国内企业间的恶性竞争。因此，各级政府部门应冷静判断国内外工业机器人产业发展形势，正确评估各地发展条件及优劣势，避免重蹈风电、光伏等行业的覆辙。

4.1.5.2　技术发展预测

目前，国内基本掌握机器人整机的设计与制造技术，已经能够设计和生产包括直角坐标式、平面多关节型、空间多关节型等各类型工业机器人，不少机器人拥有自主知识产权。但是，在机器人精密传动技术、机器人高性能控制和驱动技术、机器人智能工艺软件包与集成应用技术这几个方面与国外仍存在较大差距。当前，中国工业机器人产业需要重点攻破的关键技术包括以下几项。

① 机器人本体优化设计及性能评估技术。

② 机器人系列化标准化设计技术。

③ 工业机器人系统软件平台技术。

④ 模块化机器人多轴驱控一体化和多轴驱动模块技术。

⑤ 高性能高功率密度伺服电机设计制造技术。

⑥ 高性能、高精度机器人专用减速器设计制造技术。

⑦ 开放式、跨平台机器人专用控制（软件）技术。

⑧ 基于智能传感器的机器人智能控制技术。

⑨ 远程故障诊断及维护技术。

⑩ 基于末端力检测的力控制及应用技术、

⑪ 视觉识别、定位及应用技术。

⑫ 机器人离线编程与仿真技术。

⑬ 机器人应用工艺技术。

工业机器人是高科技产物，工业机器人产业是综合了计算机、控制论、机构学、信息和传感技术、人工智能、仿生学等多学科而形成的高新技术产业。目前工业机器人最典型的特征是：高速、高精度、重载，用于结构化环境、刚性生产线，完成重复作业使命，几乎不具备智能性，本质上是一种自动化而非智能化装备。这种机器人难以在复杂环境中完成使命，多数都不具备自主控制、认知和学习能力，在与人-机-物的共存环境下仍有较多安全隐患。

（1）仿人的灵巧操作技术

新一代工业机器人应能够在制造业应用中进行仿人灵巧操作，通过独立关节以及创新机构、传感器，达到人手级别的触觉感知阵列，能做加工厂工人在加工制造环境中的灵活性操作工作。我国目前的主要研究方向包括一体化柔顺关节，以及仿人臂、手、腿等方面。关节一体化集成旨在提高关节驱动功率密度，实现类人的灵活动作、精细操作能力、柔顺性以及人工肌肉驱动融合。仿人臂、手、下肢机构方面，重点研究冗余自由度结构，高负重/自重，高柔顺与高（作业）刚度的统一。根据美国2013版机器人发展路线图，未来15年，具有触觉阵列密度的高复杂性机械手将接近人手的灵巧性，具备在制造环境中灵巧抓持目标的能力。

（2）机器人自主导航和定位技术

在移动机器人的应用中，精确的位置信息是一个基本要求，机器人的准确定位是保证其正确完成导航、控制任务的关键之一。现有移动机器人存在的主要问题是缺乏灵活性和自主性，大多数机器人只能在预先定义的地图中或者是高度结构化的环境中执行预先规定的动作。在新的环境下或遇到意外问题时，机器人不能很好地完成任务。自主导航的一个典型的应用为无人驾驶汽车的自主导航。根据美国2013版机器人发展路线图，未来15年，无人驾驶汽车将具备在任何人能驾驶的环境中的自主导航能力，与有人驾驶水平相当，并具有学习能力。

（3）视觉感知及认知技术

未来的工业机器人将大大提高工厂的感知系统，以检测机器人及周围设备的任务进展情况，能够及时检测部件和产品组件的生产情况，估算出生产人员的情绪和身体状态，需要攻克高精度的触觉、力觉传感器和图像解析算法，重大的技术挑战包括非侵入式的生物传感器及表达人类行为和情绪的模型。目前我国将重点研究识别与跟踪，定位、测量与检查，视觉伺服控制等方面的技术；通过算法硬件化提高实时性，实现视觉功能的集成化和模块化，提高拓展和升级能力；研究基于自主学习的视觉目标识别技术等。

（4）人机交互技术

智能机器人技术（人机交互）是一种让机器具备自然语言处理、语义分析和理解、知识构建和自学习的能力，使机器可以像人一样"能听会说、有问必答"，并实现人机间文字、语音、多媒体、体感等多种通信的技术。未来工业机器人的研发中越来越强调新型人机合作的重要性，保障机器人与人、环境间的绝对安全共处，实现人-机高效协同。根据美国2013版机器人发展路线图，未来15年，工业机器人将能够在非结构化环境中具备识别人及其他机器人系统的行为，并进行合作，而且具备适应性行为调节能力。

当前及今后一段时间，机器人技术将朝着自学习、自适应、智能性控制方向发展，将开发出具有灵活的可操作性和移动性，丰富的传感器及其处理系统，全面的智能行为和友好协调的人-机交换能力的高级机器人。

4.1.5.3　行业发展预测

随着我国国民经济的快速发展，先进制造业已进入崭新的发展阶段，工业机器人代替劳动力逐渐符合中国新的比较优势，机器人必将从"备选"成为"必选"，成为实现制造业转型升级、提升制造业竞争力的重要途径。放眼未来，由于外资产品的可靠性、品牌溢价和多年的服务经验优势，短期内工业机器人还将以国外主流产品为主。但随着更多的投资与政策的逐步落实，中国的机器人产业将会跨上一个新的台阶，进入快速发展阶段。机器人行业在产品、技术及应用的未来发展方向总结如下。

（1）产品：人机协作功能助力工业机器人步入 2.0 时代

在行业需求变迁，柔性化要求提升等影响下，ABB、KUKA、新松等国内外工业机器人知名企业纷纷推出人机协作型机器人产品，人机协作机器人更能适应业内对机器人柔性化和感知能力等方面提出的要求。一方面，人机协作型机器人柔性化程度更高，相比传统汽车产业体型大、移动范围大、重型的机器人，协作型机器人具备工序轻量化、小型化、精细化的特点，能够满足未来以 3C 为主导的消费电子产业对工业机器人的供应需求和要求；另一方面，人机协作机器人提升了感知能力，可以通过被示范训练来学习执行各类任务，可对其程序和算法进行编程，并进行可视化操作，为未来开拓新应用领域打下必要基础。

（2）技术：机器视觉技术成为国内产业上游环节切入点

机器视觉技术是用机器代替人眼来做测量和判断，主要用计算机软件来模拟人的视觉功能，从客观事物图像中提取信息进行处理并最终用于实际检测、测量和控制。从市场需求来看，世界机器人数量逐年递增，机器人数量规模的增加同时也在拉动对机器视觉功能的需求；从技术层面来看，近年来我国机器视觉行业的专利数量快速增加，将推动机器视觉技术向更高精度、高要求方向发展。此外，高端装备制造业对于精准度的严格要求也必须由机器智能识别来完成，大力培育和发展机器视觉对于加快制造业转型升级，提高生产效率，实现制造过程的智能化和绿色化发展具有重要的意义。

（3）应用：不断向军工、医药、食品等应用领域深化

工业机器人作为高技术战略，无论在推动国防军事、智能制造、资源开发，还是在培育发展未来机器人产业上都具有重要意义。从行业结构变化趋势来看，汽车、电子工业仍是国内工业机器人的主要应用领域，但随着其他应用领域的不断拓展，其占比份额将有所下降。而市场份额相对较小的应用领域，比如塑料橡胶、食品、军工、医药设备、轨道交通等领域的市场占比将适当增长。近年来国家十分重视环保和民生问题，塑料橡胶等高污染行业、民生相关的食品饮料以及制药行业，机器人作为实现自动化、绿色化生产的重要工具帮助相关企业进行产业结构调整，未来，机器人的在新兴行业的应用将不断深化。

4.1.5.4 产业预测

从目前情况来看，尽管我国工业机器人产业规模还比较小，但经过几十年的发展，在设计、材料、制造和应用方面都积累了相当的经验，业内各界对国产机器人存在的问题和不足认识得非常清楚。从 2013 年开始，各项政策具体内容陆续出台，在国务院、工信部、科技部联合颁布的关于"十二五"期间智能装备领域的发展规划中，强调要重点开发并突破有关工业机器人及相应关键零部件等技术，明确了工业机器人及相关零部件发展方向，无疑将有助于完善机器人产业链，促进产业快速发展，实现制造业的升级转型。

"中国制造 2025"提出要"围绕汽车、机械、电子、危险品制造、国防军工、化工、轻工等工业机器人、特种机器人，以及医疗健康、家庭服务、教育娱乐等服务机器人应用需求，积极研发新产品，促进机器人标准化、模块化发展，扩大市场应用。"工信部《关于推进工业机器人产业发展的指导意见》更是细化了具体战略目标："到 2020 年，形成较为完善的工业机器人产业体系，培育 3～5 家具有国际竞争力的龙头企业和 8～10 个配套产业集群；工业机器人行业和企业的技术创新能力和国际竞争力明显增强，高端产品市场占有率提高到45% 以上，机器人密度（每万名员工使用机器人台数）达到 100 以上，基本满足国防建设、国民经济和社会发展需要"。无论是从顶层设计还是具体产业规划，机器人产业都受到了极

大的关注与支持，发展目标和路径清晰，发展前景广阔。受益于国内机器人巨大的市场空间和不断利好的政策的刺激，资本市场工业机器人板块挂牌、上市、并购潮流涌动，资本、技术和市场加速整合。

从当前形势看，我国工业机器人产业市场空间广阔但产业基础薄弱，存在机遇的同时也面临严峻挑战。"十三五"时期，我国工业机器人产业的发展，建议从"实现产业发展的规模化""加强产品的可靠性和标准化""注重核心部件的国产化""促进行业发展的秩序化"等方面入手考虑发展战略。

但是，产业发展速度应始终同市场需求增长速度相匹配。在国内机器人市场尚未充分释放，产业化瓶颈仍未突破的情况下，大量企业蜂拥而上，但企业实力良莠不齐，很可能出现中低端产品供大于求的局面，造成国内工业机器人市场的恶性竞争；同时，国内有些企业热衷于大而全，难以形成工业机器人研制、生产、制造、销售、集成、服务等有序、细化的产业链。因此，"十三五"时期，我国工业机器人产业在加速发展的同时，应更加注重行业秩序化与规范化建设，各级政府部门和相关行业组织应注重引导国内工业机器人产业健康有序发展，避免"遍地开花"、一哄而上的局面出现。

短期来看，由于中国产业结构调整大方针不断被落实，工业机器人的安装量将保持一个稳定的增长，并借助其在汽车领域中的良好应用逐步拓展到其他行业。

随着"人工替代"时代的到来，发达国家纷纷将服务机器人产业列为国家的发展战略。我国也陆续出台相关政策，将服务机器人作为未来优先发展的战略技术，在政策的大力支持下，中国服务机器人产业快速扩张，截至 2015 年 12 月，全国范围内在建的机器人产业园共有 25 家；提出产业园建设规划、处于筹建中的有 7 家。长三角、珠三角及京津冀地区是机器人产业园集聚之地。江苏昆山、张家港、南京、常州及徐州正在建设机器人产业园。广东省有 4 家在建机器人产业园，其中 2 家位于深圳，顺德和东莞各有 1 家，而广州和中山两地则正在规划筹建机器人产业园。哈尔滨和青岛都将建设目标定为北方最大的产业机器人基地，抚顺则提出在 2030 年建成国内最大机器人产业基地的远景目标。

而企业正在携手国内外科研院所进军服务机器人产业，已经有超过 180 家企业面向家庭开发出了服务机器人产品。家庭机器人市场可能在国内率先爆发。由于我国服务机器人产业起步较晚，加之我国城乡居民消费能力不高，服务机器人在中国市场的渗透率较低，且多半集中于低端市场，与日本、美国等发达国家相比差距较大。正如国家副主席李源潮在 2016 年北京世界机器人大会所说，"受到国内宏观因素的驱动，机器人应用正在从工业领域向国防军事、医疗康复、助老助残、居家服务等领域迅速拓展，从未来趋势看，服务机器人将成为热点，产值有望在不到 5 年的时间内超过工业机器人，成为市值千万亿的蓝海。"

4.2 服务机器人

4.2.1 服务机器人概况

4.2.1.1 服务机器人产业发展历程

服务机器人是除工业机器人之外的、用于非制造业并服务于人类的各种先进机器人，主要包括个人/家用服务机器人和专业服务机器人。其中，个人/家用机器人主要包括：家庭作业机器人、娱乐休闲机器人、残障辅助机器人、住宅安全和监视机器人等；专业服务机器人主要包括：场地机器人、医用机器人、物流用途机器人、专业清洁机器人、检查和维护保养机器人、建筑机器人、水下机器人，以及国防、营救和安全应用机器人等。

服务机器人的发展经历了以下几个阶段。

① 萌芽阶段（20世纪90年代）：工业机器人之父恩格尔博尔创立TRC公司，研发出全球首个服务机器人——"护士助手"。

② 起步阶段（2000～2010年）：日本、韩国、法国等发达国家相继引入服务机器人技术，将对工业机器人的研究逐步扩展到服务机器人领域。

③ 爆发式增长阶段（2011年至今）：发达国家将服务机器人产业的发展上升到国家战略高度，给予了充分的政策和资金支持；发展中国家也逐渐进入服务机器人的研发、生产领域。

4.2.1.2 国内外产业现状

目前世界上至少有48个国家在发展机器人，其中25个国家已涉足服务型机器人开发。在日本、北美和欧洲，迄今已有7种类型计40余款服务型机器人进入实验和半商业化应用在服务机器人领域，发展处于前列的国家中，西方国家以美国、德国和法国为代表，亚洲以日本和韩国为代表。

美国政府对服务机器人的支持主要集中在对空间机器人、作战机器人、反恐机器人、医疗机器人等专用机器人关键技术的研究，并已成为服务机器人技术开发的先导，而在服务机器人的产品研制开发方面美国也起步较早，并已推出了部分有代表性的产品。

德国向来以严谨认真著称，其服务机器人的研究和应用方面在世界上处于公认的领先地位：其开发的机器人保姆Care-O-Bot3遍布全身的传感器、立体彩色照相机、激光扫描仪和三维立体摄像头，让它既能识别生活用品也能避免误伤主人；它还具有声控或手势控制有自我学习能力，还能听懂语音命令和看懂手势命令。

法国不仅在机器人拥有量上居于世界前列，而且在机器人应用水平和应用范围上处于世界先进水平。法国政府一开始就比较重视机器人技术，大力支持服务机器人研究计划，并且建立起一个完整的科学技术体系，特别是把重点放在开展机器人的应用研究上。

日本是机器人生产、研发和使用大国，一直以来将机器人作为一个战略产业，在发展技术和资金方面一直给予着大力支持。有报告指出日本在2006～2010年5年间为了攻克关键的服务机器人技术每年投入1000万美元用于研发服务机器人。本田、丰田、富士通、NEC、三菱重工、东芝、松下、三洋、日立等知名的大公司都在积极开发不同类型的服务机器人产品，其中部分产品已经开始投放市场。

韩国政府将智能机器人确定为21世纪推动国家经济增长的10大增长发动机产业之一，给予了充分的重视和较大强度的投入。由韩国商业、工业与能源部（MOCIE）启动的周期为10年的个人机器人基础技术开发计划的主要目的是为正在出现的服务机器人进行技术储备，并研制开发部分娱乐/教育机器人和家用机器人产品。

我国《国家中长期科学和技术发展规划纲要（2006—2020年）》把智能服务机器人列为未来15年重点发展的前沿技术，并于2012年制定了《服务机器人科技发展"十二五"专项规划》持行业发展。在政策的大力支持下，中国服务机器人产业快速扩张，已经有超过180家企业面向家庭开发出了服务机器人产品，家庭机器人市场可能在国内率先爆发。正如国家副主席李源潮在2016年北京世界机器人大会所说，"受到国内宏观因素的驱动，机器人应用正在从工业领域向国防军事、医疗康复、助老助残、居家服务等领域迅速拓展，从未来趋势看，服务机器人将成为热点，产值有望在不到 5 年的时间内超过工业机器人，成为市值千万亿的蓝海。"

服务机器人的在国内发展的阻力远远小于工业机器人。一方面是因为服务机器人是中国公司和国外公司差距较小的领域，由于服务机器人往往要针对特定市场进行开发，可以发挥中国本土公司与行业紧密结合的优势，从而在与国外竞争中占据优势地位；同时，国外服务机器人也属于新兴行业，目前比较大的服务机器人公司产业化历史也多在 5～10 年，大量公司仍处于前期研发阶段，这也在时间上客观给予中国公司缩小差距的机会，我国的服务机器人产业面临着比较大的机遇和可发展空间。另一方面是因为服务机器人更靠近消费端，市场空间非常广阔。在人口老龄化的加剧以及劳动力成本的急剧上升等刚性因素的驱动下，服务机器人产业将迎来大发展的春天。因此，服务机器人拥有更广阔也更早期的投资机会。当下，服务机器人的投资热度在持续上升。

目前，我国服务机器人领域的发展还存在诸多差距与不足，主要表现在以下几个方面。

（1）创新体系建设尚处于起步阶段

我国服务机器人在战略规划、研发平台、人才培养、标准制定、市场培育、国际合作、财税金融政策扶持等创新体系建设的许多环节上明显滞后，尚处于起步阶段。

（2）自主研发能力落后于世界先进水平

在前沿技术和关键技术方面，我国大多属于跟踪研究，缺乏创意理念和原创性成果；在集成技术方面，我国虽可实现原型样机集成，但在关键零部件与可靠性方面与国外相差 5～10 年；在设计制造技术方面，我国的产品设计、材料与工艺技术、系统集成水平与国外存在较大差距。

（3）产学研脱节现象较为严重

我国服务机器人的研究主要集中在高校和少数研究所，企业新型产品设计制造创新能力有限，产学研脱节现象较为严重。

（4）市场渗透率低

我国的服务机器人市场从 2005 年前后才开始初具规模，由于我国城乡居民消费能力不高，服务机器人在中国市场的渗透率较低，且多半集中于低端市场，与日本、美国等发达国家相比差距较大。

4.2.2　行业应用状况

4.2.2.1　行业结构分析

服务机器人是未来各国经济发展的有力支柱之一，国家不断提高对机器人产业的重视度，我国《国家中长期科学和技术发展规划纲要（2006—2020 年）》把智能服务机器人列为未来 15 年重点发展的前沿技术，并于 2012 年制定了《服务机器人科技发展"十二五"专项规划》支持行业发展。

因为服务一般都要结合特定市场进行开发，本土企业更容易结合特定的环境和文化进行开发占据良好的市场定位，从而保持一定的竞争优势；另一方面，外国的服务机器人公司也属于新兴产业，大部分成立的时候还比较短，因而我国的服务机器人产业面临着比较大的机遇和可发展空间。

目前，我国的家用服务机器人主要有吸尘器机器人，教育、娱乐、保安机器人，智能轮椅机器人，智能穿戴机器人，智能玩具机器人，同时还有一批为服务机器人提供核心控制器、传感器和驱动器功能部件的企业。

4.2.2.2 个人/家用机器人应用状况

（1）家庭作业机器人

随着现代服务业的通信技术的发展，家庭作业机器人成为了服务机器人的一个新的领域，具有巨大的市场前景。在中国，对此类机器人的研究起步较晚，至2005年年底国内某高校才研制出一种能看家护院、自动清扫、操持家务，智能相当于七八岁孩子的家庭作业机器人。目前，国内科沃斯成功将擦窗机器人、地面清洁机器人等家庭作业机器人市场化。2016年推出的UNIBOT不但可以帮助人们把地面清洁掉，还可以进行安防巡逻，可以做老人小孩的看护，对家用电器做全面的管理。再往下发展就是利用APP进行人机交互，比如几点到这个房间去，这是下一代技术要突破的。

（2）娱乐休闲机器人

娱乐休闲机器人主要应用于家庭教育及娱乐，国外的主要商家有日本软银、丹麦乐高、美国General Robotics等。国内的主要商家有上海未来伙伴机器人等。2014年，日本软银集团和法国Aldebaran Robotics联合推出了Pepper人形情感机器人。Pepper能知晓人的情感状态，能猜测人的心情并符合人的感受。乐高集团最新研制出一款EV3机器人，可通过蓝牙或者Wi-Fi与电脑连接进行编程，是一台可遥控、可编程的积木机器人。上海未来伙伴机器人于1998年在全球率先发布了一台教育机器人能力风暴（ABILIX），目前能力风暴已发布移动机器人M系列、积木机器人C系列、类人机器人H系列，服务应用于31个国家的一万多个学校用户。

（3）残障辅助机器人

残障辅助机器人是面向残疾人士以及日益增长的老年人康复需求的机器人技术产品，覆盖了众多领域，已经成为了国际机器人领域的一个热点。目前残障辅助机器人已经广泛地应用到了康复护理和治疗等方面，不仅促进了残障辅助机器人的发展，也带动了相关领域的新技术和新理论的发展。以"外骨骼机器人"为例，腰腿不好的残疾人借助一套精巧的智能装置，就能站起来，甚至可以行走。再如"智能假肢"，这些产品的广泛应用都能大大提高残疾人、老人的生活品质，价格也相差较大，但是随着国家政策的支持、人们需求的增加以及技术的不断进步，机器人会有一个很亲民的价格。

（4）住宅安全和监视机器人

由于我国老龄化不断加速，加上现在人工成本的不断提高，导致一些老人无人看管。近几年不断有报道称，小孩因为在家中无人看管，导致悲剧的发生。还有一些是因为家中电器漏电，或者插座起火等原因造成悲剧的发生。以上提及的这些危险问题都可以通过监控机器人进行防护。一个小小的机器人就能减少身边的危险，现在市场上越来越流行，据调查显示，2015年安防行业总值达到50000亿元，因此监视机器人市场广阔。监视机器人的应用范围也非常的广，不仅是家庭好帮手，同时监视机器人在工业、公司、网吧超市巡逻、看死角、动力、通信、电力环境监控、化工远程操作等场所都有广泛的应用。

4.2.2.3 专业服务机器人应用状况

（1）专业清洁机器人

专业清洁机器人在欧美日韩普及度比较高，在中国大陆最近几年也以每年倍增的速度在普及。据统计，我国两亿多个家庭其居室装饰总数已超过一亿五千万，平均每年还以8%的速度递增，清洁机器人以其优异的性能和无与伦比的清扫效果成为现代家庭的必备用品。目前的洁净机器人主要从事家庭卫生的清洁、清洗等工作。其具有扫地省时省力、噪声低、轻便小巧的特点。如今，越来越多的消费者正在使用清洁机器人产品，给人们的生活带来更大的便利。

（2）医用机器人

医用机器人是指用于医院、诊所的医疗或辅助医疗的机器人，是一种智能型服务机器人。医用机器人种类很多，按照用途不同，有临床医疗用机器人、护理机器人、医用教学机器人等。其中较为先进的有以下几种：游动摄像胶囊，此款机器人由微型螺旋桨驱动，设计用于检查人体消化系统；远程诊断，此款机器人与听诊器、耳镜和超声扫描仪相连接，以及相机和屏幕使患者和远方的医生都能看到对方；摄影机器人，在微创手术中，摄影机器人可以让外科医生运用头和脚来控制腹腔镜相机；以及吞服式机器人、结肠诊疗机器人、采血机器人等均有着重要的用途。

（3）物流用途机器人

在物流产业高速发展的今天，机器人技术的应用程度已经成为决定企业间相互竞争和未来发展的重要衡量因素。目前，机器人技术在物流中的应用主要集中在包装码垛、装卸搬运两个作业环节。在码垛作业方面的应用：码垛机器人能适应于纸箱、袋箱、罐装等各种形状的包装成品码垛作业，借助机器人技术实现了包装码垛作业的自动化，节约了成本。在装卸搬运方面的应用：装卸搬运是物流系统中最基本的功能之一，目前已被广泛应用到工厂内部工序间的搬运，制造系统和物流系统的自动搬运中。随着新型机器人技术的不断涌现，其他物流领域也出现了机器人的应用案例。

（4）社会服务机器人

社会服务机器人是指服务于特殊公共场合的机器人，如餐厅、营业厅等。由于其工作环境更加灵活多变、场景更加复杂，对机器智能方面的要求就更加苛刻。其中，餐饮机器人是目前相对成熟、应用较多的机器人。机器人运行成本低、管理便捷，渐渐成为一些餐饮企业的选择。国内有多家公司、科研院所在开发相关的产品，并已在市场得到了跟好的应用，可以用于酒店、餐厅、展览馆等公共场所。走在餐厅机器人领域前列的是新松公司，新松公司目前研发的智能送餐机器人不需要原有的轨道，而是在每个机器人头上有个激光装置，一直在高速旋转。场地四周高处有反光的感应器，靠这个装置，餐厅机器人可以定义自己所在的位置，定位的准确度可以精确到毫米，降低了使用的成本。

（5）救援机器人

救援机器人是为救援而采取先进科学技术研制的机器人，如地震救援机器人，它是一种专门用于大地震后在地下商场的废墟中寻找幸存者执行救援任务的机器人。这种机器人配备了彩色摄像机、热成像仪和通信系统。我国在"十一五"期间，已经将"废墟搜索与辅助救援机器人"项目列入国家863重点项目，由中科院沈阳自动化所机器人学国家重点实验室与中国地震应急搜救中心联合承担研制，并成功研制出"废墟可变形搜救机器人、机器人化生命探测仪、旋翼无人机"三款机器人。这三款机器人曾经被国家地震局评为"十一五"以来最具应用实效的10项科技成果之一。

（6）军用机器人

军事机器人是以完成预定的战术或战略任务为目标、以智能化信息处理技术和通信技术为核心的智能化武器装备。按照使用环境和军事用途来分类，军事机器人大分类：地面军用机器人、空中机器人、水下机器人和空间机器人。目前世界各国军用机器人已达上百种之多，主要应用于侦察、排雷、防化、进攻、防御以及保障等各个领域。军用机器人强国包括美德英法意以日韩，这些国家不仅在技术处于研究的前列，其产品已经在军事上有了实际运用。我国目前军用机器人基本没有完全自主的生产商，在军用机器人方面技术比较领先的是新松机器人自动化股份有限公司，目前，已定型八个军用机器人产品，列装两个。

4.2.3 产业重点企业分析

表 4-1 为国内服务机器人典型企业介绍。

表 4-1　国内服务机器人典型企业介绍

产业链环节	企业名称	主要产品	企业基本情况
个人/家用服务机器人	科沃斯电器有限公司	地面清洁机器人、自动擦窗机器人、空气净化机器人、机器人管家等	由 OEM/ODM 为主的出口代加工型企业逐步转型为拥有家庭服务机器人高端品牌"科沃斯"的高新技术企业。2014年销售额超过到 10 亿元人民币
	深圳市大疆创新科技有限公司	无人飞行器控制系统及无人机解决方案	"技术优势"加上"低成本批量生产"形成了大疆创新的核心竞争力。2014 年的无人机市场销售额达到 5 亿美元
	深圳市银星智能科技股份有限公司	智能吸尘器等	专注智能吸尘器行业。2014年实现营业收入 2.3 亿元
	深圳市优必选科技有限公司	家庭、娱乐和服务等智能机器人	中国首批从事人型、步态智能机器人开发的高科技企业，智能机器人全部是公司研发部门自主研发，支持产品横向及纵向的功能开发
专业领域服务机器人	沈阳新松机器人自动化股份有限公司	智能服务机器人、智能物流机器人(AGV)、军用机器人等	AGV 是新松最具市场竞争力的产品之一，代表国内移动机器人的发展方向
	浙江国自机器人技术有限公司	AGV、巡检机器人、机器视觉平台等	依托工业自动化国家工程研究中心、工业控制技术国家重点实验室和中控领先的自动化技术，工业机器人和服务机器人共同发展。2014 年实现营业收入 3152 万元，净利润 1057 万元
	重庆金山科技(集团)有限公司	诊断类医疗机器人、诊疗类医疗机器人及其辅助诊疗设备等	医疗机器人研发起步于 2000 年，2005 年 3 月 28 日 "OMOM胶囊内镜系统"(胶囊机器人)获得医疗器械注册证，成为我国首个取得医疗机器人产品注册证的产品
	北京天智航医疗科技股份有限公司	骨科机器人	全球第五家获得医疗机器人注册许可证的公司，制定了国内首个骨科机器人产品标准"骨科机器人导航定位系统"，并获得了我国第一个医疗机器人产品注册许可证
	天津深之蓝海洋设备科技有限公司	自主水下航行器、水下滑翔机以及缆控水下机器人等	致力于水下机器人的研发和生产，拥有水下有缆机器人的核心技术、知识产权和相关专利
	深圳市繁兴科技有限公司	烹饪机器人	致力于烹饪机器人以及配套标准配菜等系列产品的研发、生产以及销售，2011 年正式上市销售，已完成销售额近亿元，目前年产值达 6000 万元
	上海未来伙伴机器人有限公司	教育机器人、公共安全机器人等	全球第一家专业从事伙伴机器人业务的企业，在国内教育机器人领域具有优势。未来 5 年内公司计划累计投入 4.7 亿元用于教育机器人产品、特种机器人产品、家庭伙伴机器人产品的研发及产业化

4.2.3.1 科沃斯电器有限公司

（1）基本信息

苏州科沃斯机器人电子商务有限公司（以下简称科沃斯）成立于 1998 年 3 月，专业从事家庭服务机器人的研发、设计、制造和销售，旗下产品包括：地面清洁机器人地宝、自动擦窗机器人窗宝、移动空气净化机器人沁宝、机器人管家亲宝。

科沃斯始终致力于"让机器人服务全球家庭"的使命，让更多人能够乐享科技创新带来的智慧生活。在国内，科沃斯多渠道布局，线上有科沃斯官网、天猫、京东、唯品会、苏宁易购、亚马逊、1 号店及银行网上商城等销售平台；线下构建了覆盖全国主要大、中型城市的经销服务网络，目前已有东北、华北、西北、鲁豫、华东一、华东二、西南、华南 8 个销售大区，共计 600 多个门店。在国际上，科沃斯先后在德国、美国、日本建立了分公司，并成功开拓西班牙、瑞士、法国、加拿大、捷克、波兰、德国、伊朗、马来西亚等 60 多个国家和地区的市场。年营业额 20 亿元人民币以上。

（2）主要应用行业

科沃斯拥有到目前为止全球最完整的家庭服务机器人产品线，从地面到空间全方位为消费者打造智慧生活。科沃斯在室内空气净化方面有沁宝系列的移动空气净化机器人；在地面洁净方面有经典的地宝机器人，有定点、沿边、精扫、自动等多种工作模式可选；在窗户洁净方面则有国内首款自动擦窗机器人窗宝，可突破人工擦窗的种种局限，规避高处擦窗的危险；以及机器人管家亲宝，它集远程互动、智能外设管理、娱乐教育功能为一身，可实时视频语音互动、远程操控家用电器、实现远程烟尘报警功能。

（3）市场定位

科沃斯作为智慧生活的倡导者和家庭服务机器人的先行者，在业界享有很高的声誉。通过"技术专利化、专利标准化、标准国际化"的模式，科沃斯组织和引导企业加强技术标准的研究，促进自主创新与技术标准的融合，积极参与制定行业标准、国家标准和国际标准，抢占产业制高点。

2010 年，科沃斯作为中国机器人行业唯一代表加入了两个国际标准化组织：IEC TC59/SC59F/WG5（家庭清洁机器人）和 ISO TC184/SC2/WG8（服务机器人），并于当年 10 月获批成为 IEC TC59 WG16 国际机器人标准工作组组长单位。同时被国家标准化委员会委任为"家庭机器人标准化工作组组长"和"服务机器人工作组组长"，主导负责开展相关国际标准跟踪及国家标准的制定修订工作。

除了来自行业的认可，出色的市场表现也不断印证科沃斯的实力。据市场调查机构 GFK 中国分公司的调查统计，从 2007 年到 2013 年七年间，科沃斯在国内清洁机器人市场的占有率依次为 56.5%、64.2%、67.3%、66.2%、62.3%、55.9%、64.9%。

（4）战略走向

科沃斯正在打造机器人生态圈平台，未来将会形成机器人生态圈 O2O 通路，将消费者、科沃斯以及第三方资源互相连通，真正实现"以用户为中心"的核心理念，同时继续执行国际化战略，扩充海外市场及销售公司，通过"走出去、扎下根"的战略，把更多的"中国智造"销往全球的家庭。

4.2.3.2 深圳市大疆创新科技有限公司

（1）基本信息

深圳市大疆创新科技有限公司成立于 2006 年，是全球领先的无人飞行器控制系统及无人机解决方案的研发和生产商，客户遍布全球100多个国家。通过持续的创新，大疆致力于为无人机工业、行业用户以及专业航拍应用提供性能最强、体验最佳的革命性智能飞控产品和解决方案。

作为全球较为顶尖的无人机飞行平台和影像系统自主研发和制造商，大疆创新始终以领先的技术和尖端的产品为发展核心。从最早的商用飞行控制系统起步，逐步地研发推出了ACE系列直升机飞控系统、多旋翼飞控系统、筋斗云系列专业级飞行平台S1000、S900、多旋翼一体机Phantom、Ronin三轴手持云台系统等产品。不仅填补了国内外多项技术空白，并成为全球同行业中领军企业，DJI以"飞行影像系统"为核心发展方向，通过多层次的空中照相机方案，带给人类全新的飞行感官体验，使得飞行在普罗大众中皆能随心所欲。

大疆创新在全球消费级无人机市场占比第一，在世界无人机行业享有崇高的地位，多款遥控四旋翼旋桨无人机已经成为无人机市场的热门产品，深受电影业者、新闻媒体和普通消费者的欢迎。

（2）主要应用行业

大疆创新的领先技术和产品已被广泛应用到航拍、遥感测绘、森林防火、电力巡线、搜索及救援、影视广告等工业及商业用途，同时也成为全球众多航模航拍爱好者的最佳选择。大疆创新将结合自身的积累和优势，不断开发创新技术，为用户设计和创造更多更卓越的产品和服务。

大疆的产品系列主要有Phantom系列、大疆悟系列、筋斗云系列、风火轮系列等。大疆创新在2013年推出了一款经典的Phantom四旋翼飞行器。2014年大疆创新又研发出的航拍机新产品Inspire1（大疆悟），因此占据全球小型无人机约50%的市场份额。2015年，大疆创新继续抢占市场份额，推出入门级新飞手的"大疆精灵3标准版"（DJI Phantom 3 Standard）航拍无人机。同年，进军农业无人机市场，推出一款智能农业喷洒防治无人机——大疆MG-1农业植保机。2016年，大疆创新宣布推出新一代消费级航拍无人机——大疆精灵Phantom 4，继续巩固行业领军地位。

（3）市场定位

大疆致力于为无人机工业、行业用户以及专业航拍应用提供性能最强、体验最佳的革命性智能飞控产品和解决方案。目前，已占据了全球商用无人机市场近70%的份额，以及消费者市场的很大一部分份额。

（4）战略走向

大疆创新始终坚持创新和原创的理念，并且对产品的研发规划十分超前和严苛，坚持做到每推出的一款新产品都具有比市场上同类型产品更强大、更稳定的性能，并且在实现技术和产品质量领先的同时，在产品推广和企业文化输出方面也保持了其创新、超前的理念。

4.2.3.3 沈阳新松机器人自动化股份有限公司

（1）基本信息

详见4.1.3.1。

（2）主要应用行业

新松迎宾展示机器人是新松公司自主研发的一款多功能智能服务机器人，它具有自主行走、避让、信息发布、才艺表演、讲解、引领等功能，用户可以通过触摸屏、语音、遥控器等多种方式与机器人交流，智能展示机器人可以广泛应用于政府办事大厅、展馆、餐厅酒店等公共场所。目前已在科技馆、证监会、银行等地方正式投入使用，这也敲开了中国机器人企业进民用机器人市场的大门。

新松送餐智能机器人是新松公司研发的一款专门针对餐厅送餐的智能服务机器人产品。该产品具有智能送餐、自动充电、智能语音、地图建立、路径规划等实用功能，能够代替或者部分代替餐厅服务员繁重重复的送餐工作，为餐厅运营节约人力成本，解放劳动力。该机器人对于提升餐厅的品牌形象和高科技服务体验有巨大的应用价值，在人力成本越来越高的今天，该机器人具有广阔的市场前景和销售潜力。

讲解引领机器人具有自主导航、信息发布、人体检测、语音对话等功能，用户可以通过触摸屏、语音、遥控器等方式与机器人进行人机交互。机器人可以胜任迎宾导览、信息查询、引领、讲解等各种任务，可以广泛应用于政府办事大厅、大型商场、科技展馆、博物馆、以智慧为主题的各种公共场所。

（3）市场定位

国内机器人行业的领头羊新松也在服务机器人有所建树。新松公司智能服务机器人的大脑即是控制系统，该系统由新松公司自主研发，系统应用功能完全采用拟人方式设计，拥有功能实用性强、运动精度高、人工干预率低、操作便捷等优势。

新松公司智能服务机器人的控制系统由新松公司研究院历经多年研发设计，从早期的第一代控制系统仅有的人机交互功能，衍生到目前第三代涵盖了语音交互、智能控制、视觉识别等功能为一体的智能化服务机器人产品。目前，新松公司智能服务机器人已具备自主运动、信息发布、安全监控、才艺表演等功能，用户可以通过触摸屏、语音、遥控器、远程网络等渠道与机器人进行人机交互。

与以往智能服务机器人有所差别，新松公司第三代智能服务机器人肢体关节灵活的运动特性基于新进研发的智能服务机器人运动控制系统，同时，为进一步满足机器人肢体运动灵活，在本体关节设计上又有很大突破。

（4）战略走向

随着物联网、大数据平台等信息技术的不断完善，新松公司也将创新技术融入到机器人产品中来，为更好地完善智能服务机器人功能，基于多信息技术平台打造的多机器人调度系统、远程控制系统也已问世。多机器人调度系统意在解决多机器人在同一区域内工作时，可能发生的冲突、拥堵等现象，对区域内机器人进行同一协调、调度，可以与餐厅点餐系统结合，打造完全自主的机器人餐厅。机器人远程监控系统是实现高度模块化监控系统产品，系统能够实现针对机器人的状态进行监控，采集报警信息，统计机器人运行数据，进行大数据分析。在此数据基础上能够得到机器人运行数据模型，从而实现对故障进行预判，降低机器人维护成本。

4.2.3.4 浙江国自机器人技术有限公司

（1）基本信息

浙江国自机器人技术有限公司专注于移动机器人的开发和推广，集科研开发、生产制造、市场营销及工程服务为一体，致力于为市场提供一流的具有国际竞争力的机器人技术、产品和解决方案，业务已覆盖智能移动机器人、智能制造等领域。公司产品广泛应用于电力、汽车、橡胶轮胎、物流、煤炭、铁路等行业，拥有国家电网、南网、巨星、杭叉、娃哈哈、中策等高端客户。

公司依托工业自动化国家工程研究中心、工业控制技术国家重点实验室和浙江大学智能系统与控制研究所，秉承中控集团永远创业、不断创新的精神，致力于成为一家集科研开发、生产制造、市场营销及工程服务为一体的机器人整体解决方案供应商，为市场提供一流的具有国际竞争力的机器人技术、产品和解决方案，业务覆盖与机器人相关的工业、公用事业、教育等领域。

（2）主要应用行业

国自机器人拥有与机器人相关的核心技术体系，并在此基础上构建了领先的工业机器人产品线和服务机器人产品，广泛应用于工业自动化领域和公用事业领域。其中，智能巡检机器人已达到全国最先进水平并成为国家电网的主要供应商。除了智能巡检机器人外，国自自动导引机器人已广泛应用于工业制造领域，在此基础上设计的智能物流系统也已推向市场，帮助生产企业实现生产设备的集群调度。

4.2.3.5 深圳市银星智能科技股份有限公司

（1）基本信息

深圳市银星智能科技股份有限公司由深圳市银星智能电器有限公司于 2011 年 10 月依法整体变更设立，是国家级高新技术企业。公司致力于家庭服务机器人产品的研发、生产和销售。公司与中国科学院、北京大学等各科研院所进行合作，在服务机器人共性技术开发、博士后人才培养等方面强强联合，取得良好的经济和社会效益。公司由最初的10 余人发展到现在的 800 余人，销售规模由 2005 年成立最初的 500 万元增长到如今的2.8 亿元。

（2）主要应用行业

公司自主研发的清洁机器人和服务机器人等产品，拥有多项国内国际发明专利，产品技术属于国际先进，国内领先水平。多年来，公司致力于推广银星智能自主品牌，银星智能清洁机器人产品在国内外市场深受欢迎，并受到国家领导人的高度赞评。

4.2.4 新产品的研发、投产情况

4.2.4.1 沈阳新松机器人自动化股份有限公司

（1）送餐机器人

新松送餐服务机器人具有自动送餐、自主充电、自主导航、避让等实用功能，能够代替或者部分代替餐厅服务员为顾客服务，能够减少服务人员数量，提升餐厅的品牌形象，具有较高的经济价值。

产品特点：①外观前卫时尚，极大提升餐厅的高科技形象，制造品牌效应，吸引更多客户；②减轻餐厅服务员劳动强度，增大餐厅非就餐高峰期客流量，合理调配餐厅资源；③记忆餐厅环境，学习送餐路径，具有极强的环境适应性，无需导航条，不破坏环境和谐性，特别适合高档餐厅、售楼处、高级会客室使用。

（2）银行助理机器人

银行助理机器人人机交互性更强大更智能，外观设计更美观更可爱，机器人具备自主充电、自主行走、自主避让等功能。机器人可应用在银行大堂，具备前视觉识别、后视觉领路功能，从而胜任迎宾导引工作。机器人能够完成协助客人排队等候、进行场所主题宣讲、产品广告宣传等工作。银行助理机器人内部集成磁条刷卡器、无线通信控制器和打印机，实现机器人刷卡出票功能，目前该款机器人广泛应用于华夏银行的总行和各个支行。

产品特点：①外观前沿时尚，可以提升企业品牌形象，是企业智能化与高科技的完美代言人；②采用国际领先的基于 SLAM 的定位导航算法，不需要在地面贴导航条和破换环境的和谐性，实现机器人自主行走、自主避让、智能化行走；③可以适应各种环境，代替人工进行重复的接待、引领、讲解工作，既解放人力资源，又为客人提供尊贵的服务感受。

（3）迎宾展示机器人

产品特点：①造型美观灵动，提升场馆科技形象，增强宣传效果，吸引更多客户；②学习能力强，广泛应用于办事大厅、展馆、餐厅酒店、科技馆、证监会、银行等公共场所，可根据不同场所的相应需求植入不同的知识库。

动作功能强大，多自由度的手臂、头部及行走动作灵活组合，可以展现点头、招手甚至跳舞等高难度动作，迎宾接待观赏性极佳。

（4）讲解机器人

产品特点：①造型精巧可爱，吸引客户，宣传能力强，可进行店面介绍、分发宣传单等工作；②特别适用于餐厅、商场、银行大厅、售楼处、政府办事大厅等场所，例如，在餐厅内可引领顾客到指定餐桌，如果当前餐厅餐位已满，引领机器人引领顾客到候餐去候餐，当有空位时，引领满足条件的客人到指定餐桌就餐；例如，在商场内当有客人需要导购服务时，机器人通过屏幕显示商场平面图，客人通过点击屏幕选择目的地进行导引，到达目的地之后，导购引领机器人返回等候区等待下次任务。

4.2.4.2 深圳市大疆创新科技有限公司

（1）大疆 MG-1

大疆 MG-1 配备精度高达厘米级的调频连续波雷达和先进的飞控系统，作业过程中实时扫描植物表面的高低起伏，自动保持与农作间的距离，确保均匀喷洒。用户可根据不同地形条件选择智能、辅助及手动三种作业模式，无需事先绘测农田，在飞行期间直接规划路线即可进行自动喷洒。

大疆 MG-1 的电机下方搭载 4 个喷头，旋翼产生的下行气流作用于雾化药剂，让药剂到达植物靠近土壤部分以及茎叶背面，喷洒穿透力强。此外，采用压力式喷洒系统，可根据不同药剂更换喷嘴，灵活调整流量和雾化效果。

（2）精灵 4

新功能"障碍感知、智能跟随、指点飞行"，当障碍感知系统开启时，内置的前方传感器将不断扫描行进前方空间，一旦发现障碍物，精灵 4 会逐渐减速直至悬停，等待用户选择新的前进方向。此外，当"智能跟随"或"指点飞行"功能启动时，障碍感知系统也会随之激活，精灵 4 将自主选择兼顾安全性及飞行效率的路线来绕过障碍，保证自动行驶状态下的安全飞行。

用户只需在 iOS 和安卓系统的 DJI GO 应用程序中选择"智能跟随"模式并点击被跟随目标，精灵 4 便会在视野中自动扫描该对象，并在当前高度上开始跟随，如果被跟随目标的运动方向和速度发生改变，精灵 4 也会调整速度、保持相对距离不变，如果被跟随目标的形状发生改变，主相机也能自动将目标保持在画幅中心位置。面对竞争越来越激烈的市场环境，智能跟随功能也算是大疆对自身产品的一种功能补充。

在"指点飞行"模式中，用户只需在 DJI GO 应用程序中选择飞行方向，精灵 4 将计算出其他可通行的路线，避开沿途障碍，自动飞向指令的方向。在飞行时，用户可不断指点新方向，精灵 4 会流畅实现自动转向，实现"指点遥控，即指即飞"。

4.2.4.3　科沃斯电器有限公司

（1）科沃斯地宝（EcovacsDeebot）

一款集自动清洁和人性智能于一体的地面清洁机器人，全程无需人工插手，清扫抛拖一步到位，还有定点、沿边、精扫、自动四种工作模式可选，彻底解放双手。现已面市的有 5系、6 系、7 系以及 9 系等多款产品。地宝主要适合硬地面工作，如地板、地砖、短毛地毯、瓷砖等硬质地板。

（2）科沃斯沁宝（EcovacsAtmobot）

一款能满足多房间空气净化的机器人，可依据预设路线进行巡航，快速实现全屋无梯度净化。沁宝具有 8 重智能感应，能根据环境变化调整工作模式。通过手机 App，用户能远程遥控净化过程，体验完美的智能净化服务，目前沁宝产品主要有 6 系和 5 系两个系列。

（3）科沃斯窗宝（EcovacsWinbot）

擦窗机器人是科沃斯开辟的新品类，实现自动擦窗功能，不受玻璃厚度限制，可达自重10 倍以上的吸附力。它突破了传统人工擦窗的种种局限，规避高处擦窗的危险，轻松解决大面积或高层窗户的日常擦拭难题。目前，窗宝有 9、8、7 三个系列的产品。

4.2.4.4　深圳市银星智能科技股份有限公司

（1）拥有多媒体功能的机器 C9

此款机器人可通过手机或电脑端远程控制，实现家居环境的实时监测，选择性重点清洁。并且在弱光环境中仍能正常工作，便于清洁阴暗角落及家具缝隙中小物件找寻。还可通过局域和远程等传输方式，实现移动监控和视频交互的功能。吸尘器可以创建局域网，与客户端连接后远程监控和操作。

（2）清洁服务机器人

① F1 型清洁服务机器人可通过 7 键式无线遥控器操作，具有自动回充、自动清扫、自动休眠、智能避障、智能防跌落、预约清扫等基本功能。它的风机系统采用轴流式风机设计，提升吸力的同时机械噪声创行业新低。此外还配备了 USB 接口，让机器软件升级更方便。

② G1 型清洁服务机器人具备自动充电、自动导航、自动回充、智能防跌落的功能，并有较强的工作功率和清洁效率。

③ E1 型清洁服务机器人为公司推出的超薄机型，该机器具有自动清扫、超强吸尘、多种保护功能的特点。

4.2.4.5　深圳市优必选科技有限公司

ALPHA2 家庭娱乐型人形机器人提供强大的云服务、开放接口和应用平台，可满足用户更多需求。具有智能语音系统，可实现语音聊天、同声传译、语音搜索、语音复述、语音指令等功能。

Alpha 1S 家庭娱乐型人形机器人是一款适用于教育和娱乐领域的可编程的家庭人形机器人。它拥有控制精度十分强大的伺服舵机系统，兼具 PC 端 3D 可视化动作编程功能和移动端回读功能，可通过 Alpha 1S App 进行操控。

4.2.5 产业政策要求与发展预测

4.2.5.1 产业政策要求

目前，服务机器人作为高端技术的集成平台，不仅在自身产品应用方面，还在技术储备与扩散方面都发挥着重要的作用，对于提高我国机械装备与自动控制领域的整体技术水平，提高对公共事务、人民生活服务质量具有重要的战略意义。

我国服务机器人产业要以《国家中长期科技发展规划纲要（2006—2020年）》为指导，贯彻落实我国国民经济和社会发展"十三五"规划纲要，始终围绕国家安全、民生科技和科技引领发展的重大需求，把服务机器人产业培育成我国未来战略性新兴产业。将重点围绕"一个目标，三项突破，四大任务"进行部署。一个目标是指培育发展服务机器人新兴产业，促进智能制造装备技术发展；三项突破是指突破工艺技术、核心部件技术和通用集成平台技术；四大任务是指重点发展公共安全机器人、医疗康复机器人、仿生机器人平台和模块化核心部件等。

发展服务机器人产业要坚持以下基本原则：

① 需求牵引，突出重点：面向国家安全和产业发展，加强公共安全机器人的发展；

② 攻克关键，支撑产业：面向机器人产业可持续发展，在机器人模块化平台和核心部件方向增加研发力量；

③ 超前部署，引领发展：瞄准机器人技术前沿，在仿生机器人和医疗康复机器人方向提高重视。

4.2.5.2 技术发展预测

在世界范围内，世界各国纷纷将突破服务机器人技术、发展服务机器人产业摆在本国科技发展的重要战略地位。随着信息网络、传感器、智能控制、仿生材料等高新技术的发展，以及机电工程与生物医学工程等的交叉融合，使得服务机器人技术发展趋势有以下几个方面：

① 服务机器人环境适应性不断提高。通过融合更多传感器信息，提升服务机器人适应更复杂、多变的非结构化环境的能力；

② 仿生性能不断增强。针对特定场合和特殊需求，如侦查、管道检测等，要求机器人具备更接近生命体特征的性能；

③ 智能化程度不断提升。人工智能、互联网、大数据及新一代信息技术的综合应用，有助于服务机器人的智能化能力的提升；

④ 柔性运动能力及自然交互能力不断提升。类人机构设计、仿生驱动与材料的应用有助于人机交互能力的提高，并提升舒适感；

⑤ 部件模块化及系统集成化不断加强；

⑥ 人机交互的增强，对服务机器人安全性提出了更高的要求。

4.2.5.3 行业发展预测

（1）发展目标

我国服务机器人行业要以国家安全、民生科技与技术引领等重大需求为牵引，开展高端仿生科技引领平台前沿技术研究，攻克机器人标准化、模块化核心部件关键技术，研发公共安全机器人、医疗康复机器人以及仿人机器人等典型产品和系统，推进区域经济产业应用试点，形成国际化高水平研发人才基地，建设自主技术创新体系，培育服务机器人新兴产业。

服务机器人行业将突破重点技术方向的重要基础理论和核心关键技术，实现仿人、四足高端仿生平台系统集成，引领服务机器人技术发展方向；建设由国际标准、国家标准、行业标准组成的服务机器人标准体系；扩大公共安全机器人在城市和国家重大安全工程中进行示范应用，推广模块化核心部件在国产工业、服务机器人产品上的应用；建立产学研用结合的服务机器人技术研发基地与孵化平台，培养与吸引国际一流水平领军人才。

（2）发展趋势

与工业机器人应用领域不同，服务机器人应用范围广泛，可从事运输、清洗、维修保养、安保与监护等工作，但不应用在工业生产领域。除此之外，服务机器人需要与人进行有效互动，因而比工业机器人更加智能，需要更高的技术解决方案。尤其在互联网的快速冲击下，智能机器人兴起，服务机器人需要有视觉、嗅觉、触觉与听觉，以及自动识别、语音识别等能力，技术要求进一步提高。机器人也变得越来越聪明，它们能做的事情也越来越多。服务型机器人面对的主体是人类个体，应用场景在生活里的方方面面，机器人变得越来越亲民。因此随着技术手段的发展，越来越多的行为与工作可以由机器人替代恐怕是不可阻挡的大势。

我国服务机器人发展同样落后于工业机器人，不过在国家863计划支持下，服务机器人产业研究已经取得了一定成绩，诞生了一些服务机器人产品，如迎宾机器人、清扫机器人、导游机器人、智能轮椅等。未来在国内劳动力成本上涨、老龄化趋势增强与劳动力人口短缺三重压力下，服务机器人将有更大的发展空间，胜任接待员、销售员、调酒师、厨师、医生助手与警察助手等工作。

4.2.5.4 产业预测

服务机器人领域各类热门产品不断涌现。特种作业机器人的热门产品主要有：极限作业机器人、反恐防暴机器人、应急救援机器人、侦察机器人、作战机器人以及战场运输机器人等；医疗康复机器人的热门产品主要有：微创外科手术机器人、血管介入机器人、肢体康复机器人、人工耳蜗、智能假肢等；家政服务与教育娱乐机器人的热门产品主要有：清洁机器人、教育娱乐机器人、信息服务机器人等。我国的服务机器人产品也崭露头角。我国已初步形成了水下自主机器人、消防机器人、搜救/排爆机器人、仿人机器人、医疗机器人、机器人护理床和智能轮椅、烹饪机器人等系列产品，显示出一定的市场前景。

基于服务机器人高技术标准的特点，目前，全球范围内，服务机器人市场规模仅仅约为工业机器人市场的一半。截至2014年，全球服务机器人数量为2500万台套，市场规模达280亿美元，其中，以家庭个人服务机器人与特殊环境服务的专用机器人占据主要地位。不过，近年服务机器人市场增长动力十足，为其赶超工业机器人发展提供了可能。数据显示，2003～2013年全球工业机器人销售额复合增速为9.5%，而服务机器人复合增速达到23.6%。预计至2017年，服务机器人产值有望超过工业机器人，达500亿～700亿美元。

第 2 部分

行业应用

第 5 章

石油化工

5.1 石油化工行业发展概况

5.1.1 行业运行情况

2016 年，我国石油和化工行业运行总体表现为市场供需状况基本稳定，价格持续回升，效益稳中有升。据国家统计局数据显示，截至 2016 年 12 月，在国内经济平稳运行下，化工市场保持稳定的增长趋势，主要产品产量实现增长。据中国石油 2017 年工作会议发布的生产经营报告显示，中国石油 2016 年实现全年国内外生产油气 2.6 亿吨当量，加工原油 1.92 亿吨，销售成品油 1.72 亿吨、天然气 1390 亿立方米，保持了公司生产经营平稳受控运行，实现了"十三五"良好开局。

5.1.1.1 生产情况

（1）油气产品生产情况

据国家统计局数据分析，原油产量降幅继续收窄。2016 年 12 月份，原油产量 1677.2 万吨，同比下降 7.7%，降幅比 11 月份收窄 1.3 个百分点；1～12 月份，原油产量 2.0 亿吨，同比下降 6.9%，主要是受国际油价持续低位窄幅震荡影响，原油生产企业计划性减产情况明显。原油加工量平稳增长，12 月份增长 3.7%，日均加工量 154.3 万吨，较 11 月份增长 1.1%，主要成品油中，汽油、煤油、柴油产量同比分别增长 5.6%、1.2% 和 0.9%；1～12 月份，原油加工量同比增长 2.8%。天然气产量保持增长，天然气生产企业按照行业主管部门做好天然气迎峰度冬工作的要求，积极落实增产计划，12 月份产量 133.1 亿立方米，同比增长 1.7%，日均产量较 11 月份增长 4.3%；1～12 月份，天然气产量 1368.3 亿立方米，同比增长 2.2%。

（2）化工产品的生产情况

在化学原料方面，截至 2016 年 12 月，乙烯累计产量为 1781.1 万吨，同比下降 1.0%，增速较 2016 年 1～11 月回落 0.5 个百分点，较上年同期提高 2.3 个百分点。硫酸累计产量为 8889.1 万吨，同比增长 3.8%，增幅较 2016 年 1～11 月扩大 4 个百分点，而上年同期为同比下降 0.5%；烧碱累计产量为 3283.9 万吨，同比增长 8.8%，增速较 2016 年 1～11 月扩大 1.2 个百分点，而上年同期为同比下降 1.4%；纯碱累计产量为 2588.3 万吨，同比增长 2.6%，增速较 2016 年 1～11 月扩大 0.3 个百分点，比上年同期增幅回落 0.5 个百分点。

在合成材料方面，截至 2016 年 12 月，合成橡胶产品累计产量为 545.8 万吨，同比增长 8.9%，增速较 2016 年 1～11 月提高 0.4 个百分点，而上年同期为同比下降 3.3%。塑料制品累计产量为 7717.2 万吨，同比增长 2.7%，增速较 2016 年 1～12 月回落 1.2 个百分点，较上年同期扩大 1.7 个百分点。

在农用化工产品方面，截至 2016 年 12 月，化肥产品与农药产品累计产量基本实现稳定增长。2016 年 1～12 月，化肥累计产量 7004.9 万吨，同比下降 4.8%，增速较 2016 年 1～11 月回落 2.4 个百分点；农药累计产量为 377.8 万吨，同比增长 0.7%，增速较 2016 年 1～11 月回落 1.2 个百分点，较上年同期回落 1.6 个百分点。

5.1.1.2 石油化工行业需求情况

（1）石油行业的需求情况

2016 年，国内经济增速放缓，需求趋向减弱，由于中国国内经济结构转型，原油需求量增速下滑。中国原油需求主要由 LPG 需求量及交通运输需要的汽油和煤油增长拉动，而由于工业产出相对于 2015 年同期放缓，柴油需求持续下降。2016 年上半年中国原油需求量仅增长 2.32%，汽油消费量增长 13.7%，柴油下降 3.1%。

随着中国城镇化和工业化进程的不断推进，中国经济进入"新常态"，重化工业的发展放缓，经济结构调整，原油需求量增长或将继续下滑。据预测，中国原油需求增长率在 2020～2030 年间将降至 1% 左右。

（2）化工行业的需求情况

新型城镇化和消费升级拉动大宗化工产品需求持续增长，另外，经济转型升级使高端化工产品需求比大宗产品更快增长。一方面，目前我国人均 GDP 已经超过 7000 美元，大部分居民消费习惯已经超越"温饱型"达到"发展型"，部分发达地区居民则已达到"中等发达型"。在这种情况下，居民对产品质量、环境质量、生活质量的要求越来越高，普遍要求更清洁的能源、性能更好的材料、更舒适的穿着、更安全的化学品、更高效的肥料和低残留农药。绿色、安全、高性价比的高端化工产品将是未来的重点开发方向。

"一带一路"是我国石化产业未来十年构建开放性经济新体制的最重要的战略导向和最大的政策机遇，必将带动我国石化企业的海外战略实现新的腾飞。"一带一路"沿线国家的总人口和 GDP 分别占全球的 62.5% 和 28.6%，且沿线地区如中亚、东盟、印度等多是经济增长较快的新兴市场，对石化化工产品的需求量持续快速增长，将为我国化工产品出口创造新的空间。

5.1.1.3 经济运行情况分析

（1）石化工业技术水平明显提升

在引进、消化、吸收国外先进技术的基础上，不断加大科技投入，强化科技创新，积极组织技术攻关和开发。目前我国已拥有一批具有自主知识产权的石化核心技术和专有技术，部分自有技术已出口到国外，已具备依靠自有技术建设千万吨炼油、百万吨级乙烯、百万吨级芳烃以及部分下游衍生物生产装置的能力，装置大型化趋势明显；先进煤气化技术取得重大突破，尿素、硫酸等化工主体生产技术水平显著提高。

（2）节能降耗继续取得进展

依靠自主开发的先进新技术，对现有装置进行大规模技术改造，促进装置规模大型化，同时淘汰落后工艺技术和生产能力，使企业能耗物耗、节能减排等主要技术经济指标明显改善，推动了产业优化升级。2016 年上半年，化学工业在主要化学品总量增长 4.0%、主营收入增长 3.7% 的情况下，总能耗同比仅增长 3.2%，增速比去年同期回落 1.0 个百分点。化学工业万元收入耗标煤同比下降 0.6%。

（3）效益分化较大

自 2016 年以来，炼油业效益得益于低油价成本，利润创历史同期最好水平，上半年同比增长 1.8 倍；化工行业利润整体上呈现恢复性增长，增速近 14%。但是，油气开采和部分过剩行业利润持续亏损或下降。上半年，石油和天然气开采业亏损额不断扩大，累计逾400 亿元；化肥制造业利润持续大幅下降。此外，无机酸、染料制造等行业利润也是持续下降。情况表明，目前全行业整体效益向好的基础仍很脆弱，经济下行压力还很大。

（4）进出口压力增大

海关数据显示，2016 年上半年行业进出口压力不断增大。一方面进出口总额持续下降，尤其是出口额连续 16 个月下降，而且降幅比去年同期扩大 4.6 个百分点；另一方面一些大宗产品进口激增，对国内市场造成较大冲击。2016 年上半年，原油进口 1.86 亿吨，同比增长 14.2%；成品油进口 1547 万吨，同比下降 2%；天然气进口 2683 万吨，同比增长22.7%。有机化学原料进口量达到 2894.3 万吨，增幅 30.9%。上半年合成橡胶进口也现高速增长态势，增幅高达 82.7%。

5.1.2 投资情况

2016 年 1～10 月，我国固定资产投资增速保持个位数增长，其中油气开采业、化学原料及化学制品制造业投资为负增长，石油加工业投资保持正增长。

国家统计局数据显示，2016 年 1～10 月，油气开采业投资额 1670.8 亿元，同比下降34.7%，降幅较 1～9 月扩大 2.7 个百分点，而上年同期为同比增长 1.7%；石油加工、炼焦及核燃料加工业投资额 2201.4 亿元，同比增长 6.0%，增速较 1～9 月提高 1.9 个百分点，而上年同期为同比下降 22.9%；化学原料及化学制品制造业投资额 12076.3 亿元，同比下降 3.3%，降幅较 1～9 月收窄 0.9 个百分点，而上年同期为同比增长 4.8%。

从投资结构上看，油气开采业、石油加工、炼焦及核燃料加工业及化学原料及化学制品制造业这三大行业占石化行业整体投资额的比重分别为 10.0%、14.0% 和 76.0%；占全国固定资产投资的比重分别为 0.3%、0.5% 和 2.5%。见表 5-1。

表 5-1　2016 年 1～10 月我国石油和化工主要子行业固定资产投资

项目	石油和天然气开采业	石油加工、炼焦及核燃料加工业	化学原料及化学品制造业	石油和化工行业累计
自年初累计实际完成/亿元	1670.8	2201.4	12076.3	15948.6
同比增长/%	−34.7	6	−3.3	−6.8
占全国比重/%	0.4	0.5	2.5	3.3

2016 年的投资情况在中国石油天然气股份有限公司（简称：中国石油）和中国石油化工股份有限公司（简称：中国石化）两家公司 2016 年相关财报中得到了具体体现。

据中国石油 2016 年半年报显示，因集团大力控制投资成本，持续优化投资结构，合理调整项目建设节奏，资本性支出为人民币 508.67 亿，比 2015 年上半年的人民币 616.53 亿元降低 17.5%，继续保持自 2013 年以来资本性支出同比大幅下降的趋势。其中勘探与生产板块资本性支出 395.5 亿，比上年同期减少 17.6%；炼油与化工板块的资本性支出为人民币 35.66 亿元，比上年同期减少 29.5%；天然气与管道板块的资本性支出为人民币 45.18

亿元，比上年同期减少 32.9%。

　　另据中国石化 2016 年第三季度财报显示，为应对外部经营形势变化，紧紧围绕提高发展质量和效益，完善投资决策机制，强化投资回报管理。前三季度资本支出人民币 249.69 亿元，同比减少投资人民币 130.96 亿元。其中勘探及开发板块资本支出人民币 92.06 亿元，主要用于涪陵页岩气产能建设，推进广西、天津 LNG 项目和济青二线等天然气管道建设以及境外项目建设等；炼油板块资本支出人民币 49.95 亿元，主要用于汽柴油质量升级、炼油结构调整及挖潜增效改造项目建设；营销及分销板块资本支出人民币 59.83 亿元，主要用于加油（气）站挖潜改造、成品油管网、油库设施建设，以及安全隐患等专项治理；化工板块资本支出人民币 39.67 亿元，主要用于装置原料和产品结构调整及煤化工项目建设；总部及其他资本支出人民币 8.18 亿元，主要用于科研装置及信息化项目建设。

5.2 石油化工行业自动化应用情况

5.2.1 基础自动化

5.2.1.1 油气开采

　　当前，国内各大油田开采企业面临着国际油价持续低迷，油气开采难度日益加大的内外压力。目前国内 90% 以上的油井使用的是抽油机，其中不少油井是低产油井。在缺少连续测量手段的条件下，为了确保产量，存在大量低效工作的情况。在采油成本居高不下的情况下，如何确保产量的同时提高生产效率，对于油田企业极其重要。面对油气开采现场地处偏僻、作业环境极端恶劣、交通条件较差的客观情况，准确掌握前端油气生产的实时情况相对困难，而这对于确保可持续稳定的高效生产是至关重要的。中国石油早在"十二五"规划中就已提出构建油气生产物联网的总体要求，以实现生产现场数据的自动采集、远程传输和生产运行的实时监控，大幅提高生产效率为目标，综合提升市场竞争力。

　　（1）中石油集团油气生产物联网系统（A11）

　　油气生产物联网系统（A11）是中国石油"十二五"信息技术总体规划中确定的重要项目之一。2012 年，中国石油信息化工作会议将 A11 系统建设作为集团公司三大标志性工程之一，为生产经营平稳、较快增长和发展方式的转变提供有力支撑。

　　建设油气田物联网生产管理系统，实现单井、计量间、集输站、联合站、处理厂等现场生产数据的自动采集、生产运行的自动监控，将现场生产管理由传统的人工巡检，转变为电子巡井；将前方分散、多级的管控方式，转变为后方生产指挥中心的集中管控；优化一线员工布局，减少人员派遣和前线基地的运行成本。A11 项目范围涉及中石油所属各油气田公司，主要建设以下几方面内容。

　　一是数据自动采集系统。包括单井数据采集系统和中转站、联合站、集输站、处理站等数据采集系统。通过在井场和站库布设传感器、变送器、自动化仪表、视频摄像头等装置，实时采集油气水井和生产站库的电机电流、电压，抽油井口温度、压力、流量、位移载荷、液位等参数和工业音频、视频等数据。

　　二是数据传输网络系统。包括数传电台、无线网、光纤、移动通信、卫星等通信设施。根据油气田井站所处的地理地形、天气状况，采用不同的通信传输方式和网络技术把采集到的压力、温度、流量、液位等数据实时传输到工业控制中心。

三是生产管理系统。包括数据管理、展示与协同工作等系统。对井站、功图、视频等采集的数据实施管理，实现实时型数据到关系型数据的整合，进而实现油水井工况、油水井动态、视频监测、综合展示、协同工作等应用功能。

四是自动化控制系统。包括紧急关断、抽油机启停、集成增压撬、自动投球收球装置及配套的控制系统等。自动控制系统通过对井场和各种站库采集传输来的数据进行实时监控、分析，根据监控情况和生产管理的需要，实现远程控制单井启停、注水自动调节控制、锅炉燃烧机控制等。

五是井站配套支持系统。包括常规电力、太阳能或风能发电设备，以及其他配套支持设备等。油水井生产主要采用工业用电，气井根据采气工艺一般采用低功耗的太阳能供电，辅助配备蓄电池组，实现夜间、阴天连续供电，以保证各类传感器、截断阀、视频等设备正常工作。

（2）中国石化地面工程"四化"建设工作

中国石化自 2012 年 4 月起开始推进"标准化设计、模块化建设、标准化采购、信息化提升"工作。推进这项工作是公司加快转变发展方式，着力做强做优，不断增强核心竞争力的战略需要，对建设世界一流能源化工公司具有重要意义。在推进过程中，上游板块对信息化的重要性有了进一步的认识，信息化提升也纳入到了工作中。

"四化"工作思路：按"两个层次"推进标准化。分公司层面负责制定井场、计量站、配水间、集气站、油水管线等简单工程标准化设计；总部层面负责组织对联合站等大型场站工程的内部单元和设备进行标准化设计。通过"两种形式"实现标准化设计。一是从已建成的项目中筛选最优的设计图纸，进一步优化后作为标准化设计；二是结合新项目的建设，按照标准化的要求形成标准化设计图纸。

"四化"建设的主要内容如下。

① 标准化设计　标准化设计是针对工程建设中同类型的站场、装置和设施，以固化工艺技术、工艺路线和装置规模能力为前提，以优化已有方案为基础，设计出技术先进、通用性强、可重复使用的系列化设计文件，实现建设内容、建设标准和建设形式统一的系统工程。

标准化设计是快速提高建设效率和质量的保证，也是提升油田综合效益的有效手段。标准化设计是整个标准化工作的关键，是模块化建设、标准化采购的基础和前提。

② 模块化建设　模块化建设是以不同站场类别标准化设计文件为基础，按照站场工艺技术特点将站场划分成若干功能区模块，再以功能区模块内生产单元为对象，将功能区模块进一步拆解成若干施工预制模块，在工厂内完成对施工预制模块进行的生产（预制）后，将施工预制模块从预制工厂拉运至建设现场，进行组合装配的站场建设过程。

③ 标准化采购　标准化采购是以新建和改扩建项目主要设备材料、备件选型、配置标准化为重点，以统一采购和制造标准为抓手，以提升设备材料通用性和互换性为目标，最大限度实现集团化、规模化采购，从而达到提高采购效率，降低采购成本，优化供应商资源，培育战略供应商，提高采购产品质量、技术性能的目的。

④ 信息化提升　信息化提升是以生产过程监控为主，完成数据采集、动态分析，实现电子巡井等通过公司层面的运行指挥系统、油（气）藏经营管理为核心功能的决策系统、以前端生产管理为主的生产管理系统来实现信息化生产管理。

根据生产管理的需要，油气生产管理信息化可划分为如下三个层次。

一是视频监控。包括前端摄像机、传输线缆、视频监控平台。主要用于：油地关系复杂、自然环境恶劣、偏远的井站和重要油气生产设施；钻井、酸化压裂、站库建设等生产现场；安保范围内油区出入道口等。

二是自动监测。包括传感器、传输线缆、监控分析诊断平台。主要用于：抽油机、电机、压缩机和油气站库内重要设备参数的自动采集，油气集输系统关键节点的液体参数采集。

三是自动控制。包括传感器、传输线缆、监控分析诊断平台。主要用于：抽油机、电机、压缩机和油气站库内重要设备参数的自动采集，油气集输系统关键节点的液体参数采集。

信息化提升建设要根据实施项目和区块不同而有所侧重。老油气田视频监控、自动监测和自动化控制要考虑公司管理的需要，同时要考虑投入产出和油气生产成本承受能力。新区新建油气田或产能建设区块，要按公司的需要实现信息化，同时要将信息化投入纳入产能评价。海上油气田、高酸性气田、高压高产气田实现视频监控和自动化控制，满足无人值守和远程生产控制的需要。

（3）油气开采过程中的自动化技术

由于油气开采生产过程的单位分散、分布距离远，因此 SCADA（Supervisory Control And Data Acquisition）系统广泛应用在油气开采领域，它是保证油气高效可靠生产的关键。

SCADA 系统是一种数据采集、监视和控制系统，通常应用于物理量分散、分布距离远的监控系统。油气领域的 SCADA 监控系统的整体架构分为 3 个层次，分别为现场采集与控制层、网络传输层和生产监控层，覆盖井口、井场、站场、油气处理、监控阀室等生产工艺单元，监控范围可达几十平方公里。

① 现场控制层：根据生产工艺需要，在生产现场安装检测仪表（温度仪表、压力仪表、流量仪表等）、自动化采集与控制设备（RTU、PLC、DCS）以及安防设备（摄像机、入侵检测等），实现对各类工艺单元的过程及环境数据的实时感知，以及通过现场安装的执行机构（如阀门、泵等）实现对工艺过程的控制，确保生产过程的安全、稳定和高效运行。

② 网络传输层：通过 WLAN、微波、光纤网络等多种通信方式，实现生产现场与 SCADA 控制室的数据、视频及语音等多业务数据的双向传输。网络是 SCADA 系统的基础。油气生产环境又比较特殊，环境恶劣，人员稀少，这对网络链路的建设提出了更高的要求，网络设备必须适应恶劣环境，并且运维便捷简化管理。

③ 生产监控层：实现生产现场过程的可视化监控、集输管网仿真、地理信息展示、计量管理、WEB 发布、设备在线管理等功能，为生产管理提供数字化、可视化的技术手段。

SCADA 系统中的重要自动化设备是现场控制层的远程终端 RTU（Remote Terminal Unit）。RTU 是一种远端测控单元装置，负责对现场信号、工业设备的监测和控制。与常用的可编程控制器 PLC 相比，RTU 通常要具有优良的通信能力和更大的存储容量，适用于更恶劣的温度和湿度环境，提供更多的计算功能。正是由于 RTU 这些功能和特点，使得 RTU 产品在 SCADA 系统中得到了大量的应用。

（4）油气开采过程中的自动化应用

① 油井生产远程巡井 传统的抽油井生产系统，生产数据的收集主要依赖人工巡井，作业条件十分艰苦，收集的数据存在误差大、效率低等问题。油田生产 SCADA 系统通过采用有线、无线融合的方式覆盖现场多种仪器仪表，将生产数据接入 SCADA 系统，不仅实现

数据实时采集和监测，还具备生产过程自动控制、设备故障在线诊断、生产过程视频远程监控等功能，使油田生产彻底告别人工时代，实现无人值守。

② 视频 SCADA 联动——全方位安全感知　控制中心可以通过视频监控系统，实时了解重点油区的生产情况，并且通过图像智能分析方法辨别非法入侵行为，实现无人值守场景下自动告警。监控系统深度结合业务场景，实现 SCADA 系统与视频监控系统联动。当SCADA 软件检测到现场数据报警或者其他异常情况时，联动视频监控系统，控制对应的摄像机跟踪到发生异常情况的位置，提醒值班人员通过视频图像更加直观地了解现场的生产状况。实现了生产远程可视化控制和管理，形成更加安全的防范系统。

5.2.1.2　油气集输

油气集输作为油田建设中的重要生产环节，担负着天然气和石油的收集、初加工和输送任务，在整个油田生产中起重要的主导作用。整个油气集输系统包含脱水系统、污水系统、加热系统、掺油系统、清水系统、注水系统、天然气系统。油气集输流程反映了原油气经集输、分离、脱水等处理后得到合格气、油产品的工艺过程，油气集输系统生产连续、工序间互相关联且衔接紧密，对于不同的工艺部分有不同的设备和装置，这就要求相关的自动化系统含有多方面内容和高技术含量。

（1）油气集输自动化控制的特点

油气集输自动化控制就是在油气资源勘探开发中对原油和天然气进行收集、储存和加工的过程，其主要任务有三个：第一，将油井中开采出来的油气水混合物经过系统的管线运输至集输站点进行气液分离和脱水处理，使处理后的原油资源符合相关标准；第二，将处理合格后的原油运输至原油库贮存，将分离出来的天然气运输至天然气处置厂进行脱氢、脱酸处理，对纯度低的天然气资源进行深加工；第三，经过集输管线将原油库和天然气提纯站提取出来的合格原油和天然气运输至炼化企业或居民使用。油气集输工作不同于石油钻井和修井作业等作业方式，其分布范围广、运行线路长，且在运输过程中具有易燃、易爆、易发生火灾和生产阶段性强的特点，涉及情况复杂，因此，对其进行自动化控制，将有助于提高油气集输效率。

（2）油气集输自动化控制技术和应用

① 应用各类专业的检测仪表进行控制　自动化控制系统需要掌握集输系统运行数据才能进行有效的控制，所以检测仪表是实现集输系统自动化控制的基础。随着现代技术的不断发展，油气集输系统检测仪表的测量精度不断提高，特别是智能化的检测仪表可以在检测数据的同时进行数据存储和处理，使得每一个智能仪表都可以成为独立的自动化控制单元，而通过综合性的计算机控制系统对各个独立的控制单元进行连接，就可以对油气集输管线进行有效的控制。比如高性能的变送器刚刚研制面世，就被迅速用于油气勘探开发和集输系统，提高了原油开采和集输成效。

② 采用工业自动化控制技术对集输管线和各种设备进行控制　以计算机技术为依托，在油气集输过程中，通过利用各类控制软件和自动化控制技术，对油气集输管线和集输系统的各类设备进行自动控制，实现油气集输系统生产运行自动化。

③ 油气检漏系统　检漏系统采用"负压波"技术原理进行泄漏监测和定位。泄漏的发生自然造成泄漏点压力下降，这种压力下降会沿着管道向两端传播，传播的速度等于当地声速，也跟水击波相同，所以，很多场合俗称"压力波"或"负压波"。泄漏点离哪个站更近，站上的压力变送器就先采集到压力下降，检漏系统通过对比这种时间差，根据公式就能计算

出泄漏点的位置。检漏系统应用了小波分析与相关分析相结合的数据处理定位方法，有机地将小波跟相关定位方法结合起来，首先用小波消除噪声，再用相关分析实现自动定位，通过小波和相关两种数学处理方法的综合利用，提高了灵敏度和定位精度，最大限度地减少了误报。

④ 防腐层状况检测系统　管道作为大量输送石油、水、气体等介质的最为安全经济的方法在世界各地得到广泛应用。但由于施工质量、外力破坏、长期使用及地下环境等因素造成的管道防腐层破损、老化，使其防腐能力降低甚至失去保护作用，以及受到土壤化学和电化学腐蚀会导致管道穿孔，造成漏油、漏水、漏气等，不仅造成巨大的经济损失，而且给社会生态环境带来严重的污染。因此，管道的维护管理、防止管道腐蚀、泄漏，保证管道安全输送，延长管道使用寿命已成为目前管道行业的一项重要课题。

5.2.1.3　油气储运

(1) 油气储运自动化控制的特点

油气储运工作危险性大，必须有高可靠性的安全保障，劳动强度高，手动操作频繁费力。随着我国科技水平的提升，自动化技术在油气储运中普遍应用，实现了对生产过程中的实时监控、操作、保护等功能，大幅度提高了生产过程的安全性、可靠性，同时大幅度提高了劳动效率，减轻了工人的劳动强度。

当前国内主要的油气管道采用以计算机为核心的 SCADA 系统，即数据采集与监控系统，采用三级控制模式：正常情况下由调度控制中心负责工艺过程的操作和管理，站场操作人员可监视此过程；在调度控制中心授权、调度控制中心故障或通信中断时，由站场控制系统接过操作权限，监控现场工艺系统及设备的操作；站控制系统故障时，采用就地手动操作。特别重要的油气管道工程还会设置备用调控中心，在主调控中心故障时，接过控制权限，完成工艺过程的操作和管理。长距离的输送管道还会根据地域设置地区管理处，负责管辖区域的管道工艺过程管理和维抢修工作。

(2) 自动化技术在长输管道行业的应用

经过 50 多年的发展特别是近十多年的快速发展，截至 2014 年年底，我国境内建成油气长输管道（不包括 LPG 管道）总里程达到 10.53 万公里，包括原油长输管道约 2.53 万公里；成品油长输管道约 2.12 万公里；天然气长输管道 5.87 万公里。初步形成了"西油东送、北油南运、西气东输、北气南下、海气登陆"的油气运送格局。

油气长输管道一般包括干线和支线。管道沿线设站场和阀室，站场包括首站、末站和中间站。沿线站场采用人工值守，内设 SCADA 系统中的站控系统 SCS（Station Control System），沿线阀室实现无人值守，内设 SCADA 系统中的远程终端装置 RTU（Remote Terminal Unit）。

SCS 和 RTU 作为 SCADA 系统的远方控制单元，是保证 SCADA 系统正常运行的基础，是调控中心调度、管理与控制命令的远方执行单元，是 SCADA 系统中最重要的监控级。SCS 和 RTU 不但能独立完成对所在工艺站场和阀室的数据采集和控制，而且将有关信息传送给调度控制中心并接受其下达的命令。

调控中心是全管线自动控制系统的核心，它与作为自动控制系统远方站的站控系统和阀室相互配合，自动完成对本输油管道的监控和管理。为了提高管线监控的可靠、便利，通常在管线现场某个场站一般还要设置备用调控中心。

除对管道实时监控外，在调控中心还设置有泄漏检测系统、泵振动分析系统等自动化装置。泄露检测系统根据各个站和阀室的压力、流量情况，经过分析和计算，实时监控系统泄漏情况，当发现系统发生泄漏时立即报警。泵振动分析系统实时监测管线中每个泵体各个关键点的振动和转速，判断泵运行是否故障，并指出故障原因。

为保证整个管线控制系统的安全，分别在各个站场设置独立的站控安全仪表系统（SIS）和全线水击保护系统。当某个站出现意外时，ESD系统立即关闭该站。当管线发生紧急情况时，水击保护系统立即执行保护措施，全线停输。

（3）自动化技术在储气库行业的应用

近年来，随着我国经济的快速发展，对天然气的需求量也持续增长，国内输气管道建设规模不断扩大，遍及全国的天然气管道网络基本形成，相应的天然气网络的供气安全也面临着极大挑战。

储气库自动化控制系统，一般包含调度室、集注站、集配站、井口和分输站等工艺现场。针对不同工艺现场采用不同的自动化技术。

调度室是SCADA数据采集与监视控制系统的中心控制室，实现整个储气库数据的集中监控和调度管理。集注站通常由DCS集散控制系统、ESD紧急停车系统、FGS火气检测系统、计量系统、压缩机控制系统等多个子系统组成。DCS和ESD系统负责管理整个集注站内主要设备的控制和管理。FGS系统负责控制整个集注站内火焰探测、可燃气体检测等设备。计量系统采用流量计算机，计量管道内流量数据，负责贸易计量交接。压缩机控制系统通常采用PLC完成管理和控制压缩机的启停及数据监控。集配站由PLC控制系统、ESD紧急停车系统、计量系统、火灾报警系统等组成。PLC和ESD系统监控和管理集配站内主要监测和控制设备。计量系统计量单井注气和采气过程中的流量，实现对单井产量的监控。井口采用井口RTU，实现在恶劣环境条件下对单井设备和数据的监控，实现井口的无人值守。分输站与集配站的功能类似，由PLC控制系统、ESD紧急停车系统、计量系统、火灾报警系统等组成。

SCADA系统负责统一监视控制集注站、集配站、井场等工艺过程运行，如下达命令、采集各种数据。SCADA系统中心控制室采用用户端/服务器结构设置。服务器和局域网（LAN）采用热备冗余配置以提高系统的可用性。操作员工作站、工程师工作站等均作为局域网上的一个节点，共享各服务器的资源。

各个子系统根据功能和安全等级需求，分别监控各级设备，负责本地站的具体操作和联锁保护，完成各种具体的操作程序（如流程切换、设备的启动/停车、联锁保护、过程控制等）。并通过以太网将数据集中发送至SCADA系统中心服务器，调度室值班员通过SCADA系统实现对整个储气库的数据监控，并通过SCADA系统下发调度指令，实现对全厂的统一调度管理。

（4）自动化技术在油库行业的应用

油库自动化系统的建设经历了20多年的发展，从最初单一的装车控制系统发展到现在的以管控一体化为目标的油库建设要求，经历了几个发展阶段。从早期定量发油控制系统，代替人工实现槽车灌装的过程控制，到现在比较完善的定量发油控制管理系统、液位计量系统、视频监控系统、可燃气体报警系统等陆续在油库得到应用。随着多年建设，国内油库自动化系统一般包括如下系统：

① 定量灌装发油系统；

② 储罐液位计量系统；

③ 油品移动系统；

④ 消防监控系统；

⑤ IC 卡门禁系统；

⑥ 视频监控系统；

⑦ 可燃气体检测报警系统；

⑧ 库区周界检测报警系统；

⑨ 电子巡检系统；

⑩ 油库管理信息系统。

在国内油库自动化系统中，定量装车系统是核心，控制方式有集散控制和集中控制两种。大多数中小油库装车系统采用集散控制，而大型油库、有长期规划的油库则采用集中控制。集散控制的优势是单套装车设备投资少，配置灵活，但故障概率高，维护量大；集中控制由于将发油系统的操作部分放在现场，控制统一集中到控制室，因此系统稳定，维护成本低，方便油库人员管理，成本虽然比集散方式略高，但有利于今后应用系统的开发，因此一些中小油库已逐渐采用集中控制方式。

5.2.2 过程控制

5.2.2.1 油气过程控制简述

随着全球经济一体化和信息技术的发展，国内大多数石化企业相继采用先进控制等技术来降低成本，提供产品质量和竞争力，在自动化过程控制方面有了突破性的进展。

DCS 的应用是炼化工业自动化技术水平的最主要标志之一。经过 20 多年的发展，主要炼油化工装置已经基本实现 DCS 控制，产品包括国外 DCS 和国产 DCS 产品。在应用方面，先进控制技术已经完全替代常规 PID 控制。

5.2.2.2 油气过程控制系统

油气开采过程控制系统主要应用在站控系统，如各种处理站、联合站，是以生产过程参数为被控制量，使之接近给定值或保持在给定范围内的自动控制系统。表征过程的主要参数有温度、压力、流量、液位、成分、浓度等。通过对过程参数的控制，可使生产过程中产品的产量增加、质量提高和能耗减少。

站控系统一般采用 DCS/PLC/RTU 为核心部件，控制回路数从几个、几十个到超过100 个，控制组态软件都含有 IEC 61131-3 标准编程语言，系统包括以下几个部分。

① 服务器：包括 I/O 服务器、监视和报警服务器、报表服务器、历史趋势服务器等，服务器可兼做工程师站或操作员站使用。

② 控制站：包括主控单元、输入/输出单元、电源及标准机柜，输入/输出单元完成现场信号采集、工程单位变换、连续和离散控制，主控单元执行过程控制逻辑，并通过 100/1000Mbps 高速以太网和操作站、服务器、高级计算机等上位机构成网络。

③ 通信系统：包括系统网络和控制网络，完全支持 C/S 结构。系统网络负责现场控制站和操作员站的通信；控制网络负责控制站和输入/输出单元之间的通信，采用现场总线协议。

④ 仪表：包括一般的 4～20mA 仪表、阀门、流量计等，通过多芯铠装电缆和 I/O 模块相连。

站控系统是完成数据采集和过程控制的软硬件集合，它将来自设备层（DCS、PLC、RTU等）的数字信号转换为人们可理解的数据信息，并利用预制的程序对这些信息加以计算、分析和判断，一方面完成部分控制任务；另一方面通过人机交互界面展现数据和各种计算分析结果，为操作者提供决策依据。同时它既为管理平台提供现场实时数据，以便更高层次的数据应用，又可以接受来自高层的指令信息。

5.2.2.3 油气开采过程控制系统主要功能

- 站内主要工艺参数的数据采集、处理、存储及显示；
- 工艺流程画面动态模拟显示；
- 主要参数越限报警及事件报警；可燃气体泄漏检测、报警及火灾检测、报警；
- 实时趋势曲线和历史趋势曲线的显示；
- 设备的远程启、停，紧急停车系统自动控制、站场系统自动投运等；
- 闭环PID控制，顺序控制，逻辑控制；
- 实时打印报警及事件，打印生产报表；
- 历史文件资料的储存；
- 系统自诊断功能等；
- 向上级管理平台发送站场的主要工艺参数及运行状态信息；
- 接受上级管理平台的调节控制指令。

5.2.3 信息化

石油化工行业是国民经济的支柱产业之一，承担着保障国家能源安全的责任。在中国，石油化工行业是集中度较高的产业，国有大型企业占有的资源量、加工能力和市场份额均较高，处于市场竞争的优势地位。近年来，原油开采成本增高，炼油利润空间缩小，成品油销售市场竞争激烈，化工品市场价格和需求变化快，这些都对石油化工行业生产、经营和决策提出了挑战，要求经营者必须依据资源和市场情况，做出及时的反应和科学的决策。

随着互联网技术的广泛应用，信息技术在企业生产、经营和管理中发挥着越来越重要的作用。国际石油公司都非常重视信息化建设，把信息化作为提升企业生产经营管理水平、提高国际竞争能力的重要手段和战略举措。

5.2.3.1 石油化工行业信息化发展现状

我国的石油生产和产品供应商主要是中国石化、中国石油和中国海油。为适应国际市场竞争，以及保障能源生产和供应，三大石油公司十分重视信息化与工业化的融合，将信息化作为企业发展的战略之一。通过多年的持续推进，各公司在信息基础设施、信息系统、信息化管理等方面取得了显著的成果，积累了大量的数据资源，梳理和优化了业务流程，规范了企业管理和执行体系，提高了经营决策能力，为企业发展提供了重要的支撑。

中国石化、中国石油和中国海油均属于大型企业，机构庞大、管理层级多，信息化实施的难度较大。因此，各公司非常重视信息化总体规划，通过顶层设计，自上而下地推进信息化建设。"十一五"期间是中国石油、中国石化和中国海油信息化建设的高峰期，在信息系统、基础设施、IT（信息技术）治理等方面取得了突破性进展，建成了以ERP（企业资源计划）为核心的多个全局性系统，实现了主要业务的覆盖，为生产运行、经营管理提供了较好的支持。

（1）中国石油信息化进展

多年来，中国石油坚持推进信息技术总体规划的实施，将生产经营管理按统一的流程和标准搬到网上运行，实现了信息化从分散建设向集中建设的阶段性跨越。

中国石油 ERP 系统是经营管理系统的核心，系统采用统一的数据编码和软件平台，在每个业务领域集中部署，采用统一的流程，用一套系统进行业务处理。作为集团公司经营管理的运行平台，ERP 系统支持了核心业务网络化运营，推动了经营管理的创新。

勘探与生产技术数据管理系统支持上游的勘探开发技术研究；油气水井生产数据管理系统支持油田生产运行管理；勘探与生产调度指挥系统在总部层面实现了油气生产和集输数据的在线统计、综合展示和重点井监控；炼油与化工运行系统实时监测主要装置和重要工艺指标，加强了生产受控和量化考核；炼化物料优化与排产系统为优化原油选购与配置、优化生产方案及产品结构提供了科学依据；管道生产管理系统加强了管输计划、调度、计量等业务的全过程管理；工程技术生产运行管理系统对物探、钻井、录井、测井及井下作业的生产数据进行动态管理和实时共享。

（2）中国石化信息化进展

中国石化积极推进以 ERP 为主线的信息化建设与深化应用工作，建成了经营管理、生产营运、信息基础设施与运维三大平台，信息系统已成为经营管理和生产运营的"中枢神经系统"。

生产营运指挥系统整合了上、中、下游各板块生产调度系统，实现了总部和企业生产运行主要环节的动态跟踪、协调指挥；计划优化系统利用优化模型进行网络排产，提高了生产计划的准确率和管理效率；二次物流优化系统规范了物流配送管理流程，为在低库存的情况下保证市场供应提供了有效支撑；化工销售物流运行管理系统实现了化工物流节点的全方位、多视角跟踪监控；加油卡系统实现了"一卡在手，各地加油"的目标，为客户提供了用油管理的增值服务；勘探开发源头数据采集系统实现了跨专业、跨系统的数据共享和高效应用；炼化企业制造执行系统（MES）统一了企业生产运营平台，对统计、调度、操作等业务管理实现了表单化；炼化企业先进控制系统（APC）改善了过程动态控制性能，减少了过程变量的波动幅度，提高了目标产品收率。

（3）中国海油信息化进展

中国海油于 2004 年进行了信息化建设统一规划，以 ERP 实施为重点，在上下游业务、经营贸易、综合管理、基础设施、组织建设和标准制定等方面开展了信息化建设。在应用系统方面，中国海油重点开展了以 ERP 为核心的管理信息系统的建设，全面预算管理系统、大型装备数据库、审计管理信息系统、节能减排管理系统、采办业务管理系统等陆续建设并投入使用。

中国海油各所属单位结合自身生产、经营和发展的实际需求，建立了 MES、LIMS（实验室信息管理系统）、仓库管理条码系统、加油站和加油卡系统等生产信息化系统，在不同领域中发挥着积极作用。

5.2.3.2 石油化工行业信息化发展成果

石油化工行业多年来的信息化建设和应用，最大的转变是把经营管理、生产运行管理、办公管理，按照统一的标准和流程进行网上运行，持续推进了各项业务的管理创新，在统一优化业务流程、创新生产作业方式和经营管理模式、强化过程管控、优化资源配置、提升业务运行效率和决策水平等方面的支撑作用越来越显著。

（1）优化生产运行

实行信息化与自动化集成。例如中国石油长庆油田，建立了"电子巡井、人工巡站、远程监控、中心值守"的生产组织方式，压缩管理层级，将作业区生产管理终端由区域监控中心直接延伸至井口，电子巡井实时在线监控，取代过去3天一次的人工巡井，生产运行效率大幅提升，一线用工减少30%。

（2）转变经营管理模式

利用集中统一的信息系统，统一落实各项管理政策和措施，支持了全新的经营管理模式。在新增业务单元推广使用已建信息系统，迅速应用成熟的业务流程和管理模式，满足了业务快速发展的需要。

（3）过程管控

通过数据的集中管理、业务流程的固化以及系统操作的可追溯性等特点，提升过程管控和风险防控能力。例如通过加油站管理系统，控制加油机按预定时点自动变价，实现油品价格自上而下的统一调整，有效提高了价格集中管控能力。

（4）精细化管理

信息系统建设过程中优化各类业务流程，摸清人、财、物等企业家底；通过信息系统应用，支持质量、计量、标准化等基础管理工作。例如通过油库管理系统，及时了解油品状态及油罐液位变化，明显提高计量效率和准确性。

5.2.3.3 石油化工行业信息化所面临的问题

信息化虽然得到广泛应用，但在信息化发展过程中，国内外都面临着很多困难和问题，其中有共性的，也有国内石油化工行业所特有的。对信息化的认知程度和接受程度，国外石油公司普遍认可信息化的作用和价值，员工的计算机知识和技能普遍较高，对信息系统的接受相对容易。相比之下，国内的石油化工行业在这些方面是有差距的，这就在客观上对信息化建设和应用带来一定困难。

（1）信息化和业务有效结合的问题

信息化必须与业务紧密结合才能发挥应有的作用，取得最大效益，但在信息化的建设过程中，业务与信息部门角度不同，主要有以下几项问题。

a. 信息化建设首先要进行需求分析，而相同的业务在不同地方、单位甚至同单位不同业务人员之间的做法和需求是很不一样的。因此要做出全面、准确的业务需求分析，并把它们纳入信息系统建设之中，是很有挑战性的。

b. 信息化中一项重要任务就是流程再造，即对现有业务流程进行梳理、优化并固化，这必然给已熟悉原来业务流程的业务人员带来知识、技能甚至岗位的挑战，给信息化造成阻力。流程再造不是信息部门能完成的，必须是业务领导强力推动才能完成。

c. 信息系统建立后，随着业务发展、需求变化，要适时对信息系统进行调整。而信息系统的调整存在着"牵一发动全身"的问题，调整工作量之大是一般人难以理解的。

（2）信息化系统的集成和共享问题

在实际过程中，企业信息化往往是伴随着业务的发展而逐步发展起来的，针对不同需求开发出不同的应用系统。因为采用的技术和标准不同，这些系统之间要实现数据交换和共享是困难的。而对于一个公司来说，既要保护已有的信息资产，也要减少信息方面的重复劳动，提高数据的利用率和决策的科学性，必须对这些信息系统进行整合、集成。信息系统集成的技术难度和工作量很大，这是国内外面临的共性问题。

（3）信息化建设的投入问题

国际石油公司的信息化投入约为年销售收入的 1‰～1.5‰，相比之下，国内石油化工行业的信息化投入略为不足，这就会导致我们的运维升级无保障，长期下去会影响信息系统的正常使用。

（4）信息安全问题

随着信息系统集中度不断提高，业务对信息的依赖程度不断加大，信息系统和信息资源的安全就显得更为重要和迫切。近些年虽然我们在信息安全体系建设方面做了大量工作，但信息安全仍为不可忽视的重要问题。

5.3 石油化工行业自动化新技术、新产品

5.3.1 E5303 智能抽油机控制器

北京安控科技股份有限公司（简称"安控科技"）创建于 1998 年。作为以自动化、信息化技术为核心的智慧产业解决方案运营商和产品提供商，在自动化、油气服务、智慧产业等业务领域提供自主产品及解决方案，持续推动科技创新、产业运营方式的改变。

安控科技自主开发设计的 E5303 油田井口智能控制器采用模块化设计，具有多种组合方式，易于升级、方便维护。结合载荷传感器、位移传感器、电量模块及常规仪表，可实现示功图、电流图、功率图的采集，可实现井口油压、套压、油温、电机电压、电流、功率等生产数据的采集。

E5303 抽油机控制器内置强大的数学算法，实时计算井下功图、泵充满度、产液量、光杆功率、系统效率等数据。基于以上数据，可实现对抽油机的冲次自动调节控制，以及空抽控制、间抽控制、报警控制等功能。E5303 抽油机控制器具备多种通信接口，支持多种通信方式（如数传电台、以太网、2G/3G/4G 网络等），支持标准通信协议及定制协议，可实现控制器远程配置、远程控制、远程升级等功能。

E5303 抽油机控制器运用了多项先进智能控制技术。在实现抽油机基本控制功能的基础上，增加了生产优化、能耗分析和故障诊断等功能，可提高油田生产效率，降低能耗，延长抽油机使用寿命。

功能及特性：

① 采用模块化设计，具有多种组合方式，易于扩展及升级，方便维护。

② 高性能处理器，大容量存储器，满足复杂的数学计算及存储需求。

③ 自带显示及键盘，可方便地进行现场操作。

④ 丰富的 I/O 接口，满足不同的应用需求。

⑤ 多种通信接口，灵活的通信方式，可方便地接入 SCADA 系统。

⑥ 支持多种仪表接入，为控制和分析提供丰富的基础信息。

⑦ 具有成熟的数学分析算法及智能控制策略。

⑧ 内嵌 SQL 数据库，可方便地进行历史数据的配置、存储及查询。

⑨ 多项辅助技术。

5.3.2　井口分离计量橇

北京大漠石油工程技术有限公司是一家集石油化工技术研发、设计、集成、制造、工程服务于一体的高新技术企业，注册资金10000万元。在新疆、哈萨克斯坦等地设有分支机构，公司主营业务包括国内外（陆地及海洋）油田、气田、煤层气、页岩气、城市燃气、污水处理等行业有关处理装置、关键设备、热能锅炉、仪器仪表、专用阀门的研发生产及组装成橇和工程服务。

（1）井口分离计量橇

多用于陆上沙漠油气田的井场，实现对油井产出物的分离计量。计量橇对单井产出的原油、伴生气的混合物进行气液分离，自动完成单井油、气、水的在线计量。该卧式结构内防腐，污物的清扫非常方便，特别适用于高含盐的油井。

计量橇主要由高效计量分离器、产气和产液计量仪表、计量控制器、辅助工艺装置、橇座等组成。

分离计量橇功能及特点：

① 装置适应范围宽，可满足波动范围60%～120%，甚至更大的范围而不影响分离效率和精度。

② 卧式结构为可内防腐、污物的清扫非常方便，特别适用于高含盐的油井。

③ 设计标准模块化，系统集成智能化，安全防备精细化，维护操作人性化。

（2）自动选井计量橇

这是北京大漠石油工程技术有限公司的另一款产品，多用于陆上油气田的计量接转站、海上油气田、井口平台CEP平台及陆上终端等。

计量橇对多个油井产出的原油、伴生气的混合物进行气液分离，自动完成单井或多井油、气、水的在线计量。

计量橇主要由高效计量分离器、惯性除砂器、选井多通阀、产气和产液计量仪表、电动三通调节球阀、压力和温度监控仪表、可燃气体浓度检测、H_2S浓度检测、计量控制器、辅助工艺装置（防爆接线箱、防爆电控箱、轴流风机、防爆电暖气）、橇座及彩板房等组成。

自动选井功能及特点

① 高效气液分离技术；

② 适应范围宽：相同的处理效果下，可满足波动范围60%～120%，甚至更大的范围而不影响分离效率和精度；

③ 高效的分离技术和液位重量法计量技术保证计量精度高；

④ 装置预防砂技术；

⑤ 设计标准模块化，系统集成智能化，安全防备精细化，维护操作人性化。

5.3.3　LK双机架冗余控制系统

和利时集团始创于1993年，是中国领先的自动化与信息技术解决方案供应商。公司的业务集中在工业自动化、轨道交通自动化和医疗自动化三个领域。每个业务领域又包含三个业务方向：工业自动化包含过程自动化、离散自动化和矿山自动化；轨道交通自动化包含干线铁路自动化、城际铁路自动化和城市轨道交通自动化；医疗自动化包含中药调剂自动化、颗粒包装自动化和实验自动化。

LK 双机架冗余系统是和利时公司最新推出的高性能控制系统，具有大容量、高可靠性、高性能、响应快等特点，可以广泛应用于电力、冶金、轨道交通、水处理、水利水电、隧道交通、石化、化工等应用场合。产品有如下特点：

- 适用于过程工业；
- 降低故障停机成本；
- 双机热备，避免停机时间；
- 无人值守运行；
- 双 CPU 切换时间最快 130ms；
- 先进的同步冗余机制。

双机架冗余系统组成如图 5-1 所示。

1—LK921 24V电源转接模块
2—LK220 主控模块
3—LK240 冗余通信模块
4—LK249 DP主站通信模块
5—LK130 4槽背板模块

图 5-1 双机架冗余系统组成

热备冗余高性能解决方案如图 5-2 所示。

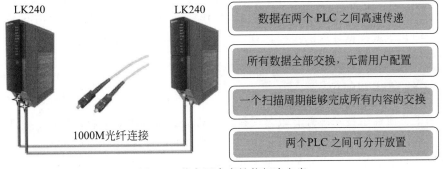

图 5-2 热备冗余高性能解决方案

冗余系统特点：

- 优化系统的控制能力；
- 系统的冗余是自动完成的，绝对不需要用户编程；
- 保证对任一由逻辑程序所控制的输出实现无扰动切换；
- 完全无扰动切换；
- 应用程序从主控制器装入到从控制器的过程是透明的；

- 工作站对主控制器的组态/命令/编辑等，被自动地送入从控制器。

5.3.4　TCS-900 安全仪表系统

浙江中控集团始创于 1993 年，是中国领先的自动化与信息化技术、产品与解决方案供应商，业务涉及流程工业综合自动化、公用工程信息化、装备工业自动化等领域。

TCS-900 系统是中控面向工业自动化安全领域自主研发的高可用性、最先进的安全仪表系统（SIS），该系统适用于 IEC 61508 定义的低要求模式和高要求模式的安全相关应用，并通过 TUV Rheinland 的认证，符合 IEC 61508 定义的 SC3 系统能力等级和 SIL3 硬件完整性等级的要求。它能够提供工业过程安全的最佳解决方案，尤其是在石油天然气、大型石化化工、能源、交通、冶金和大型机组等领域，包括紧急停车系统、燃烧管理系统、火灾及气体检测系统、大型透平压缩机控制系统等。

功能及特点：

① 采用全冗余、三重化、五级表决架构，支持在线热更换、多机架扩展、10km 远程扩展，符合信息安全国际标准，可达到 1ms SOE 精度、2 万条 SOE 容量、多种编程语言，系统可靠性强。

② 系统软件：由操作系统、组态软件、SOE 软件、时钟同步软件、运行管理软件、监控组态软件、OPC 服务器等构成。

③ 系统机柜：采用 19in 国际标准的机械机构，部件采用标准化的组合方式，满足各种应用环境。机柜内部布局合理、灵活、外形美观，有较强的抗电磁干扰能力和环境适应能力，还可以扩充其他 19in 标准设备和其他控制设备。

④ 通信功能：支持 SCnet IV、SafeEthernet、Modbus RTU、Modbus TCP 四种通信协议，实现与其他控制系统或智能装备的通信。其中 SafeEthernet 为安全专用网络，用于安全控制站间数据通信，其他为开放网络，用于与其他控制系统/设备或监控软件的数据通信。

⑤ 安全一体化：安全仪表系统与过程控制系统分离设置，各自独立实现控制功能，DCS 侧失效不影响 SIS 侧安全。但两者常常需要共享 HIMI 界面，TCS-900 系统与中控 DCS 系统可以通过 SCnet IV 网络无缝连接，操作员可通过 HIMI 界面同时访问 DCS 和 SIS 实时数据，简化了解数据处理的过程，有效减少了用户的成本投入。中控的一体化方案在提供用户维护便利性的同时，不会降低安全性。

5.3.5　无线随钻测斜仪

北京泽天盛海油田技术服务有限公司是国家认证的高新技术企业，公司成立于 2007 年。公司主营业务范围覆盖了定向井服务和定向井仪器的研发、生产、销售的各个环节。公司技术力量雄厚，拥有大批经验丰富的专业油井工程研究人员和标准的生产基地，为科技研发、仪器生产实现了可靠保障。

无线随钻测斜仪是定向井、水平井施工中必不可少的测量工具，是在有线随钻测斜仪的基础上发展起来的一种新型的随钻测量仪器。它与有线随钻测斜仪的主要区别在于井下测量数据的传输方式不同，普遍用于高难度定向井的井眼轨迹测量施工，特别适用于大斜度井和水平井中，配合导向动力钻具组成导向钻井系统。

功能及特点：

① 现场组装、维护方便；

② 维护保养成本低；

③ 多种井眼尺寸——包含超小井眼系列，用于开窗侧钻；

④ 传输速率较高；

⑤ 脉冲信号强；

⑥ 井下电池/涡轮发电机供电；

⑦ 应用范围广泛；

⑧ 与国外同类仪器实现兼容；

⑨ 可以挂接不同种类的地质及工程参数传感器。

5.4 石油化工行业自动化发展机会

5.4.1 需求分析

2015 年 10 月 26 日，中共十八届五中全会审议通过了《中共中央关于制定国民经济和社会发展第十三个五年规划的建议》，提出到 2020 年 GDP 比 2010 年翻一番。围绕"十三五"总体规划，各行各业开展了积极的讨论、部署和落实。2016 年是"十三五"开局之年，7 月 29 日，讨论已久的中国石化集团公司"十三五"发展规划正式发布。《规划》全面贯彻党的十八大精神，以服务国家战略为使命，尤其是"一带一路""长江经济带"等战略，以提高发展质量和效益为中心，以供给侧结构性改革为抓手，以创新为动力，努力做强做优做大，打造国际竞争力。

《规划》指出，"十三五"期间，中国石化仍然处在可以大有作为的战略机遇期，以发展为主线的思路没有变，但经过 30 多年高速发展后，中国石化的发展环境和发展内涵已经发生深刻变化，要适应新常态要求，必须把发展的立足点转到提高发展的质量和效益上来，核心就是要推动公司实现更高质量、更有效益、更可持续的发展，为建设世界一流能源化工企业奠定坚实基础。

《规划》对远期发展进行了战略性前瞻思考，明确指出中国石化远期发展需要重点关注的六大问题：一是高度重视能源多元化发展；二是高度重视电动汽车发展对石油化工产业的影响；三是高度重视科技创新对产业竞争地位的决定性作用；四是高度重视安全环保对石化产业发展的影响；五是高度重视互联网带来的运营模式变革；六是高度重视国家战略和政策的运用和落实。

根据国家"十三五"总体规划制定的石油化工行业发展规划，我们可以看出自动化产业的发展机会和空间。

5.4.1.1 "一带一路"战略

"一带一路"战略是中国对外开放理论和深化实践的重大突破，不仅将成为中国经济新的构想，而且对世界经济形成新的格局产生重要的影响。油气战略是"一带一路"战略的重要内容，把握和分析"一带一路"中油气产业发展的战略，对石油化工行业自动化发展战略起着重要的指导作用。

作为世界最大的能源消费国，目前我国每年要从世界各地进口大量油气资源，而"一带一路"国家油气资源丰富，同时沿线国家对油气经济依赖度很高，在国际油价巨幅变动的情况下，也需要寻找可信任的合作伙伴以保持出口稳定。油气供需的这些变化，不仅可以缓解国家之间供需失衡的矛盾，而且也为"一带一路"沿线国家输出更多油气资源而注入更多的投资和开发；另外"一带一路"沿线部分国家油气开发技术相对落后，油气基础设施建设薄弱。比如中亚各国能源资源丰富，但技术水平受限制，油气产业发展较为缓慢，而且面临开采油品质量下降、难开采老油田占比提高、油气市场价格低迷等问题。而我国在提高采收率、开采技术、自动化控制技术、成本控制等方面积累了较多的经验，通过加强与相关国家能源合作，不仅可以帮助"一带一路"沿线部分国家提高采收率、控制成本，而且可以为解决国家能源安全问题提供新思路。因此，"一带一路"的油气战略，为油气技术输出提供了多种渠道，开辟了油气多方面合作的新天地。不仅是上游产业，下游化工行业也要抓住"一带一路"战略中的发展机遇，力争把"一带一路"战略与加快国际产能和装备制造合作结合起来。

5.4.1.2 "十三五"节能减排

油气石化行业作为国家的支柱行业，在国民经济发展中举足轻重，而"十三五"发展规划决定了未来五年油气石化产业发展、生产布局，明确了能源发展的战略导向，可以总结为能源总量控制、煤炭清洁高效利用、大力发展清洁能源、能源体制改革为主要内容。如何在这种节能减排约束条件下继续保持发展，将是整个石油化工行业需要考虑的问题和努力方向。

纵观全球范围，由高碳能源向低碳能源和无碳能源转变是一个不可逆转的趋势，能源消费结构逐步向低碳化发展，能源行业"去碳化"进程加快。欧盟《2030年气候与能源政策框架》提出2030年将温室气体排放量在1990年的水平上降低40%，可再生能源比例至少提高到27%，以及能源效率至少提高到27%。尽管能源政策更加强调低碳和清洁，就目前来看，油气行业技术优势还是比新能源行业明显，与油气行业竞争的对手之一的新能源行业有水电、风电、光电等，虽然新能源清洁和具有发展潜力，但存在水电工程对环境影响饱受争议、风电入网不稳定、光伏市场也日趋饱和、待观望等诸多因素。而近几年的油气价格低位运行，市场的技术占有和发展阶段仍然成熟。所以，石化行业应该以此为契机，一方面利用已有的市场占有率，多提供低碳的油气产品，同时，要多考虑从常规油气开采到非常规油气开发的技术转变，降低开采难度和开发成本，从勘探构造型油气田转向页岩气、煤层气、致密油等非常规油气的开发，作为新的能源突破口。

在化学工业品方面，随着经济的发展、消费的升级、环保意识的提高，高性能且绿色安全的高端化工产品将成为加快增长的重点领域，交通运输化学品、生命科学用化学品、节能环保化学品、电子化学品、新能源用化学品等将迎来发展契机。

5.4.1.3 "互联网+"模式

2015年7月，国务院印发《关于积极推进"互联网+"行动的指导意见》，提出11个具体行动，其中第四点是"互联网+智慧能源"，重点推进能源生产和消费智能化，这意味着将"互联网+"模式提升到顶层设计层面，为中国传统石油化工企业发展提供了新思路。

"互联网+"模式是一种思维方式，即将互联网作为技术工具或交流平台与传统行业相结合，实现传统行业的创新和发展。石油和化工行业是我国战略性质的支柱行业，与能源相关的行业，通过实施"互联网+"战略创造新的经济增长点，通过互联网技术向生产、运输、销售、管理各个环节的延伸和融合，实现智能生产，提高效率，促进石油化工企业发展转型并持续发展。

物联网即实现物与物之间的连接和信息交换,利用传感器、GPS、无线通信等技术实现对现场设备的监测,从而进行有效的管理和控制。物联网在石油化工行业的应用是极其广泛和有效的,全面推进物联网势在必行。比如,"数字油田"、"智能油田"的物联网建设,以互联网技术为背景,以全面信息化为目标,构建完整的信息体系,能够将数据层、监控层、应用层、集成层以及战略层完美地统一起来,同时,将各领域的相互关联的数据集成于一个统一环境下,搭建适应油田发展的云平台,在这个前提下可以进行数据挖掘和分析,为高层战略提供依据,这就是"互联网+"模式下智能油田管理新思路。

5.4.2 发展趋势与展望

"十三五"时期,石化行业发展目标初步锁定在经济总量平稳增长、结构调整取得重大进展、创新能力显著增强。行业发展基本思路是,迈出从石油和化学工业大国向强国跨越的坚实步伐。"十三五"行业发展的两大主要任务是稳增长和调结构,而在"十三五"时期,影响行业发展的敏感因素很多,包括石化产品需求增速明显放缓,原油价格在中低价位震荡,国际竞争更加激烈,新业态、新技术兴起带来不确定性等。因此未来几年与其相关的自动化投资与建设也会随着市场的变化而波动。然而可以肯定的是大数据、云计算、物联网、智能制造的蓬勃兴起,将使生产制造方式发生颠覆性变化。

石化行业:投资首次下滑,环境保护压力加大;国内成品油资源过剩将进一步加剧;成品油市场竞争更加激烈,炼油行业结构调整、油品质量转型升级继续推进,将更注重项目的安全环保。根据石化行业这一趋势,自动化产品应用向产业升级及安全环保相关项目方向倾斜,如油品升级加工精细化相关的控制和生产,尤其是随着近几年雾霾环境的影响,与石化行业相关的水质、空气处理和监测相关的自动监控项目会更加重视。

化工行业:因油价下跌、煤化工遇冷,行业供给增长速度的持续降低,导致投资放缓。在缓解产能过剩时期,与自动控制系统相关的 DCS 产品较少能获得契机,但化工产业结构的调整和升级会增加高端产能占比,淘汰落后产能,同时进行环保改造,一些化工新材料项目也使自动化仪表类及控制类产品获得机会。

油气行业:虽然油价下跌,油气开采投资放缓,但也有比较积极的一面,如一线沿海城市天然气管线改造兴起,为油气管输自动化产品 DCS/RTU/PLC 产品以及相关自动化仪表带来契机,同时随着未来能源应用结构的变化,体现油缓气增的趋势,一部分国际合作的油气管道项目逐渐建设,如中亚天然气管线项目、中俄天然气项目等配套相关的管线压气站、分输站、清管站、阀室等控制系统,以及 SCADA 系统也会有相应的增量需求。

5.4.2.1 油气生产自动化仍有很大发展空间

我国内陆油气资源较为丰富,地域分布较广,中石油、中石化及地方石油公司管理的大小油田 20 余个,每年增量近 2 万口油气水井。在现有的 30 余万口油气水井中,实现自动化生产数据上传与控制的占比不到 50%。按此推算,油气开采领域自动监控市场的改造市场和新增市场容量还很大。此外,从西气东输管道公司获悉,西气东输 2017 年有望实现管输商品量 599.8 亿立方米,比 2016 年增加 140 亿立方米,因此长输管线方面的自动化系统需求会大幅增加。

5.4.2.2 油气生产向智能化发展

智能化不仅是科学技术发展的大趋势,也是油气产业的发展趋势。自动化是智能化的基础，在今后的油气生产领域，自动化系统也是向智能化方向发展。油气生产 SCADA 监控系统将实现音频、视频、数据的统一监视平台。通过有线、无线的深度融合，构建以用户、应用为中心的智能化管控平台。RTU 设备通过网络将数据实时回传给油气田的生产数据中心；控制中心指挥人员和现场作业人员能够通过无线视频调度系统进行多方视频通话，实现生产调度和应急处理。无线视频监控不仅可对偏远作业区的油井实现远程安防监控和生产管理，也可以通过定位系统和 GIS 地图，对油田巡检人员实时定位，保障人员作业安全，为油气企业实现高效、稳定、可靠的生产运营保驾护航。

5.4.2.3 安全环保拉动相关自动化需求

为认真贯彻落实党中央、国务院关于加强安全生产工作的一系列重要决策部署，国家各大部委相继发布关于加强安全生产的若干规定，而石油化工企业的安全生产尤其重要，在中石油 2016 年的 4 项重点工作中，就包括狠抓安全环保稳运行。高标准开展 HSE 体系量化审核，全面完成长输管道重大隐患整改，深化重点单位、重点项目安全环保技术诊断和管理评估，确保了生产安全受控。为满足安全生产要求，今后的自动化控制系统和装置不仅可以监控和处理现场信号，还具备自我诊断与调整功能；而安全仪表系统、火灾和气体检测系统等安全保护系统会得到越来越多的应用。

5.4.2.4 信息化应用程度进一步提高

随着信息技术的发展和应用，现代企业不单要实现生产过程的自动化，还必须实现企业信息管理。对于大型炼化一体化企业来说，为应对全球竞争，必须对企业信息化系统的建设高度重视，将信息化技术充分应用到产品设计、生产、销售、客户管理和企业决策上，提高企业的综合竞争力。

石油化工行业信息化未来发展的主要任务是按照"业务主导、全面覆盖、深度融合"的方针，完善信息化组织管理，加强队伍建设，提升技术实施和应用能力，加快推进以 ERP系统为核心的应用集成系统建设、加快物联网系统实施、搭建具有云计算能力的数据中心信息化三大标志性工程建设。

（1）以 ERP 为核心的信息系统应用集成

支持科学决策、业务协同。要通过这个项目的实施，搭建支撑全公司上下游业务全面协同、数据集中共享、决策科学高效的基础工作环境，在同一管理平台上协作共享，实现对重复性、标准化业务的系统自动处理，大幅提高各级管理人员日常工作效率。

（2）物联网系统建设

实现信息化与自动化的有效集成。在系统实施过程中，利用现有管理系统的建设经验，在搭建平台的同时对生产自动化装备进行标准化；方案设计与劳动组织结构、工艺流程优化相结合。

（3）云平台数据中心建立

满足信息系统对硬件部署环境和灾备的迫切需求。同时在确保信息安全的基础上，研究搭建各集团公司专有云服务平台，提高服务器、数据库、存储、网络、机房等资源的综合利用效率和共享能力。

（4）移动应用系统的推广

广泛采用移动应用，突破系统应用的时空局限，使员工随时随地完成日常办公、处理业务。

5.4.2.5 信息安全技术广泛应用

石油化工行业是国家重要能源保障行业，信息数据的安全关系到国家安危，随着企业信息化应用的推广和普及，信息化系统的信息安全问题会得到越来越多的重视，同时带来需求的增加。现代石油化工企业的信息化系统，不仅包含传统的信息系统，还包括工业自动化控制系统。随着微电子技术、数字技术、通信技术的提高，大量的计算机和网络技术应用到现代的自动控制系统中，不论是 SCADA 系统，还是 DCS、PLC、RTU 等控制设备，都具备丰富、灵活的通信方式，现代的工业控制系统大部分都工作在开放式的网络环境中，对信息的安全传输和合理利用将是自动控制系统面临的重要考验。因此，工业控制系统的信息安全技术必须得到足够的重视和发展。

信息安全技术的持续提升和深化应用，在"十三五"期间会有很大发展，会帮助石化企业实现信息化从集中建设向集成应用的新跨越，整体达到国际先进水平，为建设具有国际竞争力的综合性能源公司提供强有力支撑。

第 5 章

第6章

冶　金

冶金就是从矿石和社会废弃金属物中提取金属或金属化合物，用各种加工方法将金属制成具有一定性能的金属材料的过程和工艺。冶金行业是制造业的重要基础产业之一，是实现制造强国的重要支撑。冶金行业按照产品大类分为钢铁行业和有色金属行业。钢铁主要指生铁、钢和铁合金等黑色金属，有色金属主要包括铜、铝、铅、锌、镍、锡、锑、汞、镁、钛等10种常用有色金属（其中最主要的是铜、铝、铅、锌四大品种，合计产量占95％左右），以及钨、钼、锂、黄金、锆、铟、锗、镓、钴等主要稀贵金属。

6.1　冶金行业运行与投资情况

6.1.1　钢铁行业运行和投资情况

6.1.1.1　2015年钢铁行业运行和投资情况

（资料来源：工信部原材料司　http：//www.miit.gov.cn，2016-02-06）

随着我国经济发展进入新常态，钢铁行业发展环境发生了深刻变化。2015年，我国钢铁消费与产量双双进入峰值弧顶区并呈下降态势，钢铁主业从微利经营进入整体亏损，行业发展进入"严冬"期。同时，中央提出的推进供给侧结构性改革，国务院出台的化解钢铁过剩产能的财税金融政策也为钢铁行业彻底摆脱困境提供了历史机遇。

（1）2015年钢铁行业运行特点

① 生产消费量双下降。2015年，全国粗钢产量8.04亿吨，同比下降2.3％，近30年来首次出现下降。国内粗钢表观消费7亿吨，同比下降5.4％，连续两年出现下降，降幅扩大1.4个百分点。钢材（含重复材）产量11.2亿吨，同比增长0.6％，增幅下降3.9个百分点。中国粗钢产量占全球比重为49.54％。

② 钢材价格持续下跌。我国钢材价格已连续4年下降，2015年跌幅加大。钢材综合价格指数由年初的81.91点下跌到56.37点，下降25.54点，降幅31.1％。从品种上看，板材下降幅度大于长材，其中板材价格指数由83.99点降至56.79点，降幅32.4％，长材价格指数由81.38点降至56.92点，降幅30.1％。

③ 经济效益大幅下降。2015年钢铁行业出现全行业亏损。重点统计钢铁企业实现销售收入28890亿元，同比下降19.05％；实现利税－13亿元、利润－645亿元，由盈转亏。亏损面50.5％，同比上升33.67个百分点。7月份后始终处于亏损状态，并且亏损额逐步扩大。

④ 钢材出口继续增长。2015年我国出口钢材11240万吨，同比增长19.9％；进口钢材

1278万吨，下降11.4%；折合净出口粗钢10338万吨，同比增长25.6%，占我国粗钢总产量的12.8%。出口不断增长，引发国际贸易摩擦增加，2015年针对我钢铁产品的反倾销、反补贴案件多达37起。

⑤ 固定资产投资持续下降。2015年，我国钢铁行业固定资产投资5623亿元，同比下降12.8%。其中黑色金属冶炼及压延业投资4257亿元，下降11%；黑色金属矿采选业投资1366亿元，下降17.8%。钢铁行业投资整体进入萎缩状态。

（2）钢铁行业发展中的突出问题

2015年在错综复杂的国际、国内形势下，钢铁行业多年高速发展累积的问题和矛盾越发凸显，企业生产经营困难，财务状况持续恶化，市场无序竞争不断加剧。

① 产能过剩加剧企业恶性竞争　近年来我国钢铁产能利用率持续下降，目前已降至70%左右，远低于合理水平。特别是2015年企业普遍出现亏损，部分企业为保持现金流和市场份额，过度进行低价竞争，甚至低于成本价倾销，恶性竞争现象严重。

② 企业退出渠道不畅导致僵尸企业大幅增加　2015年协会统计的重点大中型企业平均负债率超过70%。部分企业已资不抵债，处于停产半停产状态，但由于资产庞大、就业人员多、社会影响范围广，企业资产处置、债务处理困难，一次性关停难度大，退出渠道不畅，仅能依靠银行贷款维持生产，最终沦为僵尸企业，占用了大量社会资源，拖累整个行业转型升级。

③ 公平市场竞争环境有待进一步完善　企业自律性有待进一步提高，有的企业生产经营中采购销售不开发票偷税漏税；有的企业假冒优质企业产品，无证生产销售，低价争抢市场；有的企业环保设施投入不足，环保偷排漏排，扰乱市场秩序。

④ 钢铁企业融资贵问题依然突出　2015年11月以来央行连续降准降息，但由于钢铁被明确为产能过剩行业，绝大部分企业仍然融资贵，续贷困难、授信规模压缩、涨息和抽贷等问题突出，少数企业因限贷、抽贷已出现停产现象。8月份人民币开始贬值，汇兑损失进一步增加企业财务压力。

⑤ 铁矿石价格下跌加剧国内矿山企业经营困难　2015年进口铁矿石到岸价格大幅下跌，10月份以后维持在40美元/吨左右，远低于国内矿山生产成本。国产铁矿在与进口铁矿成本竞争中处于劣势，大部分矿山企业已出现亏损，部分停产。自有矿山的联合企业优势逐渐消失，甚至成为企业经营负担。

6.1.1.2　2016年钢铁行业运行和投资情况

（资料来源：http://www.chinaisa.org.cn/gxportal/login.jsp，2017年1月10日）

（1）2016年钢铁行业运行特点

① 市场需求缓慢回升，粗钢表观消费量恢复增长。2016年，钢铁市场需求呈现缓慢回升态势。前11个月全国粗钢表观消费量6.5亿吨，同比增长1.5%。粗钢产量前低后高，生产总量小幅增长。前11个月全国生铁、粗钢和钢材（含重复材）产量分别为6.4亿吨、7.4亿吨和10.4亿吨，同比分别增长0.4%、1.1%和2.4%；前11个月平均粗钢日产量为220.6万吨，比上年同期增长0.8%。粗钢产量呈现前低后高，1～2月份粗钢产量大幅下降5.7%，3月份后当月产量一直保持增长态势，至9月份累计产量转为增长。

② 钢材出口前高后低，预计全年略有下降。前11个月全国出口钢材1亿吨，同比下降1%；进口钢材1202万吨，同比增长3.6%；净出口钢材折合粗钢9196万吨，同比下降1.7%。钢材出口前高后低主要是受国内钢材价格回升和国际贸易保护主义的影响。

③ 受多重因素影响，钢材价格波动回升。2016 年以来，受市场需求有所好转、钢材库存处于历史低位等多重因素影响，国内市场钢材价格波动回升。钢材综合价格指数从上年 12 月历史最低点 54.48 点开始回升，4 月末最高涨至 84.66 点；到 11 月末涨至 90.38 点，同比上升 60.85%；12 月中旬达到 103.4 点，同比涨幅超过 80%。前 11 个月中国钢材价格指数平均值为 72.16 点，同比上升 3.94 点，涨幅为 5.78%。

（2）2016 年钢铁行业取得的成绩

① 扭转深度亏损局面，全行业实现盈利。2016 年，企业主动作为，采取各种措施提质增效，一举扭转了 2015 年全行业深度亏损的不利局面。自 2016 年 3 月份当月实现盈利以后持续盈利，5 月份当月实现盈利 85.2 亿元，达到全年盈利单月最高。2016 年前 11 个月实现利润总额 331.5 亿元，上年同期为亏损 529 亿元，一增一减 800 多亿元，这个成绩非常显著。

② 积极推进供给侧结构性改革，去产能和兼并重组取得重要进展。2016 年是去产能工作的开局之年，广大企业按照党中央、国务院的部署，讲大局，克服各种困难，积极关停过剩产能，有力地保证了全年目标任务提前完成。宝钢、鞍钢、武钢等一大批企业按照要求，积极主动关停过剩产能，提前完成去产能任务，为化解过剩产能工作的有效推进做出了积极贡献。宝钢和武钢合并组建中国宝武钢铁集团，是推动钢铁产业结构优化、转型升级的重大战略举措，为推动钢铁行业兼并重组起到积极示范作用。五矿、中冶重组后进行大规模总部职能优化调整，在整合融合方面又迈出重要一步。

③ 大力推进降本挖潜，为企业增效益发挥重要作用。2016 年以来，钢材市场、原燃料市场剧烈波动，企业根据市场变化理性安排生产、采购和销售，在稳定市场供给、降低生产成本、控制期间费用等方面取得了突出成绩。内部挖潜在企业增效益中发挥了重要作用。宝钢提出"一切成本皆可降"，提前完成全年降本增效 79.9 亿元的目标任务。河钢建立零库存管理物品清单，大力降低库存资金占用。沙钢灵活应对市场变化，运用多种渠道，努力扩大中高档用钢领域的市场份额。鞍钢着力提升劳动生产率，通过规范劳务用工等多种方式妥善分流安置 3.4 万人。酒钢按照"谁生产谁销售、谁使用谁采购"的原则，下放购销权限，落实主体责任，取得较好效果。

④ 更加重视创新驱动，高端产品研发生产取得新成绩。马钢、太钢研发的时速 350 公里高速动车组轮、轴材料顺利完成 60 万公里运行考核，各项指标达到技术要求，通过了转产评审，进入到正常生产订货阶段，为高铁轮轴国产化奠定基础。首钢研制开发的高强度易焊接特厚钢板与配套焊材焊接技术实现了大型水电站压力钢管用钢新突破。宝钢等研制的大型轻量化液压支架，实现减重 14%，满足了液压支架向大采高、大阻力、轻量化发展要求。鞍钢打破国内双相不锈钢板宽幅极限，实现我国核电关键设备与材料国产化、自主化的重大突破，结束了该品种依赖进口的局面。太钢针对高强钢的稳定控制、载货车轻量化设计、车辆成型加工等问题开展研究，目前已完成原型车的设计制造，减重可达 15%。兴澄特钢采用连铸工艺生产出高质量曲轴、齿条、凸轮等汽车用钢产品，研发的 250mm 厚度 EH36 钢板，成功应用于我国"海洋石油 162"首座移动式试采平台，一举打破国外垄断。龙凤山铸业在原有高纯生铁技术的基础上成功研发出应用于核电、风电、高速列车等高端铸件的超高纯生铁，为我国装备制造业提供更优质的原材料。深入推进卓越绩效管理，兴澄特钢获得"全球卓越绩效奖"，马钢股份获得"第十六届全国质量奖"。

⑤ 积极参与"一带一路"建设，推进国际产能合作。鞍钢独家中标巴基斯坦城市轨道

交通项目 8000t 钢轨需求合同，这是鞍钢继中标大沃风电工程供货任务后，在"一带一路"建设方面又一重要收获。宝武集团下属鄂钢公司获得中马友谊大桥的桥梁钢供货权，成为该桥梁项目的国内唯一供货企业。首钢捷克汽车零部件新工厂正式投产运营，总体设计的埃塞俄比亚首个大型工业园区顺利竣工。河钢舞钢以高出竞争对手的价格，夺得哈萨克斯坦巴图达尔炼油厂二期设备制造 1000t 抗硫化氢腐蚀钢订单。包钢稀土高强钢加工制成的首批 3000t 螺旋焊管用于埃及塞得港港口建设。南钢获得向土耳其卡赞碱矿加工项目提供所需 8440t 钢板的全部订单。中冶赛迪与澳方签订新建联合钢厂设计和咨询合同。中钢设备与伊朗有关钢铁公司签署了 100 万吨钢厂项目的总承包合同。中国重型机械研究院提供总成套的印尼 1600 板坯连铸机一次热试成功，现已签订第二套不锈钢连铸机供货合同。

⑥ 河钢与塞尔维亚共和国政府正式签署斯梅代雷沃钢厂收购协议，这是中国钢铁企业国际化经营的重要成果，得到习近平主席的充分肯定。酒钢收购俄铝牙买加阿尔帕特氧化铝厂，可满足酒钢近 60% 的氧化铝原料保障。文安钢铁与中冶集团签订合作备忘录，共同在马来西亚投资 30 亿美元，建设年产 500 万吨钢、300 万吨水泥、200 万吨焦炭的资源综合利用型钢铁企业。

⑦ 加强行业自律，坚持理性生产。一年来会员企业在努力促进钢铁市场平稳运行方面做出积极努力，在钢材市场回暖、钢材价格有所回升的情况下，积极落实"控产量、稳市场"要求，不盲目扩大产量，坚持理性生产。与此同时，企业加强自律的意愿明显增强，主动规范销售行为，共同维护市场秩序。特别是西北地区企业通过开展生产、销售自律，效果明显。这些都为促进市场平稳运行起到重要作用。

（资料来源：http://mri.mysteel.com/industry_article.html？id=12642，2016-12-31）

2016 年以"三去一降一补"五大任务为抓手，国家推动供给侧结构性改革取得初步成效，供给侧改革叠加流动性充裕，大宗商品价格出现全线上涨格局，钢材价格也出现了久违的触底反弹，较年初大幅上涨 72% 左右。行业盈利出现明显改善，1~10 月，重点钢企利润总额合计达到 287 亿元，而去年同期为亏损 346 亿元。

① 钢材价格暴涨暴跌，2016 年，钢材市场走出了暴涨—暴跌—震荡上涨—弱势回调的态势。年后以来，钢厂停产明显，市场受前期悲观情绪影响普遍库存较低，而随着现货需求旺季的来临，供需关系短期错配，期现货价格暴涨，并在 4 月下旬达到阶段性高点，部分品种涨幅甚至超过 60%。随后，在钢厂大幅复产、供求关系逆转的背景下，钢价出现大幅下挫，月跌幅近千元。5 月下旬后，多空双方陷入胶着状态，钢价呈现出区间震荡的态势，到 6 月底钢价开始连续反弹，传统淡季需求表现不俗，同时供给端在全国范围内环保督查、G20 峰会、唐山限产等因素影响下出现下降，推动钢价连续上扬。9 月份由于需求未如期爆发，带动钢价小幅走弱。10 月份在需求好转以及双焦暴涨等因素影响下，钢价快速上涨，11 月以来，钢价在小幅回调后再次上行，临近年底，在雾霾天气改善、钢铁生产企业限产令解除、叠加需求淡季来临的背景下，钢价出现明显回调。但全年来看，钢价仍较上年出现大幅上涨。

② 钢铁企业盈利大幅改善。在钢价大幅上涨的带动下，2016 年以来，钢企的盈利情况出现了明显的好转，尤其在 3~4 月钢价明显上涨时，许多钢厂的盈利已达 700~800 元/吨，个别成本控制较好的企业盈利甚至超过 1000 元/吨，钢厂的盈利情况大幅好转。

③ 板材价格强于长材。与 2015 年的"长强板弱"相反，2016 年板材的表现明显强于长材，主要是由于作为板材主要消耗大户的汽车、机械等行业出现了明显的好转。截至 2016

153

年 12 月 30 日，Myspic 长材综合价格指数同比上涨 67.59%，而板材综合价格指数同比上涨 85.63%。

④ 原材料价格涨幅大于钢材。由于实行 276 天工作日，煤炭供给侧改革成效明显，去产能落实为真实的去产量，煤炭价格翻了 3 倍之多；而受益于钢材利润的大幅上涨以及因煤焦暴涨引发的对高品位矿石的需求增加，铁矿石价格由年初的 40 美元/吨一度涨至 80 美元/吨的高位，价格涨幅也相当可观，总体来看，原材料价格的涨幅已超过钢材的涨幅。如图 6-1 所示。

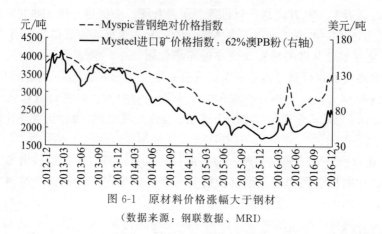

图 6-1　原材料价格涨幅大于钢材
（数据来源：钢联数据、MRI）

⑤ 社会库存持续低位。由于前几年钢材价格的持续下跌，贸易商囤货的情况越来越少，

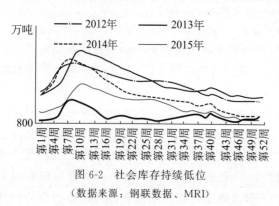

图 6-2　社会库存持续低位
（数据来源：钢联数据、MRI）

钢厂也采取低库存策略回笼资金，社会及钢厂库存均处于历年来最低的水平。根据 Mysteel 统计，2016 年 1～10 月社会库存平均水平较上年同期下降了 15%，重点钢厂库存平均水平同比也下降了 16% 左右。低库存一方面缓解了钢厂与贸易商的出货压力，另一方面也印证了需求的好转，对钢材的上涨提供了有利支撑。如图 6-2 所示。

⑥ 钢材出口有所放缓。2016 年我国钢材出口 1.0843 亿吨，同比下降 3.5%。如图 6-3 所示。

⑦ 2016 年钢铁行业去产能任务提前完成。2016 年钢铁行业去产能目标 4500 万吨，是 2015 年实际完成量的两倍以上。尽管目标明显高于 2015 年，但我国实际推进速度仍然较快。截至 10 月底，钢铁行业已提前完成全年 4500 万吨去产能目标任务。不过，值得注意的是，2016 年的去产能任务中，僵尸产能占了相当大的比例，正常产能仅占 21% 左右。

⑧ 钢铁行业兼并重组有所突破。早在 2015 年 3 月份，工信部就《钢铁产业调整政策》公开征求意见，提出加快兼并重组，到 2025 年，前 10 家钢企粗钢产量全国占比不低于 60%，形成 3～5 家在全球有较强竞争力的超大钢铁集团。12 月 1 日，宝钢与武钢联合重组而成的宝武钢铁集团正式在上海揭牌成立，这也是业内首个集团重组与上市公司合并同步推进的央企联合重组案例，将为未来行业内兼并重组产生示范效应。

⑨ 钢铁电商开始实现盈利。2016 年以来，国内主要电商平台开始实现盈利，颠覆了人

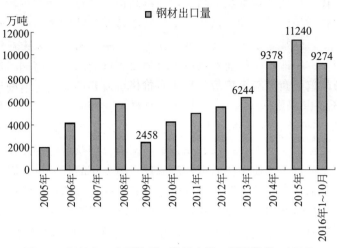

图 6-3　钢材出口有所放缓（数据来源：钢联数据、MRI）

们对钢铁电商平台只烧钱不赚钱的传统观念。经过多年的烧钱模式之后，钢铁电商平台逐渐找到了盈利的方向。随着模式逐渐成熟，2017 年钢铁电商平台的盈利状况值得期待。

6.1.1.3　2017 年钢铁行业展望

（资料来源：http：//mri. mysteel. com/industry _ article. html？id＝12642，2016-12-31）

2017 年，全球经济仍存在较大不确定性，特朗普上台意味着美国各项政策可能发生改变甚至转向，而政治风险和银行业风险则将使得欧洲经济承压，英国脱欧的影响也将逐步显现；美联储加息、欧洲量化宽松到期等因素也可能将掀起新一轮对全球流动性收窄的担忧。中国 2016 年第四季度出台的多个房地产收紧的政策或将导致 2017 年经济承压，预计 2017 年中国 GDP 增速将放缓至 6.6％左右。

从钢铁行业基本面来看，2017 年供给侧改革仍将继续推进，从各地的目标来看，2017 年粗钢去产能目标合计约 5000 万吨，加之国家大力推进对于中频炉的去产能力度，预计 2017 年钢铁行业将由 2016 年的去产能落实到真正去产量，产量下降将是大概率事件。

从需求端来看，随着中国经济结构转型持续推进，经济或继续减速，加之房地产调控政策的出台，2017 年建筑业将出现放缓迹象；不过，机械、汽车等行业仍有增长动力，适逢政府换届之年，基建投资仍将维持较高增速，钢材需求整体仍相对景气。总体而言，2017 年钢材市场供需矛盾并不会明显激化。

从绝对价格来讲，2016 年的钢材价格虽然出现了明显的上涨，但从长周期来看，目前的价格水平仍处在相对偏低的区域。总体而言，预计 2017 年钢价仍有较好的上行基础，全年价格呈现底部抬高态势。

（资料来源：http：//www.chinaisa. org. cn/gxportal/login. jsp，2017 年 1 月 10 日）

2017 年，钢铁行业面临的国际国内形势依然错综复杂。从国际看，世界经济仍然复苏缓慢，不稳定性、不确定性因素增多，对钢铁消费需求拉动不强。发达国家政治波动、国际汇率变化以及贸易保护主义倾向抬头，都将影响国际贸易增长，特别是随着针对我国钢铁产品的双反案件增加，钢材出口难度还会加大。同时，全球性钢铁产能过剩问题严重，钢材市场供大于求矛盾突出，钢铁行业面临的国际形势仍然十分严峻。从国内看，2012～2016 年经济增速由 7.7％下降至 6.7％，经济增速从高速增长转向中高速增长，经济发展方式从规模速度型粗放增长转向质量效益型集约增长，经济结构从增量扩能为主转向调整存量、做优增量并存的深度调整，经济发展动力从传统增长动能转向新的增长动能。经济系统内部正在发生一系列重大变化，新常态带来的新速度、新方式、新结构、新动力对钢材需求将产生不同影响，传统制造业、房地产等行业对钢材需求强度有可能下降，高端制造业、新兴产业用钢需求有可能增长，消长间蕴藏着挑战与机遇。钢铁行业要适应这种新变化，把握这种新变化，抓住并利用好这个新变化。

面对 2017 年市场形势，既要充满信心，同时也要清醒地认识到，钢铁行业虽然实现了扭亏为盈，但仅仅是走出了低谷，还没有完全走出困境。钢铁行业仍然面临着诸多困难和问题，主要表现在：化解过剩产能工作取得初步成效，但今年的任务更加艰巨，特别是淘汰落后产能、打击"地条钢"需要持续开展；企业融资难、融资贵问题仍没根本解决，"一刀切"断贷、抽贷加剧了生产经营困难；原燃料价格大幅上涨仍严重挤压行业的利润空间，全行业仍处于微利运行；目前会员钢铁企业平均资产负债率较高，迫切需要降杠杆促发展。因此，全行业不可盲目乐观。

中央经济工作会议指出，2017 年是实施"十三五"规划的重要一年，也是推进供给侧结构性改革的深化之年。中央明确今年的经济工作坚持稳中求进的总基调，要牢固树立和贯彻落实新发展理念，适应把握引领经济发展新常态，坚持以提高发展质量和效益为中心，继续深化供给侧结构性改革，深入推动"三去一降一补"五大任务有实质性进展。钢铁行业要进一步将思想认识统一到党中央决策部署上来，牢牢把握住这一历史机遇，深入推进去产能的同时，努力促进行业平稳运行，着力解决制约行业健康发展的深层次矛盾，并力争有所突破。

根据以上分析，2017 年钢铁行业要重点做好以下工作。

第一，打好化解钢铁过剩产能攻坚战。

2017 年是推进供给侧结构性改革的深化年，也是钢铁行业"去产能"工作的攻坚年，任务十分艰巨。全行业要充分认识，推进"去产能"工作，是促进钢铁工业转型发展的重大历史机遇，机不可失，全行业必须高度重视，全力配合政府做好工作。承担"去产能"任务的会员企业要坚决按照要求完成。中央已经明确把淘汰落后产能，特别是彻底清理"地条钢"作为今年去产能工作的重要内容，国务院也将组织开展对钢铁等行业落后产能的专项督查和清理，这对于创造公平市场环境，充分发挥先进产能作用意义重大。协会要加强"去产能"工作调研，及时了解会员企业的诉求，针对难点、热点及新出现的问题抓紧向政府反映。要进一步加强"去产能"工作的宣传，特别是要加强企业资产处置、职工安置相关方面舆情应对和引导工作。

第二，坚持"控产量"措施的落实，促进行业平稳运行。

要进一步加强行业运行监测分析，充分发挥行业协会钢材、铁矿石价格指数的信息引导作用，及时向企业传递原燃料、钢材价格信息，更加准确地研判市场。努力协助企业解决煤炭及运输的问题。切实做好行业自律工作，企业要理性组织生产和销售，认真遵守没有合同不生产、不给钱不发货、低于成本不销售的原则。深化按品种、区域市场自律工作，积极鼓励更多的企业开展自律。开展电工钢、镀锡板、汽车板等预警预测信息服务，引导企业理性安排生产。加强钢材出口预警工作，规范出口行为，共同维护出口市场秩序。加强行业诚信体系建设，鼓励钢铁企业建立产品和服务标准自我声明公开和监督制度。加强同上下游产业的联系，努力构建均衡发展的产业链协同关系。倡导钢铁企业从实际出发，合理、有效地利用期货工具，提高规避期货市场风险的能力，使期货工具能够更好地服务于企业生产经营。

第三，促进"去杠杆、降成本、防风险、增效益"落实，提高行业运行质量。

在去杠杆方面，中央明确提出把降低企业杠杆率作为重中之重。我们要充分抓住这次难得的机会，积极配合政府和金融机构做好企业市场化、法治化债转股，加大股权融资力度，花更大气力降低企业杠杆率。资产负债率较高的企业要把降低负债率作为2017年的重要任务，积极主动地与地方政府、金融机构进行沟通，争取支持，取得实效。在防风险方面，由于不少企业经营状况还没有根本改善，部分企业仍处在盈亏边缘，努力防范市场、资金、汇率、债务违约等风险尤为必要，特别要防范由于"高杠杆"带来的债务风险。2017年企业债务重组进入推进实施阶段，债务处置将是行业的重要任务。在降成本、增效益方面，中央已明确提出要在减税、降费、降低要素成本上加大工作力度。行业协会要积极促进国家降成本政策在钢铁行业的落实，要继续就企业融资难、融资贵、税费负担过重问题向有关部门反映；对国家已出台政策在行业落地情况开展调研；继续就铁矿山税费改革，清费立税，促进降低矿山税费负担开展工作。协助政府部门继续就落实公平税赋政策，取消加工贸易项下进口钢材保税政策，适时调整重大技术装备所需钢材进口税收减免政策等开展工作。继续在企业中开展对标挖潜活动，企业也要在内部挖潜降本方面多做工作。

第四，按照供给侧结构性改革要求，推动钢铁行业转型发展。

认真落实国务院提出的要求，加快工业结构调整，促进行业转型发展。2017年钢铁行业兼并重组步伐会进一步加快，积极开展工作促进企业之间兼并重组，特别是减量化重组，提高行业集中度。2017年企业债务重组、人员安置等工作任务重、难度大，应高度重视，积极妥善解决各类问题。

坚持以市场为导向，加快推进技术创新和产品创新。继续推动钢结构建筑推广应用，钢铁企业要主动参与钢结构示范产业基地建设，研发生产与钢结构建筑构件需求相适应的定制化、个性化钢铁产品。重点推进高技术船舶、海洋工程装备、先进轨道交通、电力、航空航天、机械等领域重大技术装备所需高端钢材品种的研发和产业化。

坚持以提高质量为中心，扩大高质量钢铁产品和服务供给，牢固树立质量第一的强烈意识，开展质量提升和品牌建设活动。

第五，加快绿色改造升级和发展循环经济，实现绿色制造。

按照国务院及工信部要求，加快推进先进适用以及成熟可靠的节能环保工程技术改造，确保能耗全面符合国家限额标准、主要污染源全面达标排放；组织开展节能环保关键共性技术攻关，提升节能减排技术改造工程水平的支撑能力，提高企业绿色制造的创新能力和水平。发展循环经济，构建钢铁与建材、石化等行业的跨界固废综合利用产业链，突破含重金属冶金渣和脱硫渣等的无害化利用技术的瓶颈及障碍。随着废钢铁积累增加，要加快废钢回收分类设施建设，多措并举积极推动提高废钢铁使用比例。为应对碳排放指标对钢铁行业的制约和影响，要继续挖掘钢铁节能潜力，提高能效水平，推进钢铁行业低碳发展。探索钢铁工业两化融合工作，示范性地在一些有基础的企业构建集智能装备、智能工厂、智能互联于一体的智能制造体系，全面提升企业研发、生产、管理和服务水平。引导企业实施产品全生命周期绿色管理，开发绿色产品，建设绿色工厂，打造全供应链的绿色制造体系。

第六，按照"一带一路"战略，加快推进国际产能合作。

加强协调，发挥好企业的积极性和创造性，有序推动优势产能走出去。积极推进钢铁行业国际产能合作联盟的成立，搭建促进会员企业间协同开展国际产能合作的平台；认真总结企业开展国际产能合作的经验教训，积极开展企业间的信息交流；加强与相关产业的联系，不断满足下游行业国际产能合作的需求。

6.1.2 有色金属行业运行和投资情况

6.1.2.1 "十二五"发展回顾

[资料来源：《有色金属工业发展规划（2016—2020 年）》]

"十二五"以来，我国有色金属工业积极应对复杂多变的国内外宏观经济形势和发展环境，积极推进转方式、调结构、促转型，基本完成了"十二五"规划发展目标，行业发展保持平稳态势，为实现由大到强奠定了坚实基础。

（1）取得的成绩

① 生产保持平稳增长。2015 年有色金属工业增加值同比增长 10%，10 种有色金属产量达到 5156 万吨，表观消费量约 5560 万吨，"十二五"期间年均分别增长 10.4% 和 10%。其中铜、铝、铅、锌等主要金属产量分别为 796 万吨、3141 万吨、440 万吨、615 万吨，年均分别增长 11.9%、14.1%、1.1%、3.4%，各占全球总产量的 35%、55%、43%、44%。

2015 年有色金属行业规模以上企业完成主营业务收入 5.7 万亿元、实现利润总额 1799 亿元，"十二五"期间年均分别增长 11.6%、1.8%。随着产业规模扩大和市场需求增速放缓，产量及消费增速较"十一五"期间明显回落。见表 6-1。

表 6-1 主要有色金属生产及消费量

品 种		生产量/万吨				表观消费量/万吨			
		2010 年	2015 年	年均增长率/%		2010 年	2015 年	年均增长率/%	
				十一五	十二五			十一五	十二五
10 种有色金属		3136	5156	13.7	10.4	3449	5560	15.5	10
其中	精炼铜	454	796	12.0	11.9	748	1147	15.0	8.9
	原铝	1624	3141	15.1	14.1	1585	3107	17.5	14.4
	铅	416	440	12.2	1.1	420	437	16.5	0.8
	锌	521	615	13.7	3.4	565	671	11.5	3.5

注：2015 年产量为国家统计局公报数据，铅产量数据包括未统计的部分再生铅产量；镍消费数据包括镍铁中含镍量。

② 科技创新成果显著。具有自主知识产权的大直径深孔采矿、复杂矿床安全高效开采、海底大型黄金矿床高效开采与安全保障、粗铜连续吹炼、废铅酸蓄电池铅膏连续熔池熔炼、600kA 超大容量铝电解槽、单线百万吨级氧化铝生产装备、难处理资源可控加压浸出、废杂铜高效利用等工艺技术达到国际领先水平。高性能电子铜带及箔材、航空铝锂合金、高强高韧铝合金预拉伸板、大断面复杂截面铝合金型材等精深加工技术取得突破，为我国制造业迈向中高端提供了重要支撑。

③ 转型升级稳步推进。先进铜、铝、铅、锌冶炼产能分别占全国的 99%、100%、80%、87%。"十二五"期间，铝材和铜材产量年均分别增长 16.9% 和 10.2%，高于或接近同期有色金属产量增长率。2015 年，有色金属深加工收入占全行业收入比例与 2010 年基本相同，但利润占比由 2010 年的 32% 上升到 60%；西部地区电解铝产量占全国比重达到 67%，全国具有自备电厂的电解铝产能占比 70%，分别比 2010 年提高 16 个和 40 个百分

点，"铝-电-网"一体化规模不断扩大。国际合作不断推进，建成投产了一批境外资源基地及加工基地。

④ 绿色发展有新进展。"十二五"期间，有色金属行业规模以上单位工业增加值能耗累计降低 22%，累计淘汰铜、铝、铅、锌冶炼产能分别为 288 万吨、205 万吨、381 万吨、86 万吨，主要品种落后产能基本全部淘汰。2015 年，铝锭综合交流电耗 13562kW·h/t，比 2010 年下降 402kW·h/t，氧化铝、铜冶炼、电锌综合能耗分别为 426 千克标煤/吨、256 千克标煤/吨、885 千克标煤/吨，比 2010 年分别下降 27.8%、35.7% 和 11.4%；再生铜、铝、铅产量分别为 295 万吨、565 万吨和 160 万吨，5 年年均分别增长 5.3%、9% 和 4.3%。"十二五"期间，重点重金属污染物排放总量不断下降。

⑤ 两化融合逐步深化。计算机模拟仿真、智能控制、大数据、云平台等技术逐步应用于有色金属企业生产、管理及服务等领域，国内大型露天矿和地下矿数字化和智能化建设取得重要进展，铜、铝等冶炼生产智能控制系统，铜、铝加工数字控制成型技术，基于"互联网＋"的电子商务平台等逐步推广，行业两化融合水平不断提高。

（2）存在的主要问题

① 技术创新能力不足。基础共性关键技术、精深加工技术和应用技术研发不足，产品普遍存在质量稳定性差和成本高等问题，大飞机用铝合金预拉伸厚板和铝合金蒙皮板、乘用车铝面板等尚不能产业化生产，电子级 12in 硅单晶抛光片、部分大直径超高纯金属靶材、宽禁带半导体单晶抛光片、部分高端铜铝板带箔材等仍依赖进口。

② 结构性矛盾依然突出。电解铝等部分冶炼及低端加工产能过剩与部分品种及高端深加工产品短缺并存。目前，国内电解铝等行业缺乏竞争力，产能退出机制不畅。产业集中度低，企业实力弱。高端深加工生产线达产达标率普遍不高，中低端加工产品同质化严重，市场竞争无序。

③ 环境保护压力加大。随着环保标准不断提高，有色金属企业面临的环境保护压力不断加大。我国有色金属矿山尾矿和赤泥累积堆存量越来越大，部分企业无组织排放问题突出，锑等部分小品种及小再生冶炼企业生产工艺和管理水平低，难以实现稳定达标排放，重点流域和区域砷、镉等重金属污染治理、矿山尾矿治理以及生态修复任务繁重。部分大型有色金属冶炼企业随着城市发展已处于城市核心区，安全、环境压力隐患加大，与城市长远发展矛盾十分突出。

④ 资源保障基础薄弱。矿产品价格急剧下跌，国内矿山企业普遍经营困难，优势稀有金属资源保护面临新挑战。2015 年，国内铜、铝、镍等重要矿产原料对外依存度分别为 73%、45% 和 86%，受资源出口国政策变化、法律约束和基础设施薄弱等影响，进口资源面临新的不确定因素，行业抵御市场风险能力不足。境外资源开发风险评估重视不够，近几年投产后的境外矿山负债率高，债务负担沉重，经济效益差。

6.1.2.2　2015 年有色金属工业运行概况

（资料来源：中国有色金属工业协会三届六次理事会工作报告）

2015 年，受国际国内多重因素影响，我国有色金属行业进入国际金融危机以来最困难的时期。在各方面共同努力下，行业发展基本稳定在合理区间，为实现经济稳增长、调结构、提质增效的目标，做出了贡献。

2015 年，全行业运行呈现"三增、三降、一加强"几个突出特点。

"三增"就是工业增加值、10 种有色金属产量和消费量继续保持增长。其中，规模以上企业工业增加值增长 9.5％，居全国工业前列；10 种有色金属产量达到 5156 万吨，增长 7.2％；消费量达到 5560 万吨，增长 6.8％。

"三降"就是投资、出口额和效益出现下降。其中，完成固定资产投资 6719 亿元，下降 2.8％；出口额 273 亿美元，下降 9.1％；规模以上企业实现利润 1510 亿元，下降 13.2％。

"一加强"就是行业自律加强。这是 2015 年行业运行的一个突出亮点。在国内外市场有色金属价格出现断崖式下跌的情况下，全行业骨干企业空前团结，自主采取限产减量措施，有效缓解了危机。

2015 行业运行呈现以下特点。

① 生产基本平稳。《2015 年有色金属工业统计资料汇编》数据显示 2015 年 10 种有色金属产量 5155.94 万吨，与 2014 年同比增长 7.16％。其中：精炼铜（电解铜）796.89 万吨、同比增长 4.18％，原铝（电解铝）3151.81 万吨、同比增长 11.31％，精炼铅 442.16 万吨、同比减少 6.01％，精炼锌 611.59 万吨、同比增长 6.01％。

② 固定资产投资下降。《2015 年有色金属工业统计资料汇编》显示有色金属工业（不包括独立的黄金项目投资）2015 年完成投资 6719.77 亿元，与 2014 年同比减少 227.26 亿元。其中：有色金属矿采选业 1182.21 亿元，仅比 2014 年增加 4.03 亿元；冶炼业 1804.49 亿元，比 2014 年减少 55.4 亿元；合金制造及压延加工业 3733.06 亿元，比 2014 年减少 175.9 亿元。

③ 进出口贸易额下降。《2015 年有色金属工业统计资料汇编》显示有色金属（不含黄金）2015 年进口总额为 855.74 亿美元、同比减少 138.36 亿美元，出口总额为 273.3 亿美元、同比减少 27.23 亿美元，贸易逆差为 482.44 亿美元、同比减少 211.13 亿美元。其中：铜进口额为 570.83 亿美元，出口额为 48.55 亿美元，贸易逆差为 522.28 亿美元；铝进口额为 107.72 亿美元，出口额为 145.18 亿美元，实现贸易顺差 37.46 亿美元；铅进口额为 21.36 亿美元，出口额为 1.53 亿美元，贸易逆差为 19.83 亿美元；锌进口额为 34.5 亿美元，出口额为 3.73 亿美元，贸易逆差为 30.77 亿美元。

④ 价格大幅下降。中国有色金属工业协会副秘书长兼信息统计部主任王华俊撰写的《2015 年有色金属工业运行情况分析》（2016 年 4 月）表明，2015 年国内外市场有色金属价格大幅下跌，尤其是四季度出现断崖式下跌，一度跌到金融危机以来的最低点。国内市场降幅低于国际市场降幅，国内市场铜、铝、铅、锌价格的降幅分别比国际市场低 2.7、0.9、9.5 及 6.2 个百分点。2015 年国内市场铜现货平均价为 40941 元/吨，同比下降 16.8％；铝现货平均价为 12159 元/吨，同比下降 10.2％；铅现货平均价为 13097 元/吨，同比下降 5.5％；锌现货平均价为 15474 元/吨，同比下降 4.1％。2015 年铜、铝、铅、锌年均价，比金融危机后 2011 年的年均价格 66333 元/吨、16873 元/吨、16643 元/吨和 16922 元/吨，分别下跌了 38.3％、27.1％、21.3％和 8.6％。铝价比 20 年前（1993～1998 年六年）平均价格 14860 元/吨还低 18.2％。

⑤ 主营业务收入几乎零增长，实现利润大幅度下降。中国有色金属工业协会副秘书长兼信息统计部主任王华俊撰写的《2015 年有色金属工业运行情况分析》（2016 年 4 月）表明，2015 年 8640 家规模以上有色金属工业企业（不包括独立黄金企业，下同）实现主营业务收入 52473.1 亿元，同比仅增长 0.1％，增幅比上年回落了 8.9 个百分点。实现利税 2732.4 亿元，同比下降 9.5％。实现利润总额 1509.7 亿元，同比下降 13.2％，降幅比上年扩大 12.9 个百分点。主营活动利润为 1333.7 亿元，同比下降 21.5％。

6.2 冶金行业自动化应用现状

6.2.1 钢铁行业自动化应用现状

冶金行业工业化和信息化相互促进，融合程度不断加深。以设备数字化、过程智能化、管理信息化为发展方向，以"智能化"和"绿色化"为主题，在工艺装备、流程优化、企业管理、市场营销和节能减排等方面的自动化、信息化水平大幅提升，并加速向集成应用转变，逐步形成了多层次、多角度的信息化整体技术解决方案。

"十二五"期间，信息化技术在生产制造、企业管理、物流配送、产品销售等方面应用不断深化，关键工艺流程数控化率超过 65%，企业资源计划（ERP）装备率超过 70%。开展了以宝钢热连轧智能车间、鞍钢冶金数字矿山为示范的智能制造工厂试点，涌现了南钢船板分段定制准时配送（JIT）为代表的个性化、柔性化产品定制新模式。钢铁交易新业态不断涌现，形成了一批钢铁电商交易平台。

6.2.1.1 过程控制和优化

目前大中型钢铁生产企业中，工艺装备通过引进已经达到或者接近国际先进水平，现场关键工艺环节的自动化仪表和集散控制系统也已经配置到位。把工艺知识、数学模型、专家经验和智能技术结合起来，应用于炼铁、炼钢、连铸和轧钢等典型工位的过程控制和过程优化，如高炉炼铁过程优化与智能控制系统、烧结、焦化综合优化控制、转炉动态数学模型、智能电炉控制系统、连铸结晶器液位控制、加热炉燃烧控制、轧机智能过程参数设定等，取得了工艺装备明显的节能减排效果。如武钢应用高炉操作平台型专家系统后，高炉利用系数提高 0.172，焦比降低 41.86kg/t，喷煤比提高 22.98kg/t，年节约焦炭 32452t；武钢焦炉管一体化系统，每年节能为 26.56×10^4 GJ，相当于节约 9000t 标煤，减少 CO_2 排放约 19000t；沙钢冶金电炉采用智能控制技术，取得了冶炼时间缩短 3%，吨钢电耗下降 5% 的效果。

钢铁生产按工艺流程可分为炼铁区、炼钢区和轧钢区三个主要生产过程。下面分别介绍各生产过程自动化技术应用情况。

（1）炼铁区自动控制技术

炼铁区主要包括烧结/球团、焦化和高炉等工艺装备，其中，烧结/球团通过矿石焙烧、成型为炼铁高炉提供原料，焦化生产焦炭为炼铁高炉提供燃料，高炉将矿石中的氧化铁还原生成铁水。炼铁区自动化技术应用主要包括炼焦配煤优化系统、焦炉加热计算机控制及管理系统、烧结过程智能控制管理系统、烧结机智能闭环控制系统、炼铁优化专家系统、高炉人工智能系统等。

① 焦化。通过最优决策和专家知识库，在保证焦炭质量、现有煤种和库存限量等条件下，自动优化炼焦用煤成本最低的配煤方案。达到尽量少配主焦煤和煤源紧张的煤种，尽量多配挥发分高、弱黏性煤或不黏性煤，尽量扩大炼焦煤源，节能增源。将焦炉加热控制与推焦操作管理有机地结合起来，采用智能控制原理，在控制过程中利用计算机模拟人的控制行为功能，最大限度地识别和利用控制系统动态过程所提供的特征信息，进行启发和直觉推理，从而实现对缺乏精确模型的对象进行有效控制。

② 烧结。将烧结配料、混合、加水、布料、点火、烧成等生产工序的过程控制进行模

型化处理，建立子模型之间的关系网络，实现烧结全过程优化智能控制。采用智能控制技术、图像分析处理技术和生产过程数模在线计算的综合解决方案，来判断烧结生产的终点。针对系统具有大滞后、时变等控制难点，采用前馈/反馈和带有参数自校正的模糊控制器，其模糊控制规则综合归纳了生产操作经验、专家知识和在线生产操作分析统计数据以及烧结矿断面图像分析结果，进行智能推理判断，实现烧结终点判断与闭环控制，烧结终点判断命中率＞90％，终点控制系统精度误差≤5％。采用线性规划、最小二乘法等数学方法及神经元网络方法，解决烧结生产过程流程长、环节多、复杂性、非线性、时变性和不确定性的技术难题，从而实现烧结生产过程的智能化，达到烧结生产低耗、高产和优质的目的。

③ 高炉。以高炉"高产、优质、低耗、长寿"为目标，以"安全、稳定、顺行、均衡"为操作方针，创建描述冶炼过程非线性变动规律的"变频数理统计"算法，建立"样本空间模型""系统分析表"和"系统优化图"等数学模型，数量化地描述炼铁重要生产规律，为"多目标系统优化"提供工艺理论依据。提供炉况诊断专家系统，可以诊断边缘过分发展、边缘不足、中心过分发展、中心不足、向凉、向热、管道、崩料、悬料、偏料、低料线、炉墙侵蚀、炉墙结厚、炉缸堆积 14 种异常炉况并给出操作指导，提供了趋势分析、频度分析、回归分析、相关分析、主影响因素分析、分布分析及 Rist 操作线、物料平衡、热平衡、直接还原度等分析和工艺计算算法，包括炉料下降轨迹及炉喉炉料动态模拟模型、炉热指数 T_c 计算模型、软溶带模型、热风炉燃烧优化模型。

（2）炼钢区自动控制技术

炼钢区的主要功能是将铁水和废钢通过脱碳、脱硫、脱氧、去除夹杂物以及调节合金成分等处理，冶炼出合格的钢水，并铸成钢坯，为轧钢提供原料。主要工艺装备包括转炉、电炉、精炼炉和连铸机。

① 转炉。转炉自动化技术的应用主要是建立冶炼过程模型，实现全自动炼钢。其数学模型（分静态模型和动态模型）是以冶金反应机理和传输理论为基础，以经验或半经验关系式和资料为补充，以数值计算方法为手段的半机理半经验模型，并且以计算机以及测量碳含量和钢水温度的副枪为监测工具，达到冶炼过程的计算、预测和优化。转炉炼钢从吹炼条件的确定（包括冶炼钢种和冶炼初始条件的目标温度计算，主副原材料和供氧量计算），到吹炼过程控制（包括副原料投料，氧枪枪位和流量的变化），直至终点前动态预测和调整，吹至设定的终点目标值自动提枪，全部由计算机控制，并且能做到转炉吹炼终点碳和温度准确命中，快速出钢。

② 电炉。通过建立冶炼过程热平衡和物料平衡模型，对供电功率进行合理设定和优化，保证主变压器在安全稳定的工况下运行，降低电耗。综合考虑供电和供氧技术，按冶炼过程能量需求和需氧量来确定各时段内合理的集束氧枪供氧和变压器供电工作点，实现两项功率单元的合理匹配，使炼钢过程各时段以及总的能量供需接近最优理论值。

③ 精炼炉。采用复合人工智能技术完成热平衡计算和钢水温度预报、功率设定点优化、电极升降智能控制等功能，其中，采用人工神经元网络和专家系统相结合的钢水温度动态预报模型，适应能力强，预报精确度高，钢水温度预报平均误差≤5℃；采用人工神经元网络和模糊控制有机结合的复合电极升降控制算法、人工神经元网络电气参数动态预报模型、专家系统能量输入设定点优化等。建立精炼过程预报模型，如精确控制钢材成分的成分微调模型，控制齿轮钢淬透性带的齿轮钢淬透性预报模型，预报出钢后钢中溶解氧及金属、熔渣成分的出钢氧预报模型，LF-VD 过程钢中总氧含量预报模型，吹氩搅拌模型，喂线模型等，

并进行系统工艺优化。

④ 连铸机。实现连铸关键设备参数监控和拉速、液位和冷却系统闭环控制，确保设备始终处于良好状态，减少了拉速波动造成的结晶器卷渣，极大提高铸坯质量。优化板坯工艺技术，对铸机的全部工艺参数进行优化改进，提高了板坯内部质量和表面质量。铸坯在线质量判定系统，通过采集生产过程数据在线自动对铸坯进行质量判定，为板坯热装热送提供依据，根据用户对质量的不同要求，实现不同等级铸坯分类轧制，目前铸坯的无清理率达到98%以上。

（3）轧钢区自动控制技术

轧钢区包括加热炉、热轧、冷轧等工序，主要功能是将钢坯进行变形、热处理等工序为用户提供棒、线、板、管等各种形状和规格的钢材。

① 加热炉。建立了燃烧过程中包括预混火焰、燃烧室内传热、燃气湍流流动及介质加热过程等多模型相互耦合的燃烧全过程三维数学模型，结合数学模型的求解，以计算机模拟与优化结果为依据，通过专家系统与数据库实现了燃烧热过程的计算机优化控制。将模糊控制技术应用于加热炉控制，采用"短周期"预测炉温的模糊控制策略，提高了调节速度，缓解了滞后因素对炉温控制的影响；利用模糊技术对 PID 控制的参数进行自校正，解决非线性因素对 PID 调节准确性的影响，实现了空燃比的自寻优模糊控制，能够适应工艺状况的较大变化。

② 轧机。建立轧制过程的数学模型，实现轧制规程优化计算、轧制规程的自适应及自学习。同时，在总结操作工规程的基础上，实现了轧制规程设定的智能化及专家系统。应用了高精度厚度控制技术、TMCP 技术、平面形状控制技术、板凸度和板形控制技术、组织性能预测与控制技术。建立宽带钢冷连轧数学模型，实现宽带钢冷连轧机在连续轧制过程中最大程度的柔性轧制，实现厚度差 1.5mm、宽度差 300mm 和材料强度差 200MPa 的带钢跳跃能力。应用极限规格拓展和高等级带钢表面质量控制技术，实现了轧机产能和产品质量的提升。

6.2.1.2 生产管理控制

目前大中型钢铁生产企业中，已普遍实施了 MES（制造执行系统），通过信息化促进生产计划调度、物流跟踪、质量管理控制、设备维护水平的提升，减少了工艺衔接间的能耗。如沙钢充分利用信息化技术，构建铁水优化调度系统，实现全公司的高炉和转炉的生产进行统一调度和管理，减少了倒包引起的铁水热量损失，提高了铁水热量的利用率，每年可节约23.12 万吨标准煤，采用炼钢-轧钢钢坯热送热装信息化系统，实施炼钢连铸坯热装进入轧钢加热炉，热装比达 80%以上，轧钢产量增加 20%左右，单位能耗下降 20%以上。

目前，国内钢铁生产企业近年来开始进行能源中心建设，通过信息技术、自动化技术，实现电力、燃气、动力、水等能源介质监控、能源一体化平衡调配、能源精细化管理等功能。宝钢能源中心借助信息化平台按照能级匹配的原则进行优化调度，基于数学模型对现场设备直接监控和操作指导，并将数据仓库技术应用到煤气等能介的统计结算、能耗分析、消耗预测等各环节中去，宝钢燃气系统多年来运行指标一直处于国内较高水平，高炉煤气放散率 0.87%，焦炉煤气放散率 0%，转炉煤气回收率 99.7m³/吨钢，不但节约了大量的一次能源采购，而且减少了大量的废气排放，环境保护意义重大。

6.2.1.3 企业级信息化

随着企业管理水平的不断提高，钢铁企业信息化取得显著进展。基于互联网和工业以太网的 ERP（企业资源计划）、CRM（客户关系管理）和 SCM（供应链管理）等取得很多成功应用范例，在更好地满足客户需求、精细控制生产成本等方面发挥了作用。

南京钢铁公司实施了集成融合型企业信息系统。建立以财务为核心、产销质一体化为纽带，包括了生产、销售、质量、采购、储运、人资、设备、财务成本、信息运作 9 大领域的 ERP 主体工程，并建立计量、检化验、电子商务、铁路运输管理等支撑和延伸系统，全面集成、融合 ERP 系统、集团财务系统、MES 系统、能源管理系统、计量与检化验、过程控制系统等各级信息化系统，形成具有功能完整、高度集成的企业集成融合型整体信息系统。实现了"管理高度集中、产销高度衔接、数据高度一致、信息高度安全、人员高效配置"的现代化管理平台。建立了精细化日成本核算体系、订单成本模拟和接单毛利预测功能，优化了订单结构，快速响应市场，在有限产能计划内实现企业效益最大化。日成本分析和效益预测快速为决策层提供决策支持，及时调整接单和生产，在线滚动优化，实现效益最大化。通过使用现代化挖掘技术，创建铁前原料结构优化回归模型和采购决策支持系统，实现铁前原燃料性价比动态评测，指导企业实现采购与配料结构优化，创造了显著的经济效益。

6.2.2 有色金属行业自动化应用现状

（以下内容依据 2010～2015 年中国有色金属工业科学技术奖获奖项目汇编资料整理）

"十二五"期间有色金属工业化与信息化相互促进，融合程度不断加深，其发展过程类似于钢铁工业。信息化技术在有色金属生产制造、企业管理、物流配送、产品销售等方面应用不断深化。《有色金属工业发展规划（2016—2020 年）》显示，2015 年实现综合集成企业比例为 12%、管控集成的企业比例为 13%、产供销集成的企业比例为 16%。信息化技术与装备在有色金属工业的应用仍渗透到了方方面面，取得了显著成绩。

① 过程控制和优化。目前大型骨干有色金属生产企业的工艺装备已经达到或者接近国际先进水平，现场关键工艺环节的自动化仪表和集散控制系统也已经配置到位。把工艺知识、数学模型、专家经验和智能技术结合起来，应用于采选、冶炼、资源综合回收利用、加工等典型工序（位）的过程控制和过程优化，取得了工艺装备明显的节能减排效果。

② 生产管理控制。目前大中骨干有色金属生产企业已普遍实施了 MES（制造执行系统），通过信息化促进生产计划调度、物流跟踪、质量管理控制、设备维护水平的提升，减少了工艺衔接间的能耗、物耗，大幅度提高了资源综合利用率和国际市场比较竞争力。

③ 企业级信息化。随着大中型骨干企业管理水平的不断提高，有色金属企业信息化取得显著进展。基于互联网和工业以太网的 ERP（企业资源计划）、CRM（客户关系管理）和 SCM（供应链管理）已有成功应用范例，在更好地满足客户需求、精细控制生产成本等方面正在发挥示范作用。

6.3 冶金行业自动化新技术、新成果

6.3.1 钢铁行业自动化新技术、新成果

2010～2016 年冶金自动化技术相关冶金科技进步奖（2 等奖以上）43 项，其中特等奖 1 项，1 等奖 13 项，2 等奖 29 项。见表 6-2。

表 6-2　2010～2016 年冶金自动化技术相关冶金科技进步奖（2 等奖以上）

年份	编号	项目名称	等级
2010 年	2010140	550m² 烧结机智能闭环控制系统	1
	2010171	电弧炉炼钢流程能量优化利用技术的研究与应用	1
	2010128	冷轧机板形控制核心技术自主研发与工业应用	1
	2010063	南钢集成融合型企业信息系统的开发与应用	1
	2010217	宝钢 1880mm 热轧关键工艺及模型技术自主开发与集成	1
	2010070	1450mm 热连轧生产线三电自主集成与创新	2
2011 年	2011094	基于"压力反馈"的动态轻压下技术开发与应用	2
	2011202	首钢京唐钢铁公司能源管控系统	2
	2011113	含钒半钢炼钢自动控制集成技术的自主开发及应用	2
	2011091	烧结全流程综合自动控制系统的研发与应用	2
	2011234	基于料面综合判断方法的高炉节能技术	2
2012 年	2012019	铸轧产线生产组织优化系统研发与应用	1
	2012084	连铸板坯表面缺陷在线检测技术的开发与应用	2
	2012174	自主创新建设钢铁产品全制程的质量管控信息系统	2
	2012122	钢铁物流、能源流界面技术集成与创新	2
2013 年	2013233	热轧板带钢新一代 TMCP 技术及应用	1
	2013021	钢铁企业制氧系统最佳节能模式的理论研究及实践	1
	2013132	大型加热炉系统化高效节能技术研究与集成	2
	2013105	钢铁企业供配电节能新技术的研发与应用	2
	2013003	矿山企业云计算技术研究与应用	2
	2013134	热轧高品质卷取控制技术	2
2014 年	2014011	炼铁-炼钢区段系统能效优化集成技术研究	1
	2014132	基于物联网技术非煤地下矿山安全监测预警决策通用平台	2
	2014076	7.63 米焦炉热工精细调控与生产高效运行的技术开发	2
	2014111	基于相控阵雷达的可视化高炉布料控制系统的开发及应用	2
	2014161	420mm 厚度特厚板坯连铸工艺、装备及控制关键技术	2
	2014158	中厚板生产线全流程自动化系统集成与创新	2
	2014056	基于物联网技术的铁区智能生产及管理系统	2
	2014033	带钢表面质量在线检测核心技术研究装备开发与应用推广	2
2015 年	2015076	宽带钢热连轧自由规程轧制关键技术及应用	1
	2015141	客户驱动的冶金企业全流程协同制造系统开发与应用	1
	2015129	适应 5500m³ 高炉生产的 7.63m 焦炉低成本配煤技术研究与应用	2
	2015226	热镀锌带钢镀层质量控制核心技术研究与工业应用	2
	2015028	高性能工艺控制器 CCTS 的研制与应用	2
	2015038	冷轧连退线自动化系统集成研发	2
	2015180	百米高速重轨超声波在线检测系统关键技术与应用	2
	2015039	大型钢铁联合企业能源优化管理控制系统的自主研究开发与应用	2
	2015143	热轧粗轧板形调控及质量提升技术	2

第 6 章

165

年份	编号	项目名称	等级
	2016046	薄带连铸连轧工艺、装备与控制工程化技术集成及产品研发	特
	2016041	高质量钢轨及复杂断面型钢轧制数字化技术开发及应用	1
2016年	2016018	钢铁制造流程系统集成优化技术研发及应用	1
	2016140	鞍钢自主创新中试炼钢平台建设及自主关键技术集成	2
	2016017	高精度热轧带钢全流程模型及控制技术	2

以下按过程控制、生产管理控制和企业信息化三个层面介绍近年来取得的主要进展。

（1）过程控制

将工艺知识、数学模型、专家经验和智能技术结合起来，应用于炼铁、炼钢、连铸和轧钢等典型工位的过程控制和过程优化，取得了丰硕的技术成果，如 $550m^2$ 烧结机智能闭环控制系统、操作平台型高炉专家系统的开发和应用、电弧炉炼钢流程能量优化利用技术的研究与应用、首钢迁钢 210t 转炉炼钢自动化成套技术、宝钢 1880mm 热轧关键工艺及模型技术自主开发与集成、冷轧机板形控制核心技术自主研发与工业应用等，整体水平达到国际先进水平，取得了明显经济效益。

① 首钢京唐 $550m^2$ 烧结机智能闭环控制系统。采用线性规划、最小二乘法等数学方法及神经元网络方法，解决烧结生产过程流程长、环节多、复杂性、非线性、时变性和不确定性的技术难题，从而实现烧结生产过程的智能化，达到烧结生产低耗、高产和优质的目的。实现了烧结生产的智能闭环控制，达到了国际领先水平。

② 武钢操作平台型高炉专家系统的开发和应用。操作平台型高炉专家系统是一种基于数学模型的在线专家系统。此专家系统充分考虑我国操作人员的需求，以炉况顺行、炉温控制、布料控制、炉型管理等关键功能为主，开发了面向工长的操作平台。此外还开发了炉缸炉底侵蚀、理论焦比分析等数学模型，对高炉中长期操作提供参考。开发中采用了一些独特技术手段，如布料模型开发基于料面实测技术，高炉内煤气流分布评估模型开发采用红外图像处理技术，炉型管理模型开发采用自组织特征映射方法对炉型分类并找出最佳炉型集，炉温预报模型开发应用模糊理论精确预报铁水温度，炉缸炉底侵蚀预报模型开发考虑凝固潜热并采用有限元和模式识别技术等。该系统达到国际先进水平，其中炉温预报和红外图像评估气流分布的建模技术达到国际领先水平。

③ 莱钢电弧炉炼钢流程能量优化利用技术的研究与应用。电炉炼钢流程是以废钢为主要原料，带有低碳经济、循环经济特征，具有流程短、节能、环保等优点。研究的目的就是提高电弧炉炼钢流程各工位能量利用效率，调整能量流向，组合利用工位间的能量，实现全流程的生产效率、能量消耗等达到国际领先水平。首次将热管蒸发器技术、击波清灰技术、热量回收控制技术应用于电弧炉余热除尘系统。项目整体技术达到国际领先水平。

④ 首钢迁钢 210t 转炉炼钢自动化成套技术。根据迁钢原材料条件、冶炼钢种、炼钢工艺和复吹状况，开发了转炉自动炼钢静态、动态模型。开发了一键式全程自动化炼钢，实现了主控室全封闭自动化炼钢操作。研究了终点低磷的吹炼模式，改善了过程化渣，显著降低了钢中磷含量，比采用炼钢自动化技术前终点磷平均下降 0.007%。不造双渣，终点碳 $\leqslant$ 0.06% 时，终点磷控制水平达到 0.007%。开发了中高碳钢冶炼模式，满足了中高碳钢冶炼要求。采用转炉炼钢自动化成套技术后，转炉后吹率由投运前的平均 28.37% 减少到

3.16%；转炉终点碳、温度双命中率达到90.51%，其中碳命中率达到96.34%，温度命中率达到93.67%；冶炼周期平均缩短16.8%。项目整体水平达到了国内领先、国际先进。

⑤ 宝钢1880mm热轧关键工艺及模型技术自主开发与集成。以宝钢1880mm热连轧建设为契机，以热连轧带钢生产关键工艺及模型技术为突破口，形成了一系列关键技术：a. 国内首次研发了高等级取向硅钢及高牌号无取向硅钢、IF钢低温出炉高温终轧等热轧过程温度场控制系列化工艺技术，满足了其热轧关键工艺与质量控制要求。b. 基于控制冷却速率与空冷时间来控制产品金相组织的思想，国内首次研发形成了采用经济成分设计的热轧先进高强钢（AHSS）分段快冷与低温卷取技术，满足了抗拉强度高达1200MPa的热轧高强钢轧制关键工艺控制要求。c. 首次提出了利用精轧机组后部三个机架长行程窜辊与在线磨辊（ORP）相结合的热轧带钢轮廓控制方法，并建立了相应的轮廓控制模型，形成了兼顾带钢轮廓控制与轧制稳定性控制的长行程窜辊策略技术，开发了与工作辊窜辊相结合的在线磨辊使用技术，实现了多品种集批生产与交叉轧制的热轧自由轧制技术。d. 首次研发并集成了粗轧机轧制线标高动态控制、粗轧纠偏与镰刀弯控制、精轧轧制线标高自动设定与调整等轧制稳定性控制技术，满足了高强度薄规格产品轧制稳定性控制的要求。e. 首次在大型热连轧过程控制领域研发了跨系统平台和软硬件环境的热轧过程控制系统集成方法，研发了基于热轧产品特性的产品模型设计技术、不同炉型的加热炉成套模型技术、精细化的轧制模型技术和高精度层流冷却控制技术，形成了支撑热连轧高端产品的过程控制成套模型技术。

⑥ 鞍钢冷轧机板形控制核心技术自主研发与工业应用。国内首创、自主研发设计了由分块压磁式板形测量辊、DSP信号处理计算机及信号处理软件所构成的冷轧带钢接触式板形测量系统，实现了我国冷轧机板形测量系统核心技术的突破。世界首创、自主研发出基于模型自适应和影响效率函数相结合的多目标冷轧机板形闭环控制系统理论。该系统适用于冷连轧、单机架冷轧生产的在线高精度板形控制，实现了我国冷轧机板形控制系统核心技术的突破。板形控制系统成功应用于鞍钢1250冷轧机工业生产，现场实际的冷轧带钢板形控制保证精度优于7I。技术成果整体上达到国际领先水平，填补了国内空白。

（2）生产和能源管理控制

目前大中型钢铁生产企业中，已普遍实施了MES（制造执行系统），通过信息化促进生产计划调度、物流跟踪、质量管理控制、设备维护水平的提升，减少了工艺衔接间的能耗。国内钢铁生产企业近年来开始进行能源中心建设，通过信息技术、自动化技术实现电力、燃气、动力、水等能源介质监控、能源一体化平衡调配、能源精细化管理等功能。

① 宝钢铸轧产线生产组织优化系统研发与应用。项目以宝钢多条连铸-热轧产线的生产计划与控制为依托，围绕炼钢-热轧生产计划组织优化，形成了面向节能降耗、可适应市场变化的全产线生产组织与加热炉群调度与控制成套技术。研发了基于出钢记号集约管理的炼钢生产组炉优化模型与系统、连铸及热轧优化计划排程模型与系统（包括材料交叉计划、冷热坯分装交叉计划、冷热混装计划、最大化DHCR计划的模型优化等），以及加热炉群组织优化与控制技术、热轧生产效率评估工具软件等，国际上独创了计划排程场景仿真与重调度优化技术，充分发挥人-机互动性，提升了计划系统的可用性与适应能力。特别研发了管理决策优化基础软件包，其中部分软件如离散事件仿真平台、大规模混合规划、智能自动建模软件等，填补了我国工业界技术空白。在宝钢应用后，减少资源浪费、减少烧损、成材率提升、节约能源和产能提升等产生经济效益1.69亿元。

② 首钢京唐能源中心。项目研究开发了钢铁企业能源分析评价、能源计划和能源调控等能源管控一体化技术。研究了能源异构数据集成平台、能源管网 GIS 系统、能源短期预测模型、电力系统智能软五防模型、能源动态仿真模型、能源智能调度技术，开发了可配置的能源管理中心软件，实现了煤气、蒸汽、电力、技术气体和水综合优化管控。通过减少煤气放散、降低蒸汽损失、增加二次能源回收、提高污水回用等实现节能减排，年经济效益约5084.2 万元。

（3）企业级信息化

随着企业管理水平的不断提高，钢铁企业信息化取得显著进展。基于互联网和工业以太网的 ERP（企业资源计划）、CRM（客户关系管理）和 SCM（供应链管理）等取得很多成功应用范例，在更好地满足客户需求、精细控制生产成本等方面发挥了作用。

宝钢在多年的发展过程中，走出了一条从现场走向市场、从制造管理走向企业经营管理、再走向集团化运作管理的发展道路。宝钢的信息化建设很好地支撑了管理创新，从单基地制造管理到跨地域多基地一体化经营管理、供应链管理、集团管控、决策支持，都有成功案例，引领了行业信息化的发展。

近年来，数据挖掘等先进信息化技术在钢铁企业成功应用并取得了显著经济效益。先进数据挖掘算法和针对钢铁生产数据挖掘问题领域知识相结合，为钢铁企业在钢铁生产工艺与配方优化、质量控制、市场预测与供需链管理、资源分配与生产调度、生产操作优化等方面提供了重要的技术保障。

6.3.2 有色行业自动化新技术、新成果

2011～2015 年有色金属信息化技术及产业化应用，获得国家科学技术进步二等奖 3 项、发明二等奖 2 项。要特别指出的是，在 2010～2015 年有色金属工业获得 37 项国家科学技术奖中，几乎所有项目都优化集成创新应用了信息化技术。在 2010～2015 年获得中国有色金属工业科学技术一等奖项目中，以信息化技术为主要创新点之一的至少有下列 30 项（见表 6-3）。

表 6-3　2011～2015 年有色金属工业信息化技术主要获奖项目列表

（1）国家科学技术奖（4 项）

年份	序号	项目名称	等级
2010 年	1	铜冶炼生产全流程自动化关键技术及应用	二等
2011 年	2	大型矿山排土场安全控制关键技术	二等
2014 年	3	铝电解槽高效节能控制技术及推广应用	二等
2015 年	4	复杂难处理资源可控加压浸出技术（发明）	二等
	5	高性能铜合金连铸凝固过程电磁调控技术及应用（发明）	

（2）中国有色金属工业科学技术一等奖（30 项）

年份	序号	项目名称
2015 年	1	露井复合开采滑坡风险辨识及其雷达监测系统的研发
	2	一水硬铝石矿生产氧化铝同步脱硫脱有机物技术及产业化
	3	大型电解铜高效节能减排成套智能装备的研发及产业化
	4	IGCT 大功率高性能电气传动关键技术研究及应用

年份	序号	项目名称
2014年	5	广域电磁法及其应用(发明)
	6	NGL炉冶炼废杂铜成套工艺与装备
	7	预焙阳极全寿命质量控制技术研究及应用
	8	数字矿山综合信息技术创新与产业化应用
2013年	9	矿山安全在线监测与预警应急三维智能系统
	10	矿井空气品质综合指数与安全通风节能联动技术研究
	11	双旋预混熔炼、在线智能吹炼、清洁高效精炼铜冶炼关键技术
	12	基于分布机器视觉的选矿过程全流程监控技术(发明)
	13	中国有色金属行业景气信息系统研发与应用
	14	电解铝厂生产全过程控制技术研究及系统开发
	15	MpHg-1通用型原子荧光测汞仪研制及其应用
2012年	16	高地应力作用下露天转地下开采安全控制关键技术
	17	复杂空区群条件下的矿床高效采矿与地压灾害监控综合技术
	18	新型白银铜熔池熔炼炉(BYL-3)集成技术研究及应用
	19	金属粉体高效气雾化成套生产技术装备及产业化应用
	20	铝合金等温挤压关键技术与装备的开发和应用
	21	高速宽幅双机架四辊铝带冷连轧技术及装备研发
	22	铝电解生产智能决策系统及应用
	23	企业信息情报系统
	24	载流X荧光品位分析系统开发
2011年	25	危机矿山隐伏矿大比例尺定位定量预测技术
	26	高硫矿井矿石自燃火灾预防和控制关键技术
	27	铅富氧闪速熔炼新技术装备与产业化(发明)
	28	应用于铝合金绿色熔炼的铝液在线除气技术与装备
	29	复杂型材挤压模具高效设计仿真平台的开发与应用
	30	大型液压机状态监测及故障预警技术研究与应用

第6章

典型项目简介如下。

(1) 危机矿山隐伏矿大比例尺定位定量预测技术(中南大学、铜陵有色金属集团股份有限公司、山东招金集团有限公司、江苏华东地质调查集团有限公司、山金西部地质矿产勘查有限公司、赖健清、毛先成、邵拥军、彭省临、杨斌、杨牧、邹艳红、陈进、席振铢、疏志明、吕俊武、王建青、王慧、马春、樊俊昌、王雄军)。

通过深化铜陵地区铜多金属成矿系统和定位规律的研究,建立危机矿山深边部的大比例尺定位定量预测模型,通过找矿技术方法的有效性评价和隐伏矿三维可视化定位定量预测技术开发研究,形成具有自主知识产权的、适合铜陵矿集区危机矿山500~1000m深部及边部大比例尺定位预测技术集成体系。项目得到国家"十一五"科技支撑项目、国家重大基础研究项目（973）前期研究专项联合支持。

该项目深化了铜陵地区成矿地质背景、成矿条件和控矿因素的研究，通过凤凰山铜金矿、铜山铜矿、安庆铜矿及天马山金矿四个典型矿床的解剖研究，分析矿床成矿-定位机理，总结铜金矿床的定位规律，建立了成矿作用模式；创造性提出隐伏矿定位预测中找矿方法有效性定量评价的新思路和新方法。将 Meta 分析方法移植应用于地学找矿预测领域，定量比较多种找矿方法的有效性，提出了计算单种找矿方法有效度的有效性定量评价新方法；攻克了危机矿山深边部隐伏矿定位定量预测的关键技术难题，开发了"控矿地质因素场建模、复杂地质体三维形态分析、成矿信息三维定量分析提取、三维可视化定量预测" 4 项新技术，建立了凤凰山铜矿田深部隐伏矿大比例尺三维可视化定位定量预测模型；开展了综合成矿预测，圈定和优选了找矿靶区，结合验证工程揭露估算了预测资源量，提交示范基地 4 个，提供验证靶区 16 处，提交预测资源量铜 55.6 万吨，铁 152 万吨。经钻孔验证已探明铜金属 30 万吨，铁 155 万吨。

研究成果已应用到山东招远地区、福建丁家山、青海红灯沟-胜利沟地区的找矿勘查，取得了很好的找矿效果。还可以推广到国内类似地区大中型金属矿山的找矿勘查，解决众多矿山的资源危机局面，推广应用前景广阔。

（2）高硫矿井矿石自燃火灾预防和控制关键技术（中南大学、铜陵有色金属集团股份有限公司冬瓜山铜矿、李孜军、吴超、李明、陈沅江、胡汉华、阳富强、汪令辉、孙浩、杨承祥、孟稳权、黄锐、廖慧敏、王从陆、刘琼）。

高硫矿床开采中的矿石自燃火灾是非煤矿山重大灾害之一。为解决高硫矿井自燃火灾预防与控制的关键技术难题，该项目研发成功高硫矿井矿石自燃火灾预防和控制关键技术。项目得到国家科技支撑（攻关）计划、国家自然科学基金的支持，获得多项发明专利。

研发了预防硫化矿石自燃的系列新型复合阻化剂和灭火剂。以阻化剂的吸附机理和钝化机理为理论依据，提出了集隔氧降温、吸附和钝化等机理共同作用的复合型阻化剂的研发技术路线，发明了一组具有工业应用价值的复合阻化剂配方。开发了防灭火阻化材料自动喷洒装备和注浆防灭火系统，解决了阻化剂现场应用困难的难题。发明了一种基于温度平衡跟踪法的硫化矿石动态自热率测定装置和测定方法，并首次应用了程序升温和温度自动跟踪技术，成功解决了硫化矿石常温氧化阶段自热率测定误差大的难题。建立了基于红外探测理论与技术的硫化矿石堆氧化自燃过程的非接触式监测预报理论与技术。查清了硫化矿石低温氧化的物理吸附氧机理和生物氧化机理，进一步完善了化学热力学机理和电化学机理，深入研究了硫化矿石低温氧化的复合作用机理，科学合理地解释了硫化矿石的氧化自燃过程。提出了硫化矿石自燃倾向性的分级和鉴定标准，在国际上首次制订了《硫化矿石自燃倾向性实验室鉴定技术规范》安全标准和规程。动态仿真模拟硫化矿石堆氧化自燃过程，提出了硫化矿石堆自燃安全期的概念和判断准则。在国际上首次制订了《硫化矿床地下开采预防矿石自燃安全技术规程》。

技术成果已在铜陵有色金属集团股份有限公司冬瓜山铜矿、新桥硫铁矿、银家沟硫铁矿等多个矿山获得成功应用，取得了良好的经济和社会效益。我国有此类矿井上千座，该项成果具有广阔的推广应用前景，并能创造显著的经济、社会和环境效益。

（3）复杂型材挤压模具高效设计仿真平台的开发与应用（北京有色金属研究总院、广东凤铝铝业有限公司、江阴市江顺模具有限公司，谢水生、程磊、刘志铭、张理罡、和优锋、黄国杰、刘鹏、付垚、张振锋、黄志其、吴朋越、李雷）。

该项目针对复杂型材挤压模具高效设计的关键技术开展了研究，将数值模拟技术与模具设计的专家知识有机结合起来，自主研发了复杂型材挤压模具高效设计仿真平台，并取得软件著作权。根据输入型材信息，实现模具参数化造型、三维模型和二维图纸自动生成；自动进行模具结构设计和型材挤压过程模拟仿真；通过数值试模，平台自动提供最佳的修模方案，获得挤压模具最优设计。系统研究了挤压模具优化设计技术，复杂型材挤压过程数值模拟技术；建立了挤压模具修模系统，以及模具设计案例库、专家知识库、型材产品数据库、模具参数库、材料数据库等数据库系统，实现了挤压模具的高效、最优化设计，使得模具设计自动化、智能化，最终达到"零试模"。

该平台不仅可用于普通型材挤压模具的优化设计，还能用于大型、复杂铝合金和镁合金型材（型材外接圆尺寸≥400mm 或最大壁厚/最小壁厚≥3 或空心型材扁宽比≥10）挤压模具设计、参数优化和数字修模。对于大型复杂断面铝合金型材挤压模具一次上机合格率提高到 80％，镁合金型材挤压模具一次上机合格率提高到 60％。大型复杂模具的修模次数由以前的 3～5 次降低至不超过 2 次，普通挤压模具 90％以上可以达到"零试模"。不同类型的挤压模具寿命相比以前分别提高 5％～20％。

平台在国内多家挤压模具制造和型材加工企业进行了应用推广，完全满足用户要求，并大幅提高生产效率，降低制造过程中的能源、材料消耗和生产成本，创造经济效益 4200 万元。如全国 50％的型材挤压模具设计应用推广，可为型材挤压行业创造直接经济效益 2 亿元，全面提升我国复杂型材制造的整体技术水平，对满足我国航空航天、交通运输等领域急需的复杂型材制造具有重大意义。

（4）大型液压机状态监测及故障预警技术研究与应用［中南大学、西南铝业（集团）有限责任公司，谭建平、蒋太富、曹贤跃、陈晖、周俊峰、周继能、孙康、卢云霞、文跃兵、王华、许焰、谭昶、陈国强、高士举、龚金利、彭玉凤］。

大型液压机是一个国家建立独立工业体系和强大制造业所必需的战略性装备。建造于20 世纪 70 年代的我国最大的 300MN 模锻水压机和 125MN 挤压机等大型液压机为国家重大工程项目发挥了巨大作用。中南大学分别于 2006 年和 2008 年对其操纵控制系统等进行了改造升级，实现了大型液压机工作压力、位移、速度等主要功能参数的高精度测控。随着国家重大工程和国民经济发展对重型制造装备依赖的加剧，长期服役的大型液压机处于缺乏监护的高强度、超负荷运行状态，设备安全性、运行稳定性以及健康状态监测已成为一个极其迫切的课题。

该项目在国家 863 计划"300MN 模锻水压机状态监测及故障诊断研究"和国家科技重大专项"2 万吨难变形金属挤压机"项目支持下，系统研究了大型液压机机械及液压系统异常冲击载荷故障机理与操作驱动系统性能退化模型，提出了大型液压机状态监测与故障预警技术方案，研制了非接触式活动横梁空中姿态监测、数字式立柱附加应力高精度监测、多活动部件挤压中心同步检测等多项具有自主知识产权的大型液压机非功能参数监测技术，开发了与设备操作控制系统融合的大型液压机状态监测及故障预警技术软硬件系统。获授权发明专利 9 项，软件著作权 6 项。

该技术已成功应用于 300MN 模锻水压机及 125MN 卧式挤压机，实现了大型液压机实时状态监测与主要故障预警保护，解决了超大型部件高精度对中挤压等多项技术难题，有效防止了突发故障对设备的损害，提高了运行效率与产品质量。目前正在推广应用于其他大型液压机研制与改造，为大型基础制造装备的安全运行和国家重大工程关键制品的产品质量提供了的技术保障，具有显著的经济和社会效益。

（5）高速宽幅双机架四辊铝带冷连轧技术及装备研发（中色科技股份有限公司，窦保杰、陈春灿、赵景申、徐国涛、杨小斐、范宇峰、华宏、杨烟波、张俊芳、欧阳向荣、孔德英、熊克凯、顾永胜、薛强、王欣、符可惠）。

该机组为国内首台自主开发的高速智能宽幅双机架不可逆铝带冷连轧机，轧制力大，扭矩大，自动化水平高，满足高品质铝带材生产工艺要求。机组功能齐全实用，具有自动化的上卸卷、套筒转运、残卷处理、旋转排烟罩、卷重计算等配置。机组安全性好，具有与生产联锁的自动安全防护栏、设置高低压灭火系统、全封闭的开卷卷取地沟等。机组节能环保，设有废油气的回收再生系统、碎边运输油气烟雾回收装置、辅助设施组合节能技术等。

机组自动化水平高，采用了在线换纸、应急出料装置等保障技术；设计了新型轧辊装置及传动系统，解决轧制力大、力矩大及速度高的难点，实现了设备高效稳定运转；研制的液压预应力拉杆及分段斜楔卷轴，有效延长卷轴使用寿命；卷筒侧支承、高架平台及出入口装置采用了一体化设计，优化了结构，增强了整体刚度，扩大了安装维护空间；独创的机架间配置结构，保证了前后机架协调，实现了全自动穿带，增强了断带保护。获授权发明专利 1件，实用新型 9 件。

该机组制造费用低，约 0.9 亿元，而进口同类设备超过 2 亿元，相比同时上两台国产单机架冷轧机，可节约投资超过 40%。并且，建设周期比进口的 2m 双机架铝带冷连轧缩短了近 30 个月。据统计，机组为用户创造利润为 2.4 亿元人民币/年。

该机组具有自主知识产权，整体技术国内领先，达到国际先进水平，具有良好的经济和社会效益。

（6）铝电解生产智能决策系统及应用（北方工业大学、中电投宁夏青铜峡能源铝业集团有限公司、焦作万方铝业股份有限公司、北京北方卓立科技有限公司，李晋宏、牛庆仁、王绍鹏、曹丹阳、宋威、康宁、蔡德玉、林满山、常玉杰、曾水平、田永锋、高磊、苏志同、丁建雄、杨艳明、杨丹丹）。

该项目以铝电解生产过程中大量原始生产记录数据为基础，研制了具有自主知识产权的铝电解生产智能决策系统，解决了一直困扰铝电解生产的若干关键难题。

构造了集铝电解生产数据的采集与集成、规范化、多维分析、多维决策及数据挖掘于一体的铝电解生产智能决策系统，为我国铝电解生产企业实现节能降耗提供了一整套综合智能解决方案。基于数据仓库、多维分析和统计过程控制技术，建立了面向铝电解生产的广义多维分析数据模型，为铝电解生产数据的全方位展示和生产过程的控制提供了有力的工具。提出了具备槽况故障自诊断、过热度软测量、多维决策功能的铝电解多维决策系列方法，达到了自动诊断异常槽况、稳定电解温度和过热度的目的，从而降低了阳极效应系数，提高了电流效率。针对单台电解槽，从降低长度较短的项集的处理代价入手，提出了包含索引的数据组织形式。并在此基础上，提出了新的元项集、无冗余关联规则和基于生成子的聚类算法，较好地解决了频繁项集挖掘中存在的结果模式过多的问题。而针对不同数量的电解槽群体，提出了具备交互式多参数拟合聚类、分类特征提取、最优序列挖掘功能的数据挖掘方法，融入了工艺人员的领域知识，为电解槽向更优的状态迁移提供了科学依据，为铝电解槽的多粒度群体控制奠定了基础。

该项技术已在中电投宁夏青铜峡能源铝业集团、焦作万方铝业股份有限公司、东方希望包头稀土铝业有限责任公司、中国铝业青海分公司、山西华圣铝业有限公司、中国铝业股份有限公司连城分公司等十多家电解铝企业应用，电流效率提高约 1%，电解平均槽电压降低 60~100mV，原铝综合电耗降低近 100~450kW·h/t 铝，阳极消耗降低 5~35kg/t 铝，氟化铝单耗降低 1~3kg/t 铝。每年为宁夏青铜峡能源铝业集团有限公司带来的经济效益近 8000 万元，每年为焦作万方铝业股份有限公司带来的直接经济效益达 2946 万元。

（7）企业信息情报系统（中国有色矿业集团有限公司、中国有色金属建设股份有限公司，李燕、李丰才、徐国钰、马鸣、刘瑾、杨利刚、颜石、史鉴、胡波、麻恒瑞、李昌林、陆赞、刘超毅、杨宇帆）。

该项目针对企业信息情报工作需求，通过建立在独特信息论和概率论基础上的语义分析技术，运用先进的搜索引擎，开发构建了企业开展信息情报工作的一个综合智能系统，在统一系统上实现了企业竞争情报、舆情监测及信息情报的统一搜索。

该系统总体设计按照实际应用流程，即从数据的采集和处理，信息智能分析、应用与发布三个层次实现。整个系统主要由四大功能模块组成：信息采集、智能处理、应用服务和系统管理。"信息采集"实现对内外部信息、主题信息、数据库信息的数据采集，是整个系统的源；"智能处理"提供对信息的智能处理，是整个系统平台的智能处理中心；"应用服务"是用户开展信息情报工作的应用和管理模块；"系统管理"是系统管理员对整个系统的管理和维护模块，它包括整个系统的参数设置、用户管理、权限管理、数据信息的添加和删除、系统平台运行情况和系统使用情况的统计分析、系统日志管理。此外，整个系统还实现了与其他应用系统的数据整合与应用。

企业信息情报系统的建设完成，创新地将企业竞争情报、统一检索、舆情监测三者有机结合，解决了当前单一竞争情报产品无法满足企业开展信息情报工作需求的问题。有效利用了系统的自动抓取和智能处理功能建设完成了适合企业自身的舆情监测系统。将统一检索引入企业信息检索中，整合企业现有应用系统、互联网及数据库信息的检索，实现企业内、外部信息快速搜索，以及信息的有效整合和共享，提高了信息资源利用率。

通过企业信息情报系统建设完成，形成了一套有效利用的方案和技术路线，建成了有色金属行业首家信息情报智能工作系统，总结了有色金属行业建立信息情报系统的信息源、检索词库等，提供了可借鉴的企业信息情报工作模式。整个系统集成度高、兼容性强、可调用性和可重用性好，可为同行业企业在竞争情报、舆情监测、知识管理、信息检索、应用整合等方面建立快速、实用、可扩展的业务应用。

（8）载流 X 荧光品位分析系统开发（北京矿冶研究总院，赵建军、李杰、徐宁、赵宇、陆博、迟庆雷）。

我国矿业生产过程在线检测技术落后，矿浆品位分析仪器主要依赖进口，先后从芬兰引进库里厄系列荧光品位分析仪 36 台套之多，花费人民币近 2 亿元。

芬兰奥托昆普是国际知名载流型 X 射线分析仪厂家。国内北京矿冶研究总院、西北矿冶研究院、马鞍山矿山研究院等也曾研制了载流型荧光分析仪和便携式能量色散型荧光分析仪，并在国内应用。但因核心技术、关键部件依赖进口，仪器的性能指标较国外产品有较大差距，影响了推广应用。目前核心技术均达不到国际先进水平。因此，研制载流 X 射线品位分析主要是基础理论的研究和核心技术的攻关。

该项目采用波长色散、能量色散相结合的 X 射线荧光分析技术与方法，开发的 BOXA-I 型载流 X 荧光品位分析系统由一次取样器、多路器、分析仪控制单元、分析仪探头和分析仪管理站 5 部分组成。自主研发了提取特征 X 射线的对数螺旋分光晶体组件，打破国际垄断；研发了波长色散＋能量色散相结合的 X 射线荧光分析方法，以及适应矿石性质变化的多模型应用和自动选择技术。关键技术：基于高斯函数的谱峰拟合和基于函数拟合的光谱分析方法的应用和实现；参比样品气缸自动定位机构和校正方法；专用散射通道补偿技术。在研制过程中申请发明专利 12 项，已获授权 5 项，申请软件著作权 4 项，发表论文 5 篇。

系统技术性能指标为：分析范围，钙（Ca）～铀（U）；分析元素通道，5 个元素＋1 个散射；样品数，3 个多路器×5 个矿浆样品；测量精度，较低含量 3％～6％，较高含量 1％～4％。开发的样机自 2009 年 10 月在永平铜矿工业现场连续运行至今。已在国内 5 个矿山销售 6 台，并出口到美国的 DOE RUN 铅锌矿 1 台。

该项目开发了具有自主创新知识产权的产品，是引进、消化、集成创新的成功实例，打破了国际知名产品一统天下的局面，集成创新技术指标达到了国际领先水平，经济和社会效益显著。

6.4 冶金行业自动化发展机会

6.4.1 钢铁行业自动化发展机会

6.4.1.1 行业发展规划

钢铁工业调整升级规划（2016～2020 年）将智能制造确定为重点任务，包括如下两个方面。

（1）夯实智能制造基础

加快推进钢铁制造信息化、数字化与制造技术融合发展，把智能制造作为两化深度融合的主攻方向。支持钢铁企业完善基础自动化、生产过程控制、制造执行、企业管理四级信息化系统建设。支持有条件的钢铁企业建立大数据平台，在全制造工序推广知识积累的数字化、网络化。支持钢铁企业在环境恶劣、安全风险大、操作一致性高等岗位实施机器人替代工程。全面开展钢铁企业两化融合管理体系贯标和评定工作，推进钢铁智能制造标准化工作。

（2）全面推进智能制造

在全行业推进智能制造新模式行动，总结可推广、可复制经验。重点培育流程型智能制造、网络协同制造、大规模个性化定制、远程运维 4 种智能制造新模式的试点示范，提升企业品种高效研发、稳定产品质量、柔性化生产组织、成本综合控制等能力。充分利用"互联网＋"，鼓励优势企业探索搭建钢铁工业互联网平台，汇聚钢铁生产企业、下游用户、物流配送商、贸易商、科研院校、金融机构等各类资源，共同经营，提升效率。支持有条件的钢铁企业在汽车、船舶、家电等重点行业，以互联网订单为基础，满足客户多品种、小批量的个性化需求。鼓励优势钢铁企业建设关键装备智能检测体系，开展故障预测、自动诊断系统等远程运维新服务。总结试点示范经验和模式，提出钢铁智能制造路线图。

6.4.1.2 钢铁自动化发展需求分析

冶金自动化信息化功能可用钢铁企业普遍采用的 ERP-MES-PCS 三层架构来描述。三层体系架构由美国 AMR（Advanced Manufacturing Research）于 1992 年提出，如图 6-4 所示。其中位于底层的过程控制层（PCS），其作用是生产过程和设备的控制，位于顶层的计划层（ERP），其作用是管理企业中的各种资源，管理销售和服务制订生产计划等，位于中间层的制造执行层（MES），则是介于计划层和控制层之间，面向制造工厂管理的生产调度，设备管理，质量管理物料跟踪等系统。

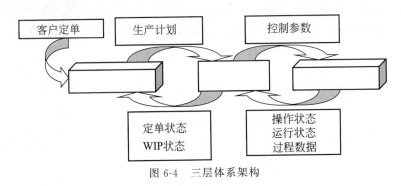

图 6-4　三层体系架构

企业业务有多个维度，如图 6-5 所示，目前这种体系架构主要着重对资源计划-制造执行-过程控制一个维度（垂直维度），需要从工业化信息化深度融合和智能制造的多维视角，进行功能扩展。主要体现在以下几个方面。

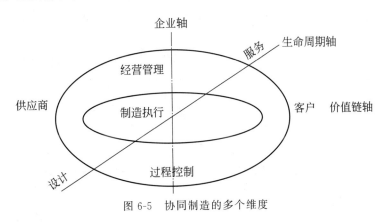

图 6-5　协同制造的多个维度

① 综合考虑原燃料供应（上游）、企业生产计划（中游）、市场销售（下游），针对不确定性、透明度和价值问题，通过横向集成（价值链轴）和纵向集成（企业轴），如图 6-6 所示，实现供应链之间有机协同和全局优化。

② 随着钢铁产业转型升级，新业务模式和商业模式不断涌现，用户个性化产品需求的高质量供给、制造向服务转变等带来新挑战，因此，需要建立全生命周期质量管控体系，实现全生命周期质量管控功能，如图 6-7 所示，提升钢铁制造的柔性和自适应能力，以便及时向用户提供高品质个性化服务和产品。目前这种体系结构更多强调大规模高效率生产，很难满足经济新常态下用户需求。

③ 新型钢铁生产应该是可循环流程，具有生产钢铁产品、能源高效转化和消纳社会废弃物三大功能，目前这种体系架构主要强调的是物质流生产，因此，需要整合制造执行系统（MES）和能源管理系统（EMS），实现物质流、能量流协同优化，如图 6-8 所示，从而满足智能化、绿色化制造双重需求。

供应链	上游	中游	下游	支撑技术
市场分析预测 (Volatility)	原燃料价格 走势分析	生产能力分析	产品需求预测	BI
物流实时跟踪 (Visibility)	GPS,GIS	流程物流跟踪	GPS,RFID,电子 商务	物联网,互联网
供应链全局优化 (Value)	采购成本和 物流成本综 合优化	小批量多规格生 产计划,配料优 化,综合生产成 本优化	库存控制,交货 期控制,客户业 务协同	供应链协同模 型,多目标优化

图 6-6　供应链有机协同和全局优化

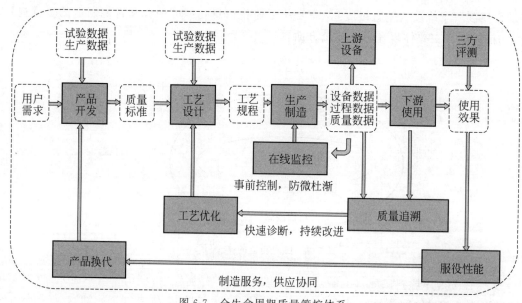

图 6-7　全生命周期质量管控体系

6.4.1.3　钢铁行业自动化技术发展重点

结合钢铁工业强国战略和钢铁工业调整升级规划，在现有过程控制、生产管控和企业信息化基础上，进行内涵提升和外延拓展，形成具有冶金工业特色的智能制造体系结构，将物联网、大数据、云计算、人工智能、运筹学等技术与钢铁流程设计、运行、管理、服务等各个环节深度融合，建立多层次多尺度信息物理模型（CPS），实现信息深度自感知、智慧优化自决策、精准控制自执行，逐步提升智能制造能力成熟度，推动钢铁产业智能化、绿色化可持续发展。

（1）冶金流程在线检测

面向钢铁生产的新型传感器、智能仪表和精密仪器能够增强员工对工厂的感知能力，借助于嵌入应用环境的系统来对多种模式信息（光、电、热、化学信息等）的捕获、分析和传

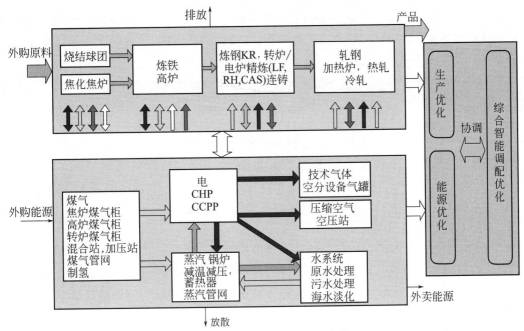

图 6-8　物质流、能量流协同优化

递，极大地拓展员工对钢铁企业的各类装置、设备的了解和监测能力，促进生产活动的合理化和精细化控制。

采用新型传感器技术、光机电一体化技术、软测量技术、数据融合和数据处理技术、冶金环境下可靠性技术，以关键工艺参数闭环控制、物流跟踪、能源平衡控制、环境排放实时控制和产品质量全面过程控制为目标，实现冶金流程在线检测和连续监控系统。

主要内容包括：

① 重要工艺变量实时监测。包括：铁水成分、温度实时测量，钢水成分、温度实时测量，铸坯内部缺陷和表面缺陷实时监测，钢材内部缺陷、表面缺陷和性能实时监测，污染源在线监测等；

② 全流程在线连续监测。包括：钢水成分、纯净度连续测量，铸坯质量在线连续监测，钢材表面质量和性能在线连续监测，全线废气和烟尘的监测等。

（2）钢铁复杂生产过程智能控制系统

钢铁生产制造全流程是由多个生产过程有机连接而成的，其具有多变量、变量类型混杂、变量之间强非线性强耦合的特点，受到原料成分、运行工况、设备状态等多种不确定因素的干扰，其特性随生产条件变化而变化。

钢铁复杂生产过程的智能控制系统将采用分层或分级的方式建立许多较小的自治智能单元。每个自治智能单元可以通过协调机制对其自身的操作行为做出规划，可以对意外事件（如制造资源变化、制造任务货物要求变化等）做出反应，并通过感知环境状态和从环境中获得信息来学习动态系统的最优行为策略，对环境具有自适应能力，具有动态环境的在线学习能力。通过多个自治智能单元的协同，使各种组成单元能够根据全局最优的需要，自行集结成一种超柔性最佳结构，并按照最优的方式运行。

钢铁复杂生产过程智能控制系统主要内容包括如下。

① 智能冶炼控制系统

a. 冶炼工位闭环控制。包括高炉过程多维可视化和操作优化，炼钢过程智能控制模型，工艺设定点实时优化，钢水质量自动闭环控制，铸坯凝固过程多维可视化和质量在线判定，基于应力、应变和凝固过程模型的连铸仿真优化。

b. 冶炼全工序协调优化控制。包括冶炼工序集成协调优化模型，各工序设定点动态协调优化。

② 智能轧钢控制系统

a. 轧钢工序闭环控制。包括产品性能预报模型，工艺设定点实时优化，冷、热连轧工艺模型和优化控制，基于轧制工艺-组织-性能模型的质量闭环控制。

b. 轧钢全工序协调优化控制。包括全工序控轧控冷模型，轧制工序动态协调优化，高端产品质量自动闭环控制。

（3）全流程动态有序优化运行

面向钢铁生产的运行环节，综合应用现代传感技术、网络技术、自动化技术、智能化技术和管理技术等先进技术，通过企业资源计划管理层、生产执行管理层和过程控制层互联，实现物质流、能源流和信息流的三流合一，达到钢铁企业安稳运行、质量升级、节能减排、降本增效等业务目标。

主要内容如下。

① 生产管控：实现对综合生产指标→全流程的运行指标→过程运行控制指标→控制系统设定值过程的自适应的分解与调整，满足多品种个性化市场需求，提升生产管控的协同优化能力。

② 能源管控：通过能量流的全流程、多能源介质综合动态调控，形成能源生产、余热余能回收利用和能源使用全局优化模式，提升全流程能源效率。

③ 环境监控：建立全流程污染源排放在线实时监测系统，实时采集相关信息，并进行趋势分析判断，确保生产满足国家环保要求。

④ 设备管控：实现设备的全面监控与故障诊断，通过预测维护降低运营成本，提升资产利用率。

⑤ 生命周期质量管控：实现工艺规程、质量标准的数字化，基于大数据的全流程产品质量在线监控、诊断和优化，构建产品研发→工艺设计→产品生产→用户使用全生命周期多PDCA闭环管控体系。

⑥ 物质流与能源流协同优化：研究钢铁生产物质流与能量流的特征和信息模型，分析物质流与能量流动态涨落和相互耦合影响。综合考虑效率最大化、耗散最小化、环境友好性，实现多目标协同优化。

（4）钢铁供应链全局优化

面向原燃料采购及运输、钢材生产加工、产品销售及物流等供应链全过程优化，提高对上游原燃料控制能力，深化与下游客户业务协同，实现优化资源配置、动态响应市场变化、整体效益最大化。

主要内容如下。

① 优化上游资源选择与配料：跟踪原料市场变化，预测分析市场趋势，优化原料选择和运输。强调原料的优化配置和综合利用。

② 加强与下游客户供应链深度协同：建立电子商务和供应链协同信息 EDI 规范，迅速

响应客户需求，及时提供合格产品，减少库存、中间环节和储运费用。

③ 生产计划与制造执行一体化协同：订单产品规格自动匹配，前后工序协调一致，后一工序及时获取前一工序的生产数据并按照生产指令进行最优生产。

④ 全供应链物流跟踪：覆盖原燃料、在制品、产品、废弃物资源化利用的物流跟踪，通过准确、直观地反映物流资源分布动态、计划执行情况和库存变化趋势，为优化资源调配提供依据。

6.4.2 有色金属行业自动化发展机会

6.4.2.1 2016～2020年有色金属工业主要发展目标

"十三五"期间，有色金属工业结构调整和转型升级取得显著进展，质量和效益大幅提升，到"十三五"末我国有色金属工业迈入制造强国行列。见表6-4。

表6-4 "十三五"时期有色金属工业发展主要目标

指 标		2015年实际	2020年目标	"十三五"累计增减
(1)基本指标				
工业增加值年均增速/%		12.5	8	—
深加工产品销售收入占全行业主营业务收入比重/%		30	40	[10]
重点企业研发支出占主营业务收入比重/%		0.6	1.0	[0.4]
(2)绿色发展				
规模以上单位工业增加值能耗降低/%		[22]	[18]	—
二氧化硫排放总量污染减少/%		[20]	[15]	—
电解铝液交流电耗/(kW·h/t)		13350	13200	[-150]
海绵钛电耗/(kW·h/t)		25000	20000	[-5000]
镁冶炼综合能耗	硅热法/(千克标煤/t)	4500	3500	[-500]
	电解法/(kW·h/t)	18000	16000	[-2000]
赤泥综合利用率/%		4	10	[6]
再生铜占铜供应量比重/%		25	27	[2]
再生铝占铝供应量比重/%		15	20	[5]
再生铅占铅供应量比重/%		33	45	[12]

注：[ ]内为五年累计数。

① 技术创新。政产学研用相结合的产业创新体系基本形成，重点企业研发投入占主营业务收入达到1%以上。高端精深加工、智能制造、资源综合利用等基础共性技术和产业化技术实现突破。

② 转型升级。航空铝材、电子材料、动力电池材料、高性能硬质合金等精深加工产品综合保障能力超过70%，基本满足高端装备、新一代信息技术等需求。产业布局进一步优化，低效产能逐步退出，电解铝产能利用率达到80%以上，产业集中度显著提高，国际化经营能力提升，国际产能合作取得明显进展。

③ 资源保障。资源勘探开发取得进展，铜、铝、镍等短缺资源保障明显提高。废旧有色金

属回收体系进一步健全，再生金属供应比例提高。主要有色金属资源全球配置体系不断完善。

④ 绿色发展。重金属污染得到有效防控，企业实现稳定、达标排放。规模以上单位工业增加值能耗、主要产品单位能耗进一步降低。矿山尾砂、熔炼渣等固废综合利用水平不断提高，赤泥综合利用率达到10%以上。

⑤ 两化融合。推进两化融合技术标准体系建设，在线监测、生产过程智能优化、模拟仿真等应用基本普及，选冶、加工环节关键工艺数控化率超过80%，实现综合集成企业比例从当前的12%提升到20%，实现管控集成的企业比例从当前的13%提升到18%，实现产供销集成的企业比例从当前的16%提升到22%，建成若干家智能制造示范工厂。

6.4.2.2 "十三五" 时期自动化技术发展的主要任务

[以下资料来源：依据《有色金属工业发展规划（2016—2020年）》整理]

（1）突破智能制造技术

围绕感知、通信、控制、设计、决策、执行等关键环节，开展生产装备、调度控制等核心系统与物联网、模式识别、预测维护、机器学习、云平台等新一代信息技术的深度融合与集成创新，加快三维采矿设计软件、生产调度与控制、智能优化系统等技术研发应用，推动信息物理系统关键技术研发，全面提升研发、生产、管理、营销和服务全流程智能化水平，提高劳动生产率和降低成本。

智能化关键技术如下。

① 智能检测分析：研发加工过程基于光学测量的热轧凸度检测技术、带材加工表面缺陷检测技术、板带材内部缺陷无损检测技术；研发选冶过程物料性质、物料形态、过程平衡感知系统，有色金属冶金过程重金属离子浓度在线检测技术，铝冶炼关键工艺参数在线检测技术及装备；研发矿山未知区域同步定位成图系统、岩体节理裂隙在线测量系统、钻孔参数快速测量系统、可穿戴式多灾种一体化测量系统技术及装备。

② 矿山采选智能感知控制：矿山静态及动态信息的数据集成与融合技术；矿山智能化调度与控制技术、地质排产一体化信息系统、开采装备可视化表征技术等；深井提升系统智能控制、按需通风优化控制技术，井下矿石破碎、运输自动化控制与优化调度；采选主体装备智能作业与网络化管控技术，基于大数据的采选智能分析与优化决策技术；基于计算流体力学和离散单元法的选矿设备建模技术。

③ 冶炼及加工智能优化控制：氧化铝全流程智能优化控制技术，电解铝全厂自动化、智能化、信息化控制管理技术，重金属富氧强化冶炼控制系统，湿法冶金优化控制技术，电冶金过程分时供电负荷优化控制技术，高性能有色金属板材轧制数字化控制成型技术，铝卷材自动跟踪定位识别技术，铝板带高架智能仓库管理系统，大型立式淬火炉温度场智能解耦控制技术，大型高性能整体构件关键热加工装备控制技术等。

（2）加强智能平台建设

开展公共云服务平台和能源管控中心建设，集成企业研发系统、信息系统、运行管理系统，逐步推进工业软件、数据管理、工程服务、技术标准等资源开放共享和云应用服务。基于加强设备智能化管理、提高产品质量稳定性等需求，建设基因矿物加工、建模仿真、虚拟现实应急救援演练、全流程设备智能管理、产品质量智能管控等平台。

（3）开展智能制造试点示范

以企业为主体、市场为导向、应用为核心，围绕流程性智能制造、网络协同、大规模个性化定制、远程运维服务等模式，开展有色金属行业智能制造试点示范，建设若干家数字化矿山、智能工厂以及智能云服务平台，探索与实践有效的经验和模式，不断丰富成熟后在行业内全面推广，改造现有生产线，推动生产方式向智能、柔性、精细化转变，建立"互联网＋"协同制造的产业新模式。推进电子商务和大数据服务体系建设。

智能制造试点示范工程如下。

① 数字化矿山：在铜矿、铅锌矿、铝土矿、镍矿、金矿等矿山开采领域，推广成套智能化协同采矿技术体系与主体装备，集成空间信息、环境信息和定位导航信息，依托骨干企业建设数字化矿山并开展行业示范，力争 2020 年，实现矿山设计数字化率提高 50％，矿石损失率和贫化率降低 20％，自动数据采集率高于 90％，生产效率提高 25％，运营成本降低 30％，能源利用率提高 15％。

② 智能工厂：在铜、铝、铅、锌等冶炼以及铜、铝等深加工领域，实施智能工厂的集成创新与试点示范，促进企业提升在优化工艺、节能减排、质量控制与溯源、安全生产等方面的智能化水平，提高加工企业快速、低成本满足用户需求的能力，力争 2020 年，冶炼及加工领域智能工厂普及率达到 30％以上，促进企业运营成本降低 30％，生产效率提高 30％以上，能源利用效率提高 10％以上。主要建设内容包括：构建物联网平台，实现企业生产要素的互联；构建企业云平台，推广使用基于云服务的 ERP、MES、能源管理系统，打通系统之间的孤岛；实施虚拟仿真与可视化服务，优化生产工艺和生产指标；基于工业云的远程监控和移动监控技术，实现设备维检数字化、生产故障诊断智能化，提升生产系统的安全性、稳定性和最佳投入产出比。

③ 智能服务云平台：建设具有设备智能维护、产品质量监控、工艺流程优化分析及全流程故障诊断等多种物联网功能的矿冶及有色金属加工智能服务云平台；建立高性能航空铝材和乘用车用新型铝合金承载结构件基础服务平台，通过铝合金厚板等典型产品的残余应力闭环检测、模拟仿真、加工制造等海量试验数据，构建并优化铝合金成分、性能、轧制参数等数学模型，提升材料制备技术水平。

④ 大数据服务：通过 ICT 技术与工程设计、生产经营、安全管控的融合，构建面向选冶与加工领域的第三方企业大数据平台，面向中小制造企业提供研发设计、技术支持等服务；建设行业大数据平台，推进大数据在行业管理和经济运行中的应用，促进信息共享和数据开放。

（4）制定标准及开展贯标试点

围绕有色金属行业实施两化融合过程中的标准缺失、数据集成、互联互通等关键瓶颈问题，加强在研发设计、数据分析、质量控制、集成应用、协同创新等薄弱环节的标准体系建设，优先制定数据接口、通信协议、语义标识等基础共性标准，并重点开展智能装备、智能工厂、智能服务和大数据、工业互联网等关键技术标准，与基础共性标准共同构成有色金属行业两化融合标准体系结构。开展两化融合管理体系贯标试点工作，制定有色金属行业两化融合管理体系实施指南和细分领域标准、两化融合水平测度指标和评估办法，推进企业对标和示范推广。

第 **7** 章
电　力

7.1 电力行业发展概况

电力行业是国民经济发展中最重要的基础能源产业，是关系国计民生的基础产业。随着我国经济的不断发展，对电的需求量和市场不断扩大，进一步刺激了整个电力行业的生产发展。近年来，我国电力行业已经进入大电网、大电厂、大机组、高电压输电、高度自动控制的新时代。电力能源的形式也逐渐多样化，主要有火力发电、水力发电、风能发电、太阳能发电和核能发电等。

7.1.1 电力行业运行情况

2015 年电力行业按照党中央、国务院的统一部署，坚持"节约、清洁、安全"的能源战略方针，主动适应经济发展新常态，推荐电力改革试点，保障了电力系统的安全稳定运行和电力可靠性供应，为经济社会的稳定发展和全社会的能源利用做出了积极贡献。

7.1.1.1　电力行业生产情况

（1）发电量分析

根据中国电力企业联合会统计，2015 年全年全国总发电量为 56184 亿千瓦时，比上年增长 1.3%。从能源形式来看，火电发电量 42102 亿千瓦时，比上年增长 0.89%，占全国发电量的 74.94%；水力发电量 9960 亿千瓦时，比上年下降 6.6%，占全国发电量的 17.73%；风能发电量 1863 亿千瓦时，比上年增长 20.17%，占全国发电量的 3.3%；核能发电量 1689 亿千瓦时，比上年增长 29.4%，占全国发电量的 3.01%；光伏发电量 392 亿千瓦时，比上年增长 56.8%，占全国发电量的 0.63%。2013～2015 年全国电厂发电总量的变化情况如图 7-1 所示。

2016 年上半年，全国规模以上（6000kW 及以上）电厂发电总量为 27595 亿千瓦时，同比增长 1.86%，较上年同期增速上升 0.36 个百分点。从电源种类来看，火力发电量为 20579 亿千瓦时，同比下降 1.4%，占总量的 74.58%。与之相反，全国非化石能源发电量在此期间呈持续上涨态势，其中，光伏发电增速最快，同比增长 28.1%，占总量的 0.63%；水能发电量为 4811 亿千瓦时，同比增长 13.6%，增速较上年同期提高 0.1 个百分点，占总量的 17.43%；风能发电量为 1065 亿千瓦时，同比增长 24.13%，增速比上年同期回落 1.8 个百分点，占总量的 3.86%；核能发电量为 965 亿千瓦时，同比增长 24.9%，增速较上年同期回落 9.9 个百分点，占总量的 3.5%。2014～2016 年 1～6 月全国规模以上电厂发电量总体情况如表 7-1 所示。2016 年上半年全国规模以上电厂发电量的总体情况如图 7-2 所示。

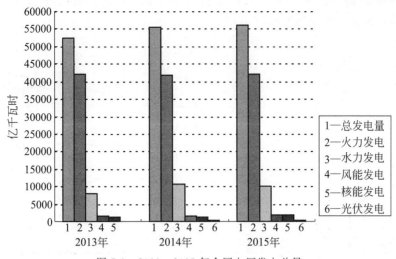

图 7-1　2013～2015 年全国电厂发电总量

数据来源：中国电力企业联合会

表 7-1　2014～2016 年 1～6 月全国规模（6000kW）以上电厂发电量

指标名称	2014 年		2015 年		2016 年	
	发电量/亿千瓦时	同比增长/%	发电量/亿千瓦时	同比增长/%	发电量/亿千瓦时	同比增长/%
全国	26163	5.8	27091	3.55	27595	1.86
火力发电量	20995	4.7	20879	−0.55	20579	−1.44
水力发电量	3713	9.7	4234	14.03	4811	13.63
风能发电量	785	16.9	858	9.3	1065	24.13
核能发电量	566	12	772	36.4	965	24.9

数据来源：国家统计局、中国电力企业联合会。

从区域来分析上半年的总发电量，华东地区的发电量最大，达到 7809 亿千瓦时，占总发电量的 28.3%，其他地区分别为：华南地区 5823 亿千瓦时（占总发电量的 21.1%）、华北地区 4829 亿千瓦时（占总发电量的 17.5%）、西部地区 4498 亿千瓦时（占总发电量的 16.3%）、华中地区 2401 亿千瓦时（占总发电量的 8.7%）和东北地区 2235 亿千瓦时（占总发电量的 8.1%）。2016 年上半年全国规模以上电厂区域发电量的情况如图 7-3 所示。

（2）发电装机容量

2015 年全国全口径发电装机容量 152527 万

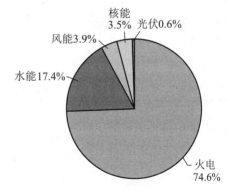

图 7-2　2016 年上半年全国规模以上电厂发电量

数据来源：中国电力企业联合会

千瓦，比上年增长 10.93%，增速比上年提高 1.67 个百分点。其中，火电装机容量 100554 万千瓦（其中煤电 90009 万千瓦、增长 7.02%，燃气 6603 万千瓦、增长 15.91%），比上年增长 12.98%；水电装机容量 31954 万千瓦（其中抽水蓄能 2305 万千瓦），比上年增长 5.87%；风电装机容量 13075 万千瓦，比上年增长 35.68%；太阳能发电装机容量 4218 万

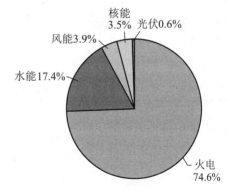

第 7 章

千瓦,比上年增长 50.37％;核电装机容量 2717 万千瓦,比上年增长 36.67％。2013～2015 年全国电厂装机容量的变化情况如图 7-4 所示。

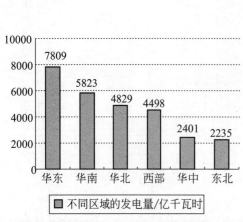

图 7-3　2016 年上半年全国规模以上
电厂区域发电量
数据来源:中国电力企业联合会

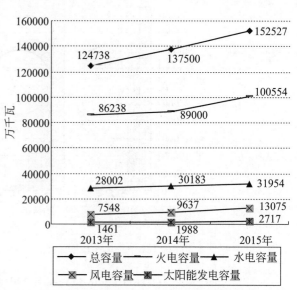

图 7-4　2013～2015 年全国电厂装机容量
数据来源:中国电力企业联合会

截至 2016 年 6 月底,全国 6000kW 及以上电厂装机容量 152482 万千瓦,同比增长 11.3％,与上年同期相比提高 2.6 个百分点。从电源种类来看,火电装机容量 101935 万千瓦,同比增长 7.9％,占总装机容量的 66.9％,与上年同期相比下降 1.9 个百分点;水电装机容量 28077 万千瓦,同比增长 4.7％,占总装机容量的 18.4％,比上年同期下降 1.3 个百分点;风电装机容量 13708 万千瓦,同比增长 30.7％,占总装机容量的 9.0％,与上年同期相比提高 1.3 个百分点;核电装机容量 2961 万千瓦,同比增长 33.8％,占总装机容量的 1.9％,与上年同期相比提高 0.3 个百分点。2014～2016 年上半年全国总装机容量和不同类型电源的装机容量如表 7-2 所示。图 7-5 给出了 2016 年上半年全国规模以上电厂装机容量的结构。

表 7-2　2014～2016 年上半年全国规模以上电厂设备装机容量

指标名称	2014 年		2015 年		2016 年	
	装机容量/万千瓦	同比增长/％	装机容量/万千瓦	同比增长/％	装机容量/万千瓦	同比增长/％
全国	125000	9.4	136000	8.8	152482	11.3
火力发电量	87900	5.4	94000	6.9	101935	7.9
水力发电量	25400	14.4	26800	5.5	28077	4.7
风能发电量	8275	25	10491	26.8	13708	30.7
核能发电量	1778	21.7	2214	24.5	2961	33.8

数据来源:中国产业数据网、中国电力企业联合会。

(3) 发电设备利用小时

2016 年以来,随着发电装机容量的快速增长,电力需求增长缓慢,全国发电设备平均利用小时持续下滑。2016 年上半年,全国 6000kW 及以上电厂发电设备平均利用小时为

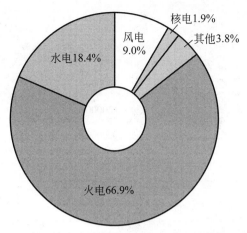

图 7-5　2016 年上半年全国规模以上电厂发电设备装机容量结构

数据来源：中国电力企业联合会

1797h，与上年同期相比下降 138h，其中仅有北京、吉林、湖北、辽宁、山东 5 个省份比上年同期增加。

从不同类型的发电设备看，水电设备平均利用小时为 1658h，与上年同期相比增加 146h，在装机容量最大的 7 个省份中，同比增加的有湖南、广西、湖北和贵州，分别增加 717h、289h、236h 和 169h，同比降低的有青海、云南和四川 3 个省份，分别降低 204h、171h 和 15h；火电设备平均利用小时为 1964h，与上年同期相比降低 194h，其中平均利用小时数超过 2000h 的有江苏等 12 个省份；核电设备平均利用小时为 3347h，比上年同期降低 109h；风电设备平均利用小时 917h，比上年同期降低 85h。表 7-3 给出了 2014～2016 年 1～6 月 6000kW 及以上电厂发电设备平均利用小时数。图 7-6 给出了 2016 年 1～6 月全国各地区 6000kW 及以上电厂发电设备平均利用小时数。

表 7-3　2014～2016 年 1～6 月 6000kW 及以上电厂发电设备平均利用小时数

指标	2014 年		2015 年		2016 年	
	平均利用小时数	同比增长/%	平均利用小时数	同比增长/%	平均利用小时数	同比增长/%
全国	2087	−0.04	1936	−0.07	1797	−0.07
水电	1430	−0.07	1512	0.06	1658	0.1
火电	2375	−0.02	2158	−0.09	1964	−0.09
核电	3430	−0.03	3456	0.01	3347	−0.03
风电	986	−0.11	1002	0.02	917	−0.08

数据来源：中国电力企业联合会。

（4）跨区跨省送电

近年来，全国跨区、跨省送电量继续稳定增长。中国电力企业联合会发布的数据显示，2016 年上半年，全国跨区送电完成 1505 亿千瓦时，比上一年同期增长 9.7%。其中，华中送华东 151 亿千瓦时，同比增长 54.9%；东北送华北 108 亿千瓦时，同比增长 36.5%；华北送华中（特高压）32 亿千瓦时，同比下降 28.6%；西北送华北和华中合计 440 亿千瓦时，同比增长 14.3%；华北送华东 77 亿千瓦时，同比增长 7.9%；西南送华东 349 亿千瓦时，同比增长 5.5%；华中送南方 109 亿千瓦时，同比下降 2.8%。表 7-4 给出了 2016 年上半年全国跨区域送电情况。

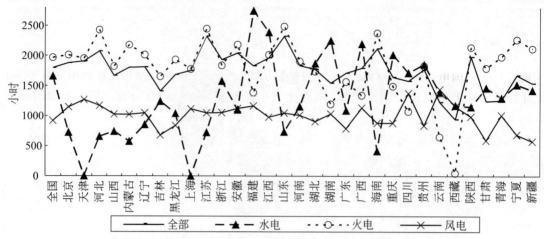

图 7-6　2016 年 1～6 月全国各地区 6000kW 及以上电厂发电设备平均利用小时数

数据来源：国家能源局

表 7-4　2016 年上半年全国跨区域送电情况

电量流向	送电量/亿千瓦时	同比增长/%
华中送华东	151	54.9
东北送华北	108	36.5
华北送华中	32	−28.6
西北送华北和华中	440	14.3
华北送华东	77	7.9
西南送华东	349	5.5
华中送南方	109	−2.8

数据来源：中国电力企业联合会。

2016 年上半年，全国各省送出电量为 4302 亿千瓦时，比上一年同期增长 4.8%。其中，安徽送出电量 244 亿千瓦时，同比增长 20.9%；湖北送出电量 365 亿千瓦时，同比增长 19.4%；河北送出电量 209 亿千瓦时，同比增长 10.6%；四川送出电量 440 亿千瓦时，同比增长 8.0%；贵州送出电量 368 亿千瓦时，同比增长 3.0%；山西送出电量 356 亿千瓦时，同比下降 7.7%；内蒙古送出电量 662 亿千瓦时，同比下降 6.4%；云南送出电量 300 亿千瓦时，同比下降 4.4%。表 7-5 给出了 2016 年上半年全国各省送出电量情况。

表 7-5　2016 年上半年全国各省送出电量情况

省份	送电量/亿千瓦时	同比增长/%
安徽	244	20.9
湖北	365	19.4
河北	209	10.6
四川	440	8.0
贵州	368	3.0
山西	356	−7.7
内蒙古	662	−6.4
云南	300	−4.4

数据来源：中国电力企业联合会。

7.1.1.2 电力行业需求情况

(1) 全社会用电

2016年上半年，国民经济运行总体平稳、稳中有进，全社会用电量保持增长态势。国家能源局和中国电力企业联合会发布的数据显示，2016年上半年，全国全社会用电量27759亿千瓦时，比上年同期增长2.7%，增速比上年同期提高1.4个百分点，用电形势有所好转。其中，6月份全社会用电量4925亿千瓦时，同比增长2.6%，增速环比提高了0.5个百分点，与上年同期相比提高0.8个百分点。用电形势有所好转的主要原因：一是实体经济和服务业经济运行总体平稳；二是1~2月份全国大部分地区气温偏低，6月份华东、华中、南方大部分省份气温偏高，对居民生活及第三产业用电有较强拉动作用；三是闰年因素（2月份多一天），拉高上半年用电增速约0.55个百分点。表7-6和图7-7给出了2014~2016年1~6月全社会用电量的总体情况。

表7-6 2014~2016年1~6月全社会用电量的总体情况

指标名称	2014年	2015年	2016年
用电量/亿千瓦时	26276	26624	27759
同比增长/%	5.3	1.3	2.7
增速/百分点	0.2	−4.1	1.4

数据来源：国家能源局、中国电力企业联合会。

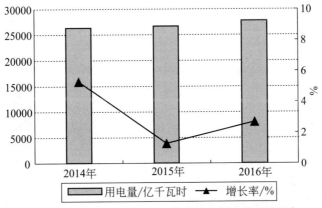

图7-7 2014~2016年1~6月全社会用电量及增长率

(2) 产业用电

从各产业用电情况来看，第一产业、第三产业及城乡居民生活用电量均保持较快增长，占全社会用电量的比重同比继续提高。第二产业用电量仍较低迷，占全社会用电量的比重同比继续下降。中国电力企业联合会的数据显示，2016年上半年，第一产业用电量475亿千瓦时，同比增长7.7%，增速与上年同期相比提高了6.8个百分点。第二产业用电量19579亿千瓦时，同比增长2.7%，上年同期为下降0.5%。第三产业用电量3709亿千瓦时，同比增长9.2%，增速与上年同期相比提高1.1个百分点。城乡居民生活用电量3816亿千瓦时，同比增长7.6%，增速与上年同期相比提高2.9个百分点。第一、第二、第三产业及城乡居民生活累计用电量分别占全社会用电量的比重为1.7%、71.2%、13.4%、13.7%，与上年同期相比，第二产业占比下降1.1个百分点，第一产业、第三产业和城乡居民生活用电量占比分别提高0.1、0.6和0.4个百分点。近三年上半年全社会产业行业用电情况如图7-8所示。表7-7给出了近三年产业行业用电量及增速情况。图 7-9 描述了 2016 年上半年产业行业用电结构。

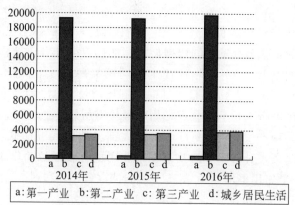

图 7-8　2014～2016 年 1～6 月全社会产业行业用电量
数据来源：中国电力企业联合会

表 7-7　2014～2016 年 1～6 月全社会产业行业用电量及增长情况

指标名称	2014 年		2015 年		2016 年	
	用电量/亿千瓦时	同比增长/%	用电量/亿千瓦时	同比增长/%	用电量/亿千瓦时	同比增长/%
第一产业	435	−4.6	441	0.9	475	7.7
第二产业	19325	5.1	19242	−0.4	19759	2.7
第三产业	3138	6.9	3397	8.3	3709	9.2
城乡居民生活	3378	6.6	3545	4.9	3816	7.6

数据来源：中国电力企业联合会。

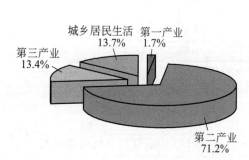

图 7-9　2016 年上半年全社会产业行业用电结构
数据来源：中国电力企业联合会

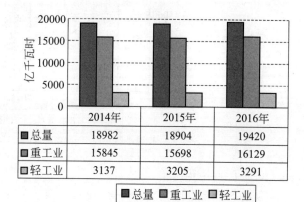

图 7-10　2014～2016 年 1～6 月全社会工业用电量
数据来源：国家能源局、中国电力企业联合会

（3）重点行业用电

从工业用电情况来看，工业用电量比上年同时期继续小幅增长。国家能源局发布的数据
显示，2016 年上半年，全国工业用电量 19420 亿千瓦时，同比增长 2.7%，占全社会用电量
的比重为 70.0%。其中，重工业用电量 16129 亿千瓦时，同比增长 2.7%，上年同期为下降
0.9%，占全社会用电量的比重为 58.1%；轻工业用电量 3291 亿千瓦时，同比增长 3.3%，
增速与上年同期相比提高 1.1 个百分点，占全社会用电量的比重为 11.9%。图 7-10 和表 7-8

分别给出了 2014～2016 年的上半年全社会工业用电量和增长情况。

表 7-8　2014～2016 年 1～6 月全社会工业用电量增长情况

指标	2014 年		2015 年		2016 年	
	同比增长/%	增速/百分点	同比增长/%	增速/百分点	同比增长/%	增速/百分点
总量	5.0	0.2	−0.4	−5.4	2.7	1.0
重工业	5.1	0.2	−0.9	−6.0	2.7	0.9
轻工业	4.7	−0.2	2.1	−2.5	3.3	1.1

数据来源：国家能源局、中国电力企业联合会。

从高耗能行业用电情况来看，高耗能行业用电量持续低迷，钢铁、建材、有色金属行业用电量同比继续下滑。国家能源局发布的数据显示，2016 年上半年，化学原料制品、非金属矿物制品、黑色金属冶炼、有色金属冶炼四大高耗能行业用电量合计 8310 亿千瓦时，同比提高 1.4%，增速比上年同期回落 1.8 个百分点；合计用电量占全社会用电量的比重为 29.9%，对全社会用电量增长的贡献率为 −39.3%。其中，化工行业用电量 2145 亿千瓦时，同比增长 3.6%，增速比上年同期提高 1.4 个百分点；建材行业用电量 1452 亿千瓦时，同比下降 0.8%，增速比上年同期提高 5.6 个百分点；黑色金属冶炼行业用电量 2277 亿千瓦时，同比下降 9.4%，增速比上年同期回落 2.9 个百分点；有色金属冶炼行业 2436 亿千瓦时，同比增长 13.7%，增速比上年同期回落 9.6 个百分点。而高耗能行业之外的其他制造业用电量增长 4.0%，反映出国家结构调整和转型升级效果继续显现，电力消费结构不断调整。图 7-11 和表 7-9 分别给出了 2014～2016 年的上半年全社会高耗行业用电量及其增长情况。

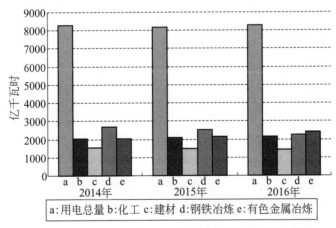

a:用电总量 b:化工 c:建材 d:钢铁冶炼 e:有色金属冶炼

图 7-11　2014～2016 年 1～6 月全社会高耗行业用电情况
数据来源：国家能源局、中国电力企业联合会

表 7-9　2014～2016 年 1～6 月全社会高耗行业用电量及增长情况

指标名称	2014 年		2015 年		2016 年	
	用电量/亿千瓦时	同比增长/%	用电量/亿千瓦时	同比增长/%	用电量/亿千瓦时	同比增长/%
总用电总量	8314	4.6	8191	−1.5	8310	1.4
化工	2025	5.2	2070	2.3	2145	3.6
建材	1563	9.3	1464	−6.4	1452	−0.8
钢铁冶炼	2689	1.7	2513	−6.5	2277	−9.4
有色金属冶炼	2037	4.7	2143	5.2	2436	13.7

数据来源：国家能源局、中国电力企业联合会。

（4）区域用电

2016 年上半年，全国各地区用电增长差异明显，东、中部地区用电形势相对较好。东、中、西部和东北地区全社会用电量同比分别增长 3.6％、3.5％、0.9％和 0.6％，增速同比分别提高 1.4、3.8、−1.7 和 2.6 个百分点。总体来看，东、中部地区市场化程度相对较高、产业结构多元，高耗能产业比重相对较小，是全国用电增长的主要稳定力量；而西部和东北地区大部分省份高耗能产业比重偏大、产业相对低端，用电量受高耗能行业持续低迷的影响更为明显。

从各省份的用电量增长情况来看，中国电力企业联合会发布的数据显示，2016 年上半年，全国有 6 个省市累计用电量表现为负增长，25 个省市累计用电量表现为正增长。具体来看，用电量增速高于全国平均水平（2.7％）的省份有 16 个，依次为：西藏（18.0％）、新疆（12.0％）、江西（7.7％）、陕西（7.0％）、安徽（6.2％）、海南（5.6％）、北京（5.5％）、浙江（5.3％）、内蒙古（4.6％）、广东（4.2％）、福建（4.2％）、湖北（4.1％）、江苏（4.1％）、河南（4.0％）、山东（3.0％）和上海（2.7％）。其中，西藏和新疆两省的增速高于 10％；全社会用电量增速最低的三个省份分别为青海（−10.1％）、甘肃（−9.2％）和云南（−7.4％）。

7.1.2 电力行业投资情况

多年来，我国电源、电网投资比例严重失衡，电网建设滞后已经成为制约我国电力工业健康发展的瓶颈。为保证我国电源与电网健康协调发展，促进大型能源基地集约化开发和清洁能源的高效利用，近年来，我国增大了在电网方面的投资，电网投资所占比例显著提高，电网投资落后于电源投资的局面正在逐步改善。

近年来，电力行业运行整体平稳，全国电力供需形势总体宽松。2011～2015 年我国电力行业的投资规模逐年增长，2015 年的投资规模达 5992.65 亿元，同比增长了 15.6％。但是 2014 年的增长率仅有 8.06％，因此电力行业的投资规模增长具有一定的不稳定性。表 7-10 和图 7-12 给出了 2011～2016 年我国电力行业投资规模。

表 7-10　2011～2016 年我国电力行业投资额和增速

年份	投资额/亿元	增长率/％
2011 年	3840.362	9.59
2012 年	4348.762	13.24
2013 年	4797.249	10.31
2014 年	5183.918	8.06
2015 年	5992.65	15.6
2016 年上半年	3330.009	10.64

数据来源：中国电力企业联合会。

7.1.2.1 电源基建投资

2016 年上半年，我国电力行业基建投资完成额 3390 亿元，同比增长 14.6％，电源基建投资完成额 1210 亿元，同比下降 8.7％，占电力基本建设投资完成额的比重为 35.7％。从电源投资结构来看，核电投资同比继续小幅增长，所占比重较上年同期有所提升，水电、火电及风电投资同比呈现负增长，所占比重较上年同期均继续回落。中国电力企业联合会发布的数据显示，2016 年上半年，水电完成投资 227 亿元，同比下降 17.9％；占电源投资的比

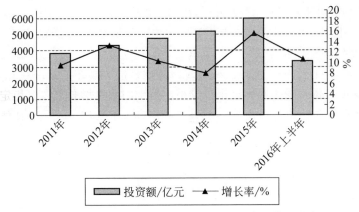

图 7-12　2011～2016 年我国电力行业投资规模和增速

数据来源：中国电力企业联合会

重为 18.7%，与上年同期相比回落 2.2 个百分点。火电完成投资 379 亿元，同比下降 6.4%；所占比重为 31.3%，与上年同期相比提高 0.7 个百分点。核电完成投资 218 亿元，同比增长 5.1%；所占比重为 18.0%，与上年同期相比提高了 2.6 个百分点。风电完成投资 244 亿元，同比下降 38.4%；所占比重为 20.2%，与上年同期相比回落 9.9 个百分点。表 7-11 给出了 2014～2016 年上半年电源基本建设完成投资额和增速。图 7-13 描述了 2016 年上半年电源基本建设投资结构。

表 7-11　2014～2016 年上半年电源基本建设完成投资额和增速

指标名称	2014 年		2015 年		2016 年	
	数额/亿元	同比增长/%	数额/亿元	同比增长/%	数额/亿元	同比增长/%
电源基建投资额	1227	−12.7	1321	−7.6	1210	−8.7
火电投资额	355	−7.7	405	14.1	379	−6.4
水电投资额	235	−35	276	17.2	227	−17.9
风电投资额	276	48.3	397	43.7	244	−38.4
核电投资额	239	−9.3	203	−14.9	218	5.1

数据来源：国家能源局、中国电力企业联合会。

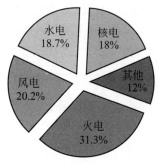

图 7-13　2016 年上半年电源基本建设投资结构

数据来源：国家能源局、中国电力企业联合会

7.1.2.2　装机基建投资

中国电力企业联合会发布的数据显示，2016 年上半年，全国电源新增发电装机容量

5699 万千瓦，较上年同期多投产 1361 万千瓦，同比增长 31.37％。其中，水电新增装机容量 437 万千瓦，较上年同期少投产 69 万千瓦；火电新增装机容量 2711 万千瓦，较上年同期多投产 368 万千瓦，同比增长 15.71％；风电新增装机容量 574 万千瓦，较上年同期少投产 77 万千瓦，同比下降 11.83％。另外，核电新增装机容量 217 万千瓦，较上年年同期少投产 109 万千瓦；太阳能新增装机容量 1760 万千瓦，较上年同期多投产 1248 万千瓦。表 7-12 和图 7-14 给出了 2014～2016 年上半年发电新增装机容量和增速。

表 7-12　2014～2016 年上半年发电新增装机容量和增速

指标名称	2014 年		2015 年		2016 年	
	新增容量/万千瓦	同比增长/％	新增容量/万千瓦	同比增长/％	新增容量/万千瓦	同比增长/％
发电新增装机	3670	13.2	4338	18.2	5699	31.37
火电装机	1503	−5.2	2343	55.9	2711	15.71
风电装机	443	6.9	651	47	574	−11.83
水电装机	1301	24.1	506	−61.1	437	−13.64
核电装机	329	24.9	326	−0.9	217	−33.44
太阳能装机	94	−31.9	512	444.7	1760	243.75

数据来源：国家能源局、中国电力企业联合会。

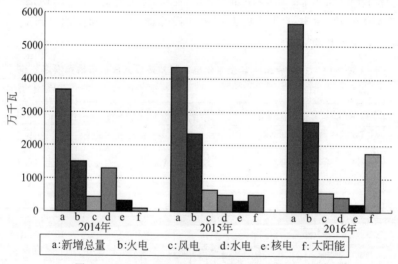

图 7-14　2014～2016 年上半年发电新增装机容量

数据来源：国家能源局、中国电力企业联合会

7.1.2.3　电网基建投资

"十二五"以来，电网工程建设完成投资年年有不同程度的提升。其中，2011 年完成 3682 亿元，同比增 6.77％；2012 年完成 3693 亿元，同比增长 0.2％；2013 年完成 3894 亿元，同比增长 5.44％；2014 年突破 4000 亿大关达 4118 亿元，增速 6.8％；2015 年完成 4640 亿元，同比增长 12.64％，投资金额再创历史新高。2011～2015 年我国电网工程投资情况和增长率如图 7-15 所示。

2016 年上半年，电网投资则继续保持快速增长。电网基本建设完成投资 2180 亿元，同比增长 33.2％，占电力基本建设投资完成额的比重为 64.3％。2014～2016 年来上半年电网基建投资情况如图 7-16 所示。

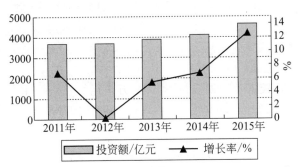

图 7-15 2011～2015 年我国电网基建总投资额和增长率
数据来源：中国电力企业联合会

图 7-16 2014～2016 年 1～6 月电网基建投资额
数据来源：国家能源局、中国电力企业联合会

7.1.3 电力行业经营情况

2011～2015 年我国电力行业的利润保持着持续增长态势，增长率最高时达到了 29.90％，而 2015 年的电力利润为 1180.35 亿元。这充分说明，我国电力行业的利润将会持续保持着增长的趋势，电力的前景依然广阔。但由于增长率的不稳定性，电力行业也存在一定的风险性。表 7-13 和图 7-17 给出了我国 2011～2016 年我国电力行业利润和增长率。

表 7-13 2011～2016 年我国电力行业利润和增速

年份	利润/亿元	增长率/%
2011 年	722.06	6.84
2012 年	937.94	29.9
2013 年	960	2.35
2014 年	1089.26	13.46
2015 年	1180.35	8.36
2016 年上半年	615.54	4.3

数据来源：中国电力企业联合会。

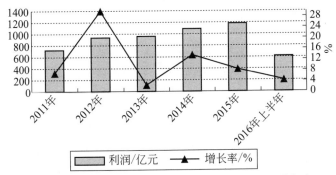

图 7-17 2011～2016 上半年我国电力行业利润和增长率

7.2 电力行业自动化应用现状

电能作为日常生活中必要的能源，推动了社会各行各业的顺利运行。随着社会不断发展，经济不断繁荣，加大了人们对电力的需求，致使电力运营企业在不断增加，其竞争也越

第 7 章

来越激烈。为提高电能调运质量，减少投资成本，电力运营企业不断运用先进智能化技术和设备。近年来，自动化控制技术在电力行业中的广泛运用，不仅能够实现电厂设备运行效率的提升，而且在电厂的安全、科学运行等方面发挥重要作用。

7.2.1 基础自动化控制

电力行业中自动化控制技术的核心功能是实现"自动化"，不仅可以通过检测装置获取设备的运行状态，利用控制系统对其进行分析判断，确定其下一步的动作，而且能够对设备运行中存在的异常情况及时发出报警信号，便于工作人员进行处理，有效降低系统故障的发生。另外，信息存储是自动化控制系统的一个重要功能，其能够记录设备的故障情况，因而可以为电厂提供数据反馈信息。此外，在运行中遇到故障时，系统可自动切断供电线路，从而能够保证现场工作人员以及设备的安全。

电力自动化系统非常复杂，因为它往往涵盖了电力系统的发电、输电、变电、配电和用电五个环节，如图 7-18 所示。发电、输电、变电三个环节的监视、控制和管理属于能量管理系统（EMS，Energy Management System），包括监视控制和数据采集、自动发电控制、管理信息系统和其他 EMS 高级应用软件。配电和用电的监视、控制和管理属于配电管理系统（DMS，Distribution Management System），包括监视控制和数据采集、负荷管理、负荷控制、故障管理、自动绘图、设备管理、地理信息系统、投诉电话热线，配电网高级应用软件等功能。

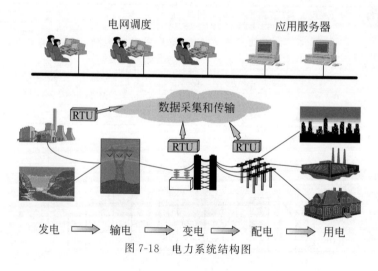

图 7-18　电力系统结构图

7.2.1.1　发电自动化

发电厂自动化系统主要包括机械自动控制系统、自动发电控制系统和自动电压控制系统。火电厂需要控制锅炉汽轮机等热力设备，其自动控制系统主要有计算机监视和数据采集系统、机炉协调主控系统和锅炉自动化控制系统。分散控制系统（DCS，Distributed Control System）和可编程逻辑控制器（PLC，Programmable Logic Controller）在火电厂锅炉和汽轮机自动化控制方面已取得成熟的应用经验，其可靠性和灵活性已被认可。

（1）DCS 控制系统

① DCS 控制系统概述　DCS 又称集散控制系统，它将控制技术、计算机技术、网络通信技术和图形显示技术集为一体，利用计算机技术对生产过程进行集中监视、操作、管理和

分散控制的一种全新的分布式控制系统，它具有控制功能分散、操作管理集中的先进控制特点。此外，DCS系统还具有自主性、协调性、可扩展性以及易于维护等优点，因而在电力、化工和石化等行业得到了广泛的应用。

由于DCS系统具有控制功能分散、操作管理集中的控制特点，当系统在运行中突发局部故障问题时，并不会危及整个系统的运行，从而确保系统处于安全状态。另外，通过对现场过程参数和设备运行状态进行显示、处理来实现对生产状况、设备情况的集中监控，提高了控制的可靠性和准确度。DCS典型体系架构图如图7-19所示。

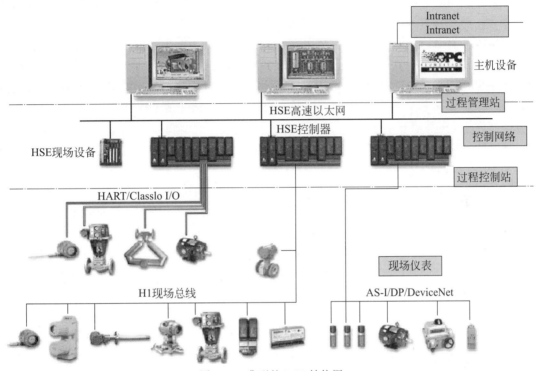

图7-19 典型的DCS结构图

② 国外DCS的功能和应用 DCS系统在通信和信息管理技术、集成电路技术的进步以及工艺设备大型化的影响下，在节能环保和提高生产效率的需求下，形成了新一代的DCS。在电厂方面，重点介绍国外ABB、西门子和艾默生三家相关产品。

• ABB

在"Industrial IT"的架构下，由ABB贝利Infi 90 Open形成的Symphony系统基础上，进一步开发了800系列的新产品，推出Industrial IT Symphony最新的DCS系统。

ABB的DCS控制系统主要包括：800xA、Advant OCS with Master Software、带有MOD 300软件的Advant OCS、Freelance应用于流程工业的分布式控制系统、Symphony Melody、Satt OCS、Symphony DCI System Six、Harmony/INFI 90、安全系统等。其中，800xA已用于大型电厂的业绩。在最新微电子技术基础上，开发了采用MCF5407 CPU芯片的新一代在线控制与管理模件BRC300。主要节点类型有现场控制单元（HCU），人机系统接口操作站（PGP），系统组态和维护工具（Composer），计算机接口（ICI），网络接口单元（IIL）。网络接口单元提供了多个控制网络间的数据交换能力；一个控制器模件可以控制上百个回路，监视上千个过程变量；模块化结构可以按照工艺过程来配置DCS，保证被控制对象的独立性、完整性。

• 西门子

近年在"全集成自动化"的架构下，西门子推出 SPPA-T3000 系统，已经在国内电厂项目中广泛使用。

SPPA-T3000 通过基于对象的设计及嵌入式组件服务，实现了全新的集成系统体系结构。使用 XML 和 Java 技术，其应用不受任何操作系统或硬件平台兼容性的限制，避免了额外的处理时间、管理负荷及多重软件版本而导致的多重故障点。SPPA-T3000 提供了一个用于工程设计、组态、调试运行诊断和服务的单一用户界面，每个对象都嵌入了所有必要的信息和接口。SPPA-T3000 总是提供相同的用户接口和功能，信息只记录一次，然后在项目的设计等阶段一直沿用，做到支撑整个生命周期，能够做到不同地点的工程师采用远程访问同时工作。软件体系结构方面，由于采用了 ECS 方式，没有中央数据库来存储或编辑数据，因此不会引起性能或容量的瓶颈，形成了一个组合单元进行数据的无缝集成和交换。人机接口站可以采用标准 PC、笔记本电脑、移动 PAD，无需安装任何系统软件。

• 艾默生

在并购基础上形成的艾默生过程控制公用事业部发表了"PlantWeb 数字化工厂管控网"，它涵盖了 DeltaV 和 Ovation。

Ovation 网络是一个完全确定的实时数据传输网络。采用 COST 技术，具有所有网络的特性，如冗余、同步、确定和令牌传输，在与以太网、快速以太网、令牌环或其他拓扑结构相连时，使用 TCP/IP，可以构成局域网（LAN）和广域网的信息系统。

Ovation 控制器支持 FF、Profibus-DP、DeviceNet 三种现场总线标准，每个 Ovation 控制器最多支持 24 个网段（FF H1 总线），还可以采用以太网方式连接 FF 智能现场仪表。

另有仿真控制器仿真 I/O 和先进控制器，后者支持多变量控制等先进控制。

③ 国内 DCS 的功能和应用　近年来，国内在原来 DDC 数字控制接技术和工控机应用的基础上，引进国外 DCS 的工程应用及技术，逐渐形成了独立自主的 DCS 产业，特别在电力行业应用中已经取得了斐然的成绩。目前，国内主流的 DCS 公司有：北京国电智深控制技术有限公司、杭州和利时自动化有限公司、上海新华控制技术有限公司和浙江中控科技集团股份有限公司。

• 北京国电智深控制技术有限公司

该公司结合自身 DCS 的实践经验和技术的引进，形成了具有自主知识产权的 EDPF 系列产品，主要有 EDPF-NT、EDPF-NT＋以及 EDPF-BA。其中，火电厂中应用最广的是 EDPF-NT，如图 7-20 所示。2015 年世界首台百万千瓦超超临界二次再热燃煤发电机组、国电泰州电厂二期工程 3 号机组，采用的就是该系统。

EDPF-NT 分散控制系统适用于各类大型、复杂的工业过程控制应用，也可构成简单系统，满足小规模、低成本应用的要求。EDPF-NT 是面向整个生产过程的先进过程控制系统。

• 杭州和利时自动化有限公司

该公司自主研发的 HOLLIAS 系列产品主要有 HOLLIAS-MACS-K 和 HOLLIAS-MACS-S。其中，HOLLIAS-MACS-S 首次提出"域"结构设计方法，解决了大型系统组网灵活性和系统安全性的矛盾，形成了完整的超大型自动化系统的体系结构设计思想。该系统实现 600MW、1000MW 等级的火电机组的国产控制系统的首台套应用，并在此基础上实现 1000MW 等级火电机组 DCS 和 DEH 系统一体化的国产系统首台套应用。

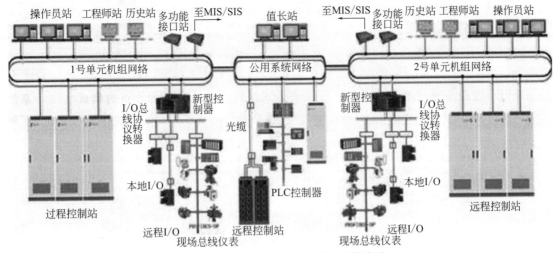

图 7-20　EDPF-NT 分散控制系统结构图

HOLLIAS-MACS-K 系统在 HOLLIAS-MACS-S 系统的基础上，吸收安全系统的设计理念，在重点提升系统可靠性和易用性上推出的第五代 DCS 系统，如图 7-21 所示。系统的主控制单元采用主流工业专用 powerPC 构架，内置防网络风暴组件。控制器运行软件、控制器算法组态软件、上位软件等均自主研发，并植入安全策略，防止病毒干扰。系统基于以太网和 Profibus-DP 现场总线架构，集成众多知名厂家控制系统的驱动接口，可实现智能现场设备、控制系统、企业资源管理系统之间无缝信息流传送，方便实现工厂智能化、管控一

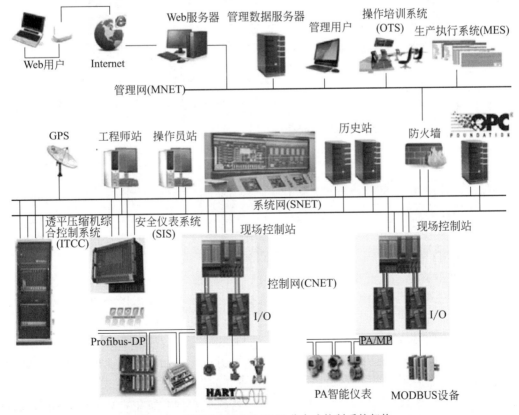

图 7-21　HOLLIAS-MACS-K 分布式控制系统架构

体化。该系统已经在多个 1000MW 等级火电机组上实现应用。

上海新华控制技术有限公司。

NetPAC1000 控制系统是新华技术有限公司 2015 年发布的新一代控制系统，具有更高可靠性、安全性、灵活性的特点，满足百万火电机组、核电常规岛、石化等多行业控制要求的高端过程控制系统。如图 7-22 所示。

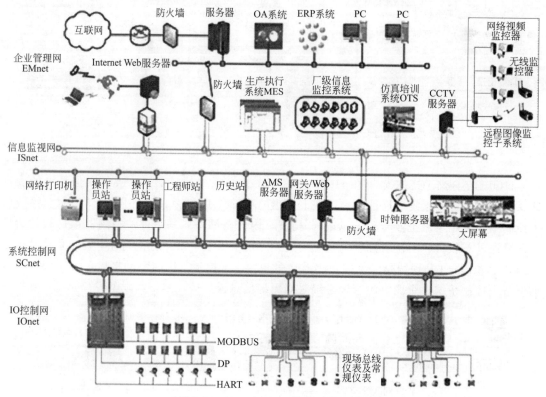

图 7-22　NetPAC1000 控制系统架构

• 浙江中控科技集团股份有限公司

该公司目前的国产 DCS 主要为 WebField 系列 DCS 系统，分别为 JX-300XP、ECS-100、ECS-700。

ECS-700 是在总结 JX-300XP、ECS-100 等 WebField 系列控制系统广泛应用的基础上设计、开发的面向大型联合装置的大型控制系统，其融合了最新的现场总线技术和网络技术，支持 PROFIBUS、MODBUS、FF、HART 等国际标准现场总线的接入和多种异构系统的综合集成，为用户提供了一个可靠的、开放的控制平台。如图 7-23 所示。

（2）PLC 控制系统

PLC 是以微处理器为基础，综合了计算机技术、自动控制技术以及通信技术发展而来的一种新型工业装置。它以强大的功能和高度的可靠性在电力行业的控制系统中得到了广泛的应用，其可靠性关系到电力行业运行的安全性和经济性。随着信号处理技术以及计算机网络技术的不断发展，PLC 控制系统不再仅限于开关量逻辑控制，在工业过程控制、运动控制、数据处理、通信及联网等领域也发挥着越来越大的作用。

在火力发电厂控制系统中，PLC 系统一般用在辅助控制系统中，如输煤控制系统、电除尘自控系统、锅炉补给水系统、锅炉吹灰系统和辅控网。在上述控制系统的应用中，PLC

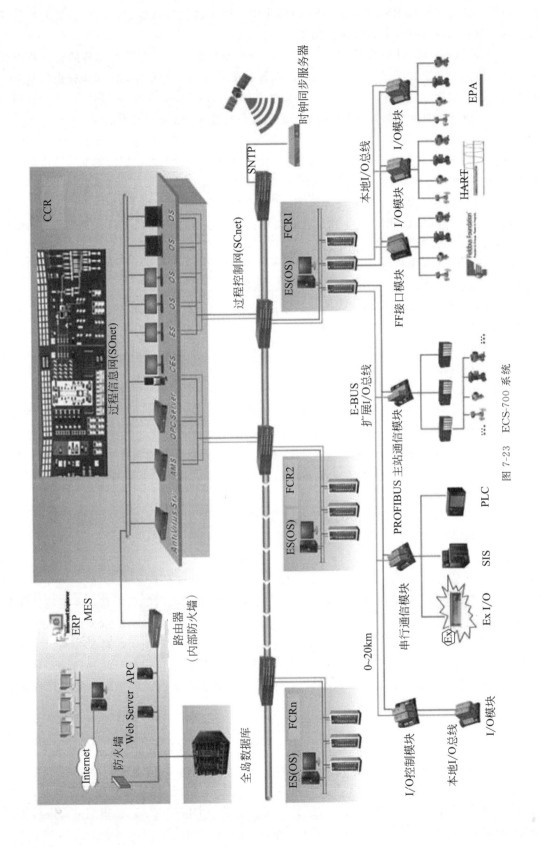

图 7-23　ECS-700 系统

是下位机，在通信接口 RS485 或者 RS232 的作用下同上位机进行通信，形成分散的控制系统。以下分别对这五种控制系统进行阐述。

① 输煤控制系统　PLC 对输煤设备进行联锁控制以保证其可靠性，设备的状态监测和皮带跑偏监测以及事故纪录则由上级工业控制计算机完成，二者配合共同实现输煤控制系统的监测和控制功能。

PLC 不仅能够对上煤和配煤进行控制，而且可以对输煤设备运行状况监测、输煤系统相关电源进行监测和控制。输煤控制系统可以与辅助车间控制网系统进行通信，从而在主控制室可以对输煤系统进行监控。系统在上位机上可控制输煤系统主要设备的启停，能够显示皮带及伸缩皮带的运行状态、碎煤机、筛煤机等设备的状态指示、显示故障位置、煤仓的高低煤位。

② 电除尘自控系统　在电除尘系统中，PLC 的主要作用是控制系统中低压设备自动运行和远程监控高压整流供电设备。对低压设备的控制一般有两种控制方式，即现场手动和远程自动，其所控制的设备包括阴阳极振打、灰斗卸灰阀电机、仓壁振动器、绝缘子保温梁电加热器、灰斗保温电加热器、灰斗料位计、烟气进出口温度显示、绝缘子保温梁温度显示、声波清灰装置、输灰系统、高压供电设备安全联锁以及远程监控等。

③ 锅炉补给水系统　为确保锅炉补给水的水质要求，在水进入锅炉前往往需要采用原水预处理。在预处理阶段，采用 PLC 控制系统控制清水池液位的自动启停、预处理系统的停运。另外，根据预处理的出水水质自动进行加药系统的启动、停运以及加药量的调节，同时也可以进行自动反洗、排污等操作。

④ 锅炉吹灰系统　该系统主要用于清除锅炉的水冷壁、过热器、再热器、省煤器管道及空气预热器的结焦和积灰，对提高电站锅炉的热效率和锅炉安全运行水平具有重要作用。系统控制主要有手动控制和自动控制两种控制方式，手动控制由继电器等设备完成，而自动控制由 PLC 来实现。手动控制可以对吹灰器或电动门进行所需要的各种操作控制，PLC 实现的自动控制过程顺序为：开启总进汽电动门、开启暖管电动门、开启疏水电动门、关闭疏水电动门、吹扫开始。

⑤ 辅控网　随着工业自动化技术的飞速发展，电力系统的进一步深入改革，电厂对辅控网系统的自动化程度不断提高。在火力发电厂的辅机系统的设计中，一般是根据辅控设备的功能，按"水""灰""煤"三个系统设立了独立的集中监控网。但为了保证设备优质高效的运行、提高劳动生产率、提高运行人员整体素质，满足减员增效的要求，取消一般的"水""灰""煤"三个独立的监控网，只构建一个电厂集中辅控网的新思路，并把辅控网的数据并入 SIS 系统中。

a. 概述。辅助车间集中监控网络系统（简称"辅控网"），是利用计算机控制、通信及网络技术，将主控系统以外的所有基于 PLC/DCS 控制的辅助系统进行互联互通，实现集中监控，并与 DCS 系统（分散控制系统）、SIS 系统（厂级监控系统）及 MIS 系统（厂级管理系统）之间进行数据交换。

b. 网络结构。发电厂辅控网系统主要包括如下子系统：水系统（如锅炉补给水、凝结水精处理、制氢站、炉水加药采样、工业废水处理、生活污水处理、海水淡化处理等）；煤系统（如输煤系统、翻车机系统、煤泥水处理系统、燃油系统等）；灰系统（如电除尘、干除灰、除渣系统、空压机系统等）和其他系统（如脱硫系统、脱硝系统、通风空调等）。将上述各控制系统通过计算机网络技术连接到一起，形成一个监控网络，在集控室内进行集中监控，这就构成了一个辅控网，如图 7-24 所示。

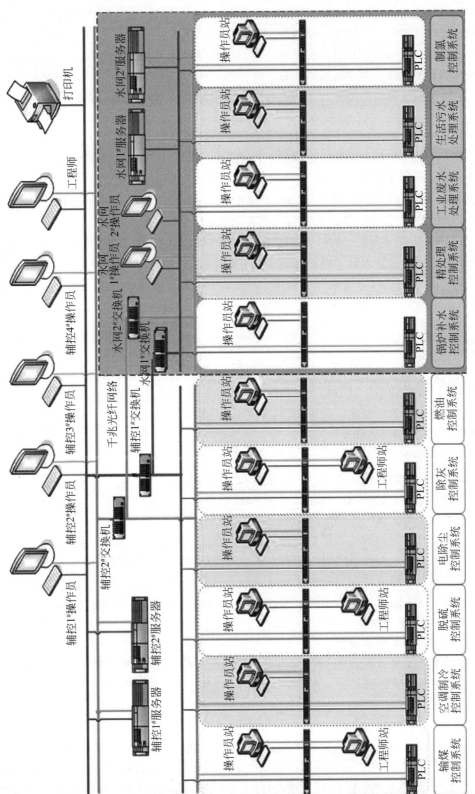

图 7-24　辅控网系统结构图

第 7 章

c. 基本功能。辅控网能对工艺系统与设备的工艺系统的顺序控制发出启停指令与手操单控，实现对各工艺系统的控制系统整体启、停和单个设备的操作员控制；顺序控制、模拟量控制和设备的联锁保护功能由下层网控制也可实现。

辅控网具有诊断功能，具有高度的可靠性。辅助车间网络系统内任一个系统发生故障，均不影响整个系统和该控制点网络的正常工作。

辅助车间监控系统的参数、报警和自诊断功能均高度集中在 CRT 上显示，并能在打印机上打印。

辅助车间集中监控网络主干网络采用 1000Mbps 光纤以太网，辅助车间 PLC 控制系统采用双缆冗余星形网络结构与辅助车间级子网相连，当网络中某一段光缆线路出现故障时，网络能够自动重新配置并继续通信，不会造成数据的丢失或数据的变化。

网络满足系统实时控制的需要。在辅助车间主干网不能正常工作时，各辅助车间子网及控制系统 PLC 能独立工作以保证各系统车间和设备的安全性。

CRT 操作站功能及配置。CRT 的任务是在标准画面和用户组态画面上，汇集和显示有关的运行信息，以供运行人员对各工艺系统的运行工况进行监视和控制。

d. 应用。辅控网在火力发电厂中有着广泛的应用。成功案例有：内蒙古托克托发电厂辅控网系统、宁夏大坝发电厂辅控网系统、盘山电厂辅控网改造、山西云冈热电辅控网改造、唐山热电辅控网系统改造以及秦皇岛发电有限公司辅控网系统等。

7.2.1.2 输电自动化

电能的传输，它和变电、配电、用电一起，构成电力系统的整体功能。通过输电，把相距甚远的发电厂和负荷中心联系起来，使电能的开发和利用超越地域的限制。和其他能源的传输（如输煤、输油等）相比，输电的损耗小、易于调控、环境污染少；输电还可以将不同地点的发电厂连接起来，实行峰谷调节。

（1）输电种类

按照输送电流的性质，输电可分为直流输电和交流输电。

① 直流输电系统　将发电厂发出的交流电通过整流站变换成直流电，经直流电路输送到终端后，逆变站把直流电转换成交流电送到用户。

由于目前各种类型的断路器还处于研制阶段，致使直流输电系统还不能像交流系统一样构成各种复杂的网络，因此目前直流输电大多是两端供电系统。该系统常见接线类型有：单极线路方式、双极线路方式和双极中性线方式。

直流输电目前主要应用在远距离大容量输电，非同步联网以及海底电缆送电。

② 交流输电系统　发电厂发出的电能多为三相交流电，通过升压变压器，高压输电线路和降压变压器，配电线路和配电变压器将电能输送到用户。

交流电的优点主要表现在发电和配电方面：利用交流发电机可以很经济方便地把机械能、化学能等其他形式的能转化为电能；交流电可以通过变压器升压和降压，这给配电带来了方便。

（2）输电电压等级

输电电压的高低是输电技术发展水平的主要标志。通常将输电电压为 220kV 及以下的称为高压输电，330～750kV 的称为超高压输电，750kV 及以上的称为特高压输电。我国第一条世界上海拔最高的"西北 750kV 输变电示范工程"：青海官亭—甘肃兰州东 750kV 变电工程于 2005 年投入运行。"1000kV 交流特高压示范工程"：晋东南—南阳—荆门 1000kV

输电线路于 2006 年 8 月开工建设。

（3）电压控制

电力系统电压是衡量电能质量的重要指标，电网低压运行会严重影响输电设备的输电能力，同时增加电网的有功损耗，甚至会导致电压崩溃等电力系统事故；而高压运行会加速供电设备的绝缘老化，影响正常的生产过程。

电力系统电压问题应该从整个系统的范围来统一解决。首先系统内无功功率电源必须充足，根据无功功率平衡的原则，合理布置无功补偿设备。在无功功率比较充足的条件下，综合运用各种调压手段。

电压控制模式主要有电压无功控制和自动电压控制系统。前者适用于一些地区电网、变电所控制，后者适用于省级电网控制。

① 电压无功控制　电压无功控制通常采用分层分区的控制原则。按时间和空间划分，电压控制有三个等级，即一级电压控制、二级电压控制和三级电压控制。该种控制模式适用于一些地区电网和变电所。

a. 一级电压控制。该级控制为本地控制，只用到本地信息。控制器由本区域内控制发电机的自动电压调节器、有载调压分接头和可投切的电容组成，响应时间一般为几秒钟。在该级控制中，控制设备通过保持传输变量尽可能地接近设定值来补偿电压的快速和随机变化。

b. 二级电压控制。该级控制能够协调控制一个地区的无功电源，使其作用达到最优化。其主要目的是保证中枢母线电压等于设定值，如果中枢母线电压幅值产生偏差，二级电压控制器则按照预定的控制规律改变一级电压控制器的设定值。

c. 三级电压控制。该级控制是整个控制的最高层，它以系统的安全和经济运行为优化目标，并考虑稳定性能指标，最后给出中枢母线电压幅值的参考值，供二级电压控制使用。在三级电压控制中充分考虑到协调的因素，利用了整个系统的信息进行优化。

② 自动电压控制系统　该种控制系统建立在调度自动化系统平台上，实现了电压控制和数据采集、控制的一体化。该系统主要由以下三个基本模块来实现。

a. 调度中心总站电压控制模块。该模块利用 EMS 系统的数据和通信资源进行电压检测、优化决策，形成具体可执行的指令，然后通过数据网发送到发电厂和变电所。

b. 发电厂电压控制模块。该模块根据总站模块的指定电压协调各机组的无功出力，使出线电压在稳定的电压上运行。

c. 变电所电压控制模块。该模块根据无功功率就地平衡的原则，以控制输出电压为目标，在确保电压满足规定的情况下，兼顾高压侧电压的调整。

7.2.1.3　变电自动化

变电站是电力系统中不可缺少的重要环节，它担负着电能转换和电能重新分配的繁重任务，对电网的安全和经济运行起着举足轻重的作用。为了提高变电站安全稳定运行水平，降低运行维护成本，提高经济效益，向用户提供高质量电能服务，变电站综合自动化技术开始兴起并得到了广泛的应用。

（1）变电站综合自动化概念

变电站综合自动化是将变电站的二次设备应用计算机技术和现代通信技术，经过功能组合和优化设计，对变电站实施自动监视、测量、控制和协调，以及调度通信等综合性的自动化功能。

实现变电站综合自动化，可提高电网的安全、经济运行水平，减少基建投资，并为推广变电站无人值班提供了手段。计算机技术、信息技术和网络技术的迅速发展，带动了变电站综合自动化技术的进步。近年来，随着数字化电气量测系统、智能电气设备以及相关通信技术的发展，变电站综合自动化系统正朝着数字化方向迈进。

（2）变电站综合自动化功能

实现变电站综合自动化的目标是全面提高变电站的技术水平和管理水平，提高供电质量和经济效益，促进配电系统自动化的发展。要完成一系列指标则需要变电站综合自动化系统应该具有以下功能：继电保护功能，操作控制、测量与监视功能，事件顺序记录与故障录波和测距功能，人机联系功能，电压、无功综合控制功能，低频减负荷控制功能，备用电源自投控制，通信功能。

（3）变电站综合自动化系统

变电站综合自动化系统利用先进的计算机技术、现代电子技术、通信技术和信息处理技术等实现对变电站二次设备（包括继电保护、控制、测量、信号、故障录波、自动装置及运动装置等）的功能进行重新组合、优化设计，对变电站全部设备的运行情况执行监视、测量。

① 结构形式　根据综合自动化系统设计思想和安装的物理位置的不同，其硬件结构可以分为很多类。但从国内外变电站综合自动化系统的发展过程来看，其结构形式大致可分为集中式结构形式、分层分布式系统集中组屏的结构形式、分散与集中相结合和分布分散式结构形式等几种。

a. 集中式结构形式。集中式结构的综合自动化系统采用不同档次的计算机，扩展其外围接口电路，集中采集变电站的模拟量、开关量和数字量等信息，集中进行计算和处理，分别完成微机监控、微机保护和一些自动控制等功能。

b. 分层分布式系统集中组屏的结构形式。分层分布式结构采用"面向对象"设计。目前，此种系统结构在自动化系统中较为流行，主要原因是：首先，现在的 IED 设备大多是按面向对象设计的，如专门的线路保护单元、主变保护单元、小电流接地选线单元等；其次，利用了现场总线的技术优势，省去了大量二次接线，控制设备之间仅通过双绞线或光纤连接，调整扩建也很简单，成本低，运行维护方便；再次，系统装置及网络鲁棒性强，不依赖于通信网和主机。

分层分布有两层含义：首先，对于中低压电压等级，无论是 I/O 单元还是保护单元皆可安装在相应间隔的开关盘柜上，形成地理上的分散分布；其次，对于 110kV 及以上的电压等级，即使无法把间隔单元装在相应的开关柜上，也应集中组屏，在屏柜上明确区分相应间隔对应的单元，在物理结构上相对独立，以方便各间隔单元相应的操作和维护。

c. 分散与集中相结合和分布分散式结构形式。按变电站被监控对象或系统功能分布的多台计算机单功能设备，将它们连接到能共享资源的网络上实现分布式处理。其结构的最大特点是采用主、从 CPU 协同工作方式，各功能模块如智能电子设备之间采用网络技术或串行方式实现数据通信，将变电站自动化系统的功能分散给多台计算机来完成。各功能模块（通常是多个 CPU）之间采用网络技术或串行方式实现数据通信，选用具有优先级的网络系统较好地解决了数据传输的瓶颈问题，提高了系统的实时性。

② 变电站综合自动化系统功能

a. 变电站监控系统的基本功能。变电站监控系统的功能主要包括：数据采集与处理，报警处理，控制功能，在线统计计算，画面显示和打印，系统的自诊断和自恢复，维护功能。

b. 微机继电保护功能。微机继电保护功能主要包括：变压器的主保护配置差动及速断电流保护、非电量保护，110kV 及以上线路保护配置高频保护、距离保护、零序电流保护以及综合重闸保护，电容器保护配置电流、限时电流速断、零序电流、零序电压、过电压、差点压、小电流接地选线保护等。

③ 变电站综合自动化系统特点　变电站综合自动化系统的特点主要包括：功能自动化，分层、分布化结构，操作监视屏幕化，运行管理智能化，通信手段多元化，测量显示数字化。

7.2.1.4　配电自动化

配电自动化是运用现代计算机技术、自动控制技术、电子技术、通信技术以及新的高性能配电设备等技术手段，对配电网进行离线与在线的智能监控管理，使配电网始终处于安全、可靠、优质、经济、高效的运行状态。其最终目的是为了提高供电可靠性和供电质量，同时也为了能够自动隔离故障区段，减少停电时间和停电范围，从而提高整个配电系统的效率，提升服务电力用户的水平。近年来，配电自动化已经成为电力自动化技术的一个热点。

（1）配电自动化功能

配电自动化功能主要有两方面：把配电网实时监控、自动故障隔离及恢复供电、自动读表等功能称为配电网运行自动化；把离线或者实时性不强的设备管理、停电管理、用电管理等功能称为配电网管理自动化。

① 配电网运行自动化功能

a. 数据采集与监控（SCADA，Supervisory Control And Data Acquisition）。该功能是遥测、遥信、遥控和遥调功能的深化与扩展，使得调度人员能够在主站系统计算机界面上，实时监视配电网设备运行状态，并进行远程操作和调节。

b. 故障自动隔离与恢复供电。当线路发生故障后，配电自动化系统自动定位线路故障点，跳开两端的分段开关，隔离故障区段，恢复非故障线路的供电，以缩小故障停电范围。

c. 电压及无功管理。配电自动化系统通过高级应用软件对配电网的无功分布进行全局优化，自动调整变压器的分接头挡位，控制无功补偿设备的投切，以保证供电电压合格、线路损失最小。

d. 负荷管理。配电自动化系统利用降压减载对用户可控负荷周期性投切，事故状态下改变系统负荷曲线的形状，以提高电力设备利用率，降低供电成本。

e. 自动读表。它是通过通信网络，读取远方用户电表的有关数据，对数据进行存储、统计及分析，生成所需报表与曲线，支持分时电价的设施。

② 配电网管理自动化功能

a. 设备管理（FM，Facilities Management）。配电网包含大量的设备，传统的人工管理方式已经不能满足日常管理工作的需要。设备管理功能在地理信息系统（GIS，Geographic Information System）平台上，应用自动绘图工具，以地理图形为背景绘出并可分层显示网络的接线、用户位置、配电设备及属性数据等。

b. 检修管理。在设备档案管理的基础上，制定科学的检修计划，对检修过程进行计算机管理，提高检修水平与工作效率。

c. 停电管理。对故障停电、用户投诉电话热线（TC，Trouble Call）和停电处理过程进行计算机管理，能够减少停电范围，缩短停电时间，提高用户服务质量。

d. 用电管理。对用户信息及其他用电申请、电费缴纳等进行计算机管理，提高业务处理效率和服务质量。

e. 规划与设计管理。配电自动化系统对配电网规划所需要的地理、经济、负荷等数据进行集中处理和管理，并提供负荷预测、网络拓扑分析、短路电流计算等功能，不仅可以加速配电网设计过程，而且可以使设计方案达到经济、高效的目的。

（2）配电自动化系统

配电自动化系统是指实现配电网的运行监视和控制的自动化系统，具备配电数据采集和监视控制、馈线自动化、电网分析应用以及相关系统互联等功能。按照完成的功能来划分，配电自动化系统包含许多个自动化子系统，而这些子系统又分为两大类。

① 配电网运行自动化系统

a. 数据采集与监控系统。该系统简称 SCADA 系统，调度值班人员通过该系统，对配电网进行监视、控制与协调；同时，它还能够实现各种配电网运行自动化高级应用功能。

b. 变电所自动化系统（SA，Substation Automation）。该系统简称 SA 系统，主要完成变电保护、监控及远程管理功能。该系统的控制功能是不依赖于上级主站独立运行的，它与SCADA 系统的联系，体现在为 SCADA 系统提供变电所实时运行信息，并接受远程控制调节命令上。

c. 馈线自动化系统（FA，Feeder Automation）。该系统简称 FA 系统，以 SCADA 监控功能为基础，完成中压电网的自动故障定位、隔离及恢复供电功能。

d. 负荷管理系统（LM，Load Management）。该系统简称 LM 系统，主要是在 SCADA 监控功能的基础上，完成负荷管理功能。

e. 自动读表系统。该系统主要完成远方读表计费管理功能。在供电企业内，为了避免重复投资，SCADA 系统可以从自动读表系统中获取用户负荷运行状态数据。

② 配电网管理自动化系统

a. 自动绘图（AM，Automated Mapping）/设备管理（FM，Facilities Management）/地理信息系统（GIS，Geographic Information System）。该系统简称 AM/FM/GIS 系统，以 GIS 为平台，对一个地理区域上的配电设备及其生产技术进行管理。GIS 可以作为一个独立的系统运行，完成一些离线的配电网管理功能，也可以与 SCADA 系统交换数据，实现更完善的配电网管理自动化功能。

b. 用户信息系统（CIS，Customer Infirmation System）。该系统又称用电管理系统，对名称、联系人、地址、账号、电话等用户等基本信息以及用电量和负荷、电压水平等用电信息进行计算机管理。

c. 停电管理系统（OMS，Outage Management System）。该系统完成用户投诉处理、故障定位、事故抢修调度等故障管理功能以及停电计划管理功能。

（3）配电自动化作用

① 提高供电可靠性 配电自动化的首要作用是提高供电可靠性。利用馈线自动化系统的故障隔离及自动恢复供电功能，减少停电范围；其次，通过提高电网正常的施工、检修和事故抢修工作效率，减少故障停电时间。

② 提高电压质量 配电自动化系统可以通过各种现场终端实时监视电压的变化，及时调整运行方式，调节变压器接头挡位，保证用户电压在合格的范围内。

③ 提高管理效率　配电自动化系统对电网设备运行状态进行远程实时监视及操作控制，当故障发生时，能够及时准确地确定线路故障点和原因，节约了人工检查；同时，配电生产和用电管理能够录入和获取各种数据，并使用计算机系统提供的软件进行分析、决策，提高效率与质量。

④ 提高用户服务质量　配电自动化系统可以迅速处理用户用电申请，加快用户电费缴纳与查询业务的处理速度；在停电故障发生后，能够及时准确确定故障地点、原因以及停电范围和恢复供电时间，立即给用户电话投诉一个满意的答复。

7.2.2　过程控制

过程控制系统是指以表征生产过程的参量（温度、压力、流量、液位等）为被控制量，使之接近给定值或保持在给定范围内的自动控制系统。这里"过程"是指在生产装置或设备中进行的物质和能量的相互作用和转换过程。通过对过程参数的控制，可使生产过程中产品的产量增加、质量提高和能耗减少。在火力发电中，过程控制系统主要有锅炉汽轮机协调控制、锅炉给水控制、锅炉燃烧过程控制、蒸汽温度控制、汽轮机功率和频率控制及其他典型控制。本节主要介绍协调控制、燃烧控制、给水控制、气温控制以及其他典型控制系统。

7.2.2.1　协调控制系统

单元机组的协调控制系统（Coordinated Control System，CCS）通常指在锅炉汽轮机都实现自动控制的基础上，将锅炉和汽轮机发电机组作为一个整体操作运行，使锅炉与汽轮机发电机组协调地改变工作状态，从而能够保证内部与外部的平衡。本节从控制系统的基本内容和控制方式两方面进行描述。

（1）基本内容

单元机组的协调控制系统能够根据单元机组的负荷控制特点，保证负荷控制的内外两个能量供求平衡。该系统的基本内容包括机组主控、锅炉主控和汽轮机主控，按照负荷控制的过程和目标分为以下三个层次。

① 机组负荷协调层，该层主要用来协调机组负荷能力和外界的负荷要求。

② 机组锅炉协调层，该层用来协调锅炉和汽轮机的能量转换和传输过程。

③ 锅炉和汽轮机控制执行层，该层用来调整能量转换和传输过程中机组相关参数和信号，使之稳定在设定值的范围内。

（2）控制方式

机组容量不断地增加，锅炉的蓄热量相对减少，采用以往的机炉分组控制方式已不适应外界负荷的要求，不利于保持机炉之间的平衡。因此，单元制运行下的火电机组按锅炉、汽轮机在控制过程中的任务和相互关系的不同，可以有三种基本控制方式，即锅炉跟随控制方式、汽轮机跟随控制方式和机炉协调控制方式。

① 锅炉跟随控制方式　单元机组锅炉跟随控制方式如图 7-25 所示，其中虚框内的锅炉主控制器和汽轮机主控制器属于机组负荷控制系统中的协调控制。当外界负荷需求变化时，负荷要求 P_0 与实际功率 P_E 出现偏差 $P_0 - P_E$。通过汽轮机主控制器发出汽机指令 TD，该指令作为给定值送到汽轮机控制系统中，汽轮机控制系统根据汽机指令要求开大进汽调节阀，增加汽轮机进汽量，从而迅速改变发电机的输出功率，使其和负荷指令 P_0 相一致。当汽轮机进汽调节阀开度增大后，锅炉主蒸汽压力 P_T 随之降低，压力偏差 $P_0 - P_T$ 通过锅炉主控制器发出锅炉指令 BD，该指令作为给定值送到锅炉控制系统中，锅炉控制系统根据指

令要求增加锅炉的燃烧率，使输入锅炉的能量和物质与锅炉的输出量相平衡。

上述控制过程可知，这种控制方式的特点是：汽轮机侧调负荷，锅炉侧调汽压。调负荷过程中，锅炉跟随汽轮机而动作，所以称为锅炉跟随控制方式。这种控制方式的优点是充分利用了锅炉的蓄热来迅速适应负荷的变化，对机组调峰调频有利。缺点是主蒸汽压力变化较大，对机组的安全经济运行不利。

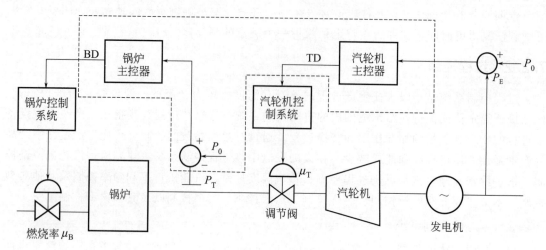

图 7-25　锅炉跟随控制方式

② 汽轮机跟随控制方式　汽轮机跟随控制方式如图 7-26 所示。当外界负荷需求变化时，锅炉主控制器输出锅炉指令 BD 给锅炉控制系统，调节锅炉的燃烧率。经过一段迟延时间后，锅炉的蒸发量和主蒸汽压力 P_T 逐渐增大，压力偏差 $P_0 - P_T$ 通过汽轮机主控制器输出汽机指令 TD，汽轮机控制系统根据 TD 开大汽轮机进汽调节阀，使进入汽轮机的蒸汽量增加，机组功率 P_E 增加，以适应改变了的负荷要求指令 P_0。在蒸汽调节阀门开度 μ_T 变化后可以很快地改变主蒸汽压力 P_T，因此可以使 P_T 变化很小。

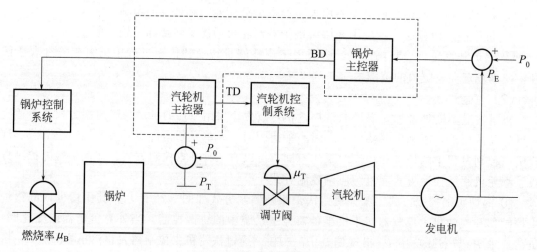

图 7-26　汽轮机跟随控制方式

这种控制方式的特点是：锅炉调侧负荷，汽轮机侧调汽压。在保证主蒸汽压力稳定的情况下，汽轮机跟随锅炉而动作，所以称为汽机跟随控制方式。该种方式的优点是在运行中主蒸汽压力相当稳定，有利于机组的安全经济运行。缺点是由于没有利用锅炉的蓄热，只有当锅炉改变燃烧率造成蒸发量改变后，才能改变机组的出力，这样适应负荷变化能力较差，不利于机组带变动负荷和参加电网调频。

③ 机炉协调控制方式　机炉协调控制方式如图 7-27 所示。当外界负荷需求变化时，锅炉和汽轮机主控制器对锅炉和汽轮机控制系统分别发出的 BD 和 TD 指令中都含有负荷偏差信号 P_0-P_E，因此可以通过锅炉的燃烧率和汽轮机的进汽量进行负荷调节，同时为了使汽压变化不大，根据主蒸汽压力 P_T 偏离 P_0 的情况适当地限制汽轮机进汽调节阀的开度变化和适当地加强锅炉的控制作用。当调节结束时，机组的输出功率 P_E 等于负荷要求 P_0，主蒸汽压力 P_T 为给定值 P_0。

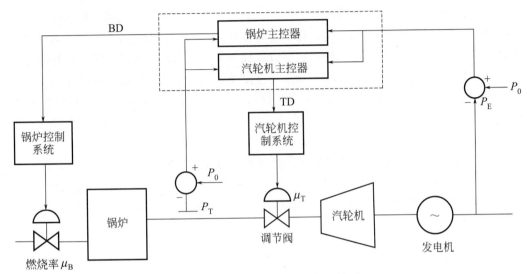

图 7-27　汽轮机和锅炉协调控制方式

负荷调节动态过程中，机炉协调控制可使汽压在允许的范围内波动，充分地利用锅炉的蓄热，使单元机组能较快地适应负荷要求的变化，同时主蒸汽压力的变动范围也不大，因而使机组的运行工况比较稳定。

7.2.2.2　燃烧控制系统

燃烧控制系统的基本任务是保证燃料燃烧提供的热量和蒸汽负荷的需求能量相平衡，同时也要保证锅炉既稳定又经济地运行。本节介绍控制系统的特点、组成原理和控制方案。

（1）控制特点

燃烧过程的任务是三个调节量（燃料量、送风量、引风量）维持三个被调量（主蒸汽压力、烟气含氧量、炉膛压力），其中主蒸汽压力是锅炉燃料热量与汽轮机需要能量是否平衡的指标；过剩空气系数是燃料量和送风量是否保持适当比例的指标；炉膛负压是送风量和引风量是否平衡的指标。

燃烧过程控制系统的控制对象是三个被调量和三个调节量的多变量相关控制对象，其调节量与被调量之间存在耦合关系，即每个被调量都同时受到几个调节量的影响，而每个调节量的改变义能同时影响儿个被调量。调节量与被调量的影响如图 7-28 所示。

锅炉燃烧过程是一个多输入多输出的对象，一般控制系统都是通过调节燃料量控制主蒸汽压力；调节送风量控制过剩空气系数（烟气含氧量）；调节引风量控制炉膛负压力。

209

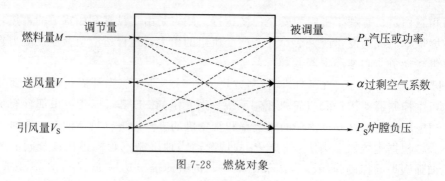

图 7-28　燃烧对象

（2）控制方案

燃烧过程控制虽然是由燃料控制子系统、送风控制子系统和引风控制子系统这三个控制系统组成的，但这些系统构成的燃烧过程控制是多样的，锅炉结构、运行方式、燃料系统设备条件及其工艺要求等这些因素影响着燃烧过程控制形式，因此有各种不同形式的燃烧过程控制方案。本节主要从燃烧过程控制的基本任务出发，介绍最基本控制系统的方案。

锅炉燃烧过程控制的基本方案如图 7-29 所示。锅炉指令 BD 作为给定值送到燃料控制系统和送风控制系统，以使燃料量和送风量同时改变。使燃料率与机组要求的燃烧率相适应，同时保证风量与燃料量比例变化；同时送风量作为前馈信号通过 $f_3(x)$ 引到引风调节器 PI4，改变引风量以平衡送风量的变化，使得炉膛负压 P_S 不变或变化很小。由于所有调节器都采用 PI 控制规律，因此调节过程结束时，主蒸汽压力 P_T、燃烧经济性指标 O_2 和炉膛负压 P_S 都稳定在给定值上；而锅炉的燃料量 M、送风量 V 和引风量 V_S 都改变到与要求的燃烧率相适应的新数值上。

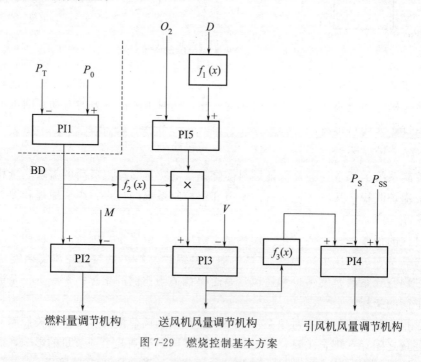

图 7-29　燃烧控制基本方案

7.2.2.3　给水控制系统

给水控制的主要任务是保证锅炉的给水量与蒸发量相适应，从而保持锅炉给水与蒸汽负荷之间的质量平衡。电站锅炉分为直流锅炉和汽包锅炉两大类，直流锅炉通常利用微过热气温和相关量的对应关系来表示给水流量和蒸汽流量的平衡关系；汽包锅炉的汽包水位是蒸汽负荷和给水量间的质量是否平衡的重要标志。本节对两类锅炉的给水控制对象特性和控制系统的基本结构进行分析。

（1）汽包锅炉给水

锅炉的汽包水位能够间接反映锅炉蒸汽负荷与给水量之间的平衡关系，维持汽包水位正常是保证锅炉和汽轮机安全运行的必要条件。汽包水位过高，会影响汽包内汽水分离装置的正常工作，造成出口蒸汽水分含量过多，导致过热器管壁结垢而被烧坏，也使过热蒸汽温度急剧变化，直接影响机组的稳定运行。汽包水位过低，可能破坏锅炉水循环，导致水冷壁管被烧坏。

汽包水位不仅受汽包储水量变化的影响，也受汽水混合物中汽包容积变化的影响。其中主要的扰动为给水流量、蒸汽流量、汽包压力、炉膛热负荷等，给水流量和蒸汽流量是影响汽包水位的主要扰动，前者来自调节侧，称为内扰；后者来自负荷侧，称为外扰。汽包水位系统如图 7-30 所示。

① 汽包水位的动态特性

a. 给水流量扰动下的汽包水位的动态特性。给水流量是来自控制侧的扰动，属于内部扰动。当水位偏离给定值后再控制给水流量，由于给水流量改变后有一定的延迟才能影响水位，因而水位会发生较大的变化。

b. 蒸汽负荷扰动下汽包水位的动态特性。蒸汽负荷扰动属于外部扰动。当负荷增加时，锅炉的给水流量小于蒸汽流量，在扰动开始时水位不仅不下降反而上升；当负荷突然下降时，水位反而先下降，这称为"虚假水位"。对于这一现象的锅炉，为了使水位不超过允许的范围，必须限制负荷的一次突变量和负荷的变化速度。

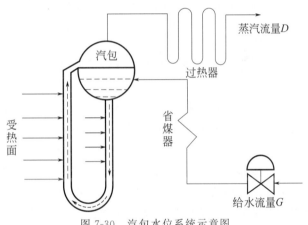

图 7-30　汽包水位系统示意图

c. 锅炉热负荷扰动时汽包水位的动态特性。热负荷扰动属于外部扰动。由于虚假水位的出现，在负荷变化后的开始阶段，给水流量的变化与负荷变化的方向相反，因此锅炉进出流量不平衡。

② 控制方案　汽包锅炉给水控制系统通常有如下几种方案。

a. 单冲量控制系统。即汽包水位的单回路水位控制系统，如图 7-31 所示。单冲量水位控制系统以汽包水位作为唯一的控制信号，冲量即变量。水位测量信号经变送器送到水位调节器，调节器根据汽包水位测量值与给定值的偏差，通过执行器去控制给水调节阀以改变给水量，保持汽包水位在允许的范围内。该系统结构简单，投资少，易实现。但它不能克服"虚假液位"的影响，且不能及时反映给水量的扰动，控制作用迟缓，因此，只适

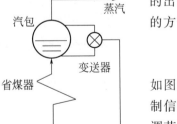

图 7-31　单冲量控制系统

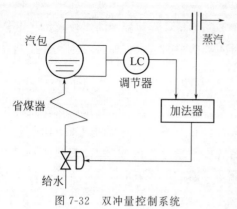

图 7-32 双冲量控制系统

用于小型低压锅炉。

b. 双冲量控制系统。即在单冲量系统的基础上引入了蒸汽流量信号为前馈信号的锅炉汽包水位控制系统，如图 7-32 所示。

双冲量控制系统的特点是：引入蒸汽流量前馈信号可以消除"虚假水位"现象对控制的不良影响。当蒸汽流量变化时，就有一个给水量与蒸汽量同方向变化的信号，可以减少或抵消由于"虚假水位"现象而使给水量与蒸发量相反方向变化的错误方向。而调节阀一开始就向正确的方向动作，因而能极大地减少给水量和水位的波动，缩短过渡过程的时间。引入蒸汽流量前馈信号，能够改善控制系统的静态特性，提高控制质量。双冲量水位控制系统适用于小型低压而且给水压力较稳定的锅炉。

c. 三冲量控制系统。在双冲量系统的基础上再引入给水流量信号，由水位蒸汽流量和汽包水位就构成了三冲量水位控制系统。三冲量水位控制系统抗干扰能力强，适用于大中型中压锅炉。

三冲量控制系统分为单级三冲量控制系统和串级三冲量控制系统。

• 单级三冲量控制系统。汽包水位、蒸汽流量和给水流量的测量信号都参与汽包水位的控制系统，其中汽包水位是主信号，如图 7-33 所示。在该控制系统中，水位主信号能够消除各种扰动对水位的影响，保证水位在允许的变化范围内；蒸汽流量信号能够克服蒸汽负荷变化引起的虚假水位造成控制器的误动作；给水流量信号能够有效消除给水侧的扰动，稳定给水流量。

从图 7-33 中可以看出，在单级三冲量给水控制系统中，水位、蒸汽量和给水流量对应的三个信号 V_H、V_D、V_W 都送到 PID 调节器，静态时，这三个输入信号与代表水位给定值的信号 V_O 相平衡，即 $V_D - V_W + V_H = V_O$。

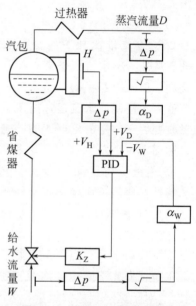

图 7-33　单级三冲量控制系统

如果在静态时送入调节器的蒸汽流量信号 V_D 等于水流量信号 V_W，则水位信号 V_H 就等于给定值信号 V_O，即汽包中的水位将稳定在某一给定值。如果在静态时 V_D 不等于 V_W，即汽包中水位稳定值将不等于给定值。一般情况下选择静态时 $V_D = V_W$，因而使控制过程结束后汽包水位保持给定的数值。

• 串级三冲量控制系统。该系统与单级三冲量控制系统的不同之处在于多了两个 PID 控制器（主控制器 PID1 和副控制器 PID2），如图 7-34 所示。主控制器 PID 能够保证水位信号的无静差，其输出、给水流量信号和蒸汽流量信号送到副控制器 PID2 的输入，副控制器的输出送到执行机构，从而通过执行机构来改变给水流量。

串级系统主、副调节器的任务不同，副调节器的任务是用以消除给水压力波动等因素引起的给水流量的自发性扰动以及当蒸发负荷改变时迅速调节给水流量，以保证给水流量和蒸汽流量平衡；而主调节器的任务是校正水位偏差。

（2）直流锅炉给水

超临界发电机组没有汽包，锅炉给水控制系统的主要任务不再是控制汽包水位，而是以汽水分离器出口的温度或者焓值作为表征量，保证水量与燃料量的比例不变。

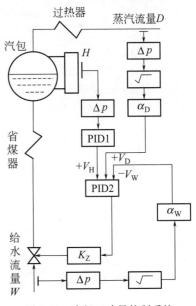

图 7-34　串级三冲量控制系统

① 控制对象特性　直流锅炉是一个典型的多输入多输出控制对象，其主要扰动（燃烧率、给水流量、汽轮机调节阀开度）的变化对被控量（主蒸汽温度和主蒸汽压力）有着重要的影响。下面从各扰动单独作用下分析锅炉动态特性的特点。

a. 燃烧率扰动时的动态特性。在燃烧率单独作用下，可使主蒸汽温度发生改变，从而影响主蒸汽压力和机组功率的变化，但最终不能改变主蒸汽流量。

b. 给水流量扰动时的动态特性。在给水流量单独作用下，只能暂时地改变主蒸汽压力和机组功率，最后也能够引起主蒸汽流量的变化，但由于主蒸汽温度是反方向变化的，因此主蒸汽压力和机组功率变化相对较小。

c. 汽轮机调节阀扰动时动态特性。在汽轮机调节阀单独作用下，燃烧率和给水温度的比例没有变化，因此主蒸汽温度基本保持不变。

② 控制方案

a. 采用中间点温度的给水控制系统。

燃水比例失调而引起汽温变化时，仅依靠调节减温水流量来控制汽温，会使汽温水流量大范围变化，失去调节作用而影响锅炉安全运行。

为了避免燃水比失衡而导致减温水流量变化过大，超出可调范围，因此可利用减温水流量与锅炉总给水流量的比值来控制燃水比。图 7-35 给出了中间点温度的给水控制方案。

b. 采用焓值信号的给水控制。

当给水量或燃料量扰动时，焓值变化方向与其变化方向一致，所以可以采用焓值来反映燃水比变化。

采用分离器出口过热蒸汽的焓值信号原因是：能快速反应燃水比；出口过热蒸汽为微过热蒸汽，其焓值比分离器出口微过蒸汽温度在反映燃水比的灵敏度和线性方面具有明显优势。

机组负荷大范围变化时，工质压力将在超临界到亚临界的范围内变化。由水和蒸汽的热力特性可知，其焓值-压力-温度之间为非线性关系，蒸汽的过热度越低，焓值-压力-温度之间的非线性关系越强。在过热度低的区域，当增加或减少同等量给水量时，焓值变化的正负数值大致相等，但微过热温的正负向的变化量则明显不等。如图 7-36 所示。

7.2.2.4　蒸汽温度控制系统

锅炉蒸汽温度控制是影响锅炉生产过程安全性和经济性的重要参数，它包括过热蒸汽温度控制系统和再热蒸汽温度控制系统。对于确定的机组，过热蒸汽温度控制系统和再热蒸汽温度控制系统是根据机组的具体特点来设计的。

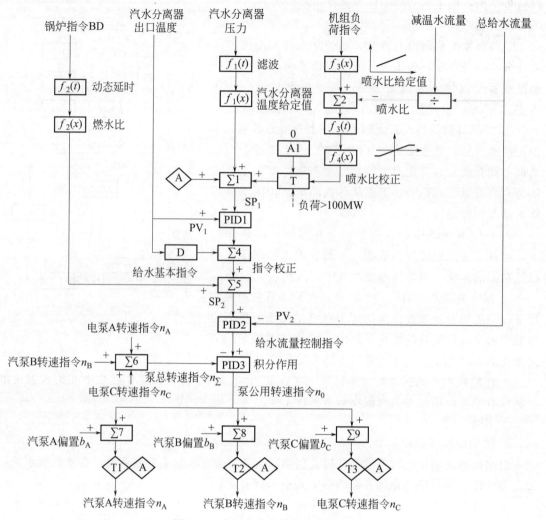

图 7-35 中间点温度的给水控制方案

（1）过热蒸汽温度控制

① 控制任务 过热蒸汽温的控制任务是维持过热器出口蒸汽温度在允许的范围内，并保护过热器，使其管壁温度不超过允许的工作温度。为了保证机组的安全运行，必须对过热蒸汽温度进行控制，一般要求过热蒸汽温度与额定值（给定值）的偏差在±5℃范围内。

② 影响温度的因素 在生产过程中，过热蒸汽温度控制系统的被控对象是典型的大迟延、大惯性的时间系统。以直流锅炉过热汽温调节控制为例，引起过热蒸汽温度变化的因素有：煤水比、给水温度、过量空气系数、火焰中心高度、受热面沾污。后四种因素对过热汽温的影响与汽包锅炉有很大的不同，有些影响甚至是完全相反的。这是因为没有汽包分解，锅炉内的任何部分传热量的增加（减少），都会使汽温上升（下降）。对于直流锅炉，在水冷壁温度不超过限制的条件下，后四种因素都可以通过调整煤水比来消除。所以，只要控制、调节煤水比，在相当大的负荷范围内，锅炉的过热蒸汽温度可以保持在额定值。

③ 温度调节原则 超临界600MW锅炉过热蒸汽温度调节是以调节煤水比为主，作为粗调，用一、二级减温水作细调，微调。

214

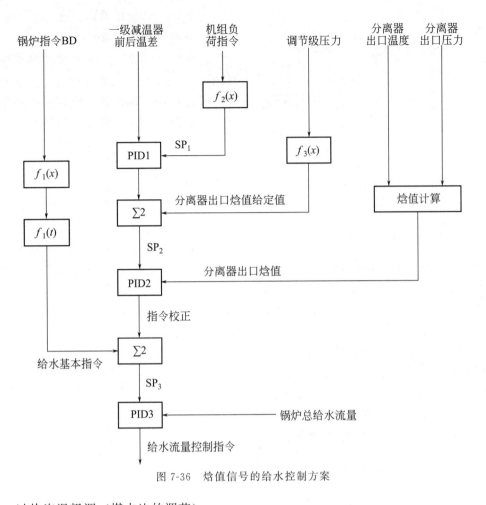

图 7-36　焓值信号的给水控制方案

　　a. 过热汽温粗调（煤水比的调节）。

　　煤水比的调节的主要参照点是内置式分离器出口温度或焓值，即所谓的中间点温度或焓器出口温度或焓值。

　　中间点温度校正煤水比。过热蒸汽温度能正确反映燃水比例的变化情况，但存在较大的迟延，因此不能以过热蒸汽温度作为燃水比例的控制信号，通常以过热蒸汽温度作为燃水比例的校正信号，在这种意义下，微过热汽温又称为中间点温度。

　　中间点焓值修正煤水比。用微过热蒸汽焓替代该点温度作为燃水比校正是可行的，其优点在于：分离器出口焓（中间点焓）值对燃水比失配的反应快，系统校正迅速；焓值代表了过热蒸汽的做功能力，随工况改变焓给定值不但有利于负荷控制，而且也能实现过热汽温（粗）调正。

　　b. 过热汽温细调。

　　由于锅炉调节中受到许多因素变化的影响，只靠煤水比的粗调还不够，另外还可能出现过热器出口左、右侧温度偏差，因此，在后屏过热器的入口和高温过热器（末级过热器）的入口分别布置了一级和二级减温水（每级左、右各一）。喷水减温器调温惰性小、反应快，开始喷水到喷水点后汽温开始变化只需几秒钟，可以实现精确的细调。所以，在整个锅炉负荷范围内，要用一、二级喷水减温来消除煤水比调节（粗调）所存在的偏差，以达到精确控制过热汽温的目的。

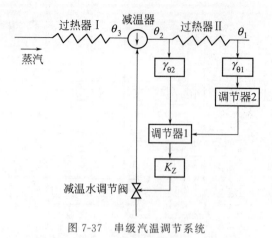

图 7-37 串级汽温调节系统

④ 过热蒸汽温度控制方案

a. 过热蒸汽温度串级控制。

过热器出口蒸汽温度串级控制系统的原理图 7-37 所示。采用两级调节器，这两级调节器串在一起，各有其特殊任务。减温调节阀直接受调节器 1 的控制，而调节器 1 的给定值受到调节器 2 的控制，形成了双闭环系统，由副调节器和减温器出口温度形成的闭环称为副环。由主调节器和主信号-出口蒸汽温度形成的闭环称为主环。从图中可以看出，副环串在主环之中。

调节器 2 称主调节器，调节器 1 称为副调节器。将过热器出口蒸汽温度调节器的输出信号，不是用来控制调节阀而是用来改变调节器 2 的给定值，起着最后校正作用。

串级控制具有的特点：可以减小副回路的时间常数，改善对象动态特性，提高系统的工作频率；串级控制具有一定的自适应能力和克服内扰的能力。

b. 过热蒸汽温度导前微分控制。

图 7-38 所示给出了导前汽温微分信号的双回路汽温调节系统。这个系统是由两个闭合回路构成的双回路汽温调节系统，在系统中引入了导前汽温 θ_2 的微分信号 $\dfrac{\mathrm{d}\theta_2}{\mathrm{d}t}$，导前汽温 θ_2 可以提前反映扰动，取其微分信号 $\dfrac{\mathrm{d}\theta_2}{\mathrm{d}t}$ 引入 PI 调节器后，既可以使调节器的调节动作超前，又可以在系统进入稳态时取消导前信号的作用，即 $\dfrac{\mathrm{d}\theta_2}{\mathrm{d}t}=0$，不影响主汽温 θ_1 的稳态值，因此可以改善系统的调节品质。

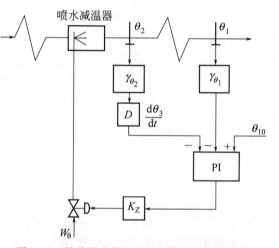

图 7-38 导前微分信号的双回路汽温控制系统

(2) 再热蒸汽温度控制

为了提高电厂的经济性，大型机组一般都采用蒸汽中间再热技术。再热蒸汽温度控制的目标是保证再热器出口温度变化在允许的范围内。再热蒸汽温度的主要控制手段是摆动火嘴的摆角位置或者烟气旁路挡板的开度，辅助控制手段是减温喷水。1000MW 机组再热蒸汽温度控制系统大多采用该控制手段。

① 再热蒸汽温度调节手段 改变烟气流量作为主要调节手段，喷水减温作为辅助调节手段。

② 再热汽温控制方案

a. 采用烟气挡板调节手段的再热汽温控制系统。烟气挡板调节手段的再热汽温控制的原理是：再热汽温作为主信号（被调量），左侧通过加法器、调节器来调节烟气挡板，右侧调节喷水。正常工作时主要靠烟气挡板来调节再热汽温，两个函数发生器用来修正挡板的非线性，反相器是用来使两个挡板反向。烟气挡板调节手段的再热汽温控制系统如图 7-39 所示。

b. 采用烟气再循环调节手段的再热汽温控制系统。烟气再循环调节手段的再热汽温控制原理是：利用再循环风机从烟道尾部取低温烟气进入炉膛底部，从而改变辐射受热面与对流受热面的吸收比例，以达到调温目的。烟气再循环调节手段的再热汽温控制系统如图 7-40 所示。

c. 采用摆动燃烧器调节手段的再热汽温控制系统。摆动燃烧器调节温度的主要原理是：利用燃烧器的摆动，改变炉膛火焰中心的高度，使炉膛出口烟温产生变化，改变辐射受热面和对流受热面的吸热

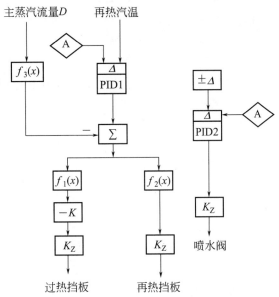

图 7-39　烟气挡板调节手段的再热汽温控制系统

比例，从而达到调节再热汽温的目的。摆动燃烧器调节手段的再热汽温控制系统如图 7-41 所示。

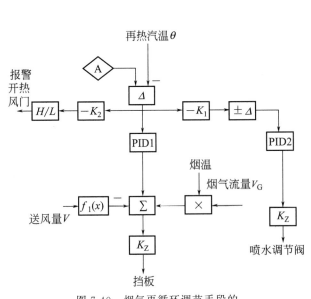

图 7-40　烟气再循环调节手段的
再热汽温控制系统

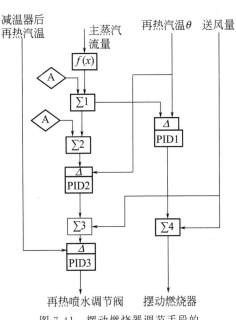

图 7-41　摆动燃烧器调节手段的
再热汽温控制系统

7.2.2.5　其他典型控制系统

其他控制系统包括除氧器压力控制系统、除氧器水位控制系统、凝汽器水位控制系统等。这些系统结构比较简单，大多采用单冲量、单回路调节系统。

（1）除氧器压力控制系统

除氧器压力控制系统是根据除氧器的运行方式来设计的，运行方式分为定压和滑压。

① 定压运行：除氧器压力控制系统是以除氧器压力为被调量的定值控制的单回路调节系统。

② 滑压运行：除氧器压力随抽汽压力变化而变化。

（2）除氧器水位控制系统

除氧器水位控制系统通常设计为全程控制系统，通过控制进入除氧器的主凝结水流量来维持除氧器水位。

当机组低负荷运行时，给水流量小，由单冲量调节系统控制除氧器水位；当给水流量超过一定值后，则由三冲量（除氧器水位、给水流量、除氧器入口凝结水流量）调节系统控制。

（3）凝汽器水位控制系统

凝汽器水位控制系统一般设计为单冲量调节系统，通过调节凝汽器补水调节阀来控制凝汽器进水位为一定的值。

7.2.3 信息化

电力是关系国计民生的基础产业，也是关系千家万户的公用事业。我国电力行业信息化建设起步较早。早在20世纪60年代，电力行业已经将信息技术应用到生产过程自动化及发电厂、变电站的自动监测等方面。到了80年代以后，管理信息化的建设浪潮开始掀起。经过多年发展，现代电力生产和经营管理都已具备高度网络化、系统化、自动化的特征，以网络、数据库及计算机自动控制技术为代表的信息处理技术已经渗透到电力生产、经营管理的各个方面。

7.2.3.1 电力信息化发展概述

（1）电力信息化定义

电力信息化是在电能的发、输、变、配、用和调度的生产和管理全过程中，运用信息技术、改造传统产业，促进电力企业结构的调整，优化与升级、提高管理水平，实现电力行业跨越式发展，其下游电力行业是基础能源工业，安全可靠性要求高，资产密集，信息化管理需求迫切。

（2）电力信息化建设发展历程

第一阶段（20世纪60年代到80年代初）：初始准备阶段。

在这一阶段，电力信息化主要应用在：电力实验数字计算、电厂自动监测、变电站所自动监测等方面。其目标主要是提高电厂和变电站所生产过程的自动化程度，改进电力生产和输变电监测水平，提高工程设计计算速度，缩短电力工程设计的周期等。

第二阶段（20世纪80年代中期到90年代初）：专项业务应用阶段。

计算机系统在电力的广大业务领域得到应用，电力行业广泛使用计算机系统，如电力负荷控制预测、计算机辅助设计、计算机电力仿真系统等，同时企业开始注意开发建设管理信息的单项应用系统。

第三阶段（20世纪90年代中期到2005年左右）：加速发展时期。

网络技术的发展特别是国际互联网的出现和发展，电力行业信息化实现跨越式发展。信息技术应用的深度和广度上达到前所未有的地步。有计划地开发建设企业管理信息系统，从单机、单项目向网络化、整体性、综合性应用发展。

第四阶段（2006～2020年）：企业级信息化阶段。

进入21世纪以来，电力行业进行了机构改革，两大电网和五大发电企业以及其他电力企业组成新的行业格局，在新的行业格局下，电力企业实施了内部管理的改革，电力企业管理模式与经营模式都发生了较大的变化，改革对信息化建设提出了新的要求。信息化与企业经营理念和管理模式结合更加紧密，与企业发展战略关系密切，电力行业信息化建设走向成熟。

（3）电力信息化发展现状

① 基本建成了电力信息网络系统　在社会各界的努力下，网络系统初步形成。按照"统一领导、统一规划、统一标准、联合建设、分级管理、分步实施"的建网原则，公司的通信网、数据传输网和信息网络系统初步形成。电力专用通信网的通信范围覆盖了全国36个省公司，通过微波、载波、卫星、光纤、无线移动等多种类、功能齐全的方式进行通信，使电力通信网达到了一定的规模。利用电力通信网和电信公众网的传输通道，采用安全的接入技术，分别建立了以集团公司、区域分公司为主节点的核心网络，并延展到各基层电厂的二级网络。

② 信息化应用水平有了显著提高　伴随着科技与电力信息化的共同快速发展，电力信息化技术逐步得到了提高，信息化应用能力得到了改善，主要表现为：电力设备的基础设备日渐完善；电力系统管理的方式逐步现代化；企业管理信息系统建设提升了企业管理水平；发电生产管理信息化水平提高；电力规划与设计发展呈现出数字化，达到国际先进水平；电力营销管理信息化，提高电力行业服务水平。

③ 自主创新取得突破　通过技术引进、消化和自主开发，电网自动化领域总体达到了国际先进水平，部分成果领先国际，自主研发的能量管理系统等关键控制系统已在我国电网调度系统中得到应用；SG186等多个应用系统平台、电力信息安全专用装置已基本开发完成，并广泛投入使用。电力行业信息产业化工作取得了重要突破。

④ 网络与信息安全工作取得重要进展　在国家电力监管委员会的领导下，经过几年的努力，电力信息安全主要在以下几个方面取得了进展。一是建立了电力行业网络与信息安全管理体制，落实了信息安全责任；二是初步建立了电力行业信息安全法规建设，使信息安全工作逐步走上法制化、规范化的轨道；三是开展了以关键网络安全防护为主要内容的电力行业信息安全基础设施建设工作；四是完成了首批电力企业的信息系统安全等级保护定级工作。

（4）电力信息化发展存在的问题

① 标准制定的相对落后　电力信息化的标准在我国还是一片空白，严重制约了电力信息与电力设备的优化发展，通常导致了信息系统管理能力的下降。现阶段，电力行业内部因为缺乏一套行之有效、有针对性的信息化管理标准和体系，导致了应用系统与电力信息发展能力的下降，全国的电力部门都受到了发展制约。其主要原因在于，各应用系统标准体系的制定没有针对客户的真正需求，使得各标准体系只能在网省范围或地市级的电力企业内使用。

② 信息系统管理的相对落后　信息化管理系统发展并不完善，制约了电力部门的发展能力，电力信息化自身的发展体制也存在严重的制约，导致了电力企业发展与管理能力下降，更多的电力企业自身信息系统管理经验尚浅，发电集团自身下属企业的管理能力较差，

没有配备完善的信息系统平台，在资源共享与信息交流过程中存在很大的障碍，引发了很多问题。发电企业不仅仅需要加强管理制度，完善管理制度，更要提高管理信息化的系统建设，以使电力信息化得到健康发展。这就要求发电企业的积极探索、勇于实践，以将管理系统和自动化控制系统完美地整合在一起。

③ 市场竞争混乱　电力企业本身的信息化管理标准与管理能力都存在不足，而且电力行业整体对市场发展的预期并不是很明确，误导了电力行业，导致电力企业的市场竞争异常激烈与混乱。本地电力企业从区域、城市、省，不同级别都是不同的竞争策略，但是对于同行业电力企业的照顾甚微，缺乏职业竞争道德，未来还需要做好信息化管理的同时，加强恶性竞争管理，必须有一个相对稳定的管理思想，在此基础上，再按照市场变化的要求对业务流程不断地做出适当的调整。

（5）电力信息化发展趋势

① 由辅助管理向提升经济效益发展　发电企业是一种资金密集、技术密集、产品即产即销的特殊企业，信息化是管理好这种特殊性质企业的必要手段。但是，面对日趋严峻的市场环境，电力企业不仅仅经营、生产、财务要提高自己内部的管理水平，加强计划、等环节管理，更应该以经济分析和成本管理为目标，在对大量生产、经营、交易的信息资源进行有效组织和控制的基础上，应用最新技术和分析方法，实现生产经营指标动态分析、投入产出比较、报价方案评估选择等功能。

② 由生产自动化向管理信息化发展　电力企业信息化起步较早，从 20 世纪 60 年代起就开展了生产自动化的应用，20 世纪 80 年代后逐步开展了管理信息化的建设。由于电力生产特别强调安全性和稳定性，电力企业比较重视信息技术在生产过程控制中的应用，而忽视在业务管理中的应用。随着参与市场竞争程度的加深，电力企业，特别是发电企业，已经开始从建设传统的办公自动化（OA）管理信息系统（MIS）等逐步转向重视业务管理过程的优化、建设企业资源计划（ERP）、企业资产管理（EAM）等系统的阶段。

③ 由信息资源收集向信息资源应用发展　通过多年的建设发展，电力企业在信息化方面已经投入了不少的资金，引进了先进的计算机网络设备，配备了大型的数据库系统，并按照设备的规模档次、地理分布、信息共享等要求将各种硬件设备连接在一起。电力企业的"信息高速公路"已基本建成，下一步就是考虑用什么样的"车"，以及"车"上载什么样的"货"的问题。电力企业的信息资源数量众多、来源广泛，搜集、处理、运输、应用等过程需要统一、全面的管理。电力企业要以获取的信息为原料，经过共享、集成、开发和再创造，形成满足企业降低生产成本需要的信息产品，为企业提高管理水平提供支持。

在"以信息化带动工业化，以工业化促进信息化"的战略构想的指引下，中国电力企业信息化正在获得快速发展。电力企业信息化呈现出以下趋势。

a. 信息化观念由重视生产自动化向重视管理信息化转变，表现为由"硬"到"软"。

b. 应用模式由管控分离向信息一体化转变，即实现生产实时信息与管理信息的集成。

c. 应用架构由分散应用向整合应用转变，即从部门级单项应用到企业级涵盖生产、营销及财务、人事、设备等环节的整体应用。

d. 数据管理由分散管理向集中管理转变，形成信息共享、增值的机制。

e. 系统模式由 C/S 架构向 B/S＋C/S 架构转变，适应企业业务处理和经营运作快捷化、实时化的要求。

f. 实施模式由"用户-供应商"模式向"用户-咨询/监理商-供应商"模式转变，保证企业信息化切实从用户需求出发，控制信息化建设的质量和风险。

（6）电力企业信息化建设途径

在新的电力行业格局下，对于信息化处于不同发展水平和发展阶段的电力企业，在信息化建设中需要根据其特定阶段与水平进行科学规划。对于信息化程度较低的电力企业，应从总体规划方面着手，包括对现有业务流程与管理的诊断分析、对业务流程的梳理与优化。对于信息化程度较高的电力企业，应对各信息系统实施整合与集成，并进行科学的运行管理与维护、绩效评估、持续改进，保证信息化价值的实现。

电力信息化的核心是由各方面建设内容构成的一个系统的、完整的架构。该架构需要根据不同企业的具体情况，从企业的业务需求出发，以服务于企业发展战略为目标，结合同类企业信息化建设实践经验和信息技术发展趋势加以构建，包括应用功能架构、信息资源架构、应用系统架构、系统平台架构、网络与基础设施架构、信息安全架构、信息化组织架构。具体如下。

① 功能架构：从业务运作与管理决策的需求出发，分析功能需求，建立企业信息化的功能模型。

② 信息资源架构：对企业业务与管理活动涉及的信息进行分析、规划，抽象提炼出信息分类体系，提供使用、共享、集成和管理信息的策略。

③ 应用系统架构：基于应用功能架构构建实现信息化功能的应用系统及其相互集成的模型。

④ 平台架构：即支撑应用系统运行的操作系统平台、数据库平台。

⑤ 网络与基础设施架构：规划选择企业信息系统运行的基础网络与设施，保证信息系统高效、稳定、安全运行。

⑥ 安全架构：构建从网络设备层、系统层到应用层的系统安全和科学的安全管理体系。

⑦ 信息化组织架构：在企业发展战略和 IT 战略目标的指导下，建立适应未来发展需求的信息化组织体系。

通过信息化架构分析与构建，可以为电力企业构建从网络与基础设施、数据平台、系统平台到应用系统、系统功能和信息安全体系、信息化组织体系、运行维护体系等综合系统体系。

7.2.3.2 电力信息化系统

（1）厂级监控信息系统（SIS）

① 概述　厂级监控信息系统是集过程实时监测、优化控制及生产过程管理为一体的厂级自动化信息系统，是处于火电厂集散控制系统 DCS 以及相关辅助程控系统与全厂管理信息系统 MIS 之间的一套实时厂级监控信息系统，如图 7-42 所示。该系统通过对火电厂生产过程的实时监测和分析，实现对全厂生产过程的优化控制和全厂负荷优化调度，在整个电厂范围内充分发挥主辅机设备的潜力，达到整个电厂生产系统运行在最佳工况。

SIS 系统网络架构采用分层分布式设计。下层为接口层网络，采用独立接口机连接各个独立控制系统进行数据采集。利用接口机缓存功能，防止数据库服务器故障时丢失数据，而且单个节点的故障不影响其他控制系统数据采集，起到故障隔离作用。上层为应用层网络，挂接各应用服务器和客户端。通过分层式设计，便于分散网络负荷，提高通信效率和可靠性；也可以通过数据服务器进行技术和通信协议。上层强调开放性，选择交换式以太网技术实现，而下层则更强调与底层各控制网络的互通性。

通过 SIS 系统可以整合电厂各机组、辅助车间实时生产信息，并为运行管理提供基于优化分析的实时生产指导，是介于机、炉、电、控等底层系统和管理信息系统之间的"管理控制中间件"。它对提高电厂的整体经济效益可以起到立竿见影的效果。数字化火电厂的信息系统按从低到高的方法可以分为三个相对独立的层次，即：生产过程控制（最低层）、生产运行管理级（中间层）、经营决策级（最高层）。

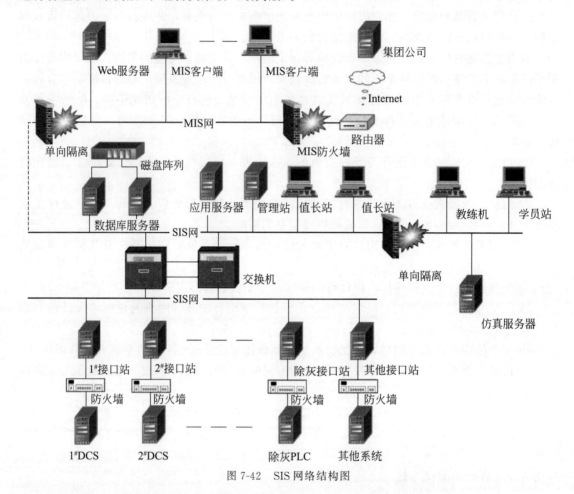

图 7-42　SIS 网络结构图

② 功能　SIS 涵盖内容较多，从最基本的信息采集与存储功能到高级的运行优化、控制优化、管理优化功能，甚至复杂的竞价上网决策支持功能。随着对 SIS 理解的深入，还会有更多先进、实用的功能添加进来。因此，要全面描述 SIS 功能是不可能的。这里只是把 SIS 目前的主要功能进行简要说明。

概括来说，SIS 的应用功能可以简单划分为基本功能、扩展功能与辅助功能。

基本功能：生产过程信息采集、处理和监视，经济指标、性能计算分析和操作指导，运行调度，优化运行控制，设备状态监测和故障诊断。

扩展功能：设备管理和竞价系统。

辅助功能：机组在线性能试验、系统建模仿真、控制系统辅助设计以及系统管理和维护。

③ 产品与应用　在产品方面，主要有两种情况：一种是一些著名的控制系统厂商开发了一些管理控制结合的软件产品，如 ABB 公司的 Optimax、Honeywell 公司的 TPS、西门

子公司的 Sienergy 等，这些系统都是包括数据平台和高级应用软件的完整的应用软件包，国内使用较多的是 ABB 公司的 Optimax 和西门子公司的 Sienergy。另一种就是很多公司推出的实时数据库产品，如 OSI 公司的 PI，Wonderware 公司的 Industrial SQL Server，Honeywell 公司的 Uniformance，Aspen 公司的 Infoplus 等。这些系统只是基础的数据平台和应用平台，不包含上层的专业应用系统，这一种在国内应用比较多。

国内尽管 SIS 概念提出时间不长，但在技术研究和产品开发方面已取得了不少成果。山东电力研究院、西安热工研究、北京电科院、华北电力大学、南京明维等企业相继推出了一些比较成熟的实时数据库、机组性能优化分析、故障诊断与状态检修系统等产品，很多已经成功应用于工程实践中，取得了良好的效益。

（2）电力调度中心信息化系统

① SCADA/EMS 系统　能量管理系统（EMS）是一套为电力系统控制中心提供数据采集、监视、控制和优化，以及为电力市场提供交易计划安全分析服务的计算机软硬件系统的总称，它包括为上层电力应用提供服务的支撑软件平台和为发电和输电设备安全监视和控制、经济运行提供支持的电力应用软件，其目的是用最小成本保证电网的供电安全。

② 电能量计量系统 TMR　电网关口电能量计量系统（Tele Meter Reading System，TMR）是指进行电能量数据自动采集、远程传输和存储、预处理及统计分析，为电力市场的运营考核、电费结算和经济补偿计算提供支持与服务的信息系统。该系统由关口电能计量装置和电能量采集系统两部分组成。

③ 电力市场交易系统　电力市场交易系统是以网省电力公司及相关发电供电企业为运作对象，为保证电力市场公平、公正、公开和高效有序的运行，由计算机设备、数据通信设备及相应软件组成的一个集成化开放式系统。该系统在现有的 SCADA/EMS 系统和电能计量系统提供电网实时运行工况和电量计量数据的基础上，按照竞价上网的原则，以全网购电成本最小为目标，完成机组组合、机组经济分配、系统分时段边际电价的计算和安全校核。

④ 水调自动化系统　水调自动化系统主要是针对电网及流域、水库群和电站开展未来趋势预测和完成历史资料分析、统计等功能。

⑤ 继电保护和故障录波信息系统　电力系统故障录波装置也称故障录波器，是监视电力系统运行状况的一种自动记录装置。当系统发生故障、出现振荡等异常情况时，通过启动装置启动录波器进行录波，可以记录系统电流、电压的波动及其导出量，同时还记录继电保护与安全自动装置的动作行为。

（3）变电站信息化系统

变电站信息化是电力企业信息化的重要基础之一，大量的输配电信息来自变电站，它是连接电力企业和最终用户的桥梁。

变电站信息化的主要内容是变电站综合自动化系统，变电站综合自动化系统是将变电站的二次设备经过功能的重新组合和优化设计，利用先进的计算机技术、信号处理技术和通信技术，实现对变电站的主要设备和输、配电线路的自动监视、测量、控制和保护。其信息化系统的功能参照 7.2.1.3 节中的变电站综合自动化系统功能。

（4）输配电生产管理信息化系统

① 配电管理系统（DMS）　DMS 安全管理主要是诊断故障、隔离故障和恢复供电，减少停电损失；DMS 经济调度主要是降低网损；DMS 电压管理包括电压监视和控制，保证电压质量，并与降低网损目标一致。

② 生产管理信息系统（MIS） 该系统的主要任务是信息处理，积累信息事物层的非实时数据，帮助企业优化资源配置。它强调信息流程的整体性，其信息可以为所有决策人员使用，对中、高层决策者所需的内外部信息，只提供部分信息的支持。

生产管理信息系统是企业安全生产管理的核心业务，包括设备管理、计划管理、运行管理、检修管理、安监管理、修试管理和系统管理等内容。

③ 配电图资地理信息系统（AM/FM/GIS） 配电图资地理息系统是自动绘图 AM（Automated Mapping）、设备管理 FM（Facilities Management）和地理信息系统 GIS（Geographic Information System）的总称，是配电系统各种自动化功能的基础。该系统是基于地理信息上的设备和生产技术管理的计算机图文交互系统，也是一种将图形技术与数据库管理技术相结合的计算机应用软件系统，采用 AM/FM 系统，能够实现输配电网络系统的规划、建设、调度、运行、检修和营业用电的计算机辅助管理。

AM/FM 系统在地理信息系统的基础上，根据设备工程管理的需要和生产技术管理的要求而开发一种用 AM/FM/GIS 来代表 AM/FM。

（5）用户侧信息系统

电力营销管理信息系统在技术上确保输变电、供配电系统安全，建立一个以管理信息系统为中心，实现上与有关领导，下与直属单位的计算机远程通信，提供包括日常营业、计量、电费、用电检查等电子系统的查询功能。

7.3 电力行业自动化新技术、新成果

近年来我国计算机、通信及自动控制技术的高速发展，使我国的电力系统得到了高速发展，涌现了一批杰出的新成果、新技术。这些新技术、新成果代表着我国当前所应用的发电技术的最前沿，对经济、社会产生了较大的影响。

7.3.1 获奖项目介绍

7.3.1.1 获奖项目

在 2014～2016 年期间，共有 52 个电力自动化相关项目获得了国家级及行业的奖项，其中国家科技进步奖 16 项，以及中国电力科学技术奖 37 项。这些电力自动化奖项大部分分布在燃煤发电及配电网自动化建设等行业领域。火力发电自动化方面奖项涉及的火力发电三大核心部件：锅炉、汽轮机、发电机的设计制造、协调控制及重启恢复。配电网自动化方面涉及电力调度优化、分布式智能电网、电网安全控制及抗自然灾害自动化设计等。见表 7-14。

表 7-14 电力自动化领域获奖项目

编号	获奖项目	获奖类别	获奖年份
1	国家电网智能电网创新工程	国家科技进步一等奖	2014 年
2	大型电站锅炉混煤燃烧理论方法及全过程优化技术	国家科技进步二等奖	2014 年
3	大型超超临界机组自动化成套控制系统关键技术及应用	国家科技进步二等奖	2014 年

编号	获奖项目	获奖类别	获奖年份
4	电网雷击防护关键技术与应用	国家科技进步二等奖	2015 年
5	特大型水轮机控制系统关键技术、成套装备与产业化	国家科技进步二等奖	2015 年
6	预防交直流混联网大面积停电的快速防控与故障隔离技术及应用	国家科技进步二等奖	2015 年
7	250MW 级整体煤气化联合循环发电关键技术及工程应用	国家科技进步二等奖	2016 年
8	风电机组关键控制技术自主创新与产业化	国家科技进步二等奖	2016 年
9	新能源发电调度运行关键技术及应用	国家科技进步二等奖	2016 年
10	电网大面积污闪事故防治关键技术及工程应用	国家科技进步二等奖	2016 年
11	配电网可靠性供电关键技术及工程应用	国家科技进步二等奖	2016 年
12	大型汽轮机发电机组次同步协振/振荡的控制与保护技术、装备技术及应用	国家科技进步二等奖	2016 年
13	高性能光伏发电系统关键控制技术及产业化	国家科技进步二等奖	2016 年
14	大型风电水电机组低频故障诊断关键技术及应用	国家科技进步二等奖	2016 年
15	高安全成套专用控制装置及系统	国家科技进步二等奖	2016 年
16	大型抽水蓄能电站机组关键技术、成套设备及工程应用	中国电力科学技术进步二等奖	2014 年
17	电力智能无线传感网络及应用平台研发与应用	中国电力科学技术进步二等奖	2014 年
18	基于脱汞的燃煤电站烟气污染物联合脱除技术研究与应用	中国电力科学技术进步二等奖	2014 年
19	百万千万级超超临界燃煤机组空冷温度场在线监测诊断系统的开发及应用	中国电力科学技术进步二等奖	2014 年
20	IGCC 电站控制系统设计与工程应用	中国电力科学技术进步二等奖	2014 年
21	燃用神华煤电站锅炉安全高效超低 NO_x 燃烧技术研究及应用	中国电力科学技术进步二等奖	2014 年
22	梯级水电站群智能生态调控技术及工程应用	中国电力技术发明二等奖	2015 年
23	电力系统安全自动装置建模仿真和控制策略智能化辅助决策	中国电力技术发明奖三等奖	2015 年
24	600MW 超超临界循环流化床锅炉技术开发与工程示范	中国电力科学技术进步一等奖	2015 年
25	大型互联网联络线安全运行与控制关键技术及应用	中国电力科学技术进步一等奖	2015 年

第 **7** 章

编号	获奖项目	获奖类别	获奖年份
26	电网信息安全主动防御关键技术与自主可控装备	中国电力科学技术进步一等奖	2015 年
27	250MW 级整体煤气化联合循环发电（IGCC）关键技术及应用工程	中国电力科学技术进步一等奖	2015 年
28	新能源发电优化调度关键技术及应用	中国电力科学技术进步一等奖	2015 年
29	提升系统稳定运行能力的直流极控层优化控制技术研究及应用	中国电力科学技术进步二等奖	2015 年
30	面向智慧城市的智能电网综合优化关键技术与示范应用	中国电力科学技术进步二等奖	2015 年
31	电力系统云仿真技术研究及系统开发	中国电力科学技术进步二等奖	2015 年
32	"W"火焰锅炉低 NO_x 煤粉燃烧技术	中国电力科学技术进步二等奖	2015 年
33	600MW 超临界汽轮机控制和保护系统关键技术及应用	中国电力科学技术进步二等奖	2015 年
34	多维度全流程火力发电节能关键技术研究与应用	中国电力科学技术进步二等奖	2015 年
35	适应无旁路脱硫和低氮燃烧的燃煤机组 RB 及协调控制关键技术	中国电力科学技术进步二等奖	2015 年
36	国产 1000MW 超超临界发电机组 FCB 功能研究及应用	中国电力科学技术进步二等奖	2015 年
37	准东北锅炉结渣、沾污防控技术研究及应用	中国电力科学技术进步二等奖	2015 年
38	燃煤电厂烟气污染物超低排放关键技术及应用	中国电力技术发明一等奖	2016 年
39	基于在线测控的锅炉-SCR 脱硝-空预器系统协同优化关键技术与应用	中国电力科学技术进步一等奖	2016 年
40	大型燃煤电站大气污染物近零排放技术研究及工程应用	中国电力科学技术进步一等奖	2016 年
41	基于数据全过程管控与协同的变电站智能化关键技术研究及应用	中国电力科学技术进步一等奖	2016 年
42	高压大容量多端柔性直流输电关键技术开发、装备研制及工程应用	中国电力科学技术进步一等奖	2016 年
43	燃煤电站烟气协同治理关键技术研究及集群化工程应用	中国电力科学技术进步一等奖	2016 年
44	大规模电力负荷精准灵活调控关键技术及工程应用	中国电力科学技术进步二等奖	2016 年
45	双回路公站直流系统技术集成与工程应用	中国电力科学技术进步二等奖	2016 年

编号	获奖项目	获奖类别	获奖年份
46	电网灾害预警综合检测预警及应急处置关键技术及应用	中国电力科学技术进步二等奖	2016 年
47	风火打捆能源基地交直流外送协调控制及安全防御系统研究与示范	中国电力科学技术进步二等奖	2016 年
48	智能配电网自愈控制技术研究与开发	中国电力科学技术进步二等奖	2016 年
49	新一代智能变电站关键技术与工程应用	中国电力科学技术进步二等奖	2016
50	巨型复杂流域水电站群高效运行控制技术及应用	中国电力科学技术进步二等奖	2016 年
51	调峰调频水电机组多维度耦合轴稳定性研究及工程应用	中国电力科学技术进步二等奖	2016 年
52	绿色煤电系统动态仿真技术研发与应用	中国电力科学技术进步二等奖	2016 年

7.3.1.2　项目介绍

表 7-14 所列的获奖项目是计算机、通信、材料、控制理论、物理学等多个学科的综合运用的结晶，代表着目前我国发电、配电最先进的技术及成果。根据奖项的级别及奖项的性质，在这里分别进行介绍，包括火力发电自动化理论与技术、新能源发电控制理论与技术、污染排放控制理论与技术、电网调度和安全控制理论与技术。

（1）大型电站锅炉混煤燃烧理论方法及全过程优化技术

我国能源结构以煤为主，燃煤火力发电煤炭消耗占原煤产量一半以上。我国煤炭资源与地区的经济发达程度呈逆向分布，同时由于国家能源战略的需求使得近年来进口煤采购数量加大，导致目前燃煤电站煤源复杂，而我国的电站锅炉多以煤的种类来设计锅炉。而在实际运行过程中，锅炉设计是"以炉配煤"，即以确定的炉型混配煤种。针对来源几十种、多达上百种煤种，科学混煤燃烧是保证锅炉在复杂煤种条件下安全、经济、环保运行的必然选择。该项目创新地解决了混煤燃烧过程中的煤种的精细混配、精确输送及优化燃烧的问题。对煤的精细化混烧优化做出了以下几点创新。

① 针对混煤燃烧的非线性建模难题，构建了煤复杂结构的分形燃烧模型，开发了煤与锅炉耦合的安全、经济、环保多元非线性综合评价系统，建立了完善的非线性解耦精细混配理论方法，实现了混煤掺烧过程中精细混配，为宽煤阶多煤种高效、清洁燃烧奠定了理论基础。

② 针对入炉煤种实时辨识难题，发明了多煤种分层界面辨识技术，开发了锅炉运行参数耦合煤质特性的混煤动态反馈控制系统，研制了煤场智能堆取系统装置，实现了"堆、取、送"精准控制。

③ 针对炉内混煤燃烧氧量多目标寻优难题，提出炉内自适应氧量控制和大差异特性煤种优化配置技术方法，建立了多煤种经济氧量混煤燃烧优化模型，发明了多煤种混煤炉内"二次可控燃烧"技术，实现了变煤种氧量闭环控制的锅炉安全高效运行。

该项目的完成拓展了宽煤阶多煤种精细化混配理论方法，奠定了宽煤的高效、清洁的燃烧理论基础。项目的完成显著地提高了电站对多煤种混合燃烧的效率，推动了燃煤火电行业

第 7 章

的技术进步。

（2）大型超超临界机组自动化成套控制系统关键技术及应用

大型超超临界火力发电机组具有显著的节能减排优势，对改善长期以来我国依靠火力发电对环境造成巨大损害的局面具有重要意义，超临界、超超临界机组是我国目前火电发电建设的主要方向。该项目研发了我国首个超超临界机组自动化控制系统，并获得成功应用。该项目的主要技术内容与取得的关键技术突破包括如下。

① 大型超超临界机组复合建模理论与状态重构技术　提出了基于机理分析与数据分析的热力发电过程复合建模理论，建立了 1000MW 超超临界机组非线性控制模型、变相变点高精度仿真模型；基于大数据信息融合技术，构造了入炉煤质、烟气含氧量、热量信号、受热面积灰结渣等状态参数；为大型超超临界机组智能优化控制提供了必要的模型与信号基础。

② 大型超超临界机组智能优化控制技术　基于煤质在线校正、机组蓄热补偿、全工况变增益非线性控制、基于规则的燃烧过程控制等技术，提出了大型超超临界机组智能优化协调控制策略，解决了锅炉大比例劣质煤掺烧等控制难题，实现了燃烧过程高性能稳定控制和机组管控一体化智能优化控制。

③ 自动化成套控制系统装备研发与集成应用技术　提出了基于分布式实时数据库与分布式计算环境的柔性分域技术，支持自动化成套控制系统大规模应用的需求；提出了信息安全主动防御技术，保证了自动化成套控制系统的安全性与可靠性；提出了基于虚拟 DCS 的 1000MW 超超临界机组全激励仿真技术；研发了"机炉电辅仿"一体化的超超临界机组自动化成套控制系统，掌握了自动化成套控制系统装备制造技术与系统设计、调试、运行维护技术。

（3）国产 1000MW 超超临界发电机组 FCB 功能研究及应用

供电的可靠性与人们日常的工作、生活息息相关，当电网出现故障大面积停电，不能快速恢复时，将给经济生产带来巨大的损失，同时，也会给人们的日常生活带来巨大的不便，甚至给人民的生命财产安全带来巨大的威胁。FCB（Fast Cut Back）是指机组在高于某一负荷之上运行时，因机组内部故障或外部电网故障与电网解列，瞬间甩掉全部对外供电负荷，并保持锅炉在最低负荷运行，维持发电机带厂用电运行或停机不停炉的自动控制功能。当前我国装机大部分属于燃煤电站机组，大部分没有实现 100％ 负荷 FCB 功能，对于小容量电网，抗干扰能力差相对比较容易出现电网瓦解事故的发电机组更需要 FCB 功能，因此对汽轮机发电机组设置 FCB，将对电站安全运行具有重要意义。

目前我国在广东台山电厂开展了国产 1000MW 机组 FCB 功能技术研究，该项目 FCB 运作模式同时考虑了电网侧及发电侧故障，当电网侧故障时，带厂用电运行；当发电机出现电气故障时，汽轮机保持空载运行；当汽轮机跳闸时，锅炉保持运行。当 FCB 运作时，锅炉都快速自动减少燃烧效率，并自动开启高、低压旁路。该项目在自动化理论与控制领域都取得了许多创新成果，其中包括：

① 采用非线性固定边界多段法和集总参数法建立关键设备的动态模型，准确预测了 FCB 动作过程机组主要参数的变化情况，提出了机组实现 FCB 功能关键系统的配置要求，将仿真模拟技术与现场试验结果相结合，为机组设计和改造实现 FCB 功能提供依据；

② 将数据挖掘技术应用于 FCB 工况下机组特性参数的建模，对机组 FCB 过程的动态特性进行分析，提出了运行机组实现 FCB 功能的控制策略；

228

③ 以系统工程理论为指导，形成了一整套安全的改造实施机组 FCB 功能的技术和工作方法，解决了 FCB 过程工质平衡、能量平衡的难题，实现了首台没有设计 FCB 功能 1000MW 机组通过改造一次成功完成 FCB 功能试验。

台山电厂积极实施开展 6 号机 FCB 项目，现有的预防大停电的体系中，预防控制和紧急控制都已实现自动化，而恢复控制还是处于人工产生恢复预案的阶段，本项目的成果填补了这一空白。项目的研究成果，大幅度提高电网供电的可靠性，大大降低电网故障时的恢复时间，从而大大减少电网故障带来的诸多社会问题。

（4）风电机组关键控制技术自主创新与产业化

风能是一种重要的可再生能源，该项目技术促进了风力发电成为中国第三大电源。随着优势风资源地区逐渐被开发利用，使得风电机组对环境等条件的适应能力要求不断提高。国家电网公司 2009 年做出了明确规定：风电场并网必须具备低电压穿越能力。在风电机组可靠性问题基本得到解决后，风电机组的输出功率优化、载荷控制优化、风电机组发电效率的提升，风电场友好并网等问题成为风电机组的研发目标。风电机组控制技术是大型风电机组研发与应用的核心技术，该项目突破了我国大型风电机组控制技术，包括独立变桨控制技术、暴风控制技术、低电压穿越控制技术、智能控制技术与产能预测技术，解决了受制于人的难题。取得了以下创新成果。

① 研发突破了大容量风电机组功率调节技术，提出大型风力发电机组优化桨距控制技术，建立了变桨控制的动态特性，突破了三桨叶的独立变桨距控制调节技术，实现平抑载荷波动 10% 以上；

② 研发提出风力发电机组在大风速区域下的载荷控制技术，解决了在暴风环境下风电机组的载荷控制问题，提高了切出风速值，提高机组发电量 5% 以上；

③ 研发提出了大型风电机组高、低电压穿越技术，自主开发直驱式风电机组变流器等关键部件，实现友好并网型机组在电网短时故障时不脱网，支撑了电网稳定；

④ 研发提出了实时就地智能监督控制和非实时季节性数据挖掘监督控制技术，解决了现场故障快速诊断问题，提升风电场发电量 5% 以上，提高了风电场运行寿命；

⑤ 研发提出了风电场风况短期预估技术，实现了对已建和在建的风电场的发电量进行分析和短期预报，满足了电力部门调度要求，减少了风电的不可预测度；

⑥ 自主开发了 1.5～5MW 直驱式机组 1：1 实验台，包括变桨控制实验台、发电机组拖动实验台、并网控制实验台与集群控制实验台，为兆瓦级风力发电机组的研制与开发提供了仿真实验平台。

项目针对 1.5MW 以上大型风力发电机组，设计了独立变桨控制策略，成功研制国内第一台 1.5MW 风电机组独立变桨控制装置。研究结果属国内首创，科学技术水平达到国际先进水平。研究成果已于 2011 年年底完成技术转化，并于 2012 年成功应用于商业化运行的 1.5～2.5MW 直驱式风力发电机组中，有效提高了风电机组发电效率和安全性，改善了电能质量。

（5）高性能光伏发电系统关键控制技术及产业化

光伏发电是一种被广泛采用的利用太阳能进行发电的新能源发电方式，具有储量大、无污染、无噪声、分布广等显著特点，被认为是 21 世纪新能源发展的主流方向。该项目针对我国光伏并网逆变与控制系统存在的安全可靠性差、综合效率低、电网适应性差、设备利用率低等四大难题，在光伏功率变换、系统高效控制、并网交互、电能质量控制四项关键技术开展了原创性、系统性的研究与应用，并开发了一整套具有自主知识产权的集中式和分布式全功率等级光伏逆变设备。产品具有高可靠性、高效率、低成本、智能化、多功能等功能。主要创新点如下。

① 针对传统的光伏逆变器可靠性差、安全性低、效率低等难题，提出了大功率混合钳位型、中小功率 T 型多电平逆变拓扑和全功率范围软开关 DC/DC 高频隔离拓扑，发明了基于逆变器并网瞬时电流直接控制和分数阶 PID 的控制策略，研发了集中式和分布式全系列高效光伏逆变设备。

② 针对光伏阵列易受外界条件和自身特性影响而导致的发电量低、成本高等问题，提出了中小功率光伏阵列智能建模新方法和动态优化控制策略，发明了一种光伏阵列动态组态优化系统和基于变步长功率预测的最大功率跟踪技术（MPPT，Maximum Power Point Tracking），实现了光伏阵列全时最大功率输出。针对大功率光伏系统，发明了基于多路 MPPT 和多峰跟踪的控制技术，设计了向日葵式的太阳跟踪系统。

③ 针对电网适应性差和脱网事故率高等问题，提出了一种电网畸变情况下的高抗扰频率自适应锁相方法，发明了电网故障穿越高可靠性控制技术，突破了大功率光伏系统高电压、低电压穿越技术瓶颈。

④ 针对现有逆变器功能单一及光伏电站接入点谐波治理成本高的问题，提出了并网发电、无功补偿和谐波治理一体化控制策略，研发了具备夜间无功补偿功能、无功电压自动控制功能和固定频次谐波补偿功能的系列逆变器，降低了供电成本。

（6）燃煤电厂烟气污染物超低排放关键技术及应用

2012 年以来，我国东部地区连续出现严重的雾霾天气。火电行业产生的一次与二次 PM2.5 是重要的工业排放源，控制燃煤电厂排放的大气污染物成为治理灰霾天气的重要举措。

① 针对工频电源电除尘效率难以进一步提升的难题，发明了基于铁基超微晶改性材料的电除尘器大功率高频电源，实现了出口烟尘浓度小于 $20mg/m^3$ 的重大突破，在 1000MW 机组上首次示范，出口烟尘浓度达到 $15.4mg/m^3$，提效 51.5%。

② 基于二氧化硫吸收氧化化学反应动力学，发明了双 pH 值精准控制及凹凸双相整流脱硫技术，相关技术攻克了 pH 值功能分区及复杂对象难以精确建模，塔内二氧化硫逃逸和浆液挂壁的难题，综合脱硫效率提升到 99% 以上，在 300MW 机组上首次示范，二氧化硫排放浓度达到 $11mg/m^3$。

③ 基于 95% 以上石灰石湿法脱硫的应用实际，发明了基于湿法脱硫的湿法脱硝技术，在 330MW 的首次示范结果显示，在 SCR 脱硝基础上，实现脱硝效率 35% 以上，有效补充了 SCR 不足，实现了煤质或负荷突变工况下氮氧化物稳定的超低排放。

④ 针对细颗粒物、石膏液滴、气溶胶深度净化及大机组湿电工程化技术难题，发明了基于谐振抑制的高频电流源控制和电极最佳匹配技术，形成了系列软件包和核心设备，在 300MW 机组上首次示范，细颗粒物排放降至 $5mg/m^3$ 以下。

该项目率先发明了达到燃气发电排放限值的燃煤烟尘、二氧化硫和氮氧化物的深度减排技术，并进行了工程示范，实现了燃煤电厂多煤种、宽负荷、变工况等复杂条件下的污染物超低排放。

（7）国家电网智能电网创新工程

智能电网是一项涉及多领域、跨行业的庞大系统工程，小到客户单独使用的智能电表，大到覆盖整个电网的智能电网调度控制系统，均属其研究范围。智能电网可极大提升电网接纳新能源的能力，实现大范围的资源配置，满足客户多样化用电需求，已成为世界各国促进经济发展和保障能源安全的必然选择。然而，智能电网是一项涉及多领域、跨行业的庞大系统工程。它突破了传统电网概念，需要实现新能源、信息、电力电子等多种先进技术的交叉融合，技术复杂、集成难度大。具有以下几个技术特点。

① 新能源并网，风电场与电网间可互联互通。新能源并网技术主要包括资源评估与功率预测技术、新能源发电智能监控与并网技术、试验检测与认证技术、多类型电源协调运行控制技术等。目前，我国在大规模新能源发电功率预测、试验检测、风光储联合运行控制关键技术方面整体处于国际先进水平。具有代表性的国家风光储输示范工程是由国家电网公司自主研发、设计、建设和运行的，是目前世界上规模最大的集风电、光伏发电、储能及智能调度输电工程四位一体的大规模新能源友好并网的综合示范项目。

② 无人机巡检，GPS自主导航。无人机巡检可有效降低人员安全风险，提高对隐患、故障的定位监测，替代人工对于高山密林、广袤农田区域的杆塔、线路巡视，最大限度保护自然和农业环境。国网山东、冀北、山西、湖北、四川、重庆、浙江、福建、辽宁、青海10家省级电力公司已试点开展无人机巡检业务，大、中型无人直升机应用于220kV及以上交直流线路开展常规巡视和状态巡视；小型无人直升机应用于110kV及以上线路单塔进行巡视、故障巡视和小范围通道巡查；固定翼无人机一般用于500kV及以上线路开展通道巡视和灾后电网评估等。2014年2月中旬，国家电网投入八旋翼无人遥控直升机，参与湖北宜昌贺家坪镇的抗冰抢险。

③ 智能变电站，智能化、集成化、自主自治。智能变电站以"系统高度集成、结构布局合理、装备先进适用、经济节能环保、支撑调控一体"为目标，以"安全可靠、功能集成、配置优化、工艺一流、经济高效"的概念为设计原则，以智能化、集成化、协同互动、自主自治为特征。站内一次设备信息可实现就地采集处理，电缆长度及二次屏位数分别缩减78%、60%；应用预制舱、隔离断路器等一体化集成化设备，建筑面积减少40%；投资水平与常规变电站基本相当；建设工期节约25%。

④ 智能电网调度控制系统。智能电网调度控制系统的主要研究成果达到国际领先水平，确立了我国在电网调度领域的国际领先地位，完成了基于全国产化软硬件的智能电网调度控制系统研究开发和推广应用，填补了国内空白。研发了一体化支撑平台，并在其上实现了实时监控与预警、调度计划、安全校核和调度管理四大类应用，实现了调度业务的"横向集成、纵向贯通"。在一体化支撑平台、多级调度协同的大电网实时监控和综合告警、基于实测潮流的分布式在线安全稳定分析、日前日内多周期发电计划滚动调整及多维度安全校核、电力系统纵深安全防护体系等方面取得重大突破。

该项目是具有世界领先水平的电网调度自动化系统，适合我国国、网、省、地各级调度控制中心使用，是电网运行控制和调度生产管理的重要技术支撑手段，可有效提升电网调度驾驭大电网的能力，促进清洁能源消纳和大范围资源优化配置，保障超大规模互联电网的安全优质经济运行，保障了国家电网的安全稳定经济运行。通过该系统的建设还有力促进了国产软硬件在电力行业的规模化应用。

⑤ 配电自动化。我国配电自动化建设规模和技术应用水平均达到国际先进水平。我国配电自动化建设改造项目紧密结合配网现状，通过自主创新，在主站、终端、信息交互、配网通信等多个领域实现了技术突破。依托配电自动化主站，建立了包含分布式电源以及储能

电动汽车充换电站等分布式终端的协同调度系统,实现储能主动负荷调度,以及分布式电源与电网间的协同互补,显著增强了电网对分布式电源的消纳能力,提高了分布式电源运行的可靠性与经济性。

(8) 新能源发电调度运行关键技术及应用

新能源发电技术得到了广泛关注和快速发展,但我国新能源并网所占比例仍然较低,其中主要原因之一在于新能源发电并入大电网所面临的棘手问题,一是新能源功率预测误差大,调度策略偏保守,导致消纳空间降低;二是新能源发电单元数量多、资源时空分布差异大,新能源汇集点功率难以准确控制,消纳空间利用率低;三是新能源抗扰动能力差,易发生连锁脱网事故,且缺乏适应新能源特性的安全稳定控制技术,电网事故备用容量挤占了消纳空间。

研发了包含功率预测系统、随机调度控制系统、安全稳定控制系统的新能源调度技术支持平台和新能源发电低电压穿越装置,显著提升了电网消纳新能源的能力。主要创新介绍如下。

① 首创了波动特性聚类与辨识、多模型交互校验与融合的波动过程预测方法,风电预测精度由 87.74% 提高到 92.43%,光伏发电预测精度大于 91.28%。

② 提出了基于扩展拉丁超立方采样的相关性随机变量场景构造方法,在风险可控的前提下提高了消纳空间。

③ 提出了长短周期协调的电网-场站-发电单元三层功率控制方法,解决了新能源消纳空间最大化利用的难题,消纳空间平均利用率由 71% 提升至 95%。

④ 发明了基于快速锁相与主动保护的风电/光伏故障穿越技术,提出了新能源场站两级无功电压协调控制方法,解决了低压-高压连锁脱网制约新能源消纳的难题。

⑤ 提出了适应新能源功率波动及故障穿越的输电通道安全稳定控制方法,释放了事故备用容量挤占的消纳空间,新能源集中开发地区外送能力平均提高 20% 以上。

该项目在新能源预测、调度、控制方面取得了一系列创新性成果,研发了新能源调度技术支持平台(包括:功率预测系统、优化调度系统、功率控制系统、安全稳定控制装置)和低电压穿越装置,成果广泛应用于电网企业、发电企业和新能源装备制造企业等,在促进新能源消纳、保障电网与新能源安全运行、推动新能源行业技术进步方面发挥了重要作用。

7.3.2　新产品介绍

随着电力行业多年来的技术积累及进步,我国的电力自动化行业发展迅速,并在不断追赶其他发达国家,部分甚至超越了其他发达国家水平。由于我国的国情的约束,目前我国的电力自动化技术重点发展方向主要集中于火力发电、核电、新能源发电。

7.3.2.1　火电领域新产品介绍

(1) 大容量、高参数 700℃ 超超临界燃煤发电示范工程

该工程采用目前最先进的超超临界发电技术,具有能源利用率高、污染排放少、高效率等特点。700℃ 超超临界燃煤发电技术是主蒸汽温度超过 700℃ 的新一代先进发电技术,是目前国内外发电行业技术发展的主导方向之一。在 2010 年,国家能源局组织成立了"国家 700 摄氏度超超临界燃煤发电技术创新联盟",并依据《"十二五"国家能源发展规划》和《"十二五"能源科技发展规划》设立了国家能源领域重点项目《国家 700 摄氏度超超临界燃煤发电关键技术与设备研发及应用示范》。该项目于 2011 年 7 月正式启动。参与单位几乎囊

括了我国发电行业、动力装备制造行业、材料行业以及研究院所等多个相关基础行业的重点单位。

目前，超超临界燃煤发电技术的主蒸汽温度已经达到 600℃ 等级，压力约为 28MPa。与之相比，700℃ 超超临界燃煤发电技术的供电效率将由约 44％ 提高到 48％ 至 50％，煤耗可降低 40～50g/kWh，相应减少粉尘、NO_x、SO_2 等污染物以及 CO_2 温室气体的排放量约 14％，因此，700℃ 技术的开发应用对于实现我国火电结构优化和技术升级、保证能源工业可持续发展具有重要意义。而 700℃ 验证试验平台的建立及运行，是 700℃ 技术走向实际工程应用必不可少的一个关键技术环节。

2015 年 12 月 30 日，我国首个 700℃ 关键部件验证试验平台在华能南京电厂成功投运。标志着我国新一代先进发电技术——700℃ 超超临界燃煤发电技术研究开发工作取得重要阶段性成果。验证试验平台设计研发由华能清洁能源技术研究院总体负责，依托华能南京电厂 2 号机组进行建设。上海锅炉厂、哈尔滨锅炉厂、东方锅炉厂三大锅炉厂以及西安热工院、中南电力设计院、宝钢特钢、江苏电建一公司等国内单位以及国外相关制造厂等单位参与了平台的设计、制造、安装和建设调试试验工作，平台将对国内外近 10 种不同牌号的高温合金材料及关键部件进行实炉验证试验。700℃ 关键部件验证试验平台的建成投运只是一个起点，后续还将开展长期的运行试验研究，积累相关试验数据，最终实现 700℃ 技术的工程示范应用。

（2）整体煤气化联合循环发电技术（IGCC, Integrated Gasification Combined Cycle）

IGCC 技术将煤气化技术和燃气-蒸汽联合循环发电技术集成，具有发电效率高、污染物排放低、二氧化碳捕集成本低等优势，是目前国际上被验证的、能够工业化的、最具发展前景的清洁高效煤电技术。同时，煤气化技术还是煤制天然气、煤制油等煤化工的基础技术。在中国发展 IGCC 具有重大意义。该技术旨在将煤炭、生物质、石油焦、重渣油等多种含碳燃料进行气化并用于燃气-蒸汽联合循环发电，具有效率高、污染小的特点，污染排放量约为常规的燃煤电站的 10％，脱硫效率能达到 99％，氮氧化物排放只有常规电站的 15％～20％，能有效克服天然气不足及价格昂贵的问题，具有较大的经济前景。IGCC 技术是煤气化、空气分离、燃气轮机、蒸汽轮机、合成气处理等系统的有效集成，因此需要继承和发展当前热力发电系统的几乎所有技术，开发难度也较大。

目前利用该技术已在天津滨海新区建成 250MW 整体煤气化联合循环示范站。该项目在自动化领域研究成功基于一体化分布式控制系统的"IGCC 控制策略"，采用燃烧前脱硫，在电力行业首次采用 MDEA 脱碳工艺和 LO-CAT 硫回收工艺，硫元素回收制成商品级硫磺，燃机采用注蒸汽和氮气方式控制氮氧化物生成，不设专门的脱硝装置，可使烟气中每标准立方米的氮氧化物排放浓度低于 80mg，硫脱除效率达到 99％ 以上，烟气中二氧化硫的排放浓度小于每标准立方米 1.4mg。未来若采用更高等级的 H 级燃气轮机，机组效率还可进一步提高，供电煤耗与超超临界机组基本相当。但由于高投资和较高的运营成本，使得 IGCC 示范站还未大量商业推广，还在进一步完善系统，优化运行，继续展开整体煤气化联合循环发电技术的关键技术研究当中。将来通过扩大机组规模、设备量产和标准化、系统完善和优化设计以及依托现有电厂建设条件等手段，可较大幅度降低单位造价。

（3）大容量超临界循环流化床电站锅炉

循环流化床技术是一种固体燃料的清洁燃烧技术，是我国燃煤发电技术的重要方向，该技术具有煤炭高效利用、降低污染排放、对燃料成分的变化不敏感及具有较强的适应性等特点，因此可将煤等传统燃料与其他燃料进行混烧，减少发电煤炭的消耗及减少温室气体的排放。其关键设备在于分离器的设计、安装，目前非常具有前景的是采用垂直管直流锅炉技术的超临界循环流化床电站。如今大容量的煤粉炉电站越来越多地采用超临界和超超临界技术，如果循环流化床技术不能适应形势要求，将会丧失其本身的优势，因此发展大容量超临界循环流化床电站技术是必然的趋势。

目前循环流化床在我国得到大力的推广，已是世界上循环流化床发电机组运行数量最多、装机容量最大的国家。在我国主要装备的是 300MW 及 135MW 等级的循序流化床，因此发展、推广大容量超临界循环流化床电站技术具有重大意义。目前我国已建成了 350MW 的超临界循环流化床发电技术，标志着我国的循环流化技术已经成熟。在四川内江建成了世界首台 600MW 超临界循环流化床锅炉机组示范，该机组的建成标志着我国在循环流化床燃烧大型化、高参数等方面技术走在世界的前列。该电站锅炉具有如下创新点。

① 发现了超高炉膛物料浓度纵向分布和超大床面物料浓度横向分布规律，建立了 CFB 燃料室受热面局部换热系数半经验计算模型，开发了管内工质换热系数计算模型和流阻系数关联式、壁温预测模型。揭示了 CFB 双床翻动、同床波动和多循环回路并联流动非均匀机理，提出了相应的控制方法，解决了超大 CFB 流化稳定性和均匀性问题。

② 发明了低质量的流速一次上升垂直水冷壁、双面受热水冷壁、平行流外置换热器、二次风布置、回灰给煤扩散、超大布风板、多分离器均流等结构，突破了超高炉膛、超大床面和锅-炉传热强烈耦合、热量分配等技术瓶颈，研制了 600MW 超临界 CFB 锅炉装备，开发了 600MW 超临界 CFB 锅炉制造工业和制造设备。

③ 开发了 600MW 超临界 CFB 锅炉系统集成技术，研发了大出力冷渣机关键辅机；提出了即燃碳的概念并应用于控制模型中，发现了负荷变化的关键控制参量，实现煤水比调节的精准控制和负荷自动调节；基于机理模型，开发了 600MW 级超临界 CFB 机组仿真机；形成了 600MW 超超临界 CFB 锅炉安全运行技术体系，形成了运行维护检修过程和标准。

这些创新成果应用于世界首台 600MW 超临界 CFB 锅炉示范工程，运行结果表明各项指标均优于世界其他超临界 CFB，达到了高效清洁发电，具有高发电效率，低成本污染控制，启动运行方便可靠灵活，变负荷适应能力及调峰能力强、维护量低、可用率高、经济性好等优点。

（4）二氧化碳捕集、利用与封存技术（CCUS，Carbon Capture Utilization and Storage）

CCUS 技术是以 IGCC 技术为基础，将煤气化后排放的二氧化碳进行提纯，继而投入到新的生产中，以实现对碳的不断循环利用。该技术是碳捕获与封存（CCS，Carbon Capture and Storage）技术的新发展趋势，具有更好的经济效益和操作性，同时，国际上广泛认为该技术是目前应对全球气候变化、控制温室气体排放的重要技术。当前发展中的二氧化碳的捕集技术分为三种：燃烧前、燃烧后和富氧燃烧捕集。

① 燃烧前捕集技术以煤气化联合循环（IGCC）技术为基础，先将煤炭气化成清洁气体能源，从而把二氧化碳在燃烧前就分离出来，捕集进入燃烧过程。而且二氧化碳的浓度和压力会因此提高，分离起来较为方便，是目前运行成本最低廉的捕集技术。问题在于，传统电厂无法用这项技术，而是需要重新建造专门的 OGCC 电站，其建造成本是现有传统发电厂的 2 倍以上。

② 燃烧后捕集可以直接应用于传统电厂，这一技术路线对传统电厂烟气中的二氧化碳进行捕集，投入相对较少。这项技术分支较多，可分为化学吸收法、物理吸收法、膜分离

法、化学链分离法等。其中，化学吸收法被认为市场前景最好，受厂商重视程度也最高，中国国电集团已在天津北塘电厂进行项目示范，但设备运行的能耗和成本较高。

③ 富氧燃烧捕集技术试图结合前两种技术的优点，做到可以在传统电厂中应用。该技术是用纯度非常高的氧气助燃，同时在锅炉内加压，使排除的二氧化碳在浓度和压力上与IGCC相差不大，再用燃烧后捕集技术进行捕集，从而降低前期投入和捕集成本。富氧燃烧技术难题在于制氧成本太高，这也造成该技术在经济上并没有太大的优势。

将电厂或是工业过程中分离和捕集而来的二氧化碳的资源进行利用，可以用来合成高纯一氧化碳、烟丝膨化、化肥生产、超临界二氧化碳萃取、饮料添加剂、食品保鲜和储存、焊接保护气、灭火器、粉煤输送、合成可降解塑料、改善盐碱水质、培养海藻、油田驱油等。其中合成可降解塑料和油田驱油技术产业化应用前景广阔。目前我国已建成了二氧化碳捕集万吨级/年和10万吨级/年规模的工业示范，并在吉林油田进行了二氧化碳驱油项目实验，可明显增加原油产量。

（5）大型空冷发电机组

空冷发电技术是指发电厂采用翅片管式的空冷散热器，直接或间接地用环境空气来冷凝汽轮机的排气技术。相对于湿冷系统，其自动化程度有大幅提升，是一种非常适用于水资源相对贫乏的地区的发电技术。空冷系统的基建投资和年运行费用都高于湿冷系统，因此空冷发电系统的采用受到一定的限制，一般在水资源贫乏的地区应用较多。目前技术先进的新型大型超超临界直接空冷发电机组，比湿冷机组节水80%以上，而平均发电效率比600MW湿冷机组约高9个百分点，是降低煤耗、大幅减少污染物排放、节约用水的重要手段。

我国目前运行的600MW空冷机组存在可靠性、经济性差，夏季不能满发、冬季防冻棘手等问题。因此发展更大容量、更高参数的空冷发电机组是空冷发电的重要趋势。宁夏武宁电厂二期是我国目前发电量最大的空冷发电站，也是全球首座百万千瓦超超临界空冷机组。该电站在自动化方面具有以下创新点。

① 首次提出优化的1000MW级空冷凝汽器布置方案。空冷系统优化和选型因素除综合考虑了环境温度、环境风速、风向、海拔高度等因素以外，首次分析了太阳直接辐射对机组背压的影响。

② 开发了1000MW超超临界直接空冷机组空冷凝汽器新的支撑结构体系；创新性地提出适合本工程高烈度地震区的1000MW空冷凝汽器支架的结构体系为"钢筋混凝土管柱＋钢斜撑＋钢桁架"结构，排汽管道采用独立的桁架支撑。首次进行了"钢筋混凝土管柱＋钢斜撑＋钢桁架"振动台试验，填补了国内外空白。

③ 通过对大直径薄壁管道的流体动力特性实验、应力计算分析和布置方式的分析研究，解决了1000MW空冷机组直径为7640mm的排汽管道的设计、制造和安装问题。

④ 完成了1000MW空冷机组汽轮机的总体结构设计和轴系可靠性分析，开发了770mm空冷末级叶片及低压缸模块，完成了1000MW空冷汽轮机的通流设计，成功研制了世界首台具有自主知识产权的1000MW空冷汽轮机。

⑤ 研究开发了夏季高背压和大风工况、冬季低温条件下的运行技术，形成了世界首台1000MW空冷机组运行规程。首次通过全尺寸换热管试验研究，得到了空冷单元冬季工况迎风面冻结点位置和冻结临界负荷值，据此提出了1000MW空冷机组极限条件下的防冻判别技术及控制措施，解决了1000MW机组空冷凝汽器单元数量多换热偏差大引起的冻结问题。

（6）燃煤污染控制技术

电力工业在"十一五"大气污染物控制方面取得巨大成就，烟尘、二氧化硫控制达世界先进水平，在超额完成国家节能减排任务的基础上，面临世界上最严排放标准《火电厂大气污染物排放标准》（GB 13223—2011）。该标准与美国、欧盟和日本相比，无论是现役机组还是新建机组，烟尘、SO_2 和 NO_x 排放限值全面超过了发达国家水平。目前常规燃煤发电机组对于空气污染物自动化控制主要采用 SCR/S NCR＋FGD＋布袋除尘器＋低氮燃烧技术，这些自动化控制技术主要包括三个方面。

① 低氮燃烧：技术成熟、投资和运行费用低，是控制 NO_x 最经济的手段。主要是通过降低燃烧温度、减少烟气中氧量等方式减少 NO_x 的生成量（约 $200\sim400mg/m^3$），但它不利于煤燃烧过程本身，因此低氮燃烧改造应以不降低锅炉效率为前提。

② SCR：技术最成熟、应用最广泛的烟气脱硝技术，是控制氮氧化物最根本的措施。其原理是在催化剂存在的情况下，通过向反应器内喷入脱硝还原剂氨，将 NO_x 还原为 N_2。此工艺反应温度在 $300\sim450℃$ 之间，脱硝效率通过调整催化剂层数能稳定达到 $60\%\sim90\%$。与低氮燃烧相结合可实现 $100mg/m^3$ 及更低的排放要求。其主要问题是空预器堵塞、氨逃逸等。

③ SNCR：在高温条件下（$900\sim1100℃$），由尿素/氨作为还原剂，将 NO_x 还原成 N_2 和水，脱硝效率为 $25\%\sim50\%$。氨逃逸率较高，且随着锅炉容量的增大，其脱硝效率呈下降趋势。

这些技术主要运用在除尘、脱硫、脱硝三个方面，其应用情况及排放情况如下。

① 除尘：99% 以上的火电机组建设了高效除尘器，其中电除尘约占 90%，布袋除尘和电袋除尘约占 10%。烟尘排放总量和排放绩效分别由 2010 年的 160 万吨和 $0.50g/(kW \cdot h)$，下降到 151 万吨和 $0.39g/(kW \cdot h)$。

② 脱硫：脱硫装机容量达 6.8 亿千瓦，约占煤电容量 90%（比 2011 年的美国高约 30 个百分点），其中石灰石-石膏湿法占 92%（含电石渣法等）、海水占 3%、烟气循环流化床占 2%、氨法占 2%。SO_2 排放总量和排放绩效分别由 2010 年的 926 万吨和 $2.70g/(kW \cdot h)$，下降到 883 万吨和 $2.26g/(kW \cdot h)$［低于美国 2011 年的 $2.8g/(kW \cdot h)$］。

③ 脱硝：约 90% 的机组建设或进行了低氮燃烧改造，脱硝装机容量达 2.3 亿千瓦，约占煤电容量 28.1%，规划和在建的脱硝装机容量超过 5 亿千瓦，其中 SCR 法占 99% 以上。NO_x 排放总量和排放绩效分别由 2010 年的 1055 万吨和 $2.6g/(kW \cdot h)$，下降到 948 万吨和 $2.4g/(kW \cdot h)$［高于美国 2010 年的 249 万吨、$0.95g/(kW \cdot h)$］。

7.3.2.2 核电领域新产品介绍

目前，我国的核电技术已经发展到第三代，走在世界的前列。由我国开发的具有完全自主知识产权的"华龙一号"核电机组已建成，并出口到其他国家。该技术采用先进核燃料元件，完成了自主先进压水堆核燃料元件示范及推广应用，实现了更高安全性、可靠性和经济性的压水堆燃料元件自主开发以及先进燃料技术体系完善，并在将智能制造技术应用于核燃料设计制造领域等方面开展研发与攻关。

CAP1400 技术是我国具有完全知识产权的装机容量为 140 万千瓦的三代自主核电品牌，是国家核电引进、吸收 AP1000 技术基础上发展的"非能动"压水堆核电技术。是当今世界上安全标准最严的核电技术。目前我国已建成 CAP1400 实验台架，未来由于其成本低，将会得到大力推广，目前国家已审批在山东威海市荣成石岛湾建设 CAP1400 示范电站，拟建设 2 台 CAP1400 型压水堆核电机组，设计寿命 60 年，单机容量 140 万千瓦。

"华龙一号"核电技术，采用中核 ACP1000 和中广核 ACPR1000＋两种技术的融合，具有两种型号的优点，被称为"我国自主研发的三代核电技术路线"。该技术采用 117 堆芯，提高了机组的发电效率，同时降低了堆芯内的功率密度，芯堆融化概率和大量放射物质释放概率等多个安全指标超越了现有的三代核电技术的要求。此外，该技术首次提出了"能动＋非能动"的安全设计理念，利用先进的理论知识，进行了压水堆的设计，同时较好地平衡了安全性、先进性和经济性。"华龙一号"现已通过国家能源局和国家核安全局的审查，短时间内填补了国内第三代自主核电产品的空白。目前"华龙一号"示范工程已在福建福清展开建设，不久将正式投产。

7.3.2.3 新能源领域新产品介绍

风电领域，我国东北、华北、西北及沿海地区风资源较为丰富，内陆地区风资源分布也很广泛，可满足风电大规模发展需要。风电技术水平快速提高，设备制造能力显著增强。"十一五"时期，我国风电设备研发设计和制造能力与世界先进水平的差距迅速缩小，1.5MW 和 2MW 风电机组成为主流机型，3MW 风电机组已研制成功并开始批量工程应用，5MW 和 6MW 陆上和海上风电机组相继研制成功，风电设备关键零部件的技术水平迅速提高。目前，我国已引进了韩国研发的世界最先进的风力发电机组，该机组采用磁悬浮多柱塔式垂直微风风力发电技术，能极大地提高风力发电的效率。我国已建立起内资企业为主导、外资和合资企业共同参与的风电设备制造体系，在开发适应国内风能资源特点的产品、满足国内市场需求的同时，我国风电设备已开始进入国际市场。

太阳能领域，我国规划发展目标为在 2020 年光伏发电规模达到 1.5 亿千瓦，其中分布式光伏发电 6000 万千瓦以上，光热发电 500 万千瓦以上。太阳能发电潜力巨大。光伏发电主要原理是半导体在太阳辐射下形成电子定向流动。光伏发电系统包括组件、支架、汇流箱、配电柜、逆变器、电缆等配件，其中逆变器集成了漏电流保护、直流分量保护、绝缘阻抗检测保护、防雷保护等多项功能，是光伏电站的重要组成部分，我国生产的各等级智能逆变器转换效率已经可达 99.0%。分布式光伏如果真正推广，一个无法回避的问题就是解决储能，因此光伏＋储能的组合将成为解决弃光、平滑输出以及构建智慧微电网系统的重要一环。我国已建成宁夏新能源综合示范区电站，是全球最大的单体光伏电站项目。该电站采用的小倾角水平单轴跟踪支架，可以大幅度提升组件接收的太阳辐射量，从而提升发电量。

7.4 电力自动化发展机会

电力行业是国民经济的排头兵，具有适度优先发展的特性。在我国制造业战略转型升级、电力自身的升级换代及发展下一代发电技术的背景下，电力自动化将迎来重大发展机遇，电力自动化市场也将进一步扩大。

7.4.1 电力自动化行业市场需求分析

7.4.1.1 我国电力发展趋势

在电力需求呈现增长的背景下，电力自动化同样面临着巨大的发展机会。电力自动化系统基于其先进的自动化控制算法、通信网络、微机继电保护及友好的人机交互，同时提供了现代化的设备监管和远程在线监测等服务，确保系统能够持续提供可靠的输出及最优化的电力负荷管理。电力自动化系统由各个子系统组成，而各个子系统又包括许多自动化设备。一般地，由输电设备、变电设备和配电设备组成的网络为电力网，而电力网及发电设备则统称为电力系统。电力系统具有以下五个特点：一是经济总量大，电力行业规模大，电力资产规模已超 2 万亿人民币，电力生产直接影响着国民经济的健康发展；二是具有同时性，或叫瞬时性，电力生产目前还不能实现大量存储，因此需要做到即产即用，这对于电力网的调度提出了极大的灵活性要求；三是具有集中性，因为具有同时性，所以电力生产必须是高度集中、统一的；四是具有适用性，所生产的电力必须能够适用于广大的电力用户；五是具有先行性，电力经济是国民经济排头兵，电力生产得到保障，才能够保证国民经济的正常运行。

受核电、风电、太阳能发电新投产规模创年度新高的拉动作用，电源结构继续优化。截至 2015 年年底，全国水电、核电、并网风电、并网太阳能发电等非化石能源装机容量占全国发电装机容量的比重为 34.83%，比上年提高 1.73 个百分点，火电装机容量占全国发电装机容量的比重为 65.92%，比上年降低 1.69 个百分点；其中煤电装机容量占全国发电装机容量的比重为 59.01%，比上年降低 1.73 个百分点。2015 年，全国 97033 万千瓦火电机组统计调查显示：全国火电机组平均单机容量 12.89 万千瓦，比上年增加 0.4 万千瓦；火电大容量高参数高效机组比重继续提高，全国百万千瓦容量等级机组已达 86 台，60 万千瓦及以上火电机组容量所占比重达到 42.91%，比上年提高 1.4 个百分点。

非化石能源发电量高速增长，火电发电量负增长。2015 年，全国全口径发电量 57399 亿千瓦时，比上年增长 1.05%。其中，水电 11127 亿千瓦时，比上年增长 4.96%；火电 42307 亿千瓦时，比上年下降 1.68%，是自改革开放以来首次年度负增长；核电 1714 亿千瓦时，比上年增长 28.64%；并网风电 1856 亿千瓦时，比上年增长 16.17%；并网太阳能发电 395 亿千瓦时，比上年增长 67.92%。2015 年，水电、核电、并网风电和并网太阳能发电等非化石能源发电量合计增长 10.24%，非化石能源发电量占全口径发电量的比重为 27.23%，比上年提高 2.18 个百分点。

火电设备利用小时大幅下降。2015 年，全国 6000 千瓦及以上电厂发电设备利用小时 3988h，比上年降低 360h。其中，水电 3590h，比上年降低 79h；火电 4364h，比上年降低 414h，为 1969 年以来的年度最低值；核电 7403h，比上年降低 384h；风电 1724h，比上年降低 176h，是"十二五"期间年度下降幅度最大的一年。

电力投资较快增长。2015 年，全国电力工程建设完成投资 8576 亿元，比上年增长 9.87%。其中，电源工程建设完成投资 3936 亿元，比上年增长 6.78%，占全国电力工程建设完成投资总额的 45.90%；电网工程建设完成投资 4640 亿元，比上年增长 12.64%，其中特高压交直流工程完成投资 464 亿元，占电网工程建设完成投资的比重 10%。在电源投资中，全国核电、并网风电及并网太阳能发电完成投资分别比上年增长 6.07%、31.10% 和 45.21%；水电受近几年大规模集中投产的影响，仅完成投资 789 亿元，比上年下降 16.28%；常规煤电完成投资 1061 亿元，比上年增长 11.83%；非化石能源发电投资占电源总投资的比重为 70.45%，比上年提高 1.49 个百分点。

7.4.1.2　发电自动化设备市场需求分析

国内主要的发电生产方式：火力、水力、风力、核能、新能源等，其中火力发电依旧是现代电能生产的主要方式，就发电主要设备而言均已实现了国产化。统计数据显示，2014～

2015 年国内各类电力生产自动化的市场需求规模均保持着增长，2015 年火电厂自动化的市场需求规模达 71.62 亿元，水电站自动化达 45.88 亿元，配网自动化达 121.57 亿元，电网调度自动化达 86.91 亿元，电能计量自动化达 52.43 亿元。2016 年各类电力生产自动化的市场需求规模均保持着持续增长的良好态势。如表 7-15 所示。

表 7-15　2014～2016 上半年国内电力自动化市场需求规模　　　单位：亿元

电力生产自动化	2014 年	2015 年	2016 年上半年
火电厂自动化	67.53	71.62	36.60
水电站自动化	45.88	49.27	27.01
配网自动化	121.57	126.80	64.97
电网调度自动化	86.91	90.52	48.73
电能计量自动化	52.43	57.62	31.38

（1）燃煤发电领域

作为落实"十三五"规划的第一个年头，2016 年改革进程备受各界关注。目前中国燃煤发电行业在技术和运行经验上都已趋于成熟，节能减排领域取得一定成效。从发电量占比、机组出力、负荷调节及电价经济性等方面综合评价，火电仍占据我国电力系统的基础性地位，但在全社会电力需求增长乏力的背景下，火电供应过剩状况进一步明朗化。然而，整个行业的产能建设已过度，结合行业发展现状及相关政策分析，火电装机容量增长将呈进一步降低的趋势。

"十二五"期间，我国火力发电发展较快，节能、环保、高效一直是火力发电的方向，也是有望助火电超过燃气发电的不懈动力。目前在超超临界燃煤发电技术、整体煤气化联合循环，碳捕捉、利用与封存以及燃气蒸汽联合循环发电等技术领取得了很大的突破。在国家能源局出版的"能源十三五规划"指导意见中明确指出，燃煤发电需要进一步提高能源利用效率，使燃煤电厂每千瓦时供电煤耗 314g 标准煤，同比减少 1g。推广应用先进适用技术装备。实施能源装备制造创新 2025 行动计划，研究建立先进技术装备创新推广协作机制。

近年来，由于我国经济高速发展，导致一方面我国能源需求压力大，并仍然呈增长趋势，另一方面由于环保及技术要求，能源供给制约较多，优质能源紧缺，空间分布不均匀，能源生产和消费对生态环境损害严重，在运行火力发电机组技术总体落后局面仍未改变，因此电站的改造任务依然艰巨。

我国将在火力发电领域示范应用超超临界机组二次再热、大容量超超临界循环流化床锅炉、柔性直流输电、煤矿智能化开采。在钢铁、建筑等领域推广高效清洁燃煤锅炉（窑炉）技术。深入实施"一带一路"能源合作和中巴经济走廊能源合作，进一步完善能源装备出口服务机制，依托工程建设推动能源装备出口。积极推进核电"走出去"，扩大火电机组、水电机组等常规大型成套设备出口，拓展风电、光伏发电等新能源装备出口，鼓励炼化装备、运营、设计企业"抱团出海"。稳妥投资海外输配电项目。鼓励以企业为主体，发展电力装备服务出口。

（2）核能发电领域

作为世界三大电力支柱之一，核能在保障能源安全、改善环境质量等方面发挥了重要作用。2014 年国务院发布的《能源发展战略行动计划（2014～2020 年）》中，明确提出到 2020 年，核电装机容量达到 5800 万千瓦，在建容量达到 3000 万千瓦以上。根据世界核协会（WNA，World Nuclear Association）的数据显示，截至 2013 年年底，全球共有 13 个国家和地区核电占总发电量的比重超过 20%，其中法国的核电比重高达 73.3%，多个欧洲国家的能源供给高度依赖核电，而我国核电占发电量的比重仅为 2.10%，在各核电国家中处于较低的水平，存在很大的提升空间。

"十一五"期间，我国核电进入快速发展时期，核电在建规模居世界第一。"十二五"期间，核电装机容量和在建容量仍将保持较大规模，发展核电已经成为优化我国以煤为主的能源消费结构的重要措施之一。截至 2015 年，我国投入商业运行的核电机组共达 23 台，总装机容量为 20305.58MWe，约占全国电力总装机容量的 2.49%；累计发电量为 1305.80 亿千瓦时，约占全国总发电量的 2.39%，2016 年 1~3 月，核电累计发电量为 470.62 亿千瓦时。至此，我国投入的商业运行的核电机组共有 30 台，总装机容量达到 28599.37MWe（额定装机容量），但所占的能源比重仍然偏低，只有 2.68%，仍具有较大的提升空间。

我国是世界上少数几个拥有比较完整的核工业体系的国家之一。先后相继建立了铀水冶厂、同位素分离厂、铀转换厂、核燃料元件制造厂、后处理厂和一批研究设计院所。为推进核能的和平利用，20 世纪 70 年代国务院做出了发展核电的决定，经过多年努力，我国核电从无到有，得到了很大的发展。目前我国有五种第三代核电技术拟投入应用，它们分别是 AP1000、华龙一号、CAP1400、法国核电技术（EPR）以及俄罗斯核电技术（VVER）。其中 CAP1400 是按照全球最高的安全标准进行自主设计的，技术方面我国相对其他国家来说已占有优势。

2016~2020 年间，预计我国国内核电站建设平均每年市场可达 590 亿元，2020~2030 年间，年均市场达到 1062 亿元。核电出口方面，我国核电技术输出已在巴基斯坦、英国、阿根廷、埃及以及南非等国取得突破性进展，并有望在沙特阿拉伯、马来西亚、苏丹、约旦、罗马尼亚、土耳其等国扩展相关核电合作。随着"一带一路"的落实发展，我国核电的出口有望进一步深化。据中广核统计，中国"一带一路"沿线的 65 个国家中，有 28 个国家计划发展核电，规划核电机组台数达到 126 台，装机总规模大约 1.5 亿千瓦，若按 1.28 万元/千瓦计算，市场规模可达约 2 万亿元。

7.4.1.3 输配电自动化发展需求分析

原始电能产出之后，还要进行系统性地调度分配，以保证电力正常供应给企业和个人用户。自动控制系统涉及信号传递、电能监测、资源分配三个方面：信号传递是为了方便电力系统的快速控制，利用远程操作方式指导现场作业；电能监测有助于电力的安检，防止传输阶段出现漏电等意外；资源分配由配电站完成，按照本地区用电需求量完成自动化调配，以此保证电网的高效性和安全性。自动化控制技术是未来电力系统改造的必然趋势，这就需要供电单位采用多种先进科技，为系统调控创造有利的运行条件。

配电网自动化系统大致可分为三层：主站、子站及馈线。当前，由于历史欠账太多导致中国配电网相比国外发达国家水平差距还很大。在 2015 年 7 月，国家能源局下发了关于对配电网升级改造计划——《配电网建设改造行动计划（2015~2020 年）》。通过实施配电网建设改造行动计划，将有效加大配电网资金投入。2015~2020 年，配电网建设改造投资不低于 2 万亿元，其中 2015 年投资不低于 3000 亿元，"十三五"期间累计投资不低于 1.7 万亿元。预计到 2020 年，高压配电网变电容量达到 21 亿千伏安、线路长度达到 101 万公里，分别是 2014 年的 1.5 倍、1.4 倍，中压公用配变容量达到 11.5 亿千伏安、线路长度达到 404 万公里，分别是 2014 年的 1.4 倍、1.3 倍。

该行动计划指出要进一步加强配电自动化建设。持续提升配电自动化覆盖率，提高配电网运行监测、控制能力，实现配电网可观可控，变"被动报修"为"主动监控"，缩短故障恢复时间，提升服务水平。中心城市（区）、城镇地区推广集中式配电自动化方案，合理配置配电终端，缩短故障停电时间，逐步实现网络自愈重构；乡村地区推广简易配电自动化，提高故障定位能力，切实提高实用化水平。

电网跨省区输送能力进一步提升。截至 2015 年年底，全国电网 220kV 及以上输电线路回路长度 60.91 万千米，比上年增长 5.46%；220kV 及以上变电设备容量 33.66 亿千伏安，比上年增长 8.86%。辽宁绥中电厂改接华北电网 500kV 工程投运，使东北电网向华北电网的跨区送电能力达到了 500 万千瓦，国家电网公司跨区输电能力合计超过 6900 万千瓦；糯扎渡水电站送广东±800kV 特高压直流工程全部建成投运，中国南方电网有限责任公司"西电东送"形成"八交八直"输电大通道，送电规模达到 3650 万千瓦。随着我国最长的特高压交流工程：榆横-潍坊 1000kV 特高压交流输变电工程正式开工，列入我国大气污染防治行动计划的四条特高压交流工程已经全部开工，全国特高压输电工程进入了全面提速、大规模建设的新阶段。

加快城镇配电网建设改造。贯彻落实《关于加快配电网建设改造的指导意见》和《配电网建设改造行动计划（2015～2020 年）》，组织编制三年滚动实施计划，建立项目储备库，预计总投资约 3000 亿元。尽快启动第一批升级改造项目，预计投资约 420 亿元，其中中央预算内投资 85 亿元。两年内实现农村稳定可靠供电服务。组织编制小城镇、中心村农网改造升级和机井通电实施方案（2016～2017 年），预计投资约 1500 亿元，到 2017 年中心村全部完成农网改造，平原地区机井通电全覆盖。2015 年全国安排城网建设改造专项建设基金 130 亿元，带动新增投资 1140 亿元；安排农网改造资达 1628 亿元，其中中央预算内资金 282 亿元。

输配电自动化设备方面，就一次设备和二次设备而言，一次设备技术含量较低，国内生产企业较多，特别是中低压一次设备生产企业包括乡镇企业在内的企业过多，导致生产能力严重过剩，竞争过于激烈；二次设备因生产技术要求较高，行业进入门槛高，因此国内生产二次设备的企业较少，生产经营环境较为宽松，因此二次设备生产企业在国家利好的政策下将会拥有更大的发展机遇。科研院、所未来应该在柔性直流输配电、无线电能传输、大容量高压电力电子元器件和高压海底电力电缆等先进输变电装备技术，以及用于电力设备的新型绝缘介质与传感材料、高温超导材料等方面重点开展产品的研发与攻关。

配电网是国家电网建设的热点，全国各大、中型城市都将电网改造及自动化的实施列入重点民生工程，随着大量的资金与人力的投入，相信配电网建设一定会取得较好的成效。

7.4.2　电力自动化发展趋势

7.4.2.1　电力科技创新成为主流

电力科技创新在特高压、智能电网、配电自动化领域、变电站综合自动化、大容量高参数低能耗火电机组、高效洁净燃煤发电、第三代核电工程设计和设备制造、可再生能源发电等技术领域不断取得成果，对转变电力发展方式起到巨大的推动作用。

（1）在特高压输电技术领域

高压直流断路器关键技术、大电网规划与运行控制技术重大专项研究等多项技术取得新的进展。高压大容量多端柔性直流输电关键技术开发、装备研制及工程应用有了新的进展，世界首次采用大容量柔性直流与常规直流组合模式的背靠背直流工程——鲁西背靠背直流工程正式开工建设，世界上首个采用真双极接线±320kV柔性直流输电科技示范工程在厦门正式投运，标志着我国全面掌握高压大容量柔性直流输电关键技术和工程成套能力。

（2）在电网领域

国家电网推出的智能电网创新工程基础上，在2015年，国家发改委、国家能源局下发的《关于促进智能电网发展的指导意见》中，明确指出智能电网是在传统电力系统基础上，通过集成新能源、新材料、新设备和先进传感技术、信息技术、控制技术、储能技术等新技术，形成的新一代电力系统，具有高度信息化、自动化、互动化等特征，可以更好地实现电网安全、可靠、经济、高效运行。发展智能电网是实现我国能源生产、消费、技术和体制革命的重要手段，是发展能源互联网的重要基础。智能电网将成为我国电网自动化发展的重点。

（3）在配电自动化领域

随着我国电力系统自动化市场的不断发展，电力调度自动化的市场规模将继续上升，省网及地方调度的自动化普及率将提升至近一半的比例，且市场需求将不断扩充。电力调度系统的监测将从传统的稳态监测全面向动态监测发展，令基于GPS技术的新一轮动态性安全监控系统发挥重要服务价值。当前我国配电自动化市场的发展还处于初期起步阶段，不完善的一次网架令配网自动化市场发展缺乏必要的硬件基础支持，同时面对众多配网自动化发展中用户需求的各异、厂家理解的不同令市场产品各具特色，难以统一。因此在下一阶段的工作中我们应在全面启动一级地区市场配电自动化项目的同时，将注意力放在县级配网自动化项目中，强化硬件设施建设，统一行业标准，规范市场自动化发展。在馈线自动化市场发展中，我们不仅应令其终端设备富含遥信、遥测及遥控功能，还应令其集成自动合闸、故障检测、电能质量分析、断路检测功能，令智能化开关系统广泛应用。另外载波技术、用户电力技术的创新应用也将成为配电自动化市场未来发展的主体趋势。

（4）在变电站自动化领域

变电站综合自动化是将变电站的二次设备利用计算机技术和现代通信技术，经过功能组合和优化设计，对变电站实施自动监视、测量、控制和协调的一种综合性的自动化系统。变电站自动化系统可以收集较为齐全的数据和信息，利用计算机的高速计算能力和判断功能，方便监视和控制变电站内各种设备的运行和操作。目前，我国的变电站自动化技术已经很成熟，并广泛地应用于高、中、低压变电站中，这大大提高了变电站的运行效率及可靠性。但与国外先进的变电站自动化系统相比，仍存在许多需要改进的地方。如国外无论是分层分布式的变电站自动化系统还是常规的RTU方式，均能可靠地实现变电站的无人值班监控，这对国内进行新、老变电站自动化系统的建设和改造很有启发。此外，变电站运行管理的方式对变电站自动化系统和后台功能的设计有较大影响。目前国内由于运行管理等多种因素的影响，导致现有的变电站自动化系统过多地强调了后台功能，系统庞大、结构复杂，给变电站的运行维护人员完成监控系统的日常维护和故障处理工作带来了一定的困难。有关部门应针对变电站不同的运行管理方式，对监控系统的功能和配置进行规范和优化。

（5）火力发电领域

当前我国的燃煤发电技术已达世界先进水平，在大容量、高参数（600℃/700℃）超超临界发电技术方面，目前由上海外高桥第三发电厂设计研发的火电机组，采用高低位方式布置双轴、二次中间再热发电机组，平均供电煤耗降到276g/（kW·h），同时在污染排放方面也被称为"全球最清洁的火电",是目前全球领先的燃煤发电厂。同时美、日、欧等发达国家一直在开发研究700℃高效超超临界技术,但受制于关键高温高压材料研发瓶颈和极其昂贵的造价,该技术没有大量应用到生产实践中。当前我国正在陆续推广超超临界发电技术。

同时,IGCC发电技术由于其发电效率高污染排放低的特点,是当前燃煤发电的一个前沿技术,正在进入示范阶段。为缓解国内天然气供应紧张局面,近年来煤制天然气一度迎来发展热潮,但在西部富煤地区大规模发展煤制气项目仍然面临资源和环境的制约。与煤制天然气相比,IGCC制取的仅仅是一氧化碳和氢气组成的合成气,没有甲烷化过程,耗水量较小;合成气在燃烧前已净化处理,燃烧发电后的污染物排放水平极低;IGCC还可在合成气燃烧前实施碳捕集,碳减排优势显著。IGCC实现了真正意义上的煤炭清洁利用,发展IGCC比大规模发展煤制气更有必要。

(6)在核电领域

压水堆仍然是国际核电未来发展的主力堆型。目前虽然近三年来核电设备的平均利用小时数在用电量消费增长放缓的压力下逐年下滑,但是核电在国家电力政策(电网优先保证核电开工率,很少让核电站参与调峰)的支持下,设备利用率远高于其他主流发电方式。在运行的核电站绝大部分属于第二代核电,技术较为成熟,具有可接受的安全性和较好的经济性。但二代核电的利用率、使用寿命、安全性仍然还存在提升空间,因此二代核电改造升级也是核电发展方向之一。由于我国三代核电站即将开始批量建设,第四代核电站尚处于试验阶段,预计投产时间为2030年,由此推断第三代核电将是以后我国建设的主力,第三代核电技术相对于第二代核电技术具有更高的安全、经济性能,更为先进的控制系统。

电力系统智能技术是对传统电力系统智能技术的革新,具备分析、学习、适应和协调的功能,能够针对电力系统中的相关问题进行解答,这对我国电力系统的发展具有深远的意义。随着我国科学技术的不断发展,电力系统智能技术的种类也逐渐增多,从而确保了智能技术的多样性。其中智能控制技术包括专家系统控制技术、模糊逻辑控制技术、线性最优控制技术、神经网络控制技术、综合智能控制技术。随着科学技术的不断发展,智能化技术在电力系统中的应用越来越广泛,是未来电力系统的主要发展方向,因此必须加强智能化技术的研究力度,实现智能化工作环境,提高电力系统的安全性和稳定性,促进我国电力行业的快速发展。电力自动化是电力行业发展的必然趋势,自动控制技术应用于系统调控是不可缺少的改革措施。电力系统自动化是我们电力系统一直以来力求的发展方向,它包括:发电控制的自动化、电力调度的自动化,这也是未来自动化控制技术的改革重点。

7.4.2.2 节能减排潜力巨大

传统的化石能源发电方面,由于过度依赖燃煤发电,多年来对环境造成巨大影响。无论是在国家能源局发布的《电力发展"十三五"规划》上,还是在国家发改委旨在优化环境而推出的《关于在燃煤电厂加快推行和规范第三方治理的指导意见》等政策上,都强调需要进一步降低能耗,减少对环境的污染。在电力能耗指标方面。2015年,全国6000kW及以上火电厂机组平均供电标准煤耗315g/(kW·h),比上年降低4g/(kW·h),煤电机组供电煤耗继续保持世界先进水平;全国线路损失率为6.64%,与上年持平。根据《规划》,全国将进一步实施煤电超低排放和节能改造。"十三五"期间,全国计划实施超低排放改造约4.2亿千瓦,节能改造约3.4亿千瓦,预计总投资约1500亿元。2016年,启动一批超低排放改造示范项目和节能改造示范项目。修订煤电机组能效标准和最低限值标准。开展煤电节能改造示范项目评估，推广应用先进成熟技术。

在火力发电污染排放控制技术领域，目前常规的燃煤发电机主要采用 SCR/S NCR＋FGD＋布袋除尘＋低氮燃烧技术，这些技术已能满足国家排放标准要求，但仍不能达到超净排放。有希望达到超净排放的碳捕集、利用与封存技术（CCUS）又存在着能耗高、成本高的特点，并未建立示范工程，还需进一步完善。因此还需进一步发展火电厂的除尘、脱硫、脱硝、脱碳等净化工艺，此外发展新一代烟气净化技术上，如重金属及可吸入颗粒物去除，NO_x 综合脱除技术、硫资源化脱硫技术及多种污染物综合脱除技术。根据国家发改委制定的《煤电节能减排升级与改造行动计划（2014～2020 年）》，我国将进一步加快燃煤发电的升级改造，提升技术装备水平，淘汰落后产能，并使煤炭消费比重进一步降低在 62％以内，以降低燃煤发电对环境造成的污染。

火电大气污染控制技术发展趋势主要体现在两个方面：一是脱硝、除尘和脱硫单元式控制技术向高性能、高可靠性、高适用性、高经济性方向发展；二是由先除尘、再脱硫、再脱硝的单元式、渐进式控制向常规大气污染物加重金属、气溶胶等深度一体化、综合治理、协同控制技术发展。实现"存量"环保技术的单元性向系统性协同化转变、反应的单一性向交叉性转变，推动多种烟气污染物共同去除方面具有导向作用的重大技术产业化，培育和发展火电行业相关的节能环保战略性新兴产业链，并最终从长期目标上实现火电机组更低的大气排放。

在电厂水资源节约及循环利用技术领域，从节约用水和减少废水排放角度来看，实现火电厂废水零排放，对提高电厂的经济效益，实现环境的可持续发展具有重要意义。减少各级水系统用水量，污水串级处理与使用，灰渣排污水、高浓度废水处理回收再用技术是发电企业降低系统的运行成本的重要方向。同时，火力发电空冷技术在北方"富煤缺水"具有很好的应用前景，探索空冷机组的高效安全运行的优化设计方法，实现火力发电节能节水，已成为我国火电行业面临的关键技术问题和挑战性课题。

7.4.2.3 能源结构持续优化

2016 年 12 月 19 日国家发改委对外发布了《可再生能源发展"十三五"规划》（以下简称《规划》）。《规划》提出，到 2020 年，水电新增装机约 6000 万千瓦，新增投资约 5000 亿元，新增风电装机约 8000 万千瓦，新增投资约 7000 亿元，新增各类太阳能发电装机约 7000 万千瓦，投资约 1 万亿元。加上生物质发电投资、太阳能热水器、沼气、地热能利用等，"十三五"期间可再生能源新增投资约 2.5 万亿元。比"十二五"期间增长近 39％。

截至目前，《水电发展"十三五"规划》《太阳能发展"十三五"规划》《风电发展"十三五"规划》《生物质能发展"十三五"规划》等四个专项可再生能源规划都已经对外发布。这意味着"十三五"期间可再生能源的规划体系已经完备。

（1）水电领域

"十二五"期间，坚持技术创新与工程建设相结合，加强重大装备自主化，着力提高信息化水平，工程建设技术和装备制造水平显著提高。攻克了世界领先的复杂地质条件下 300m 级特高拱坝、超高心墙堆石坝采用掺砾石土料和软岩堆石料筑坝、35m 跨度地下厂房洞室群、深埋长引水隧洞群、砂石料长距离皮带输送系统等技术难题。自主制造了单机容量 80 万千瓦混流式水轮发电机组、500m 级水头、单机容量 35 万千瓦抽水蓄能机组成套设备，世界上最大的单体升船机、最大跨度重型缆机等。建成了世界最高混凝土双曲拱坝锦屏一级水电站，深埋式长隧洞锦屏二级水电站，装机规模世界第三的溪洛渡水电站，复杂地质条件的大岗山水电站。

水电自动化发展潜力巨大。根据《水电发展"十三五"规划》，我国将力争在"十三五"期间全面实现高性能大容量水电机组和高水头大容量抽水蓄能机组成套设备设计和制造的自主化，并依托白鹤滩水电站实现百万千瓦级大型水轮发电机组技术突破，依托阳江抽水蓄能电站实现40万千瓦级、700m级超高水头超大容量抽水蓄能机组设计制造自主化，依托丰宁抽水蓄能电站研发变速抽水蓄能机组。研制50万千瓦级、1000m以上超高水头大型冲击式水轮发电机组，研究浸没式蒸发冷却、机组柔性启动、水轮机非定常流运行等技术，依托示范项目建设研制海水抽水蓄能机组。

（2）光伏能源领域

近年来，太阳能开发利用规模快速扩大，技术进步和产业升级加快，成本显著降低，已成为全球能源转型的重要领域。"十二五"时期，我国光伏产业体系不断完善，技术进步显著，光伏制造和应用规模均居世界前列。太阳能热发电技术研发及装备制造取得较大进展，已建成兆瓦级碟式斯特林示范工程试验电站，初步具备了规模化发展条件。太阳能热利用持续稳定发展，并向建筑供暖、工业供热和农业生产等领域扩展应用。

光伏制造产业自动化水平不断提高，国际竞争力继续巩固和增强。"十二五"时期，我国光伏制造规模复合增长率超过33%，年产值达到3000亿元，创造就业岗位近170万个，光伏产业表现出强大的发展新动能。2015年多晶硅产量16.5万吨，占全球市场份额的48%；光伏组件产量4600万千瓦，占全球市场份额的70%。我国光伏产品的国际市场不断拓展，在传统欧美市场与新兴市场均占主导地位。我国光伏制造的大部分关键设备已实现本土化并逐步推行智能制造，在世界上处于领先水平。

（3）风电领域

风电已在全球范围内实现规模化应用。风电作为应用最广泛和发展最快的新能源发电技术，已在全球范围内实现大规模开发应用。到2015年年底，全球风电累计装机容量达4.32亿千瓦，遍布100多个国家和地区。"十二五"时期，全球风电装机新增2.38亿千瓦，年均增长17%，是装机容量增幅最大的新能源发电技术。"十二五"期间，全国风电装机规模快速增长，开发布局不断优化，技术水平显著提升，政策体系逐步完善，风电已经从补充能源进入到替代能源的发展阶段，突出表现如下。

① 风电成为我国新增电力装机的重要组成部分　"十二五"期间，我国风电新增装机容量连续五年领跑全球，累计新增9800万千瓦，占同期全国新增装机总量的18%，在电源结构中的比重逐年提高。中东部和南方地区的风电开发建设取得积极成效。到2015年底，全国风电并网装机达到1.29亿千瓦，年发电量1863亿千瓦时，占全国总发电量的3.3%，比2010年提高2.1个百分点。风电已成为我国继煤电、水电之后的第三大电源。

② 风电产业技术水平显著提升　风电全产业链基本实现国产化，产业集中度不断提高，多家企业跻身全球前10名。风电设备的技术水平和可靠性不断提高，基本达到世界先进水平，在满足国内市场的同时出口到28个国家和地区。风电机组高海拔、低温、冰冻等特殊环境的适应性和并网友好性显著提升，低风速风电开发的技术经济性明显增强，全国风电技术可开发资源量大幅增加。

（4）生物质能源领域

生物质能是世界上重要的新能源，技术成熟，应用广泛，在应对全球气候变化、能源供需矛盾、保护生态环境等方面发挥着重要作用，是全球继石油、煤炭、天然气之后的第四大能源，成为国际能源转型的重要力量。

我国生物质资源丰富，能源化利用潜力大。全国可作为能源利用的农作物秸秆及农产品加工剩余物、林业剩余物和能源作物、生活垃圾与有机废弃物等生物质资源总量每年约 4.6 亿吨标准煤。截至 2015 年，生物质能利用量约 3500 万吨标准煤，其中商品化的生物质能利用量约 1800 万吨标准煤。生物质发电和液体燃料产业已形成一定规模，生物质成型燃料、生物天然气等产业已起步，呈现良好发展势头。截至 2015 年，我国生物质发电总装机容量约 1030 万千瓦，其中，农林生物质直燃发电约 530 万千瓦，垃圾焚烧发电约 470 万千瓦，沼气发电约 30 万千瓦，年发电量约 520 亿千瓦时，生物质发电技术基本成熟。

在生物质能源自动化领域，根据《生物质能发展"十三五"规划》，我国将进一步推进技术创新与多联产示范。加强纤维素、微藻等原料生产生物液体燃料技术研发，促进大规模、低成本、高效率示范应用。加快非粮原料多联产生物液体燃料技术创新，建设万吨级综合利用示范工程。推进生物质转化合成高品位燃油和生物航空燃料产业化示范应用。

在全球新能源大力发展的背景下，中国的新能源发展也进步很快，仅在 2014 年，中国在新能源领域产生的融资额就已达到 895 亿美元。但中国火电占比仍然偏高，高于世界平均水平 28%。因此扩大新能源占比、推动中国能源结构转型仍是政府的工作重点。从国家能源局最新制定的《2016 年能源工作指导意见》中提出要稳步发展风电，鼓励东中部和南部地区风电加快发展，研究解决制约海上风电发展的技术瓶颈。大力发展太阳能。扩大光伏发电"领跑者"基地建设规模。继续推进太阳能热发电示范项目建设，探索太阳能热发电新技术和新模式。统筹做好太阳能发电项目与配套电网建设衔接。积极开发利用生物质能、地热能等新能源。推进西藏高温地热发电项目建设和中低温地热发电试验。

7.4.2.4 智能化发展

智能化将是电力自动化系统发展的大方向。智能化电力系统是在传统电力系统的基础上，采用智能化的电力元件和智能化管理与控制单元构成的。通过智能化电力系统与用电对象电源管理系统的结合，实现用电对象对于电力能源的合理调配。智能化电力系统主要是向上级管理系统提供电力系统的各种数据，如运行状态、各种运行测量参数、设备告警信息，实现各种负荷的合理调配等。

2015 年，国家发展改革委及能源局发布了《促进智能电网发展的指导意见》，智能电网将是下一阶段电网升级改造的重点。智能电网是指利用新能源、新材料、新设备和先进传感技术、信息技术、储能技术等新技术形成的新一代电力系统，具有高度信息化、自动化、互产化等特征，可以更好地实现电网安全、可靠、经济、高效运行。智能电网是我国实现能源消费、技术和体制创新的重要手段，是发展能源互联网的重要基础。该指导意见提出，到 2020 年，初步建成安全可靠、开放兼容、双向互动、高效经济、清洁环保的智能电网体系，满足电源开发和用户需求，全面支撑现代能源体系建设，推动我国能源生产和消费革命；带动战略性新兴产业发展，形成有国际竞争力的智能电网装备体系。这将对电网一次设备、二次设备的发展提出更高的要求。

智能化电厂技术，是指以物理电厂为基础，将智能控制技术、现场总线控制技术、现代先进传感测量技术、信息技术与物理电厂高度集成而形成的具有智能化、信息化、一体化、经济、环保等特征的新型电厂技术。构建数字化电厂是实现高效、节能、减排，提高发电企业竞争力的重大举措，可将我国电厂积累多年的生产过程自动化技术和基于微处理器的电厂自动化产品有机地结合在一起，对电厂用户进行整体自动化规划和分工，提高电厂前期规划水平，提高热工自动化、电气自动化、信息软件实施和应用水平，从而提高现代发电厂整体自动化水平。目前国内还未建成一座具有完全意义上的智能发电厂，国华北京燃气热电工程是北京乃至全国信息化、数字化较高并具有一体化云平台覆盖的燃气发电厂。由于城市对空气环境要求较高，且对电力需求大，因此这类电厂在国内主要大城市应用推广具有重要意义。

大数据分析技术在电力自动化系统领域应用前景广阔。我国各类电厂众多，每天的运行都会产生大量数据，如果能有效地利用这些数据对电力自动化系统的运行进行预测、分析、诊断，将能大大提高电站的运行性能。2015 年 IBM 公司推出了大数据结合天气来提高可再生能源生产的可靠性，济钢公司也使用 IBM 的 Congos 商业智能解决方案结束了历史数据的沉淀，并且为其带来 9000 万元的市场价值。可以说大数据解决方案在传统的电力行业中大有可为。此外由于目前还没有大容量的储能装置，利用大数据分析技术可以暂时解决智能电网中分布式能源的资源分配问题，能有效地增强电网的稳健性。目前我国的电力系统大多数并没有数据在线的功能，而不同的电站运行情况差异较大，不能很好地进行模型移植，因此在大数据电站应用领域我国还有很长的路要走。

第
7
章

第8章

轨道交通

8.1 轨道交通列车运行控制行业发展概况

8.1.1 列控系统功能和分类

轨道交通作为国民经济大动脉、国家重要基础设施和大众化交通工具之一，随着与现代科学的不断融合，已成我国国家科技创新体系的重要力量。

一般来讲，轨道交通可以细分为干线铁路以及城市轨道交通两部分。

干线铁路主要承担中长距离的客货运输，分为普速铁路、高速铁路、城际铁路以及重载铁路等。干线铁路主要承担区域对外的中长距离客货运输。城市轨道交通主要承担大中城市内的旅客运输，包括地铁、轻轨、磁悬浮、有轨电车等。

"十二五"时期（2011～2015 年）是加快转变经济发展方式的攻坚时期。在国家和各地方的"十二五"规划中，对公共交通予以了高度关注，要求优先发展，要求在充分利用既有铁路资源的基础上，结合铁路新线建设和枢纽功能调整，鼓励有条件的大城市发展高效铁路，以解决中心城区与郊区、郊区与郊区、卫星城镇、城市带及城市圈内大运量城市交通需求问题。根据规划，城市市区人口超过 1000 万的城市逐步完善轨道交通网络，公共交通占机动化出行比例达到 60% 以上。人口超过 300 万的城市初步形成轨道交通网络主骨架，公共交通占机动化出行比例达到 40% 以上。人口超过 100 万的城市，建设轻轨、现代有轨电车、磁浮等多种形式大容量公共交通。随着"十二五"规划的落实，到 2015 年，城市轨道交通营运里程 3000 公里，五年增长率达 114.3%。

无论是干线铁路交通还是城市轨道交通，都需要有一个强有力的监督、控制和调整系统来实现列车的间隔控制、安全保障以及调度指挥，这个系统就是轨道交通列车运行控制系统（以下简称列控系统）。

8.1.1.1 列控系统的功能

列车运行控制系统是确保列车安全、高效运行的关键技术装备，是轨道交通的大脑和神经中枢。列控系统一般包括地面与车载两部分，地面设备提供监控列车所需要的线路数据、行车许可等基础数据和信息；车载设备将地面传来的信息进行处理，形成列车速度控制数据及列车制动曲线，监控列车安全运行。

8.1.1.2 列控系统分类

根据不同的分类原则，列车运行控制系统按照以下方式进行分类。

（1）根据车-地信息传输通道分类

根据车-地信息传输通道不同，列控系统可分为点式列车运行控制系统、连续式列车运行控制系统和点连式列车运行控制系统。

① 点式列车运行控制系统：点式列车控制系统采用地面应答器，在固定地点向列车传递控车信息，实现列车安全控制。

② 连续式列车运行控制系统：连续式列车运行控制系统的地面控制中心可实时、连续地向车载设备传输控制信息。连续式列车运行控制系统地对车的信息传输手段包括轨道电路、轨道电缆（交叉环线）、波导管、漏泄电缆、无线电等。

③ 点连式列车运行控制系统：点连式列车运行控制系统兼顾了点式和连续式列车运行控制系统的优点，是一种连续式和点式相结合的列车运行控制系统。车载设备从轨道电路提供实时的连续信息中得知前方轨道区段空闲数量、进出站信号开放状态等信息，再根据应答器信息提供的轨道区段长度、坡度和速度等线路数据，从而控制列车的运行。

（2）按照控制模式分类

按照控制模式，可分为速度码阶梯控制方式和速度-距离模式曲线控制方式。

① 速度码阶梯控制方式　速度码阶梯控制方式，在一个闭塞分区内只控制一个速度等级。在一个闭塞分区中只按照一种速度判断列车是否超速。该方式又可分为出口检查方式和入口检查方式。

② 速度-距离模式曲线控制方式　速度-距离模式曲线是根据目标速度、线路参数、列车参数、制动性能等确定地反映列车允许速度与目标距离间关系的曲线。速度-距离模式曲线反映了列车在各点允许的速度值。列控系统根据速度-距离模式曲线实时给出列车当前的允许速度，当列车超过当前允许速度时，设备自动实施常用制动或紧急制动，保证列车能在停车地点前停车。

（3）根据制动曲线的形状分类

根据制动曲线的形状，速度-距离模式曲线可分为分段速度控制和连续速度控制。

① 分段速度控制：分段速度控制模式是将轨道区段按照制动性能最差列车安全制动距离要求，以一定的速度等级将其划分成若干固定区段。一旦这种划分完成，每一列车无论其制动性能如何，其与前行列车的最小追踪距离只与其运行速度、区段划分有关。

② 连续速度控制：连续速度控制的制动模式根据目标距离、目标速度的方式确定目标距离连续速度控制模式曲线，该方式不设定每个闭塞分区速度等级，采用一次制动。以前方列车占用闭塞分区入口为目标点，向列车传送目标距离、目标距离等信息。

（4）根据人-机关系分类

根据人-机关系，可分为设备制动优先的控制系统和司机制动优先的控制系统。

① 设备制动优先的控制系统：在设备制动优先方式下，车载设备实施常用制动后，当列车速度低于缓解速度时，车载设备自动停止输出相应等级的常用制动命令，不必司机人工介入。

② 司机制动优先的控制系统：在司机制动优先方式下，车载设备实施常用制动后，当列车速度低于缓解速度时，车载设备向司机提示允许缓解信息，司机按压缓解按键后，缓解常用制动。

8.1.2 轨道交通列控系统行业概况

由于干线铁路和城轨的投资模式、建设模式、速度等级、系统架构与复杂程度不同，因此将其进行分开介绍。

干线铁路列控系统主要包括既有线铁路信号系统与高速铁路信号系统，既有线铁路信号系统自动化技术含量不高，控制系统功能以及结构较为简单，一般的设备国内大部分供应商均具有自主知识产权和大规模的生产能力（如地面控制设备 ZPW2000、车载控制设备机车信号系统等）。2006 年以后，随着高速铁路大规模建设，我国采用了先进的中国列车运行控制系统（Chinese Train Control System 以下简称 CTCS）CTCS-2 级以及 CTCS-3 级列控系统（与欧洲的列控系统接轨），开始采用了一些基于现代通信、计算机以及控制技术的设备，如 C3 车载 ATP 设备以及地面控制 RBC 设备等。目前，核心供应商均已掌握相应的技术，开发了自己的国产化系列产品以替代原有的引进系统，已经基本突破了一直以来制约中国信号发展的瓶颈。

而城市轨道交通基本都已采用基于通信的列车运行控制系统（CBTC）技术（包含点式设备，级固定闭塞设备）。一般来说，整个 CBTC 信号系统在逻辑上由 ATP 列车自动防护系统、ATO 列车自动运行系统和 ATS 列车自动监督系统三部分组成，主要的功能模块和子系统包括：车载控制器（ATP）、区域控制器（ZC）、联锁控制器、数据通信系统、控制中心和及车站 ATS 以及可用于后备运行模式下的计轴系统（或轨道电路系统）。国内北京交控科技有限责任公司（北交控）、中国铁道科学研究院（铁科院）、北京全路通信信号设计院有限责任公司（通号设计院）、卡斯柯信号有限公司以及中车南车时代电气有限公司（时代电气）等公司均已打破国外技术封锁，自主研发了相应的国产化 CBTC 系统。由于近些年发改委国产化率的要求，我国最近几年的城轨市场自主化的 CBTC 系统占据 70% 以上的份额。

8.1.3 列控系统在高速铁路及城轨建设中的比重

高速铁路信号系统（列控系统），作为四电集成的一部分，我国的市场基本被两家有资质的单位所垄断，中铁电化局集团以及中国通号集团（目前，中铁建电化局也具备相应资质）。而所有信号设备的采购都由铁路总公司和四电集成方共同完成。自从 723 事故以后，高铁的通信信号的投资有所改观，但通常也只有整条线路总投资的 4% 左右。比如发生"723"事故的甬台温铁路，全线长 268 千米，总投资 162.8 亿元，通信信号系统的投资大约在 5 亿元，只占到 3%。铁路这一领域中，信号系统在整个铁路行业投资中所占比重很低，如京沪高速铁路约 3%。而在国外日本和欧洲等发达国家通信信号系统一般占线路总投资的 10% 左右。

在 2009 年之前，国内企业几乎都没有自主研发的城轨交通信号系统，所有控制系统均是全部引进或跟外商合作，当时的地铁信号系统每公里的造价大约为 1200 万元，而 2009 年以后，由于国产化的引入以及多家海外公司的竞争，迫使每公里造价下降至 700 万元左右。一般来说，信号系统在整个地铁系统中所占比例为 1%～5%（由于地铁的土建造价差别过大造成的）。

8.2 轨道交通列控系统国内外现状

8.2.1 国外列控系统现状

目前国外已投入使用的列车运行控制系统主要有法国 U/T 系统、日本新干线 ATC 系统、德国 LZB 系统和欧洲 ETCS 系统等，这些系统最根本的差别在于对列车超速后的控制方式以及车—地间信息传输方式有所不同。

目前，世界各国已投入使用的列车运行控制系统主要有法国 U/T 系统、德国 LZB 系统、日本新干线 ATC 系统、欧洲 ETCS-2 级系统等。国外已运营的典型列控系统分析如表 8-1 所示。

表 8-1　国外已运营的典型列控系统分析

设备名称	法国 TVM300	法国 TVM430	德国 LZB	日本 ATC	ETCS-2 级
最高运行速度	270km/h	320km/h	270km/h	270km/h	300km/h
闭塞方式	固定闭塞	固定闭塞	固定闭塞	固定闭塞	固定闭塞
制动模式	阶梯方式	分级连续式	连续速度控制方式	阶梯方式	连续速度控制方式
控制方式	人控优先	人控优先	可选人控优先或机控优先	机控优先	人控优先
安全信息传输	媒介:模拟轨道电路 方向:地对车单方向 载频: 1700Hz 2000Hz 2300Hz 2600Hz 信息量:18 个	媒介:模拟轨道电路 方向:地对车单方向 载频: 1700Hz 2000Hz 2300Hz 2600Hz 信息量:27bit	媒介:数字轨道电缆 方向:地-车双方向 载频: (36±0.4)kHz (56±0.4)kHz 信息量:83.5bit	媒介:模拟轨道电路 方向:地对车单方向 载频: 750/720Hz 850/840Hz 900Hz 1000/1020Hz 信息量:10 个	媒介:GSM-R 方向:地-车双方向 载频: 876~880MHz 信息量:500byte
其他信息传输方式	媒介:环线、应答器 方向:地对车单方向	媒介:应答器、无线数传 方向:地-车双方向	媒介:应答器、无线数传 方向:地-车双方向	媒介:应答器、无线数传 方向:地-车双方向	媒介:应答器 方向:地对车单方向
列车定位	•轨道电路 •车载测距	•轨道电路 •车载测距	•电缆交叉 •车载测距	•轨道电路 •车载测距	•应答器 •车载测距
区段占用检查	轨道电路	轨道电路	轨道电路	轨道电路	轨道电路/计轴
系统特点	•系统的结构简单、造价低廉 •与移频自闭有较好的兼容 •人控优先，有利于发挥司机的作用 •需要设一个闭塞分区为保护区段，对通过能力有影响	•人控优先，有利于发挥司机的作用 •需要设一个闭塞分区为保护区段，对通过能力有影响	•轨道电缆作传输媒介，区间有源设备较多，系统造价高，维护较困难	•机控优先方式有利于减轻司机负担，但对列车制动系统要求较高 •绝缘节与我国的不同	•车-地双方向、连续、大容量信息传输 •地面设备少

（1）法国铁路 U/T 系统

法国铁路早期采用 UM71/TVM300 系统，该系统中使用 UM71 无绝缘轨道电路进行轨道占用和完整性检查，并向列车传输机车信号信息，地对车仅能传输 18 个信息。列车使用

TVM300 车载设备，系统采用人控优先的出口检查阶梯控制方式，每一个闭塞分区内只按照一个允许速度进行控制。列车的允许速度为本区段的入口速度，即上一区段的目标速度。机车信号显示器给出的是列车运行前方的目标速度，要求列车在区段的出口处必须保持或降低到此速度。如果司机按照机车显示给出的目标速度运行，速度监督设备不干预司机操作；当列车速度超过规定的允许速度时，车载设备会自动实施制动。出口检查阶梯控制方式，需要增加一个闭塞分区作为保护区段，这会对线路的通过能力造成一定的影响。TVM300 系统速度监督模式如图 8-1 所示。

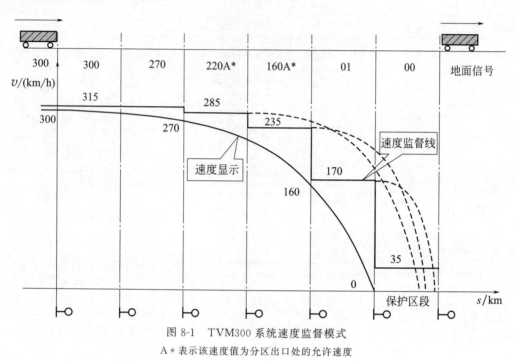

图 8-1　TVM300 系统速度监督模式

A＊表示该速度值为分区出口处的允许速度

早期 TVM300 的阶梯式速度防护系统虽然能够保证列车的安全，但是在追踪效率、最高控车速度、制动时的舒适性等方面还不尽如人意。因此，法国在北方线开通时，开始使用新一代列控系统——UM2000/TVM430 列控系统，主要由 UM2000 数字编码轨道电路和 TVM430 车载设备组成。该系统采用分段速度-距离曲线控制模式，即根据接收到的前方分区入口目标速度和列车其他信息，实时计算速度距离模式曲线，获得列车当前的允许速度。当列车超过当前允许速度时，设备自动实施常用制动或紧急制动，保证列车速度降到允许速度之下或在安全停车地点前停车。TVM430 系统速度模式曲线如图 8-2 所示。

UM2000/TVM430 系统的独特之处是采用 UM2000 数字编码无绝缘轨道电路，该轨道电路载频仍为 1700Hz、2000Hz、2300Hz 和 2600Hz 四种。信息的调制方式由频移键控方式（FSK）改为调频方式（FM），其调制信号由 28 种单频正弦信号叠加而成。其中，27 种单频信号用于传输信息，每一种代表 1 位二进制信息，因而可以传输 27 位二进制信息，包括 21 位信息码、6 位 CRC 校验码，此外有 1 种频率为 25.68Hz 的单频信号，用于检查轨道占用和列车完整性。

（2）德国铁路 LZB 系统

LZB 系统采用沿钢轨铺设的交叉环线双向传送实时列控信息、采用连续目标距离速度

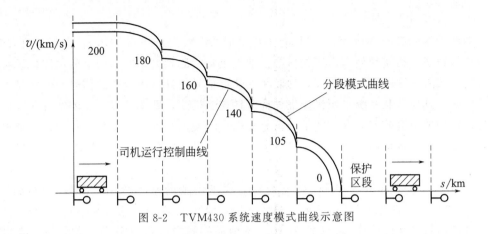

图 8-2　TVM430 系统速度模式曲线示意图

模式曲线控制的方式。地面列控中心是 LZB 系统的核心，它接受调度中心的各种行车命令，处理后传送给车载设备，以控制列车运行速度，同时也接收车载设备传来的列车信息，处理后发给调度中心。同时，利用每 100m 交叉一次的铺设方法，实现列车定位。

　　LZB 系统的突出特点是：利用铺设在钢轨之间的轨道电缆，实现地-车之间的双向信息传输。通过地-车信息传输系统，LZB 车载设备可以将列车的精确位置、实际速度、列车工作状况（设备状况、轴温、供电及故障）等信息及时送到地面列控中心。列控中心的计算机根据综合调度中心下达的列车运行计划、列车运行线路状况信息（坡度、曲线半径、允许速度等）、相邻联锁中心送来的列车进路信息等，计算、比较处理后，确定出在保证行车安全的前提下使列车运行间隔最小的列车运行速度，并实时地通过 LZB 地-车双向传输系统，将这一速度控制命令传送到 LZB 车载设备，由此实现对列车运行速度的控制。整个 LZB 系统中的信息流程如图 8-3 所示，构成一个完整的闭环控制系统，双向的信息传输通道为交叉电缆。但 LZB 系统沿钢轨铺设交叉环线不利于线路养护作业，并且区间有源设备较多，系统造价高，维护较困难。

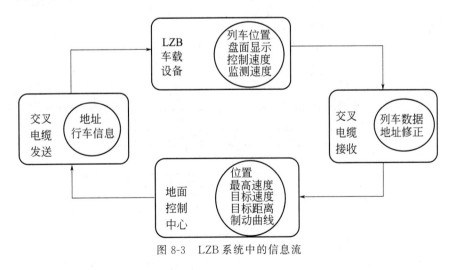

图 8-3　LZB 系统中的信息流

（3）日本新干线 ATC 系统

　　日本新干线 ATC 系统是用于日本高速铁路的列车运行自动控制系统。随着科学技术的不断发展，从 1A、1B 发展到 1D、1G、1F，以及基于有绝缘数字式轨道电路的数字 ATC

253

系统。

日本新干线既有的 ATC 系统采用有绝缘模拟 AF（Audio Frequency：音频）轨道电路，并通过模拟轨道电路实现列车占用的检测。地面设备检测到列车在区间上的占用位置后，根据前方列车或者速度限制区的距离，从既定的速度信号中计算出合理的信号数值，赋予后续的闭塞区间。列控车载系统采用机控优先的阶梯控制模式，即车载设备在闭塞分区入口，根据从地面收到的速度控制命令，如果列车超速则自动发出制动命令使列车减速，达到本区段的目标速度要求时自动使列车缓解。入口检查的阶梯控制模式不需要设置一个闭塞分区的区段。

21 世纪初，日本在既有 ATC 系统基础上开发了新的基于数字编码轨道电路的数字 ATC 列控系统。与既有 ATC 系统最大的区别是：地-车传输的信息内容是前方列车的位置，而不是速度信息（允许速度）。数字 ATC 系统地面控制中心通过数字轨道电路检测列车位置，并通过轨道电路向列车发送信息［包括闭塞分区（轨道电路）ID、前方开通闭塞分区数和临时限速等］，车载设备根据预先存储的线路条件（曲线半径、坡度等参数）、列车性能参数以及距离目标点的距离，计算出一次性制动曲线，即目标-距离模式曲线，获取列车当前的允许速度，监督列车运行。日本新干线既有 ATC 系统与数字 ATC 系统的控制模式如图 8-4 所示。

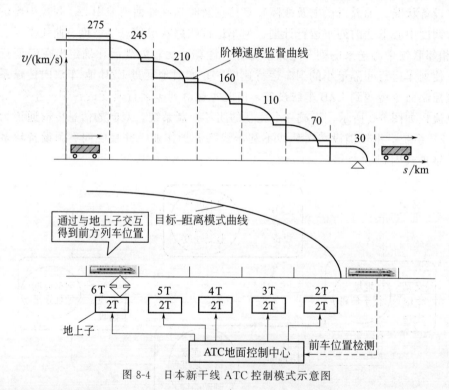

图 8-4　日本新干线 ATC 控制模式示意图

（4）欧洲列车控制系统

欧洲列车运行控制系统（Europe Train Control System，以下简称 ETCS）的种类繁多，资料统计有 15 种以上。欧洲之星高速列车装有 6 套 ATP 设备，Thalys 高速列车装有 8 套 ATP 设备，操作方式各不同，维护费用很高，信号系统互不兼容已成为限制铁路发展的瓶颈。为保证高速列车在欧洲铁路网内互通运行，在欧洲共同体的支持下，欧洲各信号厂商联合制定了欧洲列车控制系统技术规范。

ETCS 是在欧盟的支持下，欧洲各信号厂商联合为克服欧洲各国信号制式互不兼容，为保证列车在欧洲铁路网内互通运行而制订的一种列车运行控制系统技术规范。欧盟已通过立法，将 ETCS 定为不仅是欧洲铁路要强制实行的技术规范，也成为欧洲所有需要信号地方的一个强制实施的标准。ETCS 是一个先进列车运行控制系统的技术规范，ETCS 涉及列车控制和信号方面。ERTMS 的信号技术称为 ERTMS/ETCS。

分级是 ETCS 的关键与精髓。ETCS 系统根据功能需求和运用条件来配置基本结构，从应用角度分为 4 级。

ETCS 0 级，是指装备 ETCS 车载设备的列车能在没有 ETCS 地面设备的线路或尚不具备 ETCS 运营条件的线路上运行。由既有地面信号系统完成轨道占用检查和完整性监督，ETCS 车载设备不提供机车信号，仅显示列车速度、监督列车最大设计速度和线路最大允许速度，司机凭地面信号行车。

ETCS 1 级，是基于点式传输的列车控制系统。装备了 ETCS 车载设备的列车在安装了点式设备的线路上应用，轨道占用检查和列车完整性检查由既有地面信号系统完成。ETCS 1 级是一个连续的速度监督系统，根据轨道占用及进路状态，确定每列列车的行车许可，通过应答器传送给列车，车载设备接收行车许可后对列车实施安全控制。在该等级，由于只有列车通过地面应答器时才能收到新的信息，如果地面不设信号机，在列车停车后，即使前方信号开放，司机也不能移动列车，因此需要在每个应答器前增加注入设备、欧洲环线或无线注入单元来实现信息的提前通知。

ETCS 2 级，是基于无线传输的列车控制系统。轨道占用检查及列车完整性仍采用轨道电路或计轴设备（不属于 ETCS），无线闭塞中心（RBC）根据轨道占用及进路状态确定每列列车的行车许可，并通过铁路数字移动通信系统（GSM-R）传送给 ETCS 车载设备。ETCS 2 级由欧洲应答器提供列车定位基准，可以取消地面信号机，司机凭车载信号行车。

ETCS 3 级，取消了传统的地面信号系统，列车定位和列车完整性检查由地面 RBC 和车载完整性验证设备共同完成（不属于 ETCS）。RBC 在其管辖的区域内跟踪每列列车的位置，根据各列车发回的信息进行进路的锁闭或解锁，并确定每列列车的行车许可。

欧洲从保持设备互用性、确保列车跨国运行的角度，制定了 ETCS 技术规范。为此，ETCS 主要规范了系统结构和主要功能、地面设备与车载设备间的数据传输通道的接口、车载设备各子系统间的数据交换的接口、车载设备与司机的人机界面和车载设备与列车间的接口等。

8.2.2　我国铁路列控系统现状

我国研究和发展铁路列车运行控制系统已有约 20 年时间，尤其是近 10 年来，我国列控系统的研究、建设取得迅猛发展。

2002 年铁道部在研究国外典型铁路列车运行控制系统技术体系和关键技术应用的基础上，本着设备兼容、互联互通和技术发展的原则，确定了发展高速、先进、适用和可持续发展的中国铁路列车运行控制系的战略目标。2003 年在 UIC 北京年会上，铁道部宣布 CTCS 的基本架构和分级。2004 年铁道部颁布了《CTCS 技术规范总则》，确定了 CTCS 的总体技术框架，总则发布了 CTCS-0 级到 CTCS-4 级共 5 个等级的系统框架。

2007 年 CTCS-2 级列控系统在全路第六次大面积提速中成功投入应用。

2007 年年底，铁道部成立 C3 攻关组，依托武广和郑西等高速铁路建设项目，开展 CTCS-3 级列控系统的创新研发工作。集中全路主要技术力量，对总体方案、系统集成、系统评估展开了深入研究，相继颁发了 C3 系统总体技术方案、应答器应用原则、测试案例、系统评估办法等系列标准规范，建成了 C3 仿真测试实验室，实现了 RBC 和车载等关键设备的国产化，创建了具有自主知识产权的 C3 列控系统技术标准体系和技术平台。2009 年 12 月 26 日、2010 年 2 月 6 日和 2011 年 7 月 1 日采用 C3 列控系统的武广、郑西高速铁路、京沪高铁相继开通运营。

8.2.2.1　中国铁路运行控制系统体系结构

我国的列车运行控制系统是在传统的继电器电路控制、固定闭塞方式基础之上，随着列车速度的不断提高、列车性能的不断改进以及先进技术的不断应用，逐步建立和发展起来的，是为了保证列车安全运行，并以分级形式满足不同线路运输需求的强制性技术规范。消除安全隐患，满足互通运营，规范系统设计，适应铁路发展需求，中国列车运行控制系统（CTCS）在 2003 年的 UIC 大会上由中国铁道部正式提出。

为发展适于我国国情的列车运行控制系统，确保列车运行安全，提高运输效率，在研究国外典型铁路列车运行控制系统技术体系和关键技术应用的基础上，本着设备兼容、互联互通、预留技术发展的原则，提出了中国铁路列车运行控制系统（以下简称 CTCS）规范。

CTCS 的体系结构包括铁路运输管理层、网络传输层、地面设备层和车载设备层。

① 铁路运输管理层：铁路运输管理系统是行车指挥中心，以 CTCS 为行车安全保障基础，通过通信网络实现对列车运行的控制和管理。

② 网络传输层：CTCS 网络分布在系统的各个层面，通过有线和无线通信方式实现数据传输。

③ 地面设备层：地面设备层主要包括列控中心、轨道电路和点式设备、接口单元、无线通信模块等。列控中心是地面设备的核心，根据行车命令、列车进路、列车运行状况和设备状态，通过安全逻辑运算，产生行车许可，实现对运行列车的控制。

④ 车载设备层：车载设备层是对列车进行操纵和控制的主体，具有多种控制模式，并能够适应轨道电路、点式传输和无线传输方式。车载设备层主要包括车载安全计算机、连续信息接收模块、点式信息接收模块、无线通信模块、测速模块、人机界面和记录单元等。

CTCS 的体系结构如图 8-5 所示。

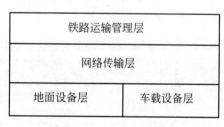

图 8-5　CTCS 的体系结构

8.2.2.2　中国铁路运行控制系统的分级

结合我国铁路运输特点，遵循全路统一规划的原则，按系统构成和功能给 CTCS 划分等级。

（1）CTCS-0 级

CTCS-0 级为既有线的现状，由通用机车信号和运行监控记录装置构成，地面设备为既有轨道电路方式。

（2）CTCS-1 级

CTCS-1 级系统面向最高运行速度为 160km/h 以下的区段，在既有设备基础上强化改造，达到机车信号主体化要求，增加点式设备，实现列车运行安全监控功能。

（3）CTCS-2 级

CTCS-2 级是基于轨道电路和应答器构成点连式信息传输的列车运行控制系统，主要面向提速干线和高速铁路，采用地-车一体化设计，地面可不设通过信号机，乘务员凭车载速度信号行车。CTCS-2 级系统由地面子系统和车载子系统组成。

CTCS-2 级的地面子系统由列控中心、轨道电路和点式信息设备组成。其中，列控中心根据临时限速命令及进路状态，对可变应答器进行编码输出；轨道电路完成轨道占用检查及列车完整性检查，连续向列车传送前方空闲分区数目；点式信息设备用于向车载设备传输定位校正信息、进路信息和临时限速信息等。由车载设备根据轨道电路和点式设备传送的信息，综合构成行车许可。

CTCS-2 级的车载子系统由轨道电路信息接收单元（TCR）、应答器信息接收模块（BTM）、测速模块、设备维护记录单元（DRU）、车载安全计算机（OVC）和人机界面（DMI）组成。其中，连续信息接收模块完成轨道电路信息的接收与处理；点式信息接收模块完成点式信息的接收与处理；测速模块实时检测列车运行速度并计算列车走行距离；设备维护记录单元对接收的信息、系统状态和控制动作进行记录；车载安全计算机对列车运行控制信息进行综合处理，生成列车当前允许速度，控制列车按命令运行；人机界面是车载设备与机车乘务员交互的设备。

（4）CTCS-3 级

CTCS-3 级是基于无线传输方式并采用轨道电路等进行轨道占用检查的固定闭塞列车运行控制系统，由地面子系统和车载子系统组成。

在 CTCS-2 级系统基础上，CTCS-3 级的地面子系统增加了无线闭塞中心、GSM-R 地面设备。无线闭塞中心根据轨道占用情况及进路状态，实时计算所管辖区内列车的行车许可信息。通过 GSM-R 网络，完成地-车间大容量的信息交换。CTCS-3 级点式设备主要提供列车定位校正信息。

与 CTCS-2 级相比，CTCS-3 级的车载子系统增加了 GSM-R 车载设备。

CTCS-3 级列控系统技术平台可在 CTCS-2 级系统的基础上，通过集成 GSM-R 无线控车的关键技术而构成。

（5）CTCS-4 级

CTCS-4 级是列控系统未来的发展方向，是基于无线传输信息的列车运行控制系统，由无线闭塞系统和车载完整性检查设备共同完成列车定位和列车完整性检查，可以实现移动闭塞。

8.2.3 我国城轨列控系统现状

我国的城市轨道交通自动列车控制系统（Automatic Train Control，ATC）一般由自动列车防护系统 ATP（Automatic Train Protection System）、自动列车驾驶系统 ATO（Automatic Train Operation System）、自动列车监控系统 ATS（Automatic Train Supervision System）、联锁系统 CI（Computer Interlock System）共同组成，是集行车调度指挥、控制和现代化运输管理一体的综合自动化系统，它可以协调各系统、有关部门之间的工作，最大限度提高各系统的潜在效能，使全线的运输安全、高效、平稳，实现城市轨道交通的运营管理现代化。

8.2.3.1 我国城轨列控系统基本结构

ATP、ATO、ATS、CI 四个系统与地面相应配套系统结合，通过信息交换实现地面控制与车上控制结合、现地控制与中央控制结合。系统基本结构如图 8-6 所示。

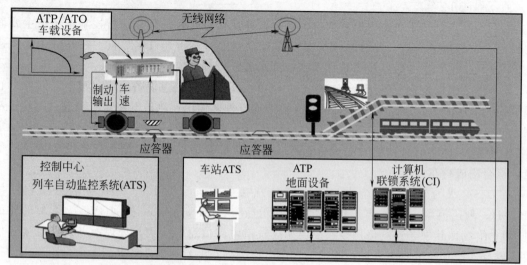

图 8-6 ATC 系统基本结构图

自动列车防护系统（ATP，Automatic Train Protection）的主要功能是通过列车 ATP 设备和地面 ATP 设备间的信息传输，来实现列车间隔控制与速度控制，保证行车安全。

自动列车监控系统（ATS，Automatic Train Supervision）的主要功能是监督列车运行状态，采用软件方法实现联网、通信及列车运行管理自动化。

自动列车驾驶系统（ATO，Automatic Train Operation）的主要功能是通过车载 ATO 设备完成站间自动运行、列车速度调节和进站定点停车，并能接受控制中心的运行调度命令，实现列车的运行自动调整。

联锁系统（CI，Computer Interlock System）的主要功能是实现全线的进路控制，并把线路上的道岔、轨道区段、信号状态提供给地面 ATP 设备与自动列车监控设备（ATS）。

8.2.3.2 我国目前城轨列控系统分类

（1）固定闭塞 ATC 系统

固定闭塞 ATC 系统是指基于传统轨道电路的自动闭塞方式，闭塞分区按线路条件经牵引计算来确定，一旦划定将固定不变。列车以闭塞分区为最小行车间隔，ATC 系统根据这一特点实现行车指挥和列车运行的自动控制。固定闭塞 ATC 系统又可分为速度码模式和目标距离码模式。

① 速度码模式（阶梯式）：如北京地铁和上海地铁 1 号线分别引进英国西屋公司和美国 GRS 公司的 ATC 系统均属此类 ATC 系统。该系统属 20 世纪 70～80 年代的产品，技术成熟、造价较低，但因闭塞分区长度的设计受限于最不利线路条件和最低列车性能，不利于提高线路运输效率。固定闭塞速度码模式 ATC 是基于普通音频轨道电路，轨道电路传输信息量少，对应每个闭塞分区只能传送一个信息代码，从控制方式可分成入口控制和出口控制两种，从轨道电路类型划分可分为有绝缘和无绝缘轨道电路两种。

以出口防护方式为例，轨道电路传输的信息即该区段所规定的出口速度命令码，当列车运行的出口速度大于本区段的出口命令码所规定的速度时，车载设备便对列车实施惩罚性制动，以保证列车运行的安全。由于列车监控采用出口检查方式，为保证列车安全追踪运行，需要一个完整的闭塞分区作为列车的安全保护距离，限制了线路通过能力的进一步提高和发挥。

② 目标距离码模式（曲线式）：目标距离码模式一般采用音频数字轨道电路，也可以采用音频轨道电路加电缆环线方式或音频轨道电路加应答器方式，具有较大的信息传输量和较强的抗干扰能力。通过音频数字轨道电路发送设备或应答器向车载设备提供目标速度、目标距离、线路状态（曲线半径、坡道等数据）等信息，车载设备结合固定的车辆性能数据计算出适合于列车运行的目标距离速度模式曲线（最终形成一段曲线控制方式），保证列车在目标距离速度模式曲线下有序运行，不仅增强了列车运行的舒适度，而且列车追踪运行的最小安全间隔缩短为安全保护距离，有利于提高线路的通过能力。上海地铁明珠线引进法国ALSTOM公司的ATC系统属此类系统。

（2）准移动闭塞方式ATC系统

准移动闭塞式的ATC系统实现的方式较多，主要有数字式音频无绝缘轨道电路、音频无绝缘轨道电路加感应电缆环线方式、计轴设备加应答器方式等，都可实现列车占用检测和ATP信息传输媒介，具有较大的信息传输量和较强的抗干扰能力。

通过音频轨道电路的发送设备、感应电缆环线或者应答器等向车载设备提供目标速度、目标距离、线路状态（曲线半径、坡道等数据）等信息，ATP车载设备结合固定的车辆性能数据计算出适合本列车运行的速度—距离曲线，保证列车在速度—距离曲线下有序运行，提高了线路的利用率。系统的ATP采用速度—距离曲线的控制方式，提高了列车运行的平稳性，列车追踪运行最小安全间隔较固定闭塞短，对提高区间通过能力有利。这种ATC系统，列车仍以闭塞分区为最小行车安全间隔，但根据目标速度和目标距离随时调整列车的可行车距离，后续列车所知道的目标距离是距前车或目标地点所处轨道电路区段边界的距离，不是距前车的实际距离，因此，该种ATC系统相对于移动闭塞系统称为准移动闭塞式的ATC系统。

准移动闭塞在当今轨道交通的信号项目中采用得较多，例如上海地铁2号、3号、4号线，广州地铁1号、2号线。

（3）移动闭塞ATC系统

移动闭塞方式的ATC系统通常采用无线通信、地面交叉感应环线、波导等媒体，向列控车载设备传递信息。列车安全间隔距离是根据最大允许车速、当前停车点位置、线路等信息计算得出，信息被循环更新，以保证列车不间断收到即时信息。

移动闭塞ATC系统是利用列车和地面间的双向数据通信设备，使地面信号设备可以得到每一列车连续的位置信息，并距此计算出每一列车的运行权限，动态更新发送给列车，列车根据接收到的运行权限和自身的运行状态，计算出列车运行的速度曲线，实现精确的定点停车，实现完全防护的列车双向运行模式，更有利于线路通过能力的充分发挥。

目前，使无线用通信技术的移动闭塞系统已处于实用阶段，利用交叉感应电缆方式的移动闭塞方式也已有较成熟的使用经验，采用漏泄波导管方式的移动闭塞也有工程实例。目前我国大部分新建城轨线路都是采用的这种制式。

8.3　轨道交通列控新技术与列控系统自主化装备

8.3.1　下一代安全计算机平台

列控系统一旦发生故障，可能导致列车脱线、冲突等重大事故，要求故障时确实处在安全侧控制状态，即具有故障—安全性。计算机早已在工业普及，但是对于铁道信号系统引入计算系统却不那么简单。直到 1985 年 3 月，日本京浜东北线神奈川站由安全计算机构成的电子联锁装置才实用化，从此引入了安全计算的概念。以此为契机，电子联锁装置、道口控制装置、车载设备等安全设备引入安全计算机的工作也全面地开展起来。

8.3.1.1　下一代安全计算机平台的需求

为保证列车在运行过程中的高安全性和高可靠性，基于故障导向安全的原则，冗余结构的安全计算机大量应用于 CTCS-3 级、CBTC 列控系统中的车载和地面设备的核心子系统中。作为这些子系统中的核心基础设施，安全计算机通过进行数据分析及信息处理，完成与实际数据的比较，并控制相关指令的输出，对列车的绝对位置、运行速度以及安全制动等方面进行实时控制。因此，在列车安全高效运行的过程中，安全计算机发挥了至关重要的作用，同时也因其在系统中起到的重要安全职能而成为深入研究的对象。

虽然在现有的列车控制系统 CTCS 和 CBTC 中，安全计算机得到了广泛的应用，但所使用的安全计算机平台都是针对不同列控系统中的不同设备而分别进行设计实现的。众多的安全计算机平台导致了系统兼容性的降低，并且在开发过程中需要针对不同平台进行相同功能模块的开发，不但增加了开发过程中的工作量，也使开发成本造成不必要的浪费。并且，在对列控系统硬件功能模块进行设计实现时，往往采用相同结构的冗余设计，其冗余部分中的相同部件往往会由于某种共同的原因而同时失效。共因失效成为限制系统安全性等级的关键问题，近年来该问题也已经引起了广泛的关注。

基于以上研究现状分析，下一代列控系统在结构设计上仍采用车载、地面设备的总体配置方案，以无线传输方式进行两者间的通信。车载设备方面主要在原有控制功能的基础上，实现列车的定位以及完整性的检查。地面设备方面，为了降低因维护轨道电路所消耗的人力物力资源，以及对地面信号的控制信息进行集中，主要对轨旁设备进行简化。同时，为提高对于城市轨道和干线铁路运行系统的兼容性，希望能够建立同时满足车载和地面需求的统一列控安全计算机平台。

作为应用于安全苛求系统的列控安全计算机，其设计应基于"故障—安全"的原则，能够满足相关的安全标准及 SIL-4 级安全认证的要求。在对分散的众多子系统进行功能集中简化设备的同时，为保证整体的控制逻辑及性能，安全计算机应具有十分强大的处理能力，并且其作为实时控制系统的核心，在收到其他设备的所发送的请求信息时，需以最快的速度进行中断处理并返回控制命令才能够保障系统的安全。设备间的通信主要通过以太网的方式进行，在保障实时性数据传输的基础上，为满足车载设备对于空间资源的配置，以及考虑到地面设备的地理容灾问题，采用以太网的方式进行通信能够满足远程结构分散系统的控制需求。为提高安全计算机的通用性、兼容性，通过外接协助设备来满足多种功能需求，应包含数量较多的扩展 IO 接口以满足其平台化的要求。

8.3.1.2　下一代安全计算机平台架构

为满足上述需求，下一代列控安全计算机在设计的过程中，针对不同的应用领域和目标建立车载、地面统一的平台结构，如图 8-7 所示。

在所设计的安全计算机结构中，以通用的硬件设备和统一的软件操作系统作为支撑，在建立的硬件平台基础上，通过实时操作系统完成相关控制功能。在应用软件、应用数据及对外接口等方面则针对不同的领域和目标进行相应的开发及处理。该结构对多种应用领域的系

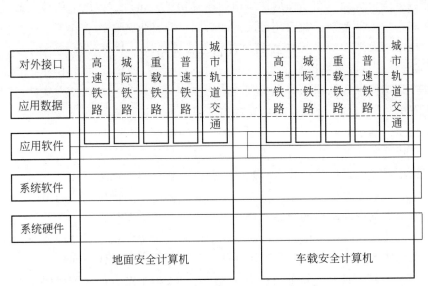

图 8-7　下一代列控安全计算机设计思路

统软硬件进行了平台化的设计，通过多样化的 IO 接口实现与外部设备的对接，满足了系统间兼容性的要求。

　　安全计算机平台的结构主要包含三个功能域，分别为通用计算域（General Computational Domain，GCD），安全管理域（Safety Computer Management Domain，SCMD），以及安全输入输出域（Safety Input and Output Domain，SIOD），分别由多个异构的通用计算单元（General Computational Unit，GCU）、安全计算机管理单元（Safety Computer Management Unit，SCMU）以及安全输入输出单元（Safety Input and Output Unit，SIOU）构成。其逻辑域的划分如图 8-8 所示。

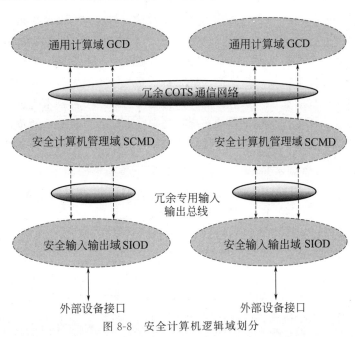

图 8-8　安全计算机逻辑域划分

单系计算机所包含的三个功能域分别由两个异构单元组成，逻辑上构成二取二关系，两系计算机之间构成二乘关系，并采用以太网的方式进行数据的传送。在下一代列控安全计算机平台的设计中，取消倒机单元所在的热备状态管理模块，并将管理域中的多个管理单元（即状态机部分）通过以太网通信的方式进行连接，由于管理单元间并不采用传统的导线连接，使得安全计算机平台结构上并不受到距离的限制，可通过分布式的方式进行配置。

分布配置的二取二 A、B 两系均可通过内部模块独立进行数据的获取、运算、比较以及最终的数据输出。两系间主要采用远程通信的方式对空间进行合理分布，实现资源管理，通过互相配合完成系统任务，在充分发挥其功能的同时，使得设备扩展变得更加方便。两系运行状态的切换不需要通过倒机单元进行判断，只需要通过以太网进行相关数据的传输，并根据实际运行情况，通过管理单元的逻辑处理来实现。由于网络通信方式的采用，使得双系并不因导线连接而受到空间距离的限制，进一步提高了系统的安全性。

由于车载和地面设备中集中式系统控制功能的高度集中，在遭受物理及外力影响时极易造成车载设备整体的损坏而使其失去控制功能，并且其占用的整体空间较大，但是受机车车辆的空间限制而不易于放置。分布式系统可以避免由于单个结点的故障或损坏而产生导致整个系统崩溃的危险，并且能够实现对空间的合理分布。能够提高系统的容灾性，并且可靠性较高。

8.3.2　全自动运行（Fully Automatic Operation，FAO）

8.3.2.1　全自动运行的背景

全自动运行技术（Fully Automatic Operation，以下简称 FAO 技术）是解决高速度、高密度城市轨道交通安全、节能、高效、灵活运输的重要手段，是一种将列车驾驶员、调度员执行的工作，完全由自动化的、智能化的系统所替代的控制系统。国外发达国家在全自动运行控制技术方面具有领先成熟的技术、产品和标准。

我国在全自动运行轨道交通系统建设方面刚刚开始，目前仅有 2 条引进的全自动运行驾驶线路，分别是 2008 年开通的北京机场快轨和建设中的上海地铁 10 号线。目前国内还没有能够正式运营，至今为止，全世界约有 120 多条完全全自动运行轨道线路，从近几年的数据看，全自动运行系统的建设正稳步增加，特别是一些旅游线路和机场线等。随着国家对轨道交通发展的持续支持、城市化进程的加快以及对节能环保的更高要求，一种技术先进、性能稳定、价格适中、效率优先的自主化全自动列车驾驶系统将是中国近期几年轨道交通建设迫切需要的。目前我国第一套全自主化的完全全自动运行驾驶轨道线路——北京燕房线也即将投入运营。

8.3.2.2　全自动运行系统架构

全自动运行系统是城市轨道交通系统的一部分。城市轨道交通系统由线路、车站、车辆、供电、维护等多个子系统构成。如图 8-9 所示。

图 8-9 展示了全自动运行系统的环境，即全自动运行系统的边界及需要的外部接口。需要注意的是在不同 GOA 等级下，接口的内容会有所不同，例如全自动运行系统与列车之间，部分设备所安装的位置也会有所不同，例如 CCTV 安装的位置。此外，图中所示的全自动运行系统的环境包括用于不同 GOA 等级的所有基本外部设备。由于一些外部设备是全自动运行系统功能实现的具体延伸和执行机构，因此在下面的全自动运行系统组成（图 8-10）中对这些外部设备也进行了描述。

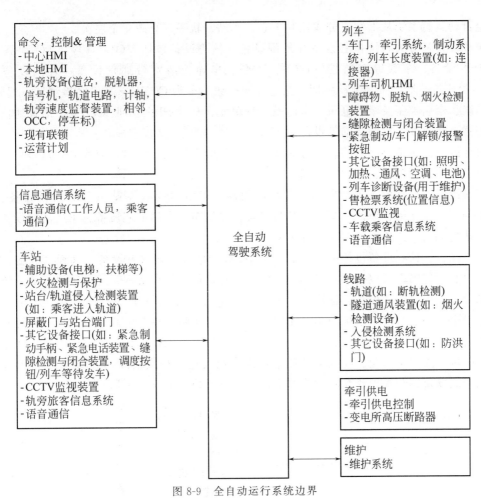

图8-9 全自动运行系统边界

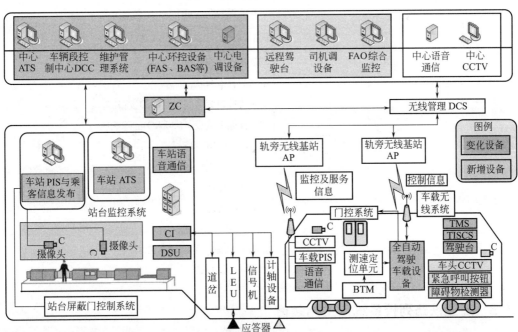

图8-10 全自动运行系统结构

第8章

全自动运行系统从上至下分成控制中心、车站、轨旁、车载 4 个层次。

车载设备：分为系统核心设备和外围设备。核心设备包括 VOBC（含 ATO 和 ATP）、车载无线设备、车载综合监控 TISCS、TMS、车地无线宽带通信设备；外围设备包括 BTM、测速传感器、紧急制动手柄、紧急呼叫按钮、车头 CCTV、障碍物检测器、驾驶台、制动系统、牵引控制及牵引电机、车门及控制单元、车载 PIS、车厢 CCTV、语音通信、烟火报警器、受流器、空调等辅助设备。

轨旁设备：包括供电电路、轨旁无线设备、轨旁无线宽带设备、应答器、信号机、转辙机、轨道电路、计轴器、区间防护门。

车站设备：核心设备包括联锁、区域控制器、车站 DSU、车站 ATS；外围设备包括：车站 CCTV、车站语音通信、车站 PIS 与乘客信息发布、车站电调设备、车站环控设备、屏蔽门、站台端门、紧急停车按钮、AFC 等。

中心设备：核心设备包括中心 ATS、FAO 综合监控、司机调设备、远程驾驶台、车辆段控制中心；外围设备包括中心 CCTV、中心语音通信、培训管理系统、维修保障系统、中心电调设备、中心环控设备、备用控制中心。

由于全自动运行驾驶系统中车上无司乘人员，由车站、控制中心工作人员和系统共同分担传统人工驾驶系统中司机的职责。这不仅导致工作人员工作内容、工作负荷发生变化，也需要系统从保障列车安全、高效运营的本质需求出发进行相应的改动。图 8-11 给出包含列车控制功能以及运营管理及控制功能的全自动运行系统功能需求。

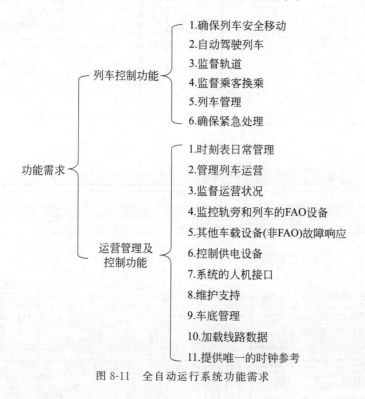

图 8-11　全自动运行系统功能需求

8.3.3　高速铁路列控系统自主化装备

列车控制系统是高速铁路指挥列车安全运行的关键技术。目前，中国拥有世界最先进的

CTCS-3 列控系统，能够满足高速列车时速 350 公里、最小运行间隔 3min 的运营要求。伴随着中国铁路的发展，中国采用了引进消化吸收和自主创新相结合的模式。CTCS-3 技术便是经过引进、研发、自主化而达到国际信号安全标准最高等级 SIL4 级的列车运行控制系统技术。此外，无线闭塞中心（RBC）与车载 ATP 等核心设备自主创新的成功，亦大大增加了列车控制系统国产化的先进性与安全性。下边对两个最大的列控设备供应商的主要产品进行简要介绍。

8.3.3.1 中国铁路通信信号集团有限公司

中国通号是中国铁路和城市轨道交通列车运行控制系统技术应用和创新的主要承担者，建立了完整的中国列车运行控制技术体系和标准体系，形成了具有世界先进水平的、具有完全自主知识产权的 CTCS-3 级高铁列车运行控制系统技术和 CBTC 城市轨道列车运行控制系统技术，拥有国内一流、国际先进的系统技术和产品，广泛应用于铁路建设和城市轨道建设，在行业的控制力、影响力处于领先水平。中国通号凭借"基于轨道交通的安全及控制技术与服务"的核心竞争力和系统设计研发、设备制造及工程服务的"三位一体"的结构优势，形成了较强的系统集成、工程总承包与综合配套能力，市场遍及海内外铁路、城市轨道交通、城市信息化等领域。中国通号承担了多项国家级重大科研项目，在高速铁路、高原铁路、高寒铁路、重载铁路、既有线提速和城市轨道交通中取得了一批领先或具有国际水平的重大科技成果，为中国铁路现代化和城市轨道交通建设提供了有力的技术支撑。中国通号多次获得国家科技进步一等奖、二等奖；国务院重大技术装备特等奖；铁道部科技特等奖、一等奖；国家优秀工程设计金奖；中国土木工程詹天佑奖等。

（1）CTCS3-300T 车载设备

CTCS3-300T 列控车载设备符合中国 CTCS-3 级列控车载设备规范。300T 列控车载设备包括车载安全计算机，BTM，TCR，DMI 等设备，通过接收来自地面的 RBC、应答器、轨道电路数据，对列车行车许可、线路数据、列车接口、司机操作等信息进行综合处理，按照目标距离连续速度控制模式，生成速度控制曲线。采取声光报警、切除牵引力、常用制动和紧急制动措施，监控列车运行，保证列车安全运营。本设备已通过独立第三方 SIL4 级安全认证。

① 特点

• 同时支持 CTCS-3 和 CTCS-2 两种运行等级，无线通信故障时可由 CTCS-3 级自动切换到 CTCS-2 级运行。

• 核心安全软件采用 A/B 双代码开发，安全性高。

• 采用分布式现场总线和独立封装的模块化结构，具有良好的抗干扰性和可扩展性。

• 主机单元、BTM 等关键设备均采用冗余配置。

• 具有完善的配套检测工具，便于使用和维护。

② 系统功能

• CTCS-3 及 CTCS-2 等级转换功能。

• 自动生成目标距离连续速度控制曲线实现列车超速防护。

• 支持设备制动优先或司机制动优先工作方式。

• 具备停车防护、溜逸防护和退行防护功能。

• 通过 GSM-R 网络与 RBC 进行双向通信，接收处理应答器、ZPW2000 系列轨道电路信息。

第 **8** 章

- 具备检测列车速度、走行距离、运动方向的功能。
- 根据应答器链接信息修正测距误差，实现列车定位。
- 通过 DMI 数据输入、信息显示和声光报警实现人机交互。
- 根据 RBC 数据和应答器数据，实现自动过分相。
- 支持待机模式、目视行车模式、引导模式、完全监控模式、调车模式、休眠模式、隔离模式、冒进模式、冒进后模式、部分模式、机车信号模式等多种控制模式。
- 具备上电自动检测功能。
- 记录诊断功能：可记录车载设备工作状态、相关控制信息及各种输入输出信息，满足运营维护、故障分析要求。

（2）LKR-T 型无线闭塞中心（RBC）

无线闭塞中心（RBC）系统是以计算机软硬件和通信为主要技术手段控制列车安全运行的信号系统，是 CTCS-3 级列控系统的核心设备，满足 CTCS-3 级列控系统总体列车控制要求。LKR-T 型无线闭塞中心设备是通号院采用国外先进 RBC 技术，并结合我国铁路功能和工程要求完成的符合我国 CTCS-3 级列控系统要求的 RBC 系统，满足不同站场与运输作业的需要，保证行车安全、提高运输效率。

无线闭塞中心设备组成包括：RBC 主机、ISDN 服务器、RBC 维护终端、RBC 本地终端、RBC 司法记录器（R-JRU）。

LKR-T 型无线闭塞中心根据车载设备提供的列车状态，包括列车数据、位置报告、确认信息等，地面其他系统提供的轨道占用、临时限速命令、联锁进路状态、灾害防护等信息，产生针对所控列车的行车许可（MA）及线路描述、临时限速、分相区等信息，并通过 GSM-R 无线通信系统传输给车载设备，实现 CTCS-3 级系统列车的超速防护控制。

LKR-T 型无线闭塞中心向地面其他系统提供车载设备的相关信息，向调度员提供列车的实时动态信息。

① 特点

- LKR-T 型无线闭塞中心基于 2 乘 2 取 2 安全计算机平台，遵循故障安全原则。
- LKR-T 型无线闭塞中心设备的硬件平台采用通用服务器和以太网搭建组成，提供优秀的计算处理能力。
- 采用软、硬件异构的安全技术，对运算和表决采用不同的策略，以保证安全。
- 采用热备冗余工作方式，保障 RBC 设备稳定运营。
- 对外所有接口均通过以太网连接，可集中或分散设置在具备通信网络的任何地点。

② 主要技术参数

- 每个 RBC 能同时管理 60 辆已注册列车。
- 可记录 30 天内 RBC 系统发生的事件。
- 每个 RBC 最多可连接 6 个联锁系统。
- RBC 从备用模式切换到在线模式不超过 500ms。

（3）LKR-T 型无线闭塞中心（RBC）

LKD2-T2 型列控中心为列控系统地面核心设备。设备根据管辖范围内各列车位置、联锁进路以及线路临时限速状态等信息，控制轨道电路编码和有源应答器信息，向列车提供运行许可。系统达到安全完整度 SIL4 级要求。

LKD2-T2 型列控中心硬件平台采用 2 乘 2 取 2 安全冗余结构的 K5B 平台，符合故障—

安全原则。系统主要包括安全主机单元、驱动采集单元、报文实时编码单元、通信接口单元、辅助维护单元、冗余电源。

① LKD2-T2 型列控中心实现以下主要系统功能。

• 根据列车进路和轨道区段状态等信息，实现站内和区间轨道电路的载频、低频信息编码功能，并控制轨道电路的发码方向。

• 通过信号安全数据网接收临时限速服务器发送的临时限速信息，根据临时限速设置和列车进路开通情况，实现应答器报文的实时组帧、编码、校验和向 LEU 发送的功能。

• 实现列控中心站间安全信息的实时传输。

• 实现区间运行方向与闭塞的控制。

• 设置区间通过信号机的高速铁路，列控中心实现对信号机的点灯控制。

• 通过继电器与异物侵限系统接口，实现异物侵限灾害防护。

• 向 CTC 设备提供区间闭塞分区状态、编码、方向和设备状态信息。

• 具备自诊断与维护功能，实现列控中心各模块、通信接口的故障自诊断和辅助维护。

② 主要技术特点

• 特点主机采用并列二重结构。单系采用双 CPU 时钟同步比较安全技术，二系之间采取并行运行方式。

• 采集电路能够检测输入电路的故障，保证输入信息安全性；驱动电路采用双 CPU 动态和静态信号比较校核，保证输出的安全性。

• 系统采用模块化结构，具有易维护、少维修、易扩展的优点。

• 系统具有配套的离线数据生成、系统配置软件和测试软件，数据可靠性强，程序与数据分离，具有高安全性，设计周期短。

8.3.3.2 和利时集团公司

和利时（HollySys）始创于 1993 年，是中国领先的自动化与信息技术解决方案提供商。公司以"用自动化改进人们的工作、生活和环境"为宗旨，致力于提升客户的生产效率和产品品质，并保障客户的生产安全和降低环境污染。集团总部设在北京，目前在北京、杭州、西安、新加坡等地设有研发生产基地。经过二十多年的稳健发展，和利时累计为全球近万家客户提供了超过两万套控制系统，"HollySys"已成为自动化领域的国际知名品牌。轨道交通自动化领域包含干线铁路自动化、城际铁路自动化和城市轨道交通自动化三个方向。在干线铁路自动化方向，和利时提供以 ATP、TCC、BTM、LEU、TC、Balise 等自主开发产品为基础的 350km/h 高铁列车安全控制系统（CTCS-3 标准）和 250km/h 客运专线动车安全控制系统（CTCS-2 标准），所有产品均取得欧洲安全认证机构的 SIL4 级安全认证。和利时的列车安全控制系统，广泛应用于中国众多的高铁和客运专线项目，包括郑州-西安、广州-深圳-香港、北京-石家庄-武汉等数十条线路。在城际铁路自动化方向，和利时提供以 ATP、ATO、TCC、BTM、LEU、TC、Balise 等自主开发产品为基础的城际铁路列车安全控制系统，在佛山-肇庆、青岛-荣成、吉林-珲春等多条线路获得应用。

（1）CTCS3-300S 型列控车载系统

CTCS3-300S 型列控车载系统是和利时根据我国 CTCS-3 级列控技术标准的要求，通过技术引进，已经实现国产化，正在深入消化吸收，可满足时速 300～350 公里运营需求的 CTCS-3 级列控车载系统。目前，CTCS3-300S 型列控车载系统已经成功运营于郑西客运专线、武广客运专线、沪宁城际铁路、沪杭客运专线等线路，该系统全面实现了跨不同地面技术平台的互联互通，可有效保证动车组的灵活调度、跨线运营和长交路运营。

产品介绍：CTCS3-300S 型列控车载系统满足时速 300～350 公里运营需求，全面实现跨不同地面技术平台的互联互通，可有效保障动车组的灵活调度，跨线运行和长交路运营。

技术特点：和利时根据我国 CTCS-3 级列控技术标准的要求，通过技术引进，实现了 CTCS3-300S 型列控车载系统国产化。目前，CTCS3-300S 型列控车载系统已经成功运营于郑西客运专线、武广客运专线、沪宁城际铁路、沪杭客运专线等线路，该系统全面实现了跨不同地面技术平台的互联互通，可有效保证动车组的灵活调度、跨线运营和长交路运营。

（2）LKD2-HS 型客专列控中心

LKD2-HS 型客专列控中心具有轨道电路编码、站间安全信息传输、区间闭塞与方向控制、站内及区间轨道电路方向切换控制、区间信号机点灯控制、区间列车占用逻辑判断、有源应答器报文实时组帧及发送等功能。地面列控中心系统由列控下位机和维护终端组成。

LKD2-HS 型客专列控中心自 2008 年在国内第一条 CTCS-2 级客运专线合宁线上成功应用以来，已经在郑西、福厦、达成、成灌、汉宜、太中银、秦沈、惠银、遂渝、长吉、厦深福建段、京石武等线路 300 多个车站上投入使用。2011 年，LKD2-HS 型客专列控中心顺利通过了安全完整性等级 SIL4 级认证。

（3）TSRS-HS 型临时限速服务器

TSRS-HS 型临时限速服务器具有向列控中心、无线闭塞中心发送临时限速信息、综合管理线路临时限速、择机下发临时限速信息等功能，能够拟定、存储、验证、拆分、下达、显示全线临时限速。临时限速服务器系统由临时限速服务器下位机、临时限速服务器通信机、维护终端组成。

TSRS-HS 型临时限速服务器具有向列控中心、无线闭塞中心发送临时限速信息，综合管理线路临时限速，择机提示下发临时限速信息等功能。目前已经在郑西、京石武、西宝、秦沈、厦深线等 10 多条高铁线路投入使用。

TSRS-HS 型临时限速服务器目前已经成功运用在郑西线、太中银线、秦沈线、长吉线、成灌线等线路上。2010 年，TSRS-HS 型临时限速服务器顺利通过了安全完整性等级 SIL4 级认证。

8.3.4　城市轨道交通列控系统自主化装备

在城轨交通中，第一套全自主化的国产列控系统于 2009 年在北京昌平线正式投入运营，目前信号系统国产化率 70% 左右。由于列控设备系统国产化问题在很大程度上增加了国内城市轨道交通建设的投入成本，虽然已经实施装备国产化计划多年，但是由于装备国产化率无法提升至 90%，所以城轨装备成本始终无法降低。所以，加快轨道交通列控系统关键装备国产化是降低城轨建设成本的一个重要因素，加快装备国产化的关键在于核心技术的研发。

我国城市轨道交通处于蓬勃发展阶段，但是国内有关信号厂商对城市轨道交通信号系统的研究、开发起步较晚，市场投入有限，信号技术与国际先进的信号公司具有较大的差距。下边按照公司来进行介绍其自主化的轨道交通列控装备。

8.3.4.1　北京交控科技有限公司

由北京交控科技有限公司开发研制的 LCF-300 型 CBTC 系统，具有完全自主知识产权。

该系统是保证行车安全、提高区间和车站通过能力，以及实现行车指挥和列车自动化、提高运输效率的关键设备。它由中央控制列车监督系统 ATS、ATP、ATO、计算机联锁 CI 系统、数据通信系统（DataCommunicationSystem，简为 DCS）五个部分组成。其中最核心的 ATP 系统采用了 CBTC，可以实现移动闭塞，同时为了提高信号系统的可靠性与可用性，将基于点式的 ATP 系统作为 CBTC 系统的后备模式。

LCF-300 ATP 列车自动防护系统是确保列车运行安全和提高列车运行效率的核心子系统，是轨道交通系统的大脑和中枢系统。该系统是按照国际 EN 50128&50129、IEEE1474 等标准设计，并按照国际安全苛求系统安全设计与评估标准进行全过程风险控制而研发的列车控制系统，系统成功解决了高精度列车自主定位技术、大容量车地双向安全信息传输技术、高密度列车追踪运行安全防护控制技术、高可靠安全计算机平台研制等行业关键技术难题，可以实现当前最先进的、最小间隔的移动闭塞列车追踪。

列车在 LCF-300 ATP 控制下，后续列车以前行列车尾部为追踪目标点、根据列车运行状态实时监控列车间隔和速度，实现高安全、高密度的追踪控制，提高轨道交通系统的运行效率。LCF-300 ATP 系统已在北京地铁亦庄线、昌平线投入载客试运营，并将在北京地铁 14 号线、7 号线上投入使用。

LCF-300 ATP 系统可以实现列车间隔控制、列车超速防护、临时限速管理、列车驾驶模式管理、车门和站台安全门监控等保证行车和乘客安全的功能，并通过人机接口（MMI）界面为司机驾驶提供完善的运行辅助信息。LCF-300 ATP 系统提供完善的设备自诊断和故障记录功能，自动故障定位至少到板级。LCF-300ATP 系统组成见图 8-12。

  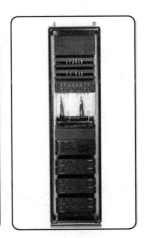

车载ATP设备　　　　　车载VOBC设备　　　轨旁ATP设备(ZC设备)
　　　　　　　　　　　（含车载ATP设备）

图 8-12　LCF-300 ATP 系统组成

LCF-300 ATP 系统产品特点具有以下技术特点。

① LCF-300 ATP 系统在核心技术研究及基于 COTS（商品化组件）的安全控制系统设计及认证方法研究基础上，解决了移动闭塞系统设计、全生命周期的安全苛求系统设计、通用安全计算机平台研发等关键技术难题，达到安全苛求系统安全功能 SIL4 等级要求。

② LCF-300 ATP 系统在地车通信传输、车载设备、地面区域控制设备等方面完全采取

冗余的安全结构，采用系统化的设计与评估方法，实现了"一体化设计、二级调度模式、三种控制等级"无扰转换与协同控制，保证系统在运行时不会因为一个故障而影响正常运营，特别是采用基于计轴的安全可靠的点式级别后备模式作为 CBTC 连续控制下降级模式，为大运量的轨道交通稳定运营提供了坚实的技术保障。

③ LCF-300 ATP 系统基于容错计算机理论，实现了已知或未知的软件/硬件故障的容错及安全管理（FTSM）机制，通过空间分集（松散耦合任务同步的"3 取 2"或"2 乘 2 取 2"结构）与时间分集（时间触发软件调度机制）设计原则来满足确定性故障安全特性；

④ 符合 EN50128&50129、IEEE1474、GB/T 24339/IEC 62280 标准要求，达到 SIL4 级。

8.3.4.2 中国铁路通信信号集团有限公司

由中国铁路通信信号集团公司研制开发的 FZL 型准移动闭塞系统，最初是由国家发改委和铁道部立项，由国家发改委、铁道部和中国铁路通信信号集团公司联合投资开发，具有自主知识产权的国产信号系统。针对不同的应用范围、不同的技术特点等，开发了基于数字轨道电路的 FZL100 型 ATC 系统，基于交叉感应环线的 FZL200 型 ATC 系统，基于无线通信的 FZL300 型 ATC 系统。下面介绍一下最为先进的能够面向轻轨、地铁、磁悬浮以及单轨的 FZL300 型 ATC 系统。

（1）系统构成

如图 8-13 所示，FZL300 型 ATC 系统由 ATS、区域控制器（ZC）、应答器、无线通信、车载 ATP/ATO 设备构成，其中区域控制器 ZC 和联锁设备单独设置。

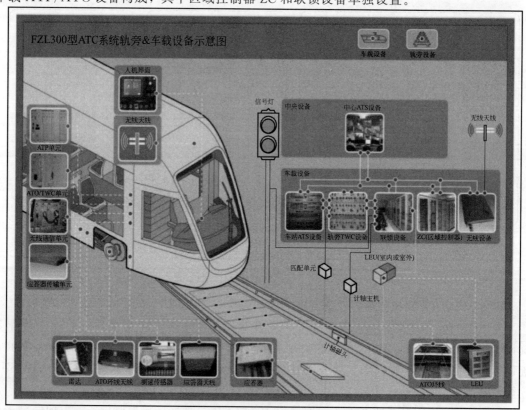

图 8-13　FZL300 型 ATC 系统构成

（2）系统特点

• 车地安全通信协议采用国际标准安全通信协议 SUBSET-098，符合 EN50159-2 安全标准。

• 采用严格的密钥使用和更新机制，符合欧标 SUBSET-038。

• 车地无线通信采用双网冗余覆盖、具备 4 条同步逻辑冗余链路，支持多种传输介质的车地通信，实现可靠的车地传输。

• ATP 系统安全完善度等级达到 SIL4 要求，通过第三方独立权威机构的安全认证。

• 区域控制器 ZC 子系统及车载 ATP 子系统均基于我公司的安全信号应用平台，采用 2 乘 2 取 2 的冗余结构。

• 在点式降级模式下，具有自动驾驶、闯红灯防护和在站台与安全门联动功能。

• 采用无线仿真建模及测试技术，基于现场数据的传输特性建模分析工具可以辅助完成无线系统的布点设计及网优工作，提高车地无线网络的工程实施能力。

• 系统采用模块化设计，满足工程延伸扩展的需要。

• 系统实现了移动闭塞，可实现小于 90s 的列车追踪间隔。

（3）主要技术参数

• 系统可适用于最高运行速度 120km/h。

• 最小追踪间隔：小于 90s。

• ATS 系统控制规模：最多能管理 100 个车站、最多能管理 300 辆列车。

• 区域控制器设备控制规模：最多能控制 30 列车；控制范围不少于 10km。

• 车载综合测距误差小于 2%。

• 车载记录装置的电子存储单元可以存储 3000km 的运行数据。

• 无线通信参数：车地通信每列车信息的传输速率不低于 1Mbps；车地通信单网络信息的丢包率小于 1%；车地通信单网络的越区切换时间小于 100ms。

8.3.4.3　中国铁道科学研究院

中国铁道科学研究院研制的 MTC-Ⅰ型基于通信的列车控制系统（CBTC），满足 IEEE 的国际标准，是一个功能架构完整、技术安全可靠、全生命周期成本优良的列车自动控制系统，如图 8-14 所示。

（1）系统构成

• FZy 型 ATS 列车自动监督子系统。

• ATP 列车自动防护子系统。

• ATO 列车自动驾驶子系统。

• TYJL-Ⅲ型计算机联锁子系统。

• DCS 数据通信子系统。

• TJWX 型微机监测子系统。

（2）技术特点

• 实现基于通信技术的移动闭塞，系统设计运行间隔 90s；

• 多重控制等级、驾驶模式以及平滑的切换逻辑；

• 涉及行车安全子系统均采用二乘二取二安全冗余架构；

• ATO 停车精度达到 ±0.30m；

• 无线传输系统满足双端无缝切换，单端车载移动终端通信时切换时间不大于

100ms，单次车地报文有效传输时间小于 500ms，列车运行速度 110km/h 条件下的可靠切换。

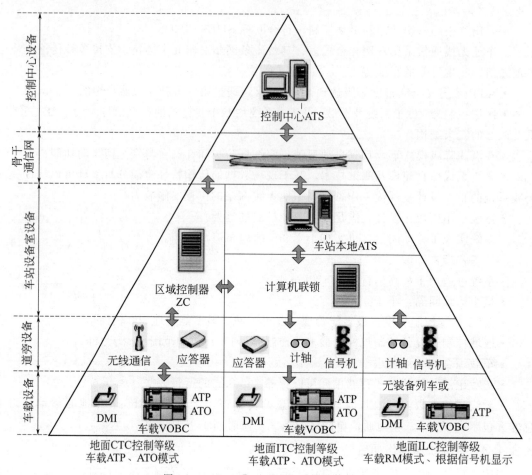

图 8-14　MTC-Ⅰ型 CBTC 系统总体结构

（3）技术特点
- 集先进的控制技术、计算机技术、网络技术和通信技术为一体。
- 数字化、网络化、智能化完美统一。
- 凡涉及行车安全的子系统和设备均通过独立第三方安全认证，安全完整性等级达到 SIL4 级，符合故障—安全原则。
- 主要行车设备采用多重安全冗余技术，提高了系统的 RAMS 指标。
- 具有灵活的控制模式和完善的降级使用模式，满足城市轨道交通的功能和运营要求。

8.4　轨道交通列控系统发展预测

8.4.1　基于车—车通信的列控系统技术

　　针对市域铁路、城际铁路和城市轨道交通线路特点，近年来，国外已经积极开展基于车—车通信、以车载设备功能为核心的新型列控系统的研究。与传统的列控系统相比，基于车—车通信的下一代列控系统，如图 8-15 所示，可以大量减少轨旁设备，简化系统架构，提高系统可靠性，降低列控系统的全生命周期成本，同时可以为运营提供更加灵活和多样化的运输组织方案，成为轨道交通列控系统的发展趋势和方向。

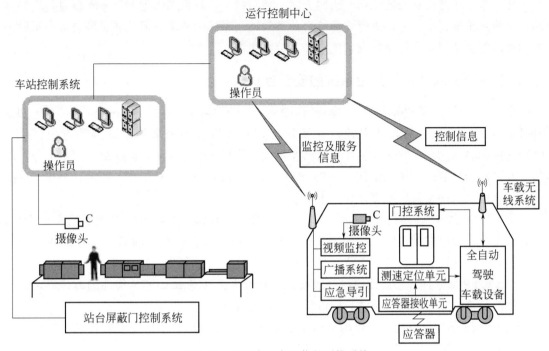

图 8-15　基于车—车通信的列控系统

但对于基于车—车通信的列控系统还需要对以下内容进行研究。

（1）基于车—车通信的行车许可生成和列车防护控制方法

在车—车通信基础上，系统设备响应序列和响应时间均产生了变化，结合车—车通信对列车运行带来的影响，研究列车防护控制方法，提出行车许可生成算法。

（2）基于车—车通信的列车进路防护控制方法

改变传统的通过地面联锁计算机平台对轨旁信号设备进行集中控制的方式，研究基于车载安全计算机平台的联锁进路控制技术。解决基于车—车通信的轨道区段列车占用/空闲检测问题，基于车载的进路、道岔、信号控制问题，以及故障情况下联锁功能的实现方法和故障-安全处理措施。

（3）列车的识别技术及通信管理

当列车具备车—车通信的能力后，能够持续发出无线信号，向附近的列车告知本车的位置、方向、速度等信息，但存在通信范围广度和通信对象数量的管理问题。在车—车通信网络中，可设置一个保证设备反应时间的安全覆盖范围，当前后列车的距离接近安全限制时，启动车—车通信直接进行对话，辅助列车进行自主防护，进一步增强系统的安全性。

（4）列车位置识别技术

在列车追踪运行过程中，当接近行车范围的前车直接将位置发送至后车后，后车需对此位置进行识别和坐标系的转换，计算准确的追踪距离，使其作为能够计算的行车许可终点。

这一功能也是车—车通信的一个关键问题，并且与整体的列车安全定位功能相关。

（5）车—地和车—车通信机制及安全信息传输技术

基于下一代列控系统架构，分析列车运行控制对车—地、车—车信息传输的需求，设计车—地、车—车通信系统的架构、组网方式、传输接口，研究车—地和车—车信息传输内容和安全信息传输技术；分析轨道交通综合业务对通信系统的需求，研究满足综合业务承载需求的小区覆盖范围及小区重叠覆盖范围的划分方法。

8.4.2 基于 COTS 的列控系统的安全性保障技术

由于成本低、周期短、产品成熟等优势，基于 COTS 部件（Commercial-Off-The-Shelf，商用现成品）的高铁列控以及城轨列控系统将成为未来技术发展的方向。基于COTS 构建的系统开发方法虽然在实践已经得到了较为广泛的应用，但是缺乏理论指导，需基于开发商的经验来提供和使用 COTS 部件，在此方面国内的研究较为突出。基于 COTS构件的软件系统开发方法主要存在以下缺点。

① COTS 部件具有商业性质。一个 COTS 部件通常以多个拷贝的形式卖给多个客户，没有一个客户能够控制这些产品的定义、升级和维护，因为有专业的 COTS 产品供应商对COTS 软件构件负责，COTS 产品的升级很频繁。

② COTS 部件具有黑盒性质。一般来说，开发者无法获取 COTS 构件的源代码，因而对部件的评价、分析、测试通常只能以黑盒方式进行。

③ COTS 部件供应商所提供的规格说明书等相关文档并不总是完整的或可举证的，难以满足 COTS 使用者的需求。

④ COTS 部件被作为单独的应用设计，因而存在与定制部分进行交互的问题。不同的COTS 构件（软件＋硬件）集成在一起后可能导致适配性较差，造成系统的不稳定。

基于 COTS 的系统可以看做是基于黑盒的产品开发，由于 COTS 组件具有通用性及内部系统的未知性，主要面临以下困难：难以对 COTS 内部进行控制、重新定义、升级和维护等操作；难以实现应用软件与平台软件间的紧密耦合；难以在系统中实现故障定位、失效分析等。以上原因均使得探寻故障产生机理的方法和结果分析难度加大，系统的安全难以保证。因此，如何实现 COTS 部件的风险故障的测试、故障特征提取与分类、安全机制设计等，即如何实现基于 COTS 部件的高铁信号系统安全举证与安全功能测试是亟待解决的问题。

为了确保 COTS 组件组成的系统能够满足相应的安全需求，需要对以下内容进一步开展研究。

（1）基于 COTS 的高速铁路信号系统失效机理

失效机理分析是基于 COTS 部件高铁信号系统安全设计的前提和基础。为此，采用"安全核＋故障树"的混合方法实现 COTS 信号系统的风险识别与失效危害度分析。对于失效机理的研究，采用基于动态故障树等方法，结合模型检验方式进行系统故障发生率计算，实现 COTS 部件失效危害度的定量分析和故障传播路径的描述，最小化系统设计风险。在此基础上，基于安全核技术实现 COTS 平台软件对 CPU、内存、存储器等 COTS 硬件关键资源的安全保护，避免应用任务设计的"消极错误"导致系统崩溃，保证基于 COTS 部件信号系统的整体安全性和稳定性。

（2）基于 COTS 的信号系统故障注入测试

在选取 COTS 组件中有一个关键的环节就是 COTS 组件的具体安全验证，涉及组件相关材料的获取及安全证据的收集。由于 COTS 组件往往是商业组件的通用性生产，需要依赖于生产商。因此，对所使用的 COTS 进行安全评估，除了根据生产商提供的资料进行分析外，通过测试得到的测试结果也是安全评估的重要证据。在基于 COTS 的高速铁路信号系统失效机理基础上，对基于 COTS 部件的高速铁路信号系统核心设备进行故障注入的稳定性和安全性测试，实现安全证据的搜集，完成对 COTS 部件的安全举证。

第 8 章

第 *9* 章
航空航天

9.1 航空航天行业发展概况

人类为了扩大社会生产，必然要开拓新的活动空间。从陆地到海洋，从海洋到大气层，再到宇宙空间就是这样一个人类逐渐扩展活动范围的过程。航空和航天是人类拓展大气层和宇宙空间的产物。航空航天行业经过一个世纪以来的快速发展，已经成为最活跃和最有影响的科学技术领域之一，其取得的重大成就标志着人类文明的高度发展。同时，作为国家的战略性产业，航空航天行业是国民经济和国防建设的重要组成部分，是国家综合国力、国防实力的重要标志，是国防现代化的重要物质和技术基础，是国家先进制造业的重要组成部分和国家科技创新体系的重要力量。因此，航空航天行业也表征着一个国家的经济、军事和科学技术的先进水平。

严格来讲，航空航天行业可以细分为航空行业和航天行业两部分。下面就这两者的具体内涵、特点和联系进行详细阐述。

（1）航空

航空是指载人或不载人的飞行器在地球大气层中的航行活动。航空必须具备空气介质和克服航空器自身重力的升力，大部分航空器还要有产生相对于空气运动所需的推力。航空行业是指从事航空飞行器研究、开发、制造及其他相关服务的产业。航空行业按其使用方向又有军用航空行业和民用航空行业之分。

军用航空泛指用于军事目的的航空飞行活动，主要包括：作战、侦察、运输、警戒、训练和联络救生等。在现代高技术战争中，夺取制空权是取得战争胜利的重要手段，也是军用航空的主要活动。军用航空行业主要从事军用飞机的研究、开发、制造等；具体而言，军用飞机包括作战飞机和作战支援飞机两大类。典型的作战飞机包括：战斗机（或称歼击机）、攻击机（又称强击机）、战斗轰炸机、反潜机、战术和战略轰炸机等。作战支援飞机包括：军用运输机、预警指挥机、电子战飞机、空中加油机、侦察机、通信联络机和军用教练机等。除上述固定翼飞机外，直升机在对地攻击、侦察、运输、通信联络、搜索救援以及反潜等方面也发挥着巨大的作用，已成为现代军队特别是陆军的重要武器装备。

民用航空泛指为国民经济服务的非军事性航空飞行活动。根据不同的飞行目的，民用航空行业分为商业航空行业和通用航空行业两大类。商业航空主要是指：在国内和国际航线上的商业性客、货/邮运输；这类运输服务主要由国内和国际干线客机、货机或客货两用机以及国内支线运输机完成。通用航空主要是指：用于公务、工业、农林牧副渔业、地质勘探、遥感遥测、公安、气象、环保、救护、通勤、体育和观光游览等方面的飞行活动；通用飞机主要有公务机、农业机、林业机、轻型多用途飞机、巡逻救护机、体育运动机和私人飞机等。直升机在近海石油勘探、海陆紧急救援、短途交通运输和空中起吊作业中也发挥着不可替代的作用。

（2）航天

航天是指人类探索、开发和利用地球大气层以外的宇宙空间以及地球以外天体的活动。根据航天活动的用途和经营运作方式不同，航天活动又包括民用航天、军用航天、商用航天三种类型。航天技术是探索、开发、利用太空以及地球以外天体的综合性工程技术，主要包括空间技术、空间应用和空间科学三大领域；航天行业是由空间技术、空间应用和空间科学这三大领域共同发展的新兴产业。航天行业泛指利用火箭发动机推进的跨大气层和在太空飞行的飞行器及其所载设备、武器系统和各种地面设备的制造业、各种飞行器的发射服务业和应用产业，是集设计、生产、测试与应用于一体的高技术产业，通常包括生产企业、研究设计机构、试验基地、销售公司、管理部门和服务机构等。

航天行业实际上也有军用航天行业和民用航天行业之分，但世界各国在宣传自己的航天工业时都主要强调其商业或民用潜力。

占领和控制近地宇宙空间已经成为西方军事大国争夺军事优势的新焦点。在美国、俄罗斯等国已发射的航天器中，具有军事用途的超过70％。用于军事目的的航天器主要包括军用卫星系统、反卫星系统和军事载人航天系统三类。其中，军用卫星系统又可细分为：通信卫星、气象卫星和侦察（间谍）卫星；反卫星系统又可细分为：反卫星卫星、定向能武器（主要包括：激光武器、粒子束武器和射频武器等）和动能武器（动能导弹、电磁炮和电热弹等）；军事载人航天系统又可细分为：空间站、飞船和航天飞机、空天飞机等。

航天的民用潜力十分巨大。空间物理探测、空间天文探测、卫星气象观测、卫星海洋观测、卫星广播通信、卫星导航、遥感考古、太空旅游和地外生命探索等都是航天的重要应用领域；微重力环境下完成的各种化学、物理和生物实验成果是航天为人类文明与进步所做的直接贡献。

航天不同于航空，航天器是在极高的真空宇宙空间以类似于自然天体的运动规律飞行。但航天器的发射和回收都要经过大气层，这就使航空航天之间产生了必然的联系。尤其是水平降落的航天飞机和研究中的水平起降的空天飞机，它们的起飞和着陆过程和飞机非常相似，兼有航空与航天的特点。航空航天行业，既蕴藏了进行航空航天活动必需的科学，又包含了研制航空航天飞行器所涉及的各种技术。从科学技术的角度看，航空与航天之间是紧密联系的。航空航天技术是高度综合的现代科学技术：力学、热力学和材料学是航空航天的科学基础；电子技术、自动化控制技术、计算机技术、喷气推进技术和制造工艺技术对航空航天的进步发挥了重要作用。

9.1.1 行业运行情况

对于航空航天行业的运行情况，本小节分别从生产情况和盈利情况两个方面进行阐述。

9.1.1.1 生产情况

（1）民用航空行业

随着国家政策支持力度的不断加大，以及《民用航空工业中长期发展规划（2013～2020年）》和《中国制造2025》规划的发布，大型飞机、航空发动机等重大专项，中俄宽体客机、重型直升机联合研制项目，体现出我国民用航空行业的生产情况具有广阔宏伟的前景。下面主要从干线飞机、支线飞机、通用飞机、直升机、航空动力、机载系统和基础技术等方面就民用航空行业的生产情况进行介绍。

① 干线飞机　根据波音公司的 2015 年预测，未来 20 年中国将需要近 6500 架新飞机，总价值约为 1 万亿美金，市场规模非常可观。目前，我国自行研制的 C919 大型客机已经出厂并完成首飞。此外，2016 年 6 月，我国与俄罗斯已签订了落实宽体远程飞机研发项目的协议，计划联合研制能够搭载近 300 名乘客的新飞机 C929，不仅满足中国和俄罗斯市场的需要，同时能在世界航空市场上占据相当的份额。按计划，C929 将在五年内启动工程研制，2025 年前有望交付使用。预计至 2025 年，我国 C919 和 C929 将在世界干线飞机的市场竞争中逐渐崛起，初步形成中国、美国与欧盟在干线飞机市场上的三足鼎立之势。

② 支线飞机　2016 年 6 月，我国研制的喷气式支线飞机——ARJ21，已成功实现航线运营，在当年的范堡罗航展上获得 90 架新订单。预计至 2025 年前，ARJ21 将实现系列化发展，成为我国支线航空运输的主力机型。此外，50 座级的涡桨支线飞机——新舟 60/600 将继续改进，更好地满足用户需要，并开展新舟 700 涡桨支线飞机的研制，预计 2017 年前完成首架机总装，2018 年实现首飞，2020 年交付使用，从而和 ARJ 系列飞机共同完成从 50 座到 90 座支线飞机的完整系列。

③ 通用飞机　由于空域管理严格、基础设施不足等原因，我国通用航空的发展与需求之间存在很大差距。截至 2015 年底，全国仅有通用机场近 400 个，通用航空企业近 300 家，在册通用航空器近 1900 架，年飞行量近 74 万小时。2016 年 5 月，国务院出台了《关于促进通用航空业发展的指导意见》，为我国通用航空业的发展带来了良好机遇。按计划，2020 年前，我国将建成 500 个以上通用机场，通用航空器达到 5000 架以上，年飞行量 200 万小时以上，通用航空航业经济规模超过 1 万亿元。为满足通用航空的发展需要，预计将以 ARJ700 为基础，发展喷气式公务机。2016 年 7 月，中航工业公司研制的大型水陆两栖飞机——AG600 完成总装下线，2017 年实现首飞，2020 年完成适航取证。我国还将发展中小型涡桨公务机、Y12F 改型等通用飞机。预计至 2025 年，通用飞机的产品系列将更加完善，充分满足工农业生产、观光旅游、紧急救援、教学训练和公务飞行等方面的需求。

④ 直升机　我国将与俄罗斯联合研制最大起飞重量 30～40t 的重型直升机，主要用于消防、物资吊运及安装、应急救援、陆上/海上执法等。还将研制最大起飞重量 7t、载客 16 名的先进中型直升机；最大起飞重量 3～4t、载客 8 名的轻型双发直升机。对 1t 级轻型活塞单发直升机、2t 级轻型民用直升机、4t 级双发多用途直升机和 13t 级大型民用运输直升机实施综合改进，形成覆盖各吨级的直升机产品系列，提高产品质量和市场竞争力。

⑤ 航空动力　发动机重大专项的实施以及中国航空发动机公司的成立，为我国航空工业彻底解决发动机的问题带来了希望。预计至 2025 年，配装 C919 的大涵道比大型涡扇发动机——CJ-1000A 将交付使用；用于支线客机的 7000～11000kgf 级齿轮传动涡扇发动机有望完成验证机的研制，进入工程型号研制阶段；1000kW 涡轴发动机、5000kW 涡桨发动机也将完成适航取证，各种活塞发动机实现系列化发展，为我国通用飞机、支线飞机、干线飞机、无人机和直升机的发展提供可靠动力保障，使航空发动机产业进入世界第一梯队。

⑥ 机载系统　随着 C919、C929、ARJ21、新舟 700 重型直升机的研制和批量生产，我国的机载设备将呈现出快速增长的良好局面。飞机主飞行控制系统、综合导航系统、座舱显控系统、通信系统、分布式液压系统、宽变频交流电源系统、分布式自动配电、电动环控系统等国产化水平将显著提升，机载系统所需传感器、显示组件、惯性器件、大功率电力器件等关键元器件也将基本实现国内自主保障。

⑦ 基础技术　我国在航空技术研究和前沿技术探索方面的投入越来越多，科研设施不断完善，人才结构不断优化。预计至 2025 年前，在绿色环保飞行器综合设计、复合材料主承力结构、大涵道比涡扇发动机、综合模块化航电系统、网络化智能制造、高精度计算流体力学等方面有望取得突破性的进展，在增材制造、石墨烯材料、临近空间飞行器、航空新能源、智能无人机等前沿技术的部分研究领域有希望达到世界先进水平。

（2）军用航空行业

进入 21 世纪以来，我国军用航空工业改革发展进入了新的历史阶段，突破了一大批具有自主知识产权的航空工业核心技术、关键技术和前沿技术，先后有几十个重大型号实现了首飞、鉴定和设计定型，实现了我国军用航空武器装备的"井喷式"发展。

以运 20 为代表的系列运输机，标志着我国成为继美国、俄罗斯和欧盟之后第 4 个能够自主研制大型运输机的国家（或地区）；以歼 15 飞机在航母上完美起降及完成系列任务为标志，推动了我国进入以空强海的新时代；以直 10、直 19 武装直升机成功研制和批量装备为代表，标志着我国直升机研制达到世界先进水平；以歼 10、歼 11 飞机大批量装备部队和系列发展为代表，标准着我国歼击机正在实现以二代装备为主向以三代装备为主的跨越；以"空警"200、"空警"2000 预警机等特种飞机为代表，实现了我国航空特种装备从无到有，加速了我国航空装备由机械化向信息化的转变；以"太行"发动机批量装备部队为代表，我国航空工业已具备自主研发第三代航空发动机的能力，实现了航空发动机从中等推力向大推力、从涡喷到涡扇、从第二代到第三代的跨越；以"玉龙"发动机为代表，表明我国已具备完全立足国内研制具有国际先进水平的第三代先进涡轴发动机的能力；以"闪电"10 导弹为代表，表明我国空空、空地导弹实现了从第三代向第四代的跨越，并实现了批量交付。

如今，我国已跻身世界少数几个能系列化、多谱系自主研制具有国际先进水平军用航空武器装备的国家之列，军贸产品谱系进一步丰富，实现了向高端化的跨越。战斗机高低配置满足不同细分市场，教练机形成了初、中、高完整的搭配体系，无人机形成了侦察、察打结合的产品集合，武器实现近程、中程、远程系列化发展。不断丰富的产品谱系，实现了短、中、长期的结合。打造了以"枭龙""猎鹰"、K8 飞机、"翼龙"无人机和"霹雳"系列导弹等为代表的中国航空防务精品品牌，实现了我国航空军贸产品由二代机向三代机、由有人机向无人机的转变，军贸产品谱系进一步丰富。

（3）航天行业

我国航天行业的生产情况主要从导弹武器系统、火箭技术及产品、卫星技术及产品、载人航天、深空探测和卫星应用等方面进行介绍。

① 导弹武器系统　我国航天行业已具备研制多种类型的战略导弹、地地战术导弹、防空导弹等武器的技术和能力。

② 火箭技术及产品　我国航天行业拥有研制、生产、发射近地轨道、地球同步转移轨道、太阳同步轨道运载火箭的能力，并在低温高能燃料技术、火箭捆绑技术、一箭多星技术等方面达到世界先进水平。我国已自主研制了 18 种型号的长征系列运载火箭；其中，长征一号、长征二号和长征三号等 6 个型号已退役，长征五号、长征六号、长征七号等 12 个型号在役。长征系列运载火箭具备发射低、中、高不同轨道，不同卫星及载人飞船的能力，以及无人深空探测的能力。2011 年以来，截至 2016 年 11 月，长征系列运载火箭共完成 86 次发射任务，将 100 多个航天器成功送入预定轨道，发射成功率达到 97.67%，运载火箭的可靠性和高密度发射能力持续增强。中国最大运载能力新一代运载火箭"长征五号"成功首飞，实现中国液体运载火

箭直径从 3.35 米到 5 米的跨越，大幅提升"长征"系列运载火箭运载能力，低轨运载能力达到 25 吨级，高轨运载能力达到 14 吨级，成为中国运载火箭升级换代的重要标志。120 吨级液氧煤油发动机完成研制，应用该型发动机的"长征六号""长征七号"新型运载火箭实现首飞，"长征十一号"固体运载火箭成功发射，运载火箭型谱进一步完善。

③ 卫星技术及产品　卫星技术及其成果在国民经济建设中发挥着重要作用，主要应用于通信广播、电视教育、天气预报、气候预测、自然灾害和生态环境监测、海洋监测等方面。我国拥有研制通信卫星、气象卫星、资源卫星、科学实验卫星等航天器的能力，并在卫星回收技术、轨道控制技术、姿态控制技术等方面达到国际先进水平。我国于 1970 年 4 月 24 日成功研制并发射了第一颗人造地球卫星"东方红一号"，成为世界上第五个独立自主研制和发射人造地球卫星的国家。现已研制并发射了 100 余颗不同类型的人造地球卫星，飞行成功率达到 90% 以上，现已形成了六大卫星系列：返回式遥感卫星系列，东方红通信广播卫星系列，风云气象卫星系列，海洋卫星、实践科学探测与技术实验卫星系列，资源地球卫星系列和北斗导航定位卫星系列等。我国还开发了基于 CAST968 平台的小卫星及星座，促进了小型航天器的产业化发展。

2011 年以来，对地观测卫星，"风云""海洋""资源""高分""遥感""天绘"等卫星系列和"环境与灾害监测预报小卫星星座"进一步完善："风云"系列气象卫星已形成极轨卫星上、下午星组网观测，静止卫星"多星在轨、统筹运行、互为备份、适时加密"的业务格局；"海洋二号"卫星实现对海面高度、海浪和海面风场等海洋动力参数的全天时、全天候、高精度综合观测；"资源一号"02C 星成功发射，"资源三号"01、02 立体测绘卫星实现双星组网和业务化运行；高分辨率对地观测系统建设全面推进，"高分二号"卫星实现亚米级光学遥感探测，"高分三号"合成孔径雷达卫星分辨率达到 1 米，"高分四号"卫星是中国首颗地球同步轨道高分辨率对地观测卫星；"环境与灾害监测预报小卫星星座"C 星投入运行；采用星箭一体化设计的"快舟一号""快舟二号"成功发射，提升了空间应急响应能力；"吉林一号"高分辨率商业遥感卫星成功发射并投入商业运营。通信广播卫星全面推进固定通信、移动通信、数据中继卫星系统建设："亚太""中星"等系列通信卫星成功发射，固定业务卫星通信保障体系基本建成，覆盖中国国土及全球重点地区；首颗移动通信卫星"天通一号"成功发射；建成由三颗"天链一号"卫星组成的第一代数据中继卫星系统；星地激光链路高速通信试验取得圆满成功；"东方红五号"超大型通信卫星平台研制进展顺利。导航卫星：北斗二号系统全面建成，完成 14 颗北斗导航卫星发射组网，正式向亚太地区用户提供定位、测速、授时、广域差分和短报文通信服务。北斗全球系统建设正在顺利推进。新技术试验卫星：成功发射"实践九号"系列卫星等技术试验卫星，为新技术验证提供了重要手段。

④ 载人航天　2003 年 10 月 15 日，我国首次载人航天飞行取得圆满成功，成为世界上第三个依靠自己力量将航天员送入太空并安全返回的国家。2005 年 10 月 12 日，神州六号载人飞船发射成功，意味着我国突破了多人多天飞行技术。2008 年 9 月 25 日，神州七号载人飞船发射成功，意味着我国成为世界上第三个掌握空间出舱活动技术的国家。2011 年 11 月 1 日，神州八号无人飞船发射成功，完成与天宫一号目标飞行器的交会对接，标志着我国成为继美国和俄罗斯之后第 3 个掌握自主交会对接技术的国家，也标志着我国已经初步掌握了自动空间交会对接技术。2012 年 6 月 16 日，神舟九号载人飞船发射成功，首次在轨实施载人空间交会技术。2013 年 6 月 11 日，神舟十号载人飞船发射成功，标志着我国已经基本

掌握了空间飞行器交会对接技术，将对后续的天宫二号，即第二代空间实验室的建设打下坚实的基础。2016 年 10 月 17 日，神州十一号载人飞船发射成功。通过研制发射载人飞船和空间实验室，扩充现有的工程大系统，进一步了解和掌握航天员在空间居住、研究等相关技术，扩大空间利用的规模，同时探索和研究天基服务新途径；通过研制更经济可靠的运输工具，研制和发射空间站，建立我国的近地轨道天基服务基础设施，将各种轨道的应用卫星与空间站进行集成，最大限度地发挥其效益，为深空探索奠定技术基础并提供运行平台。目前，我国已突破掌握载人天地往返、空间出舱、空间交会对接、组合体运行、航天员中期贮留等载人航天领域重大技术。

⑤ 深空探测　我国实施了"地球空间双星探测计划"，并启动了绕月探测工程。中欧合作的双星探测计划进展顺利，实现了对不同区域的同时探测，对磁层空间暴的产生机制和发展规律进行了更深入的探测和研究。绕月探测工程于 2004 年 2 月 25 日正式实施，总体目标是：通过探月工程的实施，突破无人月球探测的主要关键技术，实现对月球的环绕、着陆、巡视探测和采样返回，形成探测器、深空测控网和运载火箭等一系列功能单元和自主创新的月球科研成果，具备开展无人月球探测的基本能力；初步建立我国深空探测的科学、技术和工程体系及创新团队，为空间科学研究和深空探测的可持续发展奠定基础。

近 5 年来的主要成果包括：2012 年 12 月，"嫦娥二号"月球探测器成功实施图塔蒂斯小行星飞越探测；2013 年 12 月，"嫦娥三号"月球探测器首次实现中国航天器在地外天体软着陆，完成月球表面巡视探测；2014 年 11 月，月球探测工程三期再入返回飞行试验圆满成功，标志着中国完全掌握航天器以接近第二宇宙速度再入返回的关键技术。通过月球探测工程任务的实施，获取了高分辨率全月球影像图和虹湾区域高清晰影像，开展了月球形貌、月球结构构造、月面物质成分、月表环境和近月空间环境等研究以及月基天文观测等。

⑥ 应用卫星与卫星应用的经济效益　我国研制并成功发射了东方红系列通信卫星、风云系列气象卫星、实践系列科学实验等卫星。卫星的发展实现了四个飞跃：卫星种类由单一型号到多型号并举；卫星研制技术由探索到成熟；卫星应用由进行科学研究到广泛服务于社会；卫星研制条件由作坊式生产发展到现代化、科学化。其中，卫星通信是卫星应用中最早形成产业化、商业化、国际化的应用领域。

2011 年以来的主要成果包括：陆地、海洋、大气卫星数据地面接收站基本实现统筹建设与运行，形成高低轨道相结合、国内外合理布局的卫星数据地面接收能力；统筹建设地面数据处理系统、共性应用支撑平台、多层次网络相结合的数据分发体系，数据处理、存档、分发、服务和定量化应用能力大幅提升；行业应用系统建设全面推进，基本建成 18 个行业和 2 个区域应用示范系统，设立 26 个省级数据与应用中心；建立高分辨率对地观测系统应用综合信息服务共享平台，对地观测卫星数据已广泛应用于行业、区域、公众服务等领域，为经济社会发展提供重要支撑。通信卫星测控站、信关站、上行站、标校场等地面设施不断完善，建成一定规模、能够满足相关业务需要的卫星通信网和卫星广播电视传输网，卫星通信服务能力进一步增强，在广播电视、远程教育、远程医疗等领域发挥重大作用，卫星应急通信为防汛抗旱、抢险救灾、重大突发事件处置提供重要支撑。北斗系统服务精度和可靠性大幅提高，构建形成自主可控、完整成熟的北斗产业链以及北斗产业保障、应用推进和创新三大体系，广泛应用于交通运输、海洋渔业、水文监测、气象预报、测绘地理信息、森林防火、通信时统、电力调度、救灾减灾、应急搜救等领域，逐步渗透到人类社会生产和人们生活的方方面面，为全球经济和社会发展注入新的活力。"互联网＋卫星应用"新业态孕育发展，为大众生活提供更加优质便利的服务。通过航天技术成果的二次开发和转化应用，为国民经济相关行业提供优质产品和服务，支撑和带动新材料、智能制造、电子信息等相关领域发展。成功发射暗物质粒子探测、"实践十号"、量子科学实验等空间科学卫星，为前沿科学研究提供重要手段。

9.1.1.2 盈利情况

从 1996 年至今，每两年举办一次的珠海航展是由我国官方批准的唯一的航空航天博览会，该航展为国际航空航天行业提供了技术交流和合作的平台，每次航展的规模都逐步扩大，每次航展都可以看到我国航空航天业最新的武器和系统，例如在 2014 年的航展中，运-20重型军用运输机、神秘而先进的鹘鹰隐身战斗机以及彩虹-4 无人机都有亮相，都代表了中国航空航天行业当前的研发水平。珠海航展为我国在国际武器市场上提供了发展空间。从珠海航展中，可以反映出当前我国航空航天行业的产出情况，进而可以在一定程度上反映整个行业的盈利情况。

航空航天行业作为我国国防科技行业的重要组成部分，其投资主体为政府，垄断性极高。因此，采用产品的销售收入表示盈利情况不具有代表性，而采用产品的产值对产出情况进行量化，可以表示一定时期内生产的最终产品或提供行业性劳务活动的总价值量，包括该时期内生产成品价值，对外加工费收入，在制品、半成品期末期初差额价值等，能够反映一定时间内行业生产的总规模和总水平。综上所述，采用产品的产值对反映航空航天行业的盈利情况更具有代表性。

根据 1995～2011 年的《中国高技术产业年鉴》，可以得到如下数据：①1996 年航空航天产业新产品产值为 51.3 亿元；②2000 年达到 96.61 亿元；③2011 年达到 527.79 亿元，较 1996 年增长 10 倍以上，平均每年按照 60% 的速度增长。

利用每年新产品产值与总产值之间的比值，可以得到研发在整个航空航天行业发展中所起到的作用。由于航空航天行业属于高新技术产业，研发在整个行业的发展中起着至关重要的作用。因此，在对航空航天行业的盈利情况进行阐述时，有必要对整个行业的研发能力进行说明。表 9-1 给出了 1995～2011 年航空航天行业每年的总产值、新产品产值以及这两者的比例。

表 9-1　航空航天行业的总产值和新产品产值统计（1996～2011 年）

年份/年	总产值/亿元	新产品产值/亿元	比例/%
1996	286.41	51.28	17.90
1997	313.17	59.64	19.04
1998	323.27	42.15	13.04
1999	333.07	64.56	19.38
2000	387.58	96.91	25.00
2001	469.31	102.67	21.88
2002	535.18	155.83	29.12
2003	550.80	229.42	41.65
2004	501.60	220.14	43.89
2005	797.23	373.56	46.86
2006	828.01	337.13	40.72
2007	1024.44	404.57	39.49

年份/年	总产值/亿元	新产品产值/亿元	比例/%
2008	1199.12	470.74	39.26
2009	1353.01	314.16	23.22
2010	1598.10	513.86	32.15
2011	1912.97	527.79	27.59

从表 9-1 中可以看出：从 1996～2011 年的 16 年中，我国航空航天行业得到了迅猛发展，行业总产值增长 10 倍以上，盈利情况可观；研发对于航空航天行业的产值增加起到重要作用，进而对整个行业的盈利情况起到巨大的推动作用，在 1996 年至 2011 年的 16 年间，新产品保持着 17% 以上的比例，特别是 2003～2008 年期间，新产品的占比达到 40% 左右，这说明研发在整个航天航空行业中起到了至关重要的作用，新产品更新的速度较快，技术在航空航天业发展过程中扮演了重要的角色。

9.1.2 投资情况

经费投资（或称为经费投入）是任何产业活动中最基本的要素，任何产业在缺乏资金的情况下均无法开展正常活动。由于航空航天行业属于高新技术产业，同时由于以美国为首的航空航天强国对我国实施技术封锁，这使得整个行业要取得发展必须坚持走自主创新、自主研发的道路。因此，可以从研发经费的投入情况反映出整个行业的经费投资情况。研发经费投入是指在航空航天行业中领域增加知识总量的过程中，运用知识去创造知识，进行创造性活动所产生的费用。根据 1995～2008 年《中国高技术产业年鉴》的研发活动经费筹集情况，表 9-2 给出了该期间航空航天行业的具体经费投资情况。

表 9-2　航空航天行业的经费投资情况统计（1995～2008 年）　　　　单位：亿元

年份/年	总投资情况	政府投资情况	企业投资情况	金融机构贷款
1995	16.4	8.2	4.8	2.0
1996	16.6	7.7	4.6	2.8
1997	15.0	8.0	4.6	1.2
1998	18.1	9.7	5.0	1.7
1999	20.6	9.6	7.6	1.6
2000	23.1	10.3	8.1	0.8
2001	26.9	8.9	11.6	1.8
2002	35.3	15.6	15.0	1.2
2003	37.2	13.9	16.0	2.6
2004	38.6	15.1	19.6	0.9
2005	49.9	16.0	22.9	2.1
2006	53.7	19.7	23.8	2.7
2007	71.6	37.3	27.2	2.6
2008	90.3	50.9	32.7	4.3

第 9 章

从表 9-2 中可以看出：航空航天行业的经费投资情况从 1995 年的 16.4 亿元增加到 2008 年的 90.3 亿，经费投资情况在这 14 年期间增加近 6 倍，并呈现出逐年增长的情况；经费投入在 2000 年之前增长速度不快，2001 年之后增幅比较大，2006～2008 年这两年的增幅速度最快，这与国家在此期间增加国防支出的趋势保持一致；1995～2000 年期间，由于我国的国防工业处于恢复阶段，因此航空航天行业的经费投资情况处于缓慢增长阶段；在 2000 年之后，由于我国开始加强国防建设、加强武器装备、重视武器装备的研发，这使得我国近十几年来经费投入情况保持连年增长的趋势。

根据研发经费投入资金的来源，可以分析得出：2008 年航空航天行业的经费投资为 90.3 亿元，其中政府投资 50.9 亿元，占比达到 56%；通过 1995～2008 年经费投入的资金累加计算，政府投资情况占比达到 44%，即航空航天行业经费投资的近 50% 来自政府的资助。由此可见，航空航天行业作为保障国家安全的战略产业，发展模式主要依靠于政府的资助，技术发展动力主要来源于政府、国家安全的需求，并不像其他行业技术发展的主要动力来自于市场。这种非市场力量推动研发是航空航天行业这一阶段发展的主要特征，但是国防支出是有限的，国家财政对于国防研发部门的拨款也是有限的，在军民融合的倡导下，需要更多的企业资金和金融机构贷款的资金融入到航空航天行业中。

按照我国航空航天行业的分布情况，可以分为东部、中部和西部地区。2008 年之前，西部经费投资经费一直处于领先地位；2010 年，西部也是三大地区最大经费投资地区。这种经费投资的分布格局与全国的经济布局不一样，东部的沿海经济带并没有在航空航天经费支出中占有绝对大比重。西部因其自身地理优势，传统的国防工业布局优势，以及国家西部大开发，西部国防军工产业经过几十年的发展，形成品种齐全的国防科技工业体系，而这其中航空航天产业一直是西部地区的重点产业和优势产业，拥有一批骨干单位。

将我国航空航天行业经费投资情况与与其他国家的航空航天行业经费投资情况进行对比分析，具体如表 9-3 所示，可以发现：美国航空航天行业的经费投资情况占其航空航天总产值的比重一直很高，特别是在 2012 年以 18.76% 的比例遥遥领先其他国家，这与美国航空航天大国、强国的地位相吻合。同样，欧盟国家，例如意大利、英国、德国等航空航天行业的经费投资情况占其总产值的比重也很高，紧跟美国之后。2008～2011 年期间，我国航空航天行业的经费投资情况占航空航天行业总产值一直处于上升的趋势，并在 2011 年大幅上升，这表明我国航空航天行业发展得到政府重视，加大了研发经费投资的投入量。但这是与航空航天大国、强国相比，中国航空航天产业研发经费相对不足，需要进一步加大经费投资，特别是研发经费的投入。

表 9-3　航空航天产业经费投资占工业总产值的比重

国家	2008 年	2009 年	2010 年	2011 年	2012 年
美国	11.51%	11.51%	9.90%	9.90%	18.76%
加拿大	6.39%	6.39%	6.39%	6.27%	6.27%
英国	11.65%	11.65%	11.65%	10.70%	10.70%
法国	5.14%	5.14%	5.14%	5.20%	5.20%
德国	10.37%	10.37%	8.65%	8.65%	8.65%
西班牙	9.96%	9.96%	6.87%	6.87%	6.87%

国家	2008 年	2009 年	2010 年	2011 年	2012 年
意大利	13.30%	11.80%	13.43%	13.43%	13.43%
日本	4.20%	4.20%	4.20%	2.90%	2.90%
中国	4.36%	4.60%	4.90%	7.82%	7.28%

为了更加清晰明确地给出我国航空航天行业的投资情况，现通过表 9-4 对比分析其与世界航空航天大国、强国之间的具体投资情况，并简述具有代表性的企业。

表 9-4　世界主要国家航空航天行业投资对比分析

国家	航空航天行业投资情况	具有代表性的企业
美国	美国是世界第一大航空航天工业强国。2011 年，美国航空航天产业销售收入情况为 2107.9 亿美元，占全球的 72.8%，出口额为 853.3 亿美元。其中，航天产业销售收入达到 445.9 亿美元，占全球航天产业销售收入的 64.1%	波音公司，世界第一大航空航天企业； 洛克希德·马丁公司，世界第三大航空航天企业； 通用动力公司，世界第四大航空航天企业； 美国联合技术公司，世界第六大航空航天企业； 诺斯罗普·格鲁曼公司，世界第七大航空航天企业； 雷神公司，世界第八大航空航天企业； GE 航空集团； L-3 通信公司； 霍尼韦尔航空航天集团； 美国科学应用国际公司(SAIC)； 德事隆集团(Textron)； 古德里奇(Goodrich)等
加拿大	2011 年，加拿大航空航天产业销售收入为 227.0 亿美元，同比增长 6.7%，出口额为 166.2 亿美元，从业人员 8.72 万人。其中，航天产业销售收入为 9.1 亿美元，占加拿大航空航天产业销售收入的 4.0%。2011 年，加拿大航空航天产业研发投入情况为 20.0 亿美元	MDA 公司，全球领先的对地观测卫星信息公司，主要制造高精度地表位移卫星监测系统； Magellan Aerospace，产品包括：火箭发动机系统、火箭推进剂，并提供探空火箭有效载荷、航天飞机有效载荷、国际空间站有效载荷和航天器总线和集成服务等解决方案； COM DEV 国际有限公司，主要生产多路复用器、滤波器、开关、表面声波 SAW 器件、信号处理器、卫星有效载荷及微卫星等； 欧洲航空防务航天公司 EADS 加拿大公司； SED 系统公司，生产人造卫星导航系统、频谱分析仪等
英国	2011 年，英国航空航天产业销售收入为 389.0 亿美元，同比增长 4.7%；其中，航天产业销售收入为 15.6 亿美元，同比增长 21.0%，占整个航空航天产业的 4.0%。2011 年，英国航空航天产业研发投资情况为 31.7 亿美元，占销售收入的比重为 8.2%。2011 年，英国航空航天产业出口额为 299.6 亿美元，同比增长 15.6%	BAE 系统公司，全球第五大航空航天企业； 罗尔斯·罗伊斯公司，欧洲最大的航空发动机生产企业； GKN 宇航公司，全球航空航天复合材料和金属结构件制造的领导者； Cobham 公司，主要研发和生产民用和军用通信产品，如天线、通信系统和组件等； Meggitt 公司，设计和制造应用于航空航天及防卫系统的高精度元件和系统，以及航空航天等领域所需的先进传感器件； Ultra 电子，全球航空航天产业主要的 IT 服务和系统集成方案供应商

国家	航空航天行业投资情况	具有代表性的企业
德国	2011 年,德国航空航天产业销售收入为362.4 亿美元,同比增长 4.1%,就业人数高达 9.74 万人,同比增长 2.1%。其中,航天产业销售收入为 31.0 亿美元,同比增长 3.7%,占整个航空航天产业的 8.4%;从业人员7500 人。2011 年,德国航空航天产业研发投资经费为 60.9 亿美元,占销售收入的比重高达 16.8%	空中客车德国公司; 欧洲直升机德国分公司; MTU 航空发动机公司,德国最大的发动机制造商; 罗尔斯·罗伊斯德国公司; Astrium 空间运输公司,隶属于 EADS,是为国际航天站建造卫星与轨道基础设施的企业; OHB 系统公司,专门从事小卫星系统、分系统研制的企业,在小型商业卫星、小型研究卫星及相关分系统的研制、制造和操作方面处于欧洲领先地位; RapidEye,欧洲领先的空间数据服务商,如提供遥感卫星平台数据服务等
法国	法国是欧洲第一大航空航天工业强国。2011 年,法国航空航天产业销售收入为542.9 亿美元,同比增长 3.3%。其中,航天产业销售收入为 56.4 亿美元,占法国航空航天产业销售收入的 10.4%。2011 年,法国航空航天产业研发投资情况为 92.3 亿美元,占销售收入的比重为 17.0%。2011 年,法国航空航天产业出口总额为 331.4 亿美元	EADS,是仅次于波音公司的全世界第二大航空航天及防务公司,其著名品牌包括商用飞机制造商空中客车、世界最大的直升机制造商欧洲直升机公司及合资的世界第二大导弹制造商 MBDA 公司; Safran Group,世界领先的航空发动机和设备制造商,旗下 Turbomeca 是全球领先的直升机发动机制造商; SNECMA 是世界领先的航空航天器动力装置制造商; 达索航空,法国第二大飞机制造公司,世界主要军用飞机制造商之一; Arianespace 公司,在发射地球同步轨道卫星方面处于世界领先地位; Thales Group,全球领先的生产航空、防御及信息技术服务产品的电子高科技公司,旗下 Thales Alenia Space是欧洲领先的通信、防卫、导航及对地观测卫星设计与制造厂商
俄罗斯	俄罗斯继承了苏联的航空航天能力,但是连年的资金短缺使得近年来俄罗斯在国际航空航天市场的份额不断下降。俄罗斯目前占世界航天市场的份额不足 2%。尽管在 2011年,俄罗斯仍承担着全世界 40% 的航天发射任务,在俄罗斯国家 2015 年航空航天产业发展战略中,俄罗斯计划占据世界航天服务市场至少 15% 的份额。但是由于苏联时代遗留的航天设备老化,资金不足使得更新迟迟不能进行,俄罗斯航天发射的事故率不断增高。2011 年,俄罗斯在航天发射上多次失败,损失了 5 颗卫星和 1 艘货运飞船	俄罗斯联合飞机制造集团; 俄罗斯能源(Energia)公司,全球领先的轨道和空间火箭技术公司,是海射公司的主要控股方; 俄罗斯技术国家集团

国家	航空航天行业投资情况	具有代表性的企业
日本	日本是航空航天工业强国,2010 年,日本航空航天产业销售收入为 151.0 亿美元,同比增长 4.3%,从业人员为 3.14 万人,其中航天产业从业人员为 6865 人。其中,航天产业销售收入为 29.4 亿美元。据预计,2011 年,日本航空航天产业销售收入约为 157.5 亿元,其中航天产业销售收入约为 31.0 亿美元,占日本航空航天产业销售收入的 19.7%	三菱重工,日本最大的军工企业,主要生产火箭、战斗机、民用飞机等航空航天产品; 新明和工业株式会社,主要产品包括:救援用飞行艇和为波音及空中巴士客机开发零部件; 日本飞行机株式会社,为 F-1、F-2 等战斗机生产引擎等关键零部件; 富士重工,主要生产斯巴鲁汽车,兼制飞机、铁路车辆、发动机等; 川崎重工,是日本自卫队飞机和潜艇的主要生产商; 石川岛播磨重工,日本航空喷气发动机的主要制造商; 日本防卫厅技术研究本部第三研究所,日本军方唯一的航空科研机构
中国	近年来,我国航空航天产业取得了快速发展,产业规模不断扩大。2011 年,中国航空航天产业销售收入约为 292.9 亿美元,同比增长 18.1%,其中航天产业销售收入约为 16.4 亿美元。2011 年,中国航空航天产业研发经费投资约为 20.3 亿美元,占航空航天产业销售收入的 6.9%	中国航空工业集团,拥有"歼十""飞豹""枭龙"等军用飞机品牌,"新舟"系列涡桨支线飞机品牌,以及"太行""秦岭""昆仑"等发动机品牌; 中国航天科工集团,以航天防务、信息技术、装备制造为主业,建立了完整的防空导弹系统、飞航导弹系统、固体运载火箭及空间技术产品等技术开发和研制生产体系; 中国航天科技集团,拥有"神舟""长征"等著名品牌,主要从事运载火箭、人造卫星、载人飞船和战略、战术导弹武器系统的研究、设计、生产和试验等

9.2 航空航天行业自动化应用情况

本节主要从飞行器 GNC 技术、自动化制造技术以及信息化技术共 3 个方面,对航空航天行业的自动化应用情况进行介绍。

9.2.1 飞行器 GNC 技术

飞行器的制导、导航与控制技术（Guidance Navigation and Control，简称 GNC 技术）是自动化控制理论与方法在航空航天行业中应用的直接体现。下面就分别从航空和航天两个领域,对现有我国航空航天行业的应用情况进行阐述。

9.2.1.1 航空领域

在制导技术方面,对于导弹武器,目前已经突破了高精度中制导技术,形成了面向实际应用的通用小型 GNC 一体化制导系统产品,并已批量装备使用;复合制导、网络化协同制导等先进制导理论与方法正在逐步工程化,并走向实际应用。对于无人机,固定翼自动起降技术已经达到成熟水平;未知环境下的自主在线航迹重规划技术,于 2012 年完成了飞行验证,并达到了 ACI4 级水平。对于直升机,自动起降已达到实际应用水平,火/飞耦合自动对地攻击技术已经投入使用,无动力滑翔着陆技术已经用于型号的方案设计与飞行验证。

在导航技术方面，惯性元件技术、惯导系统技术、综合导航与飞行管理技术是 3 个主要发展方向。现阶段，我国惯性技术已经具备了一定的研发和生产能力，建成了一系列现代化实验室，拥有了一批惯性技术研究与生产队伍，研制出了种类丰富、具有自主知识产权的惯性仪表和系统。目前，已突破了激光/光纤/MEMS 捷联惯导系统的工程应用技术、多信息源综合/融合导航技术等关键技术。而且，激光捷联惯导系统已全面列装我国三代机、四代机、大运、舰载机等主力飞机，多惯导冗余、惯性/卫星深组合、惯性/天文组合、惯性/地形匹配、导航信息融合、四维制导等先进导航技术已开始逐步实现工程应用。

在飞行控制技术方面，我国已突破了电传飞行控制、局部光传控制、变权限自主智能控制、多操纵面综合控制、多余度/非相似余度软硬件配置与管理等多项先进技术；多余度电传飞行控制技术及系统于 2012 年顺利通过了搭载试飞试验，并成功验证了光位移传感器、光背板计算机等关键技术，现已全面列装我国三代机、四代机、舰载机、大运等有人机型号；射流管、伺服阀、直接驱动阀式作动器、串行背板总线计算机等先进飞控系统部件技术也已实现了型号应用；舰载机和大飞机的飞行控制系统以实现型号应用，并分别于 2012 年和 2013 年顺利通过了搭载试飞试验，实现成功首飞。

9.2.1.2　航天领域

在高精度、高稳定度控制与快速姿态机动控制技术方面，我国已在非线性滤波、控制建模以及智能自适应控制等方面开展了机理和方法的基础性研究。针对复杂航天器变结构、变参数及不确定性的特点，突破了甚高精度控制技术，引入了部分智能控制的思想和手段，并采用有效的测量和控制技术，提高了控制系统对复杂航天器不确定因素的适应能力，从而达到了航天器甚高精度控制和长期稳定在轨运行的目的。

在航天器自主运行技术方面，我国已完成了一定理论与方法层面的研究工作，并具备一定的基础。目前，自主故障诊断方法已可以对少量可预知故障实现设计，但受故障处理策略及方法等因素的限制，大部分故障诊断和处理仍需地面协助完成。因此，自主故障诊断与处理技术的工程应用方面有待突破。自主导航敏感器是实现深空探测航天器自主运行、自主导航的关键技术。我国现已为探月一期工程研制出用于环月姿态确定的紫外月球敏感器；目前，研制出的月面巡视探测器工程样机代表了目前国内的最高水平，并已在型号中得到成功应用。

在卫星星座/编队飞行的相对轨道和姿态的测量与控制技术方面，我国在国家有关计划的支持下已开始启动该领域的研究工作，并已经取得了一些成果。但基础理论研究偏薄弱，对于面向实际应用的编队飞行任务轨道及姿态控制技术的研究较少，特别是高精度相对姿态和相对轨道的测量技术研究还有待深入。

在载人航天交会对接技术方面，我国 GNC 技术及系统的新研产品比重占到总数的近 80%，采用了高精度定姿技术、具备大控制力矩输出能力的姿态控制执行机构，提出了配合交会对接、组合体控制等方法，从而解决了高精度和高稳定的姿态控制与快速的姿态机动协调统一的世界难题，使得大质量大惯量的天宫一号"动得快，稳得住"，在轨得到成功应用。

在航天器控制系统仿真验证技术方面，我国现已建立了多套（或个）具有自主知识产权的航天器姿态及轨道控制数学仿真软件、基于三轴转台的半物理仿真系统、基于气浮台的物理仿真系统、综合平动和转动模拟装置在内的大型仿真试验系统等，并建成了包括地球模拟器、太阳模拟器、星模拟器、GPS 模拟器等在内的具有多种目标模拟能力的目标模拟器，现已具备了进行多体复杂航天器、空间交会对接、系统故障诊断等航天器系统的仿真验证能力，以及关键部件和系统的仿真建模、验模能力。对于包含多挠性结构、新型推进剂贮箱的复杂航天器动力学，以及高精度空间力学环境和电磁环境的地面仿真，目前尚缺少可靠、高效的仿真方法和手段。

9.2.2 自动化制造技术

制造技术是理论方法与设计思想的物化手段，是航空航天行业发展的支柱和基础。随着技术的发展，随着新型航空航天装备对装配精度以及研制周期的要求越来越高，自动化制造技术在该领域发挥着越来越重要的作用。下面主要从钻铆、喷涂、对接、复合材料成型、装配等制造的几个主要方面，就自动化技术在我国航空航天行业中的具体应用情况进行介绍。

在自动钻铆技术方面，我国各大主机厂纷纷与研究院所及高校合作，研发了具有自主知识产权的机器人钻铆系统。比较有代表的成果包括：2010年，中航工业沈飞与北京航空航天大学合作，研制了制孔末端执行器，搭建了机器人自动制孔系统，用于铝合金、钛合金及叠层材料的制孔；通过切削力反馈优化主轴转速和进给速度等参数，在7075-T6铝合金板上加工6mm孔时，可将孔径误差控制在0.04mm以内，孔定位精度达0.3mm，制孔效率达到4个/min。2010年，中航工业成飞与南京航空航天大学针对飞机机翼部件的自动制孔需求，合作研制了壁板类部件/组件/零件数字化柔性装配、智能制孔系统。2011年，中航工业陕飞与浙江大学合作研制了机器人制孔系统，并用于某型机身后段制孔。2013年，中航工业西飞与西北工业大学合作研制了机器人制孔系统。上述系统尚不具备铆接功能。2014年，中航工业北京航空制造工程研究所研制了机器人数字化钻铆系统，可实现自动化制孔和铆接等功能。北京航空航天大学已经完成了自动化柔性机器人制孔系统、小型自动化机器人制孔末端执行器、振动制孔机器人系统和精益机器人系统共4款系统的研制，相关系统已得到应用，对国内相关研究产生了极大的促进作用，相关成果已获得2014年吴文俊人工智能科学技术进步奖三等奖。值得一提的是，中航工业承担的ARJ21-700飞机"自动钻铆系统改造"研制关键项目，通过不断完善自动钻铆托架系统调平装置等项目，从而使我国大型飞机装配技术首次实现由手工加工到自动化装配的彻底转变，填补了我国大型飞机机翼钻铆自动化生产的空白。

在自动化喷涂设备研制方面，我国相关研究机构及高校取得了一系列具有自主知识产权的超长特种喷涂机器人和大型多机器人喷涂系统，在喷涂机器人结构、控制、测量、软件、工艺和系统集成方面形成了一定的研究特色和技术优势，并已经取得了工程应用。具有代表性的成果包括：提出了飞机表面喷涂轨迹的规划方案和自动化喷涂作业的定位方法；根据该方法制订了多层次的喷涂控制程序结构，包括主逻辑层、控制程序层、辅助功能层3个层次。针对飞机自由曲面的均匀喷涂问题，研究了喷涂机器人喷枪的自动路径规划与速度优化方法，在保证喷枪速度满足要求的同时，使涂层的厚度方差最小。

在组部件和总装自动化方面，我国飞机自动化装配技术的应用，已经从组件装配拓宽到复杂的部件装配以及大部件对接过程中，并已突破了壁板自动钻铆、部件数字化检测、大部件装配等关键技术及装备的研发和应用。国内航空行业对于飞机部件的自动化装配技术已取得巨大突破：在国内民用航空制造领域，上飞公司开展了C919飞机部件数字化装配生产线的设计和建设；在某型运输机研制领域，成功研制了数字化装配系统，并应用于前机身、中机身、后机身、平垂尾等部件的装配，已初步探索出一个适合于我国航空行业发展的飞机部件自动化装配模式。

在飞机大部件自动对接各项分技术的理论和实验研究方面，我国相关企业、研究所和高校取得了一定的技术突破。具有代表性的成果包括：北京航空制造工程研究所，研究了多机器人协调操作系统在飞机大型部件对接中的应用，并建立了多机器人协调操作系统的运动学模型，对数字化测量系统的作用和构成进行了分析，并针对飞机大部件对接，研究了辅助装配流程、测量数据处理和测量环境的布置；北京航空航天大学，研究了基于激光跟踪定位的飞机部件对接的数字化柔性装配技术和原理，在激光跟踪仪二次开发软件包的基础上，开发了激光跟踪测量原型系统；浙江大学，提出了基于三坐标支撑柱的大型刚体位置和姿态调整系统，研制了大型飞机机身调姿与对接试验系统。

在复合材料成型自动化技术方面，航天材料及工艺研究所积极推动了复合该自动化技术在国内的应用与发展，特别是在激光铺层定位、自动铺带、纤维缠绕、自动铺丝等关键技术的工程应用研究取得了阶段性进展，实现了多项自动化成型的工程应用：采用自动下料和激光铺层定位技术，辅助进行手工铺层技术，下料准确度显著提高，降低了铺层取向误差，产品质量可以有效保证，可提高成型构件质量的稳定性，而且降低了劳动强度，提高手工成型的生产效率，对操作人员的技艺水平和施工经验要求显著下降。以大型筒形结构复合材料构件为目标，开展了自动铺带技术工程应用研究。突破了高性能干法预浸料制备技术，研制出了适于自动铺带使用的预浸料 JT300/605，实现了自动铺带用预浸料的批量生产；突破了预浸料分切技术，形成了各种幅宽的自动铺带用预浸带的分切制备能力，分切宽度达 10～150mm，分切精度为 ±0.5mm/100m，初步满足了现阶段航天复合材料自动铺带成型的原材料需求；掌握了自动铺带成型用筒形结构模具设计技术，在国内首次实现了复合材料自动铺带技术的工程化应用，研究成果已推广应用于多种航天产品的研制生产。已经开展了纤维湿法缠绕成型技术在航天结构件的应用开发研究。以典型曲面结构复合材料构件自动铺丝成型为应用对象，突破了自动铺丝用预浸丝分切技术；联合国内相关单位开展大型卧式自动铺丝机研制及配套软件开发，已完成了铺丝机及关键部件铺丝头的设计工作。

中国航天科技集团公司五院总环部，现已成功开发出具有自主知识产权的柔性力控的新型机械臂控制方式，在安装环境狭小的约束下，基于高灵敏度力传感器实现灵敏的碰撞检测防护，采用重力补偿、柔性力控的人机协作控制方法，成功完成了探月工程三期任务中 3 台大重量设备的安装，解决了困扰已久的装配难题，避免了传统方法存在安装磕碰风险高、容易损坏内部精密部件的不足，极大提高我国航天器装配的自动化水平，达到国际先进水平。

北京星航机电设备厂针对航天产品自动对接装配技术应用的可行性进行了分析探讨，并制定了航天产品自动对接装配的技术方案；北京卫星制造厂以卫星固面反射器天线为对象，开展了自动化装配技术在航天器产品高精度装配中的应用研究，提出了基于 6 自由度工业机器人与激光跟踪仪联动闭环控制的新型高精度装配模式，突破了高精度部件装调误差分析技术、测量与调姿的闭环控制技术等多项关键技术。同时，通过对自动化装配系统中执行机构分系统、测量分系统、工位布局分系统和中央集成控制分系统的建立，掌握了利用工业机器人作为装配执行机构的自动化装配技术，这对提升我国航天器装配研制水平，加快推进先进的数字化、自动化装配在航天产品中的应用具有重大意义。

9.2.3 信息化技术

信息化技术在航空航天行业特指：在生产和经营、管理和决策、研究和开发、市场和销售等各方面广泛应用现代信息技术，建立现代企业信息系统，从而不断提高生产、经营、管理、决策及研究开发方面的能力、水平和效率，最终提高我国航空航天行业的核心竞争力。近年来，我国航空航天企业信息化建设取得显著成效，已经广泛应用在产品设计、制造、管理的各个环节：诸如 CAD、CAPP、CAM、CAE、PDM、PLM 和 ERP 等单项技术与系统的应用比较普及，产品研制周期明显缩短，设计制造质量显著提高。

通过航空航天行业管理、资源、设计、制造的全方位信息化工程，最终达到以下目标：

① 实现信息的共享和传递速度，加强各地各部门之间的沟通与交流，提高工作效率；

② 确保整体信息流的畅通，例如产品各方面性能的仿真协同、设计协同等，有效开展工艺与设计的网上协同工作；

③ 提高总体设计能力，建立航空航天行业的设计知识库、仿真知识库和制造知识库等；

④ 提高制造过程信息化应用水平、建立工艺管理平台，实现制造过程计算机化、工艺流程管理及工艺信息与其他信息系统的集成、优化工艺和制造过程；

⑤ 建立产品设计、制造协同平台；

⑥ 加强管理信息系统的集成和共享，形成基于网络的、可视化的、高效的生产管理平台。

航空航天行业的信息化建设主要包括：企业总体的信息管理、研制与制造的协同，以及产品研制能力的提升共 3 个部分。

在企业总体的信息管理方面，企业资源计划（Enterprise Resource Planning，ERP）系统是指：建立在信息技术基础上，以系统化的管理思想为企业决策层及员工提供决策运行手段的管理平台。在航空航天企业中，由于需要涉及整体调动和资源整合很多，ERP 作为对企业资源进行有效共享和利用的系统，可以使航空航天行业达到整体的资源规划统一。

在研制与制造的协同方面，信息化主要为航空航天行业的科研生产服务。该行业的重大工程是一个多学科综合、多专业集成、多个子系统集成和多单位跨地域协同的庞大系统工程，其复杂性、研制周期以及研制过程中各种因素的不确定性，需要采取信息化手段进行约束，其设计与制造中涉及大量的信息系统，需要在严格的流程管理控制下实现这些信息系统之间的交互和协作，以支持并行的协同设计和制造。设计研制过程中，会涉及到成百上千个子系统、多种 BOM 表和多种变更管理。航空航天产品研制生产数据分散存放在各承担单位，大多数分系统和单机的研制生产数据没有实现集中存放和统一管理，上下游间难以保证数据的一致性和数据的有效重用。同时，近年来航天企业的研制与生产并重，设计与制造间的协同需求也很迫切。如此众多的系统、流程以及异构的数据协同实现集成需要一个统一的管理平台和集成环境。航空航天行业又与其他行业不同，对质量管理、产品可靠性的要求非常严格，每个零部件要能追溯生产制造源头。

PDM 主要针对的是产品数据管理，它以软件技术为基础、以产品为核心，实现对产品相关的数值处理过程、资源一体化的集成管理技术。PLM 是指产品生命周期管理，作为全局信息的集成框架，可有效实现资源集成和协同研发生产及精益化管理。所谓集成框架，即在异构分布式计算机环境中能使企业内各类应用实现信息集成、功能集成和过程集成的软件系统。PDM 和 PLM 可为航空航天产品的研制和制造创造协同工作环境。基于信息化协同工作环境，设计人员可以跨越空间的限制，利用计算机通信网络等技术实现资源共享，完成异地协同设计与协同制造。

重点需要实现下列两个方面的集成：

① PDM、PLM 与 CAD/CAPP/CAM 的集成；

② PDM、PLM 与 ERP 的集成。

ERP 与 PDM、PLM 的互通，可以最大限度地共享企业全部信息系统。将 PDM 和 PLM 技术引入航空航天企业的研制和生产过程中，对改进现有技术和管理流程有非常重大的意义，能在一定程度上解决航空航天企业在研制过程中信息与流程的集成与管理及协同。

在产品研制能力的提升方面，实现航空航天产品的三维全数字化定义设计与制造集成。CAD、CAPP、CAM 及 CAE 主要针对航空航天产品的研发及制造过程的信息化，在产品设计和制造加工的集成上提升产品的研制能力。从技术角度看，航空航天产品的研制过程涵盖现代科技的诸多领域，如机械、材料、电子、力学、声学、热学和能源等；多学科多性能的要求致使各种 CAE 之间需要协同，而在 CAE 仿真后进行的优化也需要 CAD 与 CAE 之间实现协同。在航空航天产品的研制技术方面（CAD 和 CAE），通过数字样机的建立，可以实现部件或整机的虚拟装配运动机构仿真、装配干涉检查、空间分析、管路设计、气动分析和强度分析等。综上所述，在航空航天产品研制中全面采用信息化技术，可实现三维数字化定义、三维数字化预装配和并行工程，建立产品的数字样机，取消全尺寸实物样机，使工程设计水平和产品研制效率得到极大提高，大幅度降低干涉、配合安装等问题带来的设计更改。CAPP 与 CAM 则指航空航天产品的制造协同。CAPP 包括工装设计系统建立和工艺系统。在工装分类和典型化基础上，建立各自的工装设计资源库；开发基于工装族和有工艺知识支持的专用辅助工装设计系统，加强工装标准化、组件化和系列化工作，显著提高工装设计效率；实现产品模型在工装设计过程中的信息共享，提高工装设计与产品设计的协同程度；进行基于三维模型的计算机柔性化组合夹具工装研究，使工装快速组合装配，满足型号不同研制阶段和状态的快速工艺准备需求。在工艺方面，针对产品制造过程中的铸造、数控加工、钣金成型、焊接等关键工艺过程，利用 CAE 进行计算机模拟的研究与应用，实现工艺方案的评估及优化；最终实现工艺流程的优化。CAM 方面，运用 CAD 进行制造过程的前期设计，利用 CAE 进行计算机模拟，实现 CAM 方式与过程的优化。总之，设计人员通过 CAD 完成设计，由专门仿真人员利用 CAE 完成设计多性能之间的协同仿真优化，通过 CAD 得到最终设计；而后通过 CAD、CAE 与 CAPP、CAM 的协同完成航空航天产品制造的过程。同时，运用两者之间的沟通，通过对航空航天产品的整体信息化建设，建立起 CAD 设计知识库、CAE 仿真知识库、CAPP 和 CAM 的制造工装知识库，使其成为航空航天企业在研发、制造方面的宝贵经验财富。

北京星航机电设备厂作为航天企业中的总装厂，通过各个专项技术改造项目，初步形成了一定规模和能力的制造体系。目前，从开展 MIS 应用，到建立工厂数控加工的 CAM 中心，企业积极开展了 MIS 和 CAD/CAM 单项技术的应用研究。企业结合专项技术改造，相继引进了三维机械设计软件（UG 和 SOLIDWORKS）、EDA 软件（PROTEL）以及图形工作站、服务器等设备，并形成了基本覆盖全厂（民品单位除外）的网络平台，应用了集成办公系统、电子邮件系统及 WEB 主页和生产管理系统等，初步具备了信息化应用的基本环境。2005 年起，企业启动实施了 MRPII 系统、基于数据库的开目 CAPP 系统和基于 PDM 的 AVIDM 系统，已经取得了阶段性成效。同时，实施完成了用户支持的"产品设计制造一体化工程（3DM 工程）"和国防科工委支持的"产品快速研制技术研究"课题，在柔性与人机协同的先进制造车间系统（AMS）建设、基于三维的计算机辅助工装设计、CAPP 应用、计算机辅助铸造模拟以及基于 ERP 理念的制造信息管理系统开发等方面都取得了一定成果。

企业信息化建设定位在一个逐步完善和不断发展的过程，既有统一规划和明确的中长期目标，又要根据企业的实际需要与可能，划分建设的阶段与步骤。实施信息系统的原则是要快捷、有效地解决一个或数个问题，做到"走小步，步步有效；不停步，持续发展"。本着"三分技术、七分管理、十二分数据"的理念进行。同时采取"长远规划、分步实施、重点突破、先易后难"的实施原则。具体实施情况如下。

在深化企业协同产品研制管理系统（AVIDM 系统）开发与应用方面，AVIDM 系统在文档管理方面实现系统现有流程模板全型号应用，在此基础上逐步将 WORD 类型文档分阶段地全部进入系统；实现工装设计的图档管理和过程管理；文档管理延伸到档案图书、情报与成果管理等部门。与设计部一起开展产品结构树建立、产品图档和设计文件的传递、系统内设计与工艺协同会签等工作；实现质量管理中的文档和过程管理。

在深化制造资源规划系统（MRPII 系统）开发与应用方面，MRPII 系统完成以生产管理、物资管理和质量管理为主线的实施任务，并开展统计、工时定额、成本、计量、设备等其他子系统的实施，同时实现与 MRPII 系统中生产和物资模块的集成。

在深化计算机辅助设计系统开发与应用方面，CAPP 系统及工艺协同管理系统建设进行CAPP 系统工艺规程设计型号的推广应用，实现老版本 WORD 工艺规程、大恒 CAPP 数据到开目 CAPP 数据的转换。建立厂级相关工艺资源库，开展典型工艺应用等深层次工作，继续完善开目 CAPP 系统。

在计算机辅助工装设计系统建设方面，全面应用计算机辅助三维工装设计，在工装分类和典型化的基础上，建立各自的工装设计资源库；开发基于工装族和有工艺知识支持的专用辅助工装设计系统，加强工装标准化、组件化和系列化工作，显著提高工装设计效率；实现产品模型在工装设计过程中的信息共享，提高工装设计与产品设计的协同程度；进行基于三维模型的计算机柔性化组合夹具工装研究，使工装快速组合装配，满足型号不同研制阶段和状态的快速工艺准备需求。

在关键工艺过程的模拟分析系统建设方面，针对产品制造过程中的铸造、数控加工、钣金成型、焊接等关键工艺过程，继续开展计算机模拟的研究与应用，首先实现单个工艺过程的计算机模拟仿真，实现工艺方案的评估及优化；在此基础上，根据技术成熟情况，开展不同工艺过程的协同模拟分析，如焊接与热处理的协同分析等，进一步实现工艺流程的优化。

在深化制造执行系统（MES 系统）的开发与应用方面，在已建立的车间级系统基础上，引入制造执行系统（MES 系统）理念和相关技术，在完善系统和深化应用的基础上，完成车间制造执行系统建设，同时实现与 MRPII 系统的信息集成。

9.3　航空航天行业自动化新技术、新成果

本节根据航空航天行业中自动化相关的部分研究所和企业的调研情况，从获奖项目和新产品两个方面，对航空航天行业自动化的新技术、新成果进行阐述。

9.3.1　获奖项目介绍

9.3.1.1　北京控制工程研究所

北京控制工程研究所隶属中国空间技术研究院，始建于 1956 年 10 月 11 日，前身为中国科学院自动化研究所，是我国最早从事卫星研制的单位之一。在几代航天科技工作者的不

第
9
章

293

懈努力下，研究所已发展成为集研究、开发、设计、生产、试验于一体，技术力量雄厚，专业配套齐全，基础设施先进，军、民结合协调发展的综合性工程技术研究所。该所主要从事空间飞行器姿态与轨道控制系统、推进系统及其部件的设计和研制以及工业控制系统的研究应用工作，在国内外享有较高声誉。我国已成功发射的卫星、飞船等航天器制导、导航与控制系统、推进分系统及其部件，绝大部分是由该所研制生产的，为我国航天事业的发展做出了重要贡献。

该所在卫星姿态与轨道控制技术、航天器自主导航与控制技术、飞船逃逸救生控制技术、飞船再入控制技术、深空探测器轨道控制技术等方面已跨入世界先进行列，先后共获得国家发明和国家科技进步奖近50项，全国科学大会奖10余项、国防和省部级奖400余项。

9.3.1.2 北京航天控制仪器研究所

北京航天控制仪器研究所始建于1960年，现隶属于中国航天科技集团公司第九研究院。该所主要从事平台惯性系统、捷联惯性系统、仪器仪表、电磁元件、电机与电器、机电一体化测试设备、惯性技术及其基础技术的开发、研制和惯性系统的总装生产。该所研制的多种平台惯性系统与捷联惯性系统及其配套的专用测试设备广泛应用于导弹武器、长征系列运载火箭及神舟飞船等30多个型号工程，涉及多个不同领域。

该所成立近60年来，共获得国家发明奖和国家科学技术进步奖数十项，部级以上各种科技成果奖220余项，并取得了多项专利授权。

9.3.1.3 北京自动化控制设备研究所

北京自动化控制设备研究所创建于1965年，隶属于中国航天科工集团第三研究院。该所研发与生产各种类型的导航系统、自动驾驶仪、控制系统、仪器仪表和控制部件等产品，并为定位定向、大地测量、地震仪器、石油钻井等军用和民用领域提供惯性产品及技术服务。

历年来，北京自动化控制设备研究所获国家和部级科学技术进步奖150余项，其中包括：特等奖1项，一等奖4项，二等奖1项；获国防专利授权81项。

9.3.1.4 中国航空工业洛阳电光设备研究所

中国航空工业洛阳电光设备研究所成立于1970年，隶属于中国航空工业集团公司。该所主要从事航空电子和技术、火力与指挥控制系统理论和技术、计算机硬/软件与数据总线、光学与电子显示技术、自动控制技术的研究，同时开展陀螺传感器技术等研究和生产。该所拥有专利授权32项、获奖1000余项。

9.3.1.5 中国航空工业西安飞行自动控制研究所

中航工业西安飞行自动控制研究所正式成立于1960年3月，其前身是1956年在北京创建的原第二机械工业部四局航空仪表设计室；1960年，扩建为航空仪表自动器研究设计所，迁址至陕西省临潼县；1965年，划属第三机械工业部六院，迁址至陕西省户县，更名为三机部六院第30研究所；1968年，划属中国人民解放军国防科学技术委员会，更名为"中国航空工业西安飞行自动控制研究所"；1982年，划属航空工业部，更名为"航空工业部第618研究所"；1990年，迁址至陕西省西安市电子城（高新技术开发区），隶属中国航空工业集团公司，所名为中航工业第618研究所，第二所名为西安飞行自动控制研究所。

该所主要从事飞行控制系统、导航系统、制导系统及各种配套元器件的开发研制和小批量生产，涉及的技术领域主要包括：飞行控制、综合控制、惯性导航、组合导航/制导、电子与计算机、液压控制、传感器和仿真等。该所配备有精密机械加工、光学加工、先进电装设备、微电子机械生产线，以及相应的测试计量和环境试验设备，具有机械、电子、光学、硅微等产品的批量生产能力。该所还研制开发多种高技术民用产品，并提供多领域的技术服务，其中包括：民机装备研制、航空产品维修、转包生产、地面检测设备研制等。

1979 年以来，该所先后有 280 多项产品和技术获得国家和省、部级科技成果奖。其中，获国家科技奖 22 项，国家发明奖 1 项，国防科技奖 47 项，省、部级科技奖 110 项，集团科技奖 92 项，陕西省及西安市国防科技奖 15 项，获专利授权 86 项。

9.3.1.6　中国空空导弹研究院

中国空空导弹研究院隶属于中国航空工业集团公司，是国家专业从事空空导弹发射装置、地面检测设备和机载光电设备及其衍生产品研制及批量生产的研究发展基地。该研究院创建于 1961 年，地处洛阳市解放路，主要以小型捷联惯性导航系统总体设计与仿真技术、小型捷联惯性导航系统误差建模与标定技术、小型捷联惯性导航系统试验与评估技术、小型捷联惯性导航系统电路设计与测试技术为研究方向，研制了各种空空导弹用捷联惯性制导系统，包括激光、光纤、挠性、MFMS 等系统。目前，该研究院承担着捷联惯性导航系统测试与标定技术研究、机载武器惯性导航传递对准数字仿真系统技术研究、微小型捷联惯性导航系统技术研究、新型旋转调制式惯性导航系统研究等型号研制、生产任务和预先研究课题和新型导航技术研究等项目。曾获部级科技进步成果奖 10 余项。

9.3.1.7　上海航天控制技术研究所

上海航天控制技术研究所是由原上海新跃仪表厂和上海航天控制工程研究所于 2009 年重组后成立的，隶属中国航天科技集团公司第八研究院。该所主要承担卫星、运载火箭和战术导弹的制导、导航与控制系统，便携式防空导弹的研制和批产；载人飞船推进分系统与对接分系统配套关键单机的研究、设计、试验、生产以及航天技术应用产业与航天服务业的经营与开发。在惯性技术和自动控制方面，主要从事战术导弹自动驾驶仪、控制舱、舵机舱、惯性器件、舵机、红外制导部件和航天器用伺服机构、陀螺组合，卫星、火箭控制系统及导航平台，卫星用执行机构（偏置动量飞轮、反作用飞轮、磁悬浮飞轮等）和姿态敏感系统，载人飞船控制驱动装置、手动控制器，以及电动和液压仿真和试验转台等的研究、设计、生产、试验工作。

历年来，该所获国家和省部级科技成果奖近 350 项、国家专利授权 60 余项。

9.3.1.8　西安航天精密机电研究所

西安航天精密机电研究所始建于 1966 年，其前身是 1965 年由中科院组建的"157 设计室"。1966 年，迁址至陕西省凤县，对外名称"陕西苍松机械厂"。1967 年，划归第七机械工业部一院，后曾划属中国航天科技集团公司 067 基地，现隶属于中国航天电子技术研究院。该所主要承担各类导航器件及其地面测试设备的研究、设计、试验和批生产。

20 世纪 70 年代初，西安航天精密机电研究所研制成功了液浮陀螺稳定平台，后来又进行了挠性、激光捷联惯性组合研制。完成了惯性器件制造领域一批较为成熟的工艺规程的研发，涉及精密机械加工及测量、铝合金铸造、金属材料热处理、理化分析及无损探伤、磁性材料处理及测试、锻造、激光焊接、表面处理、电子元器件筛选、电子产品装联、力学环境和精密离心机实验以及惯性器件装配与试验等专业。该所拥有各类精良的加工设备 900 余台，各类检测仪器仪表近 9000 台套，可满足大批量高精度产品生产加工的需要。

先后获国家和省部级以上重大科技成果奖 120 余项，多个型号产品获得国家科技进步特等奖、一等奖、二等奖，国防科学技术进步一等奖和二等奖，同时拥有国防发明专利和实用新型发明专利授权 30 余项。

9.3.1.9　北京航天时代光电科技有限公司

北京航天时代光电科技有限公司是在北京航天控制仪器研究所光纤惯性导航技术研究基础上组建的专业化高新技术企业，隶属于中国航天科技集团公司的中国航天电子技术研究院。该公司主要研发新型惯性导航和特种光电传感技术，包括：光纤陀螺及系统、MEMS惯性仪表及系统、光纤电流互感器和光纤水听器等特种光电传感系统。研制的光纤陀螺及其系统主要应用于导弹武器、卫星和载人飞船等载体。全光纤电流互感器应用于电力行业。

20 余年来，该公司致力于光纤陀螺技术的工程化应用，在高、中、低精度光纤陀螺的研究和工程化方面攻克了大量工程应用的关键技术难题，在光纤陀螺实用化方面取得重大进展。以光纤陀螺工程应用技术为基础，在航天应用领域攻克了惯性器件长寿命、高可靠性和空间环境适应性等关键技术难题，实现了光纤陀螺技术在卫星和载人飞船上的成功应用，其光纤陀螺仪技术及应用的综合技术水平达到国际先进水平。

该公司先后获国家技术发明奖、国家科技进步奖、国防科学技术奖、中央企业青年创新奖等多项奖励，拥有数十项专利授权（含国际专利）、多项软件著作权，负责编制了十余项《光纤陀螺仪测试方法》《微机电捷联惯性测量装置测试方法》等国家军用标准，建立了光纤陀螺用光电子器件技术规范等一系列行业标准。

9.3.1.10　湖北三江航天红峰控制有限公司

湖北三江航天红峰控制有限公司是 1970 年建设的国营红峰机械厂改制而成，现隶属于中国航天科工集团第四研究院（中国三江航天集团）。该公司是集自动控制技术、伺服技术、惯性技术与系统综合测试技术专业研究、开发、生产、服务为一体的科研生产型企业，拥有各类现代化设备近 400 台套，具备先进的现代精密加工、机械装配、无线电装联等制造技术。

该公司以航天自动控制技术、伺服技术、惯性技术与系统综合测试技术为核心，承制航天产品和"神舟"飞船配套产品，为国内用户提供伺服机构、自动控制系统、惯导系统、智能机器人、税控收款机等复杂电子产品和中、小型机电一体化产品的项目开发、技术服务、产品制造。

累计获省部级以上科技成果奖 13 项。

9.3.1.11　陕西宝成航空仪表有限责任公司

陕西宝成航空仪表有限责任公司始建于 1955 年，2002 年改制为有限责任公司，隶属中国航空工业集团公司。该公司是中国航空工业集团公司研制导航、控制、制导产品的骨干企业，国家一级计量单位。

该公司致力于工艺技术和研制项目工程化的研究和实践。形成了稳定、可靠、合理的制造工艺流程，具有集精密机械加工、表面处理、橡塑冲压、部装、总装、各类试验及工装、模具、测试设备制造为一体，工艺种类齐全的生产制造体系。现有军品科研生产设备仪器 3000 余台套。其中，精密加工设备和测试设备 300 余台套，具有年产 200 多架份、4000 台套以上的生产能力。

该公司拥有专利授权 6 项、商标 2 项；有 60 余项科研成果获得省部级以上科技（技术）进步奖。

9.3.1.12 湖南航天机电设备与特种材料研究所

湖南航天机电设备与特种材料研究所成立于 1991 年，隶属中国航天科工集团 068 基地。该所主要从事浮空器、制导与测试设备、地面测发控设备、电动舵机以及微特电机的设计、开发与生产。该所设有国家级国防检测、校准实验室、国防工业二级计量站。该所研制的浮空器（飞艇和系留艇）、挠性陀螺测量组合、光学陀螺测量组合、导弹系列地面电源和自动升降天线杆等产品，在导弹武器、神舟飞船等数十项型号工程和不同领域中得到应用。

先后获得航天部科学技术进步二等奖、航天部科学技术进步成果奖、湖南省国防科技工业系统科技成果推广一等奖、湖南省国防科技工业系统科技成果推广二等奖等奖项 10 余项；部级以上各种科技成果奖 40 余项，并取得了多项国家专利和国防发明专利授权。

9.3.2 新产品介绍

9.3.2.1 北京控制工程研究所

（1）高速图像仿真测试平台

高速图像仿真测试平台用于对光学敏感器及其线路控制器的模拟与测试。该平台对敏感器的测试主要实现图像的接收、显示、存储及分析；对于线路控制器的测试主要实现图像的生成及发送，并且接收线路控制器下发的图像数据，以验证闭环线路控制器算法是否正确。

该平台提供了从元器件级别到整机级别完备的软硬件仿真测试环境，在高速数据存储、图像处理方面达到了国内先进水平，可以满足国家前沿卫星上高分辨率相机的相关测试与验证。该平台具有体积小、重量轻、外观时尚、扩展能力强的特点，能够为不同用户定制相匹配的服务。目前，已在多个用户的实际型号项目中使用，其中部分项目已完成了实验及验收工作，用户反映良好，为用户提升了产品研制及测试的效率。

（2）5kW 多模式磁聚焦霍尔推进系统

5kW 多模式磁聚焦霍尔推进系统，可以工作在多个工作点，系统由推力器、电源处理及滤波单元、控制单元、贮供单元、矢量调节结构组成。目前，各单机已经完成工程样机的研制，性能指标达到预期水平。

（3）甚高精度星敏感器

甚高精度星敏感器采用高分辨率 APS 成像器件和无热化高像质光学系统的总体设计框架，突破了低频误差修正、高信噪比低噪声头部电路、高稳定光机结构设计、高精度星表设计等关键技术，适用于各类卫星平台。作为目前国内卫星平台应用的最高精度星敏感器产品，该敏感器是我国高分工程实现自主可控的最关键单机产品。

（4）微型星敏感器

微型星敏感器通过对空间恒星成像，采用图像匹配的方法确定星敏感器光轴在惯性空间的指向，利用与载体的安装关系确定载体姿态，可广泛用于空间飞行器、无人机等飞行载体。该产品现已突破微小型光机电一体化技术，技术指标达到国际领先水平，适用于对重量和功耗都有严格限制的微小型飞行载体，具有很高的性价比。

（5）纳型星敏感器

纳型敏感器主要面向低成本、短寿命以及在空间、功耗、质量等方面有严苛要求的应用平台，其广泛采用高集成度 COTS 部组件，极大简化了设计加工过程，易于批量生产，同时在星表和识别算法进行了优化设计。

通过与国际同类产品对标测试，体积与重量接近国际同类产品最小，而精度和更新率等指标优于国外同类产品，是性价比最高的星敏感器产品。

（6）小型中心控制单元

小型中心控制单元是综合采用 SiP 和 SoC 技术实现的，面向微小卫星和纳卫星应用的中心控制计算机产品，具有性能高、体积小、重量轻、功耗低等明显的技术优势，同时具有成本低和可靠性高的特点，各项指标均达到国际先进水平。并已经在轨应用，工作时间超过半年，且工作稳定良好。

（7）微型机电一体化太阳帆板驱动机构

太阳帆板驱动机构（SADA）能够带动太阳电池阵按照顺时针或逆时针方向转动并跟踪太阳，将电能和太阳电池阵的信号传输给卫星。该新产品基于机电一体化设计和敏捷制造的研发理念，是一种体积小、重量轻、集成度高、成本低的太阳帆板驱动机构，能够获取比表贴式太阳电池或固定太阳电池阵更大的太阳能输入，并大大减小太阳电池阵的体积和重量。

（8）5Nms 变速控制力矩陀螺

5Nms 变速控制力矩陀螺为机电一体化装置，由控制力拒陀螺本体（包括高速组件和框架组件）、线路组件组成，具有转子转速变速、体积小、重量轻、功耗低等特点。

（9）固体冷气微推进模块

固体冷气微推进模块主要包括：冷气生成器、储气室、控制驱动电路、传感器等组成。压力传感器实时检测气室压力，当低于一定阈值时，控制驱动电路驱动发生器工作，产生低温氮气，提供给气室，并根据控制指令有微型电磁阀控制推力器开关，产生微纳卫星姿轨控所需推力和力矩，具有无需高压贮存、功耗低、贮存时间长、便于货架式管理、即插即用等特点。

（10）ADN 推进系统模块

为适应我国航天器无毒化需求，开展了基于 ADN 推进剂的无毒推进系统研究，沿用目前成熟的单组元推进系统结构，可选用现有的常规单组元推进系统部件，兼具了单组元推进系统结构简单和比冲较高的特点。目前，已突破了系统模块集成、快速加注、推进剂长期贮存、推力器低温启动等关键技术，部分性能指标达到国际先进水平。

（11）全新一代 10N 推力器

10N 推力器组件是长寿命卫星双组元推进系统的关键部件之一，其作用是：星箭分离后，为卫星转移轨道和地球同步轨道运行阶段提供轨道和姿态控制所需的力和力矩，确保卫星能够完成轨道转移和进入地球同步轨道后的姿态控制及位置保持。该产品由电磁阀、喷注器、推力室、温控装置共 4 个部分组成。推进剂通过电磁阀后，经过喷注器的雾化作用，在推力室内掺混和燃烧等，产生推力，具有高性能喷注、高温抗氧化、快速响应等技术特点。目前，该产品处于出样研制阶段。

9.3.2.2 北京航天控制仪器研究所

在平台惯性技术方面，北京航天控制仪器研究所针对高精度、高可靠、长寿命、全姿态、自检测、自对准、自标定补偿、复合制导等技术不断进行技术更新，提高工程化水平，并在高精度导航系统用特种材料的精密加工、高精度支撑等高新技术研究方面取得重大突破，显著提高了高精度导航技术的水平。

在捷联惯性技术方面，针对高精度捷联惯性导航技术、捷联惯性测量系统可靠性和长期稳定性技术、自对准和传递对准技术、微小型捷联惯性测量系统技术、多模复合导航技术以及多表冗余容错技术等技术方向，不断进行技术更新，提高工程化水平，已有多项关键技术和产品应用于海、陆、空、天及民用等不同领域。

具有代表性的新产品主要包括如下。

（1）平台系统

① 三轴静压气浮陀螺平台系统，由静压气浮陀螺及陀螺加速度计等构成，适用于各种运载火箭的制导系统。

② 四轴挠性动调陀螺平台系统，由动力调谐陀螺、挠性摆式加速度计等构成，适用于各种运载火箭的全姿态制导系统。

③ 新型小型化平台系统，由高精度陀螺仪及加速度计等构成，适用于高性能航天飞行器。

（2）捷联惯性导航系统

主要包括：高可靠性多表冗余捷联惯性系统、高精度捷联惯性导航系统、高精度自寻北速率方位定位定向系统、挠性捷联惯性/卫星组合导航系统、中高精度挠性捷联惯性测量系统、微小型捷联惯性导航系统、捷联 POS 系统等，适用于各种导弹、火箭、卫星、舰船、车辆等载体的惯性导航/制导系统。

（3）仪器仪表

主要包括：速率陀螺仪、动力调谐陀螺仪、静压气浮陀螺仪、静压液浮陀螺仪、气浮摆、横法向稳定仪、线性加速度计、金属挠性摆式加速度计、静压气浮陀螺加速度计、静压液浮陀螺加速度计、陀螺寻北仪、微重力测试仪等惯性仪表，可测量载体的速度、角速度、加速度、重力加速度及方位等参数，适用于配套构成平台、捷联等惯性测量、导航、制导、定位、定向、寻北、测斜、重力测量等系统和仪器。

（4）机电元件

主要包括：BQD-2 半球形动压马达，ZS-1 帧扫电机，导电滑环，WS-1、WS-2、WS-3 和 WS-4 型永磁无刷直流电机等。

（5）高精度转台及特种测试设备

主要包括：DB 系列单轴台、SA 双轴位置转台、CB 带温箱双轴转台、VA 型三轴转台、TC 型三轴转台、CD 型带温箱三轴转台和 I.A 离心机等。

（6）MEMS 仪器仪表

主要包括以下 2 种：

① 梳齿式 MEMS 加速度计，主要型号：JSD-WX3C-1A、JSD-WX3C-1B、JSD-WX3C-1C；

② 线振动全闭环 MEMS 陀螺仪，采用双解耦结构、对称设计、驱动模态振幅和频率反馈控制、检测模态力平衡闭环反馈和静电调谐等技术，具有抗大角速度、耐大冲击、较好的温度特性、较大的工作带宽、机械灵敏度高等特点。

9.3.2.3　北京自动化控制设备研究所

具有代表性的新产品主要包括如下。

（1）系统

主要分为以下 5 种。

① 自动驾驶仪，由惯性组合、控制组合、测高系统及舵系统组成。其中，惯性组合完成对飞行器的航向、姿态角的测量，惯性器件由常平架陀螺或挠性陀螺及角加速度计等组成。

② 平台惯性导航系统，由挠性陀螺、石英挠性加速度表、台体及环架组成，分为三环平台系统和四环平台系统，其台体以内由方位或指北方位跟踪当地地理坐标系，可以为有人或无人飞行器和地面车辆的定位、定向提供导航及姿态角信息。

③ 捷联惯性导航系统，由液浮、挠性、激光或光纤陀螺和石英挠性加速度表及电子线路和计算机构成，可以为有人或无人航天器和航空器以及地面车辆的定位、定向提供导航及姿态角等信息。

④ 惯性组合导航系统，主要包括：惯性/星光、惯性/卫星、惯性/重力、惯性/地形、惯性/多普勒等惯性基组合导航系统，适用于各种不同载体。

⑤ 定位定向系统，以惯性导航系统为主体，辅助车辆采用里程计和气压高度表，提供全自主、全天候、高精度的定位和航向信息，可应用于导弹发射车、坦克、自行火炮、雷达车和火箭炮发射阵地等。主要包括：机电惯性仪表定位定向系统和激光陀螺定位定向系统等。

（2）仪器仪表

主要包括以下 2 种。

① 陀螺仪，具体包括：DT-02、DT-06 和 DT-07 系列动力调谐陀螺仪，RLG-08、RLG-15、RLG-27、RLG-27（三轴）和 RLG-308（四轴）系列激光陀螺仪，TG-02、TG-03、TG-04、TG-06、TG-11 和 TG-13 型光纤陀螺仪，液环式角加速度计，石英音叉陀螺仪等。

② 加速度计，具体包括：JN-06、JN-07 和 JN-11 系列石英挠性加速度计和石英振梁加速度计等，适用于车辆导航、航海导航、空间微重力测量、井孔地层密度测量、重力测绘、地震监视、火山爆发重力变化监测等领域。

9.3.2.4　中国航空工业西安飞行自动控制研究所

中国航空工业西安飞行自动控制研究所的主要产品包括：中高精度航空用平台式惯性导航系统，中低精度捷联惯性参考系统，惯性/DGPS 精确着陆引导系统，车载定位定向系统，光轴稳定平台，激光陀螺捷联惯性导航系统，激光陀螺惯性测量组合，各种挠性陀螺、挠性加速度计、激光陀螺、单晶硅摆式加速度计，各种惯性导航仿真器、惯性导航系统检测设备、便携式陀螺寻北仪等。

此外还有相关产品：各类数字式、模拟式、数模混合式飞行控制计算机，多余度电液伺服作动器、电动舵机，各类电液伺服阀、线/角位移传感器、驾驶杆力传感器、驾驶杆位移传感器、脚蹬位移传感器，各种微特电机、旋转变压器等。

具有代表性的新产品主要包括如下。

（1）导航系统

主要包括以下 5 种。

① 挠性陀螺平台惯性导航系统，采用 GPS/GLONASS 双体制卫星接收机与惯性导航组合。

② 激光陀螺捷联惯性导航系统。

③ 挠性陀螺捷联惯性参考系统。

④ 光纤捷联航向姿态系统，采用开环光纤陀螺、单晶硅加速度计作为惯性元件，提供载体航向、姿态信息。

⑤ 硅微惯性组合导航系统，提供姿态、航向解算，可与卫星接收机组合，进行导航解算，提供载体经纬度、高度和速度等信息。

（2）仪器仪表

主要包括以下4种。

① 挠性陀螺。

② 激光陀螺，主要包括：全固态磁偏频激光陀螺、抖动激光陀螺和零闭锁激光陀螺等。

③ 光纤陀螺，主要包括：开环光纤陀螺和闭环光纤陀螺等。

④ 加速度计，主要包括：挠性加速度计、单晶硅加速度计、光电加速度计、硅微加速度计等。

9.3.2.5　中国空空导弹研究院

中国空空导弹研究院具有各类高精尖仪器设备一万余台套，涉及红外成像制导、激光制导等100多个专业领域；同时，还具有精密制造、成型、光学加工、电子装配等工艺手段和计量、理化、环境等试验设备。

该院具有由测量组件全温测试、误差建模与标定设备、电路设计与测试设备、精密离心机系统、高精度全温加速度计测试系统、大角速率全温陀螺测试系统、快速传递对准总体试验与精度评估系统、高精度三轴转台试验系统、惯性导航车载试验系统、新型导航系统研究和试验系统、小型捷联惯性导航系统总体设计与仿真单元等系统和设备构成的捷联惯性导航系统科研、生产一体化平台，可进行空空导弹陀螺及加速度计温度建模及误差测试、惯性测量组件测试、建模与标定、快速传递对准研究设计、捷联惯性导航系统设计、组合导航系统设计、空空导弹捷联惯性导航系统性能评估等方面的科研、设计、生产及试验工作。

9.3.2.6　上海航天控制技术研究所

在平台系统方面，主要以运载火箭为应用对象，以高精度、高可靠性、自检测、自对准、自标定补偿、复合制导、精密加工为技术发展方向。在捷联惯性系统方面，主要以战术导弹武器和航天产品为应用对象，以高精度、小体积、高可靠性、高稳定性、自对准和传递对准、组合导航、冗余容错技术为发展方向。在陀螺组合方面，主要以战术武器导引头控制、航天产品、坦克等为应用对象，以高精度、小体积、高可靠性、高稳定性、冗余容错技术为发展方向。在陀螺仪方面，主要为惯性系统、惯性组合和控制系统提供自由陀螺、液浮陀螺、光纤陀螺、挠性陀螺、加速度计等惯性仪表，并向用户提供产品及技术服务。在飞轮/控制力矩陀螺方面，主要以卫星等航天产品为应用对象，以长寿命、高可靠性、高稳定性、冗余容错技术为发展方向。在测试设备方面，主要提供先进高低温速率位置转台、角振动台、多自由度飞行仿真转台、驾驶仪测试系统、惯性仪表测试系统等。

具有代表性的新产品主要包括如下。

① 自动驾驶仪。由惯性测量装置、弹上计算机、液压（电动）舵机系统组成。

② 系统。主要包括以下2种：

a. 三轴动力调谐陀螺稳定平台系统；

b. 捷联惯性测量系统。

③ 仪器仪表。主要包括以下 2 种：

a. 陀螺仪表，主要包括：动调陀螺系列、半液浮陀螺系列、速率陀螺系列、光纤陀螺仪系列和自由陀螺仪系列等；

b. 加速度计，主要包括：摆式线加速度计、摆式加速度计、挠性加速度计等。

④ 飞轮及控制力矩陀螺。

⑤ 测试设备。主要包括以下以下 3 种。

a. 转台，主要包括：高精度速率转台、温控速率转台、角振动台、摇摆台和多轴飞行仿真转台等。

b. 惯性装置测试系统，主要包括 3 种。

• 自动驾驶仪动态测试系统，可以对自动驾驶仪的滚动、俯偏回路进行全弹道测试及定点测试，对动态特性进行全面的测试，并具有数据分析和处理功能。

• 自动驾驶仪综合测试系统，用于在常温和例试两种状态下对自动驾驶仪进行综合测试，使用"自动驾驶仪综合测控软件"进行自动测试。主要技术特点：具备系统自检功能；具备较高的测试精度、可靠性、稳定性和抗干扰性；具备在全温度环境条件下提供高精度姿态运动模拟的功能；具备友好的人机界面及一键式操作功能；具备较大的应用灵活性，可自由选择单项测试、连续测试；具备强大的数据管理、图形显示及打印功能；具备较高的自动化程度，在 5~20min 即可完成全部 15 个测试项目的自动测试。

• 动调陀螺平台测试系统，可全自动完成加速度计精度测量、陀螺漂移精度测试、程序机构精度测试、姿态角和安全角精度测试、调平精度测试、各类回路极性检测、各类电压参数监测、平台加温控制等功能。

c. 惯性仪表测试系统，主要包括：自由陀螺测试系统，可对陀螺所有输出信号进行测试、数据处理、保存并打印；速率陀螺测试系统，可对陀螺所有输出信号进行测试、数据处理、保存并打印；加速度计测试系统，可对加速度计所有输出信号进行测试、数据处理、保存并打印；光纤陀螺测试设备，可对陀螺各项性能参数进行测试。

9.3.2.7 中国航空工业洛阳电光设备研究所

具有代表性的新产品主要包括如下。

(1) 飞机综合电子备份仪表

飞机综合电子备份仪表是为了满足飞机应急状态需求而研制的产品。该产品集捷联惯性姿态系统和大气数据计算系统于一体，能够综合显示飞机的航向、姿态、高度、窄速等信息，在飞机电源出现故障或航电设备受损的情况下，向驾驶员提供必要的飞行信息，保证飞行安全。

(2) 仪器仪表

主要包括 TN1 动力调谐陀螺仪和 TN4 动力调谐陀螺仪。

9.3.2.8 西安航天精密机电研究所

具有代表性的新产品主要包括如下。

(1) 系统

主要包括以下 10 种。

① 三轴液浮陀螺稳定平台系统，适用于 $40g$ 的飞行过载。具有射前自标定及方位自对准功能 (σ 不大于 $58''$)，并具有三向减振、六位置调平、陀螺漂移硬件补偿、平台倒台保护

等功能。

② 挠性捷联惯性测量组合，主要包括：NZ-1 型、NZ-2 型、NZ-3 型、NZ-4 型和 NZ-5 型等。

③ YF-1 型液浮捷联惯性测量组合。

④ YFS-1 型液浮速率捷联惯性测量组合。

⑤ GWZ-1 型硅微捷联惯性测量组合。

⑥ GPS/SINS 组合导航系统。

⑦ JWT-1 型激光蛙艇捷联惯性测量组合，主要功能包括：测量沿蛙人输送艇 3 个轴向的视加速度和绕 3 个轴的转动角速度；与主控计算机进行实时半双工通信，并给出同步信号；具有上电自检、上报自检信息、故障初步定位等功能。

⑧ 车载激光捷联/GPS 组合导航系统。

⑨ 陀螺寻北仪，具有全天候、快速、准确自主寻北功能。

⑩ 捷联方位测量系统。

（2）仪器仪表

主要包括以下 8 种。

① 速率陀螺仪，主要包括：ST-1 型和 ST-2 型等。

② YT-1 液浮速率积分陀螺。

③ 挠性陀螺仪，主要包括：NT-1B 型和 NT-5A 型等。

④ YT-4 型长寿命液浮积分陀螺。

⑤ TYT-1 液浮陀螺仪。

⑥ FQT-1 浮球陀螺。

⑦ SFT-1 三浮陀螺仪。

⑧ GWJ-1 硅微加速度计。

9.3.2.9　北京航天时代光电科技有限公司

具有代表性的新产品主要包括如下。

（1）测量系统

主要包括以下 9 种。

① 航天用光纤陀螺惯性测量装置。在航天领域应用中，光纤陀螺具有长寿命、高可靠性、抗辐照、耐热真空等特点，并已形成航天用光纤陀螺组合型谱产品。

② 导弹武器用光纤陀螺惯性测量装置。在导弹武器系统应用中，光纤陀螺具有启动快、测量范围大、线性度好、频带宽、参数稳定性好、小型化、低功耗、抗恶劣力学环境、可靠性高、适于批生产等特点，已在多项重点任务中应用。

③ 光纤陀螺捷联惯性导航/组合导航系统。采用光纤陀螺和石英挠性加速度计，并可集成卫星导航接收机、磁传感器等辅助设备构成组合导航系统。

④ 光纤陀螺导航、制导与控制系统电气单元集成一体化产品。将惯性测量装置、控制计算机等电气单元进行整体设计，并集成高动态卫星导航接收机，形成导航、制导与控制系统的小型化、低成本一体化产品。

⑤ 机载光纤陀螺航向姿态参考系统。采用全数字闭环光纤陀螺仪，可实时、连续输出载体的航向、姿态、加速度和角速度，并能提供速度、位置等信息。

⑥ 舰载光纤陀螺捷联惯性姿态基准系统。针对舰船使用环境所设计的可连续为武器系

统提供精确的纵摇角、横摇角和航向角，具有精度高、结构紧凑、操作简单、实用方便、可靠性高、环境适应性好等特点。

⑦ 光纤陀螺定位定向导航系统。具有自寻北功能，能输出真北方位基准和姿态基准。该系统具有导航功能，可以纯惯性导航模式或组合导航模式（GPS、里程计）工作，提供载体的航向、姿态、速度和位置等导航信息。同时，系统处于长时间导航工作状态时，具有零速修正功能，可提高长时间导航精度水平。

⑧ 微机电惯性系统。采用微机电惯性仪表的小型化、低成本惯性系统，可集成高动态卫星导航接收机、磁传感器等辅助导航设备。目前，已形成有微机电惯性测量装置、微机电惯性导航系统、微机电组合导航系统等系列产品。

⑨ 光纤陀螺寻北仪。

（2）仪器仪表

主要包括：光纤陀螺系列、硅微加速度计和大量程硅微陀螺仪等。

9.3.2.10　北京航天时代激光导航技术有限责任公司

北京航天时代激光导航技术有限责任公司隶属于中国航天科技集团第九研究院。该公司成立以来一直致力于激光陀螺及其系统的研发，突破了多项关键技术，先后承担了国家多个重点型号的研制工作，研制出多种系列化的激光惯导测量系统，并已成功应用于运载火箭、导弹、卫星、飞机、船舶等领域。

具有代表性的新产品主要包括如下。

（1）系统

主要包括以下 4 种。

① 运载火箭用激光捷联惯性测量系统：该系统是为运载火箭研制的高可靠性激光捷联惯性测量系统，选用航天标准元器件，采用惯性组合级冗余设计，具有高可靠性、长寿命、高精度、环境适应能力强等一系列特点。系统有与遥测、地测、控制等系统连接的接口，适用于太空环境，用于运载火箭的制导与控制，主要应用于长征系列运载火箭。

② 航空用激光捷联惯性导航系统：由高精度二频机械抖动激光陀螺、石英摆式加速度计及其配套电路构成，具备纯惯性导航、卫星导航和组合导航等多种导航方式，并且具有多种通用总线接口，可以作为各种飞机的惯性导航设备，用于导航和火控解算。该系统已应用于多个航空型号。

③ 导弹用激光捷联惯性导航系统：采用机动发射适应性技术、组合导航等技术，参与导弹制导与控制。该系统具备光学瞄准和自瞄准功能、快速启动和长时间连续工作能力，适用于恶劣的振动、冲击环境。在运输过程中，该系统具备导航定位功能，可以连续提供发射车经纬度和高度的信息。

④ 弹用小型化激光捷联惯性导航系统：是一种动态范围宽、启动时间短、环境适应能力和稳定性高的高精度惯性测量设备，采用了小型激光陀螺仪、集成电子线路，可满足新一代导弹武器对弹上设备的小型化要求。该系统设有光学瞄准部件，能够提供高精度方位基准，还具有导航定位功能，能实时提供载体的位置、速度等信息。

（2）仪器仪表

主要包括以下 2 种。

① RLG-90 型激光陀螺，适用于精度要求高、工作时间长的武器与载机。

② RLG-50 型激光陀螺，具有体积小、重量轻、成本低等特点，适用于空间小、工作时

间短的导弹或无人机。

9.3.2.11 贵州航天控制技术有限公司

贵州航天控制技术有限公司始建于1965年，现隶属于中国航天科工集团公司，是研制和生产飞行器自动控制系统、惯性器件、惯性测量系统、伺服机构以及石油仪器的大型国有企业。主要技术专业涉及：自动控制、惯性技术、伺服技术、电子技术、计算机应用、精密机械制造等。

该公司自建成投产以来，研制生产了数千套自动驾驶仪，承担了多项国家重点型号舵机、陀螺仪和惯性测量组合的研制任务，拥有的技术和产品在海陆空天领域都得到了比较广泛的应用。

具有代表性的新产品主要包括如下。

（1）测量系统

主要包括以下4种。

① GCZ1系列惯性测量组合：由2只动力调谐陀螺仪、3只加速度计和电子线路及软件组成，为载体提供3个正交轴向的角速度和视加速度信息。

② GCZ2系列惯性测量组合：由3只液浮陀螺仪、3只加速度计和电子线路及软件组成，为载体提供3个正交轴向的角速度和视加速度信息。该系列产品具有较强的抗冲击、抗振动能力，适用于环境条件恶劣的运动载体控制系统。

③ ZJY-1制导仪：由1只三轴微机械陀螺仪、1只三轴微机械加速度计和电子线路及软件组成，为载体提供3个正交轴向的速度和视加速度信息。该产品具有体积小、耐恶劣环境、成本低等优点，主要用于环境条件恶劣的运动载体等控制系统。

④ 寻北仪。

（2）仪器仪表

主要包括动力调谐陀螺仪和液浮陀螺仪。

9.3.2.12 湖北三江航天红峰控制有限公司

具有代表性的新产品主要包括如下。

（1）导航系统

主要包括以下2种。

① HZ-1光纤惯性导航系统：采用高性能的光纤陀螺和石英加速度计，并使用独特的滤波算法和姿态解算，适用于在动态环境下测量载体的横滚角和俯仰角以及位置和速度信息。

② HZ-2光纤组合导航系统：采用三轴一体化光纤陀螺，具有体积小、性价比高、动态性能好、全姿态工作、抗干扰性强、可靠性高等特点。

（2）仪器仪表及器件

主要包括以下2种。

① TXD-6系列光纤陀螺：具有精度高、启动时间短、抗冲击、可靠性高、寿命长、动态范围大等特点。

② 保偏光纤耦合器：采用熔融拉制工艺制作，使用高可靠封装技术，具有良好的气密性和机械可靠性，器件寿命可达10万小时以上。

9.3.2.13 陕西宝成航空仪表有限责任公司

陕西宝成航空仪表有限责任公司主要从事导航、制导和控制类产品的科研和生产。经过

第
9
章

近 60 年的发展历程，在航空和防务领域形成了以惯性技术、精密传感器技术、飞行安全预防和监测技术为发展方向的核心专业技术，研制的产品在航空、航天、兵器和船舶等领域得到了广泛应用，研制生产的产品已出口欧洲、美国、澳大利亚等许多国家和地区。

① 导航系统：以机载导航系统为主业，坚持捷联惯性组合系统、捷联航向姿态系统的研制方向，开展车载定位定向系统的研制和生产。形成高、中、低端系列产品，向产品模块化、小型化发展，提高产品可靠性。

② 飞行安全监测系统：以近地告警系统为起点，逐步研究、开发集成飞行环境监测系统，最终实现系列化、综合化的产品。满足市场需求；进行船载航行记录仪和机载航行记录仪的开发，研制、生产多种军民两用具有高可靠性和抗毁功能的信息存储系统。

③ 仪器仪表：研制生产了小型转子式陀螺，形成不同精度、不同用途的系列产品；研制、生产新一代系列化加速度计；加大了新型惯性器件、光纤陀螺、MEMS 惯性组件的研制和工程化生产。

④ 基础元件类：具有精密电位器的研制能力。线绕电位器、膜式电位器生产能力充分满足市场需求。拓展其他类型电位器的研发和生产，开展导电塑料、数字电位器的研发，开展线绕电位器的间绕技术研究，微型输电组件正在向高环路、微型化方向发展，提高了组件的可靠性。

具有代表性的新产品主要包括如下。

（1）系统

主要包括以下 5 种。

① 综合备份显示系统：是独立的导航信息测量与综合显示系统，选用光纤速率陀螺和摆式线加速度计作为核心惯性敏感元件，在主导航系统发生故障时，备份系统能够保障飞行安全并使飞机仍然具备一定的任务能力。

② 捷联组合备份导航系统：选用光纤陀螺和摆式线加速度计作为核心惯性敏感元件，结合捷联磁传感器技术，感测并解算飞行运动过程中飞机的磁（半）罗盘航向角、俯仰角和倾斜角；在"惯性＋GNSS 卫星"的组合导航状态下，与接收的 GNSS/北斗、大气数据信息进行组合，得到飞机的速度、高度、即时位置（经、纬度）信息；通过 RS-422A 数字接口，将航向角、俯仰角、倾斜角、速度、高度、即时位置信息以数字量的形式输出给机上设备。

③ 光纤捷联组合导航系统：采用高精度光纤陀螺和挠性加速度计作为惯性器件，组合了多普勒雷达和卫星导航（含北斗信号）信息，其主要功能是向机上其他航空电子、火控等分系统提供各种飞行状态和指引信息，具有全天候自主导航能力和系统冗余能力；具备装订、对准、导航功能，航路、航路点的管理功能，容错及重构功能，自检测功能，计算和输出功能等。

④ 惯性定位定向系统：为火炮行军提供实时导航数据，在射击准备时，提供车体的位置坐标值参与射击解算，还可向火控系统实时提供处于随动状态的火炮射击坐标方位角、炮塔姿态角，自动调整、控制火炮精确瞄准目标，保证射击精度。

⑤ 微航姿系统：用于完成飞机航向、姿态角度测量和显示，由三轴微机械速率陀螺、三轴微机械加速度计、磁阻传感器及外围电路组成，可广泛应用于航空领域。

（2）仪器仪表

主要包括以下 7 种。

① 光纤陀螺：该公司是国内采用数字去偏技术进行去偏光纤陀螺研制和生产的单位之一。

② TZ系列二自由度陀螺：是一种集位置、速率测试功能于一体的可控小型双轴陀螺，可广泛应用在稳定平台及光瞄等惯性稳定和控制系统中。

③ TJ系列角加速度陀螺：通过敏感载体轴向角加速度，输出与被测对象角加速度对应的电信号。

④ TG-1滚角陀螺：用于测量飞行器的滚转角度，输出对应的电信号。

⑤ TS系列速率陀螺：用于测量飞行器的滚动角速度，并输出与之成正比例的直流电压信号，具有断电20s内仍能稳定工作的特殊功能。

⑥ GJ系列加速度计：具有高精度、大量程、工作温度范围宽的特点，应用于航空、兵器等捷联惯性导航系统。

⑦ GJW-15微机械加速度计：主要用于测量载体航向和姿态。

9.3.2.14　湖南航天机电设备与特种材料研究所

具有代表性的新产品主要包括如下。

（1）系统

主要包括以下8种。

① 激光捷联惯性组合：以数字形式提供载体三轴方向的视速度增量、角度增量和角速度信息。通过惯性组合内嵌的自标定、自对准和自检测程序模块，控制双轴旋转机构按一定的流程动作，实现惯性组合的免拆卸自主标定、初始自对准和智能检测。

② 小型化高精度捷联惯性测量装置：采用一体化设计，具有体积小、质量轻、数字化输出、启动迅速、精度高、能够抵抗恶劣力学环境和复杂电磁环境等特点。

③ 高精度自主定位定向设备。

④ 中精度激光捷联惯性组合。

⑤ 高精度高动态激光捷联惯性组合。

⑥ 光纤陀螺捷联惯性测量组合：内嵌高速DSP具有实时完成信号采集、非线性校正、温度误差补偿、系统误差补偿等处理功能，并具有体积小、重量轻、启动快、寿命长、性价比高等特点。

⑦ 车载组合导航定位定向系统：具有体积小、精度较高、重量轻、启动快、寿命长、性价比高等特点，且能适应较恶劣的力学和温度环境。

⑧ 光纤陀螺寻北仪：具有启动快、性价比高等特点。

（2）仪器仪表

主要包括低精度光纤陀螺和中精度光纤陀螺。

9.4　航空航天行业自动化发展预测

本节根据航空航天行业的自动化应用情况，分别从该领域自动化技术的需求分析和发展趋势两个方面进行重点介绍。

9.4.1　需求分析

本小节从飞行器GNC技术、自动化制造技术和信息化技术三个方面，对航空航天行业自动化技术未来发展的需求进行分析。

9.4.1.1 飞行器 GNC 技术

(1) 航空领域

根据国外近年来先进航空器的应用和发展情况，结合我国航空领域飞行器 GNC 技术的现状，需要解决的主要问题包括现代飞行器长航时、人航程、人包线、高动态、不稳定、多耦合、不确定、强干扰等多方面因素所带来的技术问题。总体而言，在制导领域，主要着眼于所执行的任务，实现无人机系统和制导武器的精确导引；在导航领域，需要根据实际飞行器需求的导航精度，给出适用的导航方案；在控制领域，需要针对新的飞行器平台，实现满足飞行品质要求的稳定飞行控制。

下面针对我国未来需要重点发展的几种典型飞行器，在对比分析我国飞行器 GNC 技术方面与国外存在差距的基础上，对航空领域 GNC 技术的需求分析进行总结与归纳。

① 新型作战飞机　就四代和四代后新型作战飞机而言，目前美国已经批量装备 F-22，正在进行 F-35 的试飞验证和第五代作战飞机的论证。其中，F-22 于 1990 年首飞；F-35 于 2006 年首飞。俄罗斯的四代原型机 T-50 也于 2010 年完成首飞。目前，四代后作战飞机对 GNC 技术能力的要求主要体现在：主动气流控制、连续和离散的分布式控制系统设计与综合、新型埋入式传感器、作动器和控制紧耦合、综合飞行/推力控制、高精度自主导航等先进技术的实现。与世界先进水平相比，我国四代机 GNC 相关技术还远未成熟，四代后相关技术处于概念探索阶段。

在导航技术方面，我国现役航空激光惯导系统产品在性能、重量和可靠性等关键指标上与世界先进水平尚存在一定差距。在光纤惯导领域，国内中低精度光纤系统水平与国外的差距在逐渐缩小，但在成本、体积、功耗、可靠性、集成度、环境适应性等工程化方面仍有差距。国内 MEMS 惯性技术近年来已有较大突破，但与国外相比存在成品率较低、集成度不高、性能较差等不足。

在飞行控制方面，目前从系统到部件均与国外先进水平存在较大的差距。此外，在飞行控制律设计方面，国内针对现代控制理论的工程化应用基本空白，而国外通过多种 X 系列验证机开展了早期研究，主要包括：电传控制律采用最优二次型方法设计、针对无尾布局验证了神经网络动态逆飞行控制律，并已实现了工程化应用；采用了动态逆飞行控制技术；采用特征结构配置法设计了横侧向控制律。

② 先进无人飞行器　先进无人飞行器要求能够自主起飞/着陆，具有自主威胁/障碍回避、协同及群控的能力，对 GNC 技术能力的要求主要体现在：自主控制与决策、健康管理、相对导航、新物理效应作动器、GNC＋C（通信）一体化、网络化协同制导等先进技术的实现。

国外无人机的发展已经实现了大、中、小、微型，高、中、低空的谱系化，GNC 技术也随之完善、成熟：实现了编队飞行、空中加油、自主着舰等具有划时代意义的飞行演示验证，UCAV/UCAR 自主能力等级已接近 6 级，而且续航时间最长达到了 240h。而我国目前才刚刚完成无人机 ACL4 级的飞行演示，最长飞行时间为几十个小时。从 GNC 技术的角度出发，我国在自主制导、相对导航、长航时高精度自主导航、精确飞行控制、自主决策与管理技术等方面均与国外存在巨大差距，同时已有产品的可靠性也尚未达到世界先进水平。

③ 远程战略投送/打击飞行器　远程作战飞机对携弹量、航程、杀伤性、生存性、多用途以及全寿命周期的使用维护成本有着较高要求，多采用非常规布局，并具备隐身能力。针

对 GNC 技术能力的要求主要体现在：高可靠多余度综合飞行控制、适应于远航程/长寿命的主动控制功能、面向飞行和作战任务的 GNC 一体化、适应于非常规布局的控制分配与故障/损伤重构、适用于功能扩展和系统升级的总线开放式体系结构、综合健康管理、不依赖于卫星导航系统的精确远程自主导航、低空/高空突防等先进技术的实现。

目前，国外正在开展新一代远程战略作战飞机的方案研究，其核心的飞翼布局多操纵面综合控制技术已经成熟，掌握了非常规气动布局飞机的控制技术，实现了阵风减缓、机翼机动载荷控制、直接侧力控制以及低空突防地形跟随/回避等功能。然而，我国远程作战飞机的上述相关 GNC 技术目前基本上处于预先研究阶段，距离工程化实现尚有较大差距。

④ 高超声速飞行器　高超声速飞行器一般为乘波体构型，要求飞行马赫数大于 5，且跨越大气层至近地轨道飞行，所处的温度和电磁环境恶劣。针对 GNC 技术能力的要求主要体现在：高度综合的一体化飞行/推进控制、强鲁棒性自适应飞行控制、高精度/高动态的姿态和航迹控制、高精度/高带宽的运动传感器和伺服作动、适应高动态环境的精确自主导航等先进技术的实现。

目前，国外已经完成了多次高超声速的飞行试验。然而，我国于 2012 年首次实现了轴对称式高超声速飞行器成功试飞，初步验证了吸气式超燃冲压发动机及轴对称式飞行器的制导与控制技术。乘波体构型的高超声速飞行器制导与控制技术目前仍处于理论研究和仿真阶段。

综上所述，在航空领域，飞行器的 GNC 技术在以下方面具有重大需求：

a. GNC 系统体系结构设计技术；

b. 先进 GNC 部件技术；

c. 先进控制策略和技术的工程化应用技术；

d. 高性能惯性导航技术；

e. 综合导航技术理论研究和工程化应用技术。

（2）航天领域

根据国外航天领域飞行器 GNC 技术的最新研究现状，基于我国飞行器 GNC 技术的应用情况，重点围绕未来航天器对高精度、高可靠性和自主性方面的要求，结合高分辨率信息获取、星上智能自主控制、深空探测等技术能力的提升，对卫星 GNC 领域的共性关键技术进行了梳理，对其需求进行深入分析。

中国大型对地观测卫星和新型气象卫星对高精度、高稳定度控制技术的需求非常迫切；同时，一些任务要求卫星能够在短时间内快速侧倾并大角度俯仰机动，在达到目标角执行任务时对姿态和姿态角速度有很高的精度要求。

实现航天器自主运行，对减轻地面测控负担、降低航天器运行成本和提高航天器生存能力等方面有重要意义，这是航天科学技术发展的趋势。航天器的复杂程度越来越高，对可靠性的要求也越来越高，这对航天器自主诊断、系统重构与容错控制技术提出了更高的要求。而且深空探测航天器相比地球卫星及飞船，其飞行距离远、运行时间长、环境未知性较强。因此，深空探测对航天器 GNC 系统在自主性、实时性和相对精度等方面的要求更高。

利用多颗卫星建立卫星星座，能够实现全球导航、通信和全球环境监测等单星难以完成的任务。发展具有较高时间和空间分辨率的分布式光学成像卫星编队飞行任务是掌握未来信息化主动权的重要手段之一，发展相对轨道和姿态的测量与控制技术是实现高精度卫星编队飞行和卫星星座/编队飞行任务长期自主运行的重要保障。

航天器研制成本高、系统规模大、技术复杂性强，绝大多数情况下难以进行在轨修复，属于高风险项目。充分利用先进仿真技术，在飞行试验前的各阶段进行充分的地面验证，能有效降低任务风险，提高任务的可靠性。

在此需要强调的是，对于可靠进入空间和空天飞行器的控制前沿问题亟待解决：

a. 对环境载荷影响的控制问题。由于对大气、引力等环境因素的影响机理尚未完全认知，故而未能对环境载荷的影响实现有效控制，导致火箭采取保守设计加强了结构强度，大大影响了运载能力和有效投送比。

b. 对故障的诊断与应对能力。当前运载火箭制导控制系统在面对典型非致命的动力、控制机构等故障时缺乏自适应能力，导致对非灾难性故障的应对能力不足。

c. 如何有效、安全地从轨道空间返回，一直以来都是制约航天发展的一个重要难题。传统的航天器变轨模式需要创新，大部分航天器仅具备轨道平面内的机动能力，异面变轨需要消耗相当大的速度冲量，超出航天器本身能力。

d. 对理论和方法的挑战。传统导弹、飞船的控制方法已经不能够完全满足现有需求，需要针对空天飞行器的特点，进一步完善、创新和发展制导与控制的基础支撑理论和方法。

e. 对工程技术的挑战。全自主飞行、长时间工作、设备可重用、满足多种任务、适应多种载荷的要求对控制技术提出了前所未有的挑战，需解决多约束制导、强适应姿态控制、长时间工作条件下的高可靠设计等技术。

f. 对试验验证能力的挑战。控制系统长时间工作、在经历空间和大气层恶劣环境后设备可重用的要求对试验验证能力提出了新的挑战，需解决对复杂系统进行有效验证的方法。

9.4.1.2　自动化制造技术

航空航天行业的产品普遍存在结构复杂、工作环境恶劣、重量轻，以及零件加工精度高、表面粗糙度低和可靠性要求高等特点，需要采用先进的自动化制造技术。此外，航空航天产品的研制、准备周期较长，品种多，更新换代快，生产批量小。因此，其自动化制造技术需要满足以下需求。

① 高柔性和适应性。航空航天产品品种多、结构复杂、更新换代较快。因此，要具有高度的柔性和适应性，能够适用于多种型号产品的开发制造，保持航空航天行业的技术创新活力。

② 高可靠性。航空航天产品需在恶劣的环境中自主完成各种任务，要求具有良好的耐高温和低温性能、良好的抗老化和耐腐蚀性能，以及较强的断裂韧性和抗疲劳性能，以保证其可靠性和安全性，这就要求航空航天制造技术也必须具有较高的可靠性。

③ 高加工精度。航空航天产品结构、形状复杂，零部件配合关系复杂，其尺寸精度、表面质量，以及装配精度要求很高。因此，这对航空航天行业自动化制造技术的加工精度提出了较高的要求。

④ 高集成性。航空航天制造技术涉及机械、电子、光学、信息科学、计算机技术、材料科学等高新技术，是对各种技术的综合利用，具有高度的集成性。

9.4.1.3　信息化技术

在航空航天行业，针对未来信息化技术的建设与应用方面，尚有如下问题亟待解决。

① 软件环境不统一，多种平台共存。在航空航天行业的信息化进程中，引进、研发了各种 CAD/CAPP/CAM/ERP 等软件系统。由于各软件厂商的不同，造成环境不匹配，数据之间难以做到真正的"无缝"连接。

② 设计和制造分离。设计和制造自成体系，分别使用不同的数据库，使得数据源很难保证唯一。

③ 数据量庞大。在几十年的发展过程中，产生了大量的数据。而且，随着新型号的不断增加，以及计算机的大量使用，数据量还会呈几何级数增加。

④ 标准化、通用化程度低。

⑤ 信息化建设方面投资力度不大，缺乏信息化建设的中长期战略规划。

⑥ 专业人才较为缺乏。

9.4.2 发展趋势

本小节从飞行器 GNC 技术、自动化制造技术和信息化技术三个方面，对航空航天行业自动化技术未来发展的趋势进行展望。

9.4.2.1 飞行器 GNC 技术

(1) 航空领域

未来"陆海空天电"环境下的联合作战模式，体系作战、信息攻防的作战特点催生着多样化新型飞行作战平台和武器的诞生，这对航空领域的飞行器 GNC 技术及产品提出了一系列新的要求。此外，我国经济持续、稳定的发展，给民航运输、通用航空以及机械电子信息等方面带来了商机，也为 GNC 技术的发展提供更大空间。具体的发展趋势主要包括如下。

① 在制导技术方面，对无人机而言，国内外目前主要围绕航迹在线重规划、制导与控制一体化机动轨迹跟踪、多平台协同控制等方面展开研究，重点面向无人机自主飞行中的各种不确定性问题，聚焦于新的自主能力提升手段与技术研究；对导弹而言，一方面，红外制导、激光制导、毫米波制导、多模复合制导等传统制导技术有了新的发展；另一方面，以协同制导为代表的新型制导技术初现端倪，研究重点在于各种新的导引能力增强方法和途径。

② 在导航技术方面，目前仍以导航系统的自主性要求为核心，体现出机电式惯导向光学惯导发展、纯惯性导航向导航综合发展、集中导航向分布式导航发展、受控导航向智能式导航发展、低空域向临近空间领域发展、质点导航向网络化导航发展的特征，相应的研究重点主要集中于三个方面：新原理惯导器件、基于惯性的组合导航新方法和新型导航原理。

③ 在飞行控制技术方面，目前的发展趋势可概括为：电传飞控向综合飞行器管理发展、自动控制向自主控制发展、经典控制向现代控制发展、液压控制向多电/全电控制发展、气动操纵面控制向流场控制发展、高成本高可靠向低成本高可靠发展。国内外目前主要围绕新的控制体制与结构、新的控制理论与控制方法、新的操纵面或效应器三个主要方向展开重点研究。

值得一提的是，目前飞行器所处的信息化、网络化环境也给 GNC 技术的发展带来了新的挑战，衍生出网络化制导、网络化导航、网络化协同控制等新的研究和应用方向。

根据上述技术发展趋势，为了适应武器装备发展和民用领域应用需求，我国航空领域飞行器 GNC 技术未来的研究和应用方向，应围绕以下关键技术展开。

a. GNC 系统总体设计技术 有关系统全局的总体综合设计技术对整个 GNC 系统的设计起到了牵引和带动作用，对 GNC 系统其他关键技术的研究和发展提出明确要求，涉及系统需求分析、系统功能/性能设计、系统体系结构设计、系统人机接口设计、系统软/硬件设计与综合等主要方面。

面向未来先进飞行器的需求，需要重点发展的系统总体技术主要包括：面向无人自主飞行器的分层递阶结构智能控制体制、网络化协同制导/导航/控制等关键技术，以及面向各类飞行器的分布式体系结构与综合设计分析技术、GNC 系统健康管理与重构技术、电传/光传/全电/多电飞控系统总体技术、GNC 一体化技术、系统仿真与试验技术和低成本系统设计实现技术等。

b. 先进 GNC 部件技术　系统部件是系统设计实现的基石，往往代表了系统的先进性。对于 GNC 系统而言，涉及的核心部件主要包括：导弹导引头、惯性器件、位移传感器、计算机、伺服作动器等。

其中，在导引头方面，需重点关注：毫米波、激光等先进导引头技术以及多模复合制导技术的发展；在惯性器件技术方面，需进一步提升现有惯性器件的精度和可靠性，同时大力开展新原理惯性器件的研究，重点主要包括大过载宽量程陀螺/加速度计技术、ZLG 激光陀螺技术、闭环光纤陀螺技术、高精度 MEMS 惯性器件技术、超导陀螺技术、原子干涉仪等；在高精度抗干扰传感器技术方面，重点研究大行程/高精度电磁传感器技术，以及高可靠/低噪声光传感器技术等；在基于先进总线的模块化计算机技术方面，重点研究高可靠计算机系统集成技术、模块化分布式计算机技术、光传总线互联技术、高压大功率伺服电子技术、SOC 开发与应用技术等；在高精度高带宽液压/机电伺服作动技术方面，重点突破超高压高温电液伺服作动技术、功率电传作动技术、智能作动器技术、光传作动器技术、创新效应器作动技术等。

c. 先进制导/控制策略技术　先进制导/控制策略技术是有效提升 GNC 系统能力的"软技术"，在整个 GNC 技术体系中具有举足轻重的地位，未来需要面向先进无人飞行器重点发展智能自主控制技术，包括：复杂环境下的多约束离线/在线航迹规划技术、高精度航迹跟踪技术、制导/控制一体化解算技术等；同时，需要针对特定新型飞行器研究适用的控制算法和策略，如短距/垂直起降飞机、倾转旋翼飞机、变体飞机、未来新构型新概念飞行器等；还需要面向各种先进飞行器大力发展综合控制技术，主要包括综合飞行/推力控制技术、多操纵面综合控制与分配技术等。此外，还需要大力推动现代控制理论的工程化应用，包括面向大飞行包线、变体的对象自适应控制技术、面向对象不确定性的鲁棒控制技术等，并深入研究针对现代控制理论应用的新的飞行品质评定方法与途径。

d. 高性能惯性导航技术　高性能惯性导航技术未来的发展应着眼于两个方向：一方面，立足于现役惯性导航系统，通过惯性传感器多源耦合误差精确建模、系统误差辨识和补偿、地球重力异常精确测量和抑制、系统精确调制技术、快速对准和在线测漂等系统技术和惯性器件加工工艺改进、系统装配调试工艺改进技术等提升现役惯导的性能，满足新一代航空武器平台对高精度导航系统的需求；另一方面，立足长远，需要重点跟踪和发展基于新型导航原理的相关技术，对基于冷原子干涉仪和原子时钟的定位精度有望优于 10m/h 的超精密级惯性导航系统架构技术、标定技术、补偿技术、导航算法技术和器件技术应立即着手研究，同时分布式导航技术、仿生导航技术、高精度相对导航技术等应协同发展。

e. 综合导航技术　基于惯性的综合导航技术，目前已经成为提升飞行器导航性能的主要手段，可满足自主性、连续性、完备性、可用性、完好性等多方面的要求。未来需要从多源信息融合、信息完好性监测、工程化实现三个主要方面出发，进一步重点发展具有代表性的综合导航技术，对高动态复杂电磁环境下具有防欺骗抗干扰能力和完好性监测能力的惯性/卫星深耦合技术应优先投入研究，对低空全天时高动态条件下具有一体化结构的惯性/天文组合导航技术应确保其独立持续发展的地位，对惯性/地形辅助、惯性/地磁辅助、惯性/重力辅助等具有自主导航能力的导航技术应鼓励发展。

（2）航天领域

① 在高精度、高稳定度控制与快速姿态机动控制技术方面，研究快速机动与稳定控制方法，探讨制约卫星快速机动的因素，提出实现快速机动及稳定控制的有效方法，以满足对地观测卫星的观测范围和实时性要求，从而提高卫星对地观测能力、大角度机动能力以及姿态稳定度。

② 在航天器自主运行技术方面，重点研究：自主导航和自主轨道控制的工程应用技术，研制新型导航敏感器样机，进行地面演示验证试验和自主导航系统飞行试验。研究自主控制系统体系结构和工程实现技术，探索航天器故障诊断的机理与方法，研究初步具备天地联动机制的自主容错控制系统体系结构。针对完整配置的设备级故障，探索容错与避错控制的新方法，并进行实验验证。

③ 在深空探测航天器自主 GNC 技术方面，深入研究深空探测的关键技术——制导、导航与控制技术，力求突破深空探测制导、导航与控制关键技术，形成具有创新性的中国深空探测制导、导航与控制技术，为中国深空探测器和巡视器的研制和未来深空探测任务的实现提供参考依据与实用方法，并最终提高中国在深空探测技术方面的能力。同时，深入开展基于脉冲星的航天器导航技术研究并进行在轨演示验证试验。

④ 在卫星星座/编队飞行的相对轨道和姿态的测量与控制技术方面，研究卫星星座/编队飞行任务的自主导航与控制领域的理论方法和技术实现途径，突破星座/编队飞行自主运行的关键技术，并带动适合分布式卫星的分系统及有效载荷的开发和研究，为实现编队卫星的工程化奠定技术基础。通过编队卫星自主导航与控制领域的理论方法和技术途径的研究，实现编队飞行自主控制关键技术的突破，并带动适合分布式卫星的分系统及有效载荷的开发和研究，为实现编队卫星的工程化奠定基础。

⑤ 在航天器控制系统仿真验证技术方面，开展先进航天器仿真技术研究，建立数字化航天器 GNC 模拟系统。该系统由高精度的部件模型、对象模型和空间环境模型组成，模型覆盖运动学、动力学、结构特性、电磁特性、热特性、光学特性等多学科内容，以综合描述航天器在轨运行时部件、整星和空间环境的相互作用。在物理仿真方面，研究新型重力卸载方法、新型空间电磁环境和力学环境模拟技术，建立先进的物理仿真试验系统，可针对未来多挠性、多贮箱、带有大型可运动附件的航天器进行地面环境下的等效物理仿真试验，以实现模型验证和各种制导、导航与控制技术的验证。

在此需要强调的是，基于国际范围航天飞行器控制技术的研究进展，以及后续发展存在的基础问题和关键技术，我国运载系统未来的发展一方面要积极缩短与世界先进航天运载技术之间的差距；另一方面，要提高我国航天运载系统自身的国际竞争力，促进中国航天的市场化、产业化、国际化发展进程。进入太空上升段的发展趋势是高自主性、高可靠性、重复使用、低成本方向。空天飞行器对国家安全具有重大的战略意义，发展新型空间武器已迫在眉睫，空天飞行控制将以高可靠性、高精度、强适应性、自主飞行为特征，具备快速任务响应、故障重构飞行能力，能够满足未来空间作战、天地往返复杂飞行任务的需求。我国航天飞行控制技术应在以下方面加以重视。

a. 加强进入空间、空天飞行控制基础理论研究。虽然美国在工程方面取得了巨大的成功，但 NASA 并不仅仅满足于此，仍然制定了具有影响力的"先进制导控制技术"的研究计划，对传统方法进行持续改进，支持控制技术的革新换代。我国应围绕重大前沿领域需求，制定相应的"飞行器先进制导与控制专题"的重大研究计划，牵引国内优势单位和研发团队开展研究。

b. 重视多学科交叉研究。美国 HTV-2 两次失败凸显了交叉学科的问题：第一次，在于气动力与控制问题——飞行中 HTV-2 的偏航角大于预先设计的偏航角，而且耦合到了滚转操作中，飞行器在滚转方向上发散；第二次，在于气动热与材料问题——严重的气动热导致机体材料剥落，引起气动发生变化。而未来飞行器的新需求、新布局、新控制作用使得气动力、结构、动力装置和飞行控制耦合更紧密，动力装置不仅提供动力，还产生重要的控制作用，不同控制作用之间存在有利的和不利的相互影响，多轴控制力矩引起高度耦合，我们更应加强多学科交叉的设计方法研究，并积极探索多学科联合与协同的设计研发模式。

c. 加强飞行器和环境相互作用机理的研究。面对称飞行器通道间耦合定量化描述存在不确定性，对稳定控制带来了极大的挑战，且飞行器与环境相互作用的机理复杂，对高超声速再入飞行的影响尤为突出，应加强飞行器和环境相互作用机理的研究。要重视在非结构化环境下自主态势感知及评估、对不确定性的适应性自主、协同性自主以及学习型自主的新概念、理论与方法研究。

d. 关注天地一致性问题。随着工程研制的不断深入，地面试验已无法全面覆盖高超声速飞行状态，需要关注设计、试验和验证的天地一致性问题。为此，需提升基础能力建设，加强高逼真度仿真验证与评估问题的研究，特别重视探索先进的理论与方法指导、采用数字化技术实现的高效、高可信度的控制系统的评估与确认方法。

9.4.2.2 自动化制造技术

未来自动化制造技术的发展趋势，主要包括以下几方面。

① 精密、超精密加工技术继续快速发展，加工精度持续提高，并兼顾精度与效率。随着航空航天工业的飞速发展，航空航天产品对精密零件制造技术提出了新的需求，大到天体望远镜的透镜，小到微机械的微纳米尺寸零件，其最高尺寸精度都已趋近于纳米级。为了不断提高航空航天产品的性能、质量和可靠性，提高装配效率，实现装配自动化，航空航天制造业对加工精度和加工表面质量的要求越来越高。精密、超精密加工技术及设备也将继续快速发展，精度指标将继续向亚微米级、纳米级、亚纳米级迈进。而为了缩短生产周期，降低成本，精密零件的制造技术既要能达到精度要求，又要向高效率发展，高效率、多功能、自动化、低成本的精密、超精密加工技术及设备将成为研究的重点。

② 高效数控技术不断发展，应用范畴不断扩大，节省成本和提高效率成为主流发展趋势。高效数控技术及设备越来越成为航空航天产业重要的工艺技术。而且，随着科学技术的不断发展，高效数控技术已成为现代航空航天制造业的主流制造设备，占设备总数的 40%以上，并已从最初的加工制造领域延伸到了设计领域。数控技术融合了机械制造技术，信息处理、加工、传输技术，自动控制技术，伺服驱动技术，传感器技术，以及软件技术等高新技术，实现了高效自动化，使人工成本大大降低，加工时间相应缩短，加工效率随之提高。此外，高效数控技术越来越重视操作界面和用户环境的改善，操作更加便利和灵活，功能也越来越多，具有复合加工功能的设备将获得航空航天工业的青睐。因此，高效数控技术将向智能化、网络化、集成化、数字化的方向继续发展，其应用范围也将不断扩大。

③ 信息化技术在制造全过程的作用越来越重要，数字化、智能化、柔性化成为航空航天制造技术的重要发展方向。先进制造技术的信息化、数字化对于航空航天产业提高质量和效率，实现资源有效共享，以及降低成本的作用非常重要。采用数字化工艺，可在计算机虚拟环境中对整个生产过程进行仿真、评估和优化，可在实际加工制造之前，优化和核查各种

工艺过程，并及时发现存在的问题，提高资源利用率，改善材料制造流程和生产性，减少返工并降低项目风险。国外先进制造国家已广泛和深入采用了数字化制造技术，取得了非常显著的成效。目前，数字化已经渗透到航空航天产品的设计、制造、试验和管理的全过程中，涌现出大批航空航天产品数字化定义、虚拟制造、仿真等技术，不仅缩短了产品的研发周期，降低了生产成本，还改变了传统的设计、制造、试验、管理模式、方法和手段，以及生产流程和组织方式。可以说，数字化制造技术已成为航空航天领域的主流制造技术，未来它在航空航天产品制造全过程中的作用将越来越重要。此外，航空航天产品的小批量特点对航空航天制造技术的柔性化提出了较高的要求。柔性化制造技术包括柔性工装、自动制孔铆接、数字化检测、自动化辅助运输、信息化集成管理等方面，可提高设备利用率，减少设备投资，具有快速的应变能力。目前，柔性制造技术已在航空航天领域获得了广泛应用，还将进一步快速发展。

④ 先进连接技术种类增多，技术性能逐步完善，连接装备水平不断改进和智能化。连接技术包括焊接技术、机械连接技术和粘接技术等，是制造技术的重要组成部分，对于航空航天产品的质量和可靠性具有重要影响。新材料、新产品、新器件的出现对连接技术提出了新的要求，促进了传统连接技术的改进与新型连接技术的出现。此外，融合电子技术、计算机技术、数控及机器人技术的自动化、智能化、低能耗、高效、清洁连接技术与装备将是先进连接技术领域研究的重点。

⑤ 空间制造提上日程，太空环境成为技术发展的重要考量。随着空间技术的发展，制造技术越来越多地考虑到了空间环境的应用和影响。一方面，可利用空间自然环境的特殊条件，使生产的产品呈现出地面制造的产品不具备或比地面制造产品更好的性能；另一方面，考虑到太空探索活动的局限性，把制造设备运送到空间，然后在空间制造需要花费大量运输成本才能发射升空的大型空间组件，从而降低成本。这两方面的研究都将是未来航天制造领域的发展重点。

9.4.2.3　信息化技术

航空航天行业未来的信息化技术的发展趋势体现如下。

将信息技术、自动化技术、现代管理技术与设计/制造技术相结合，实现航空航天产品研制生产的数字化、集成化、网络化、虚拟化和智能化。通过产品设计制造数字化，实现信息的传递、交换与共享，实现航空航天产品研制过程的集成与并行；通过网络通信设施，建立异地协同设计制造和试验环境，实现航空航天产品研制过程的远程监控、执行与操纵，实现制造资源的优化配置与协同制造；通过虚拟仿真，分析航空航天产品的可制造性、可装配性、可检测性等性能，尽早发现和纠正设计中存在的错误与缺陷；通过将智能化技术融入航空航天型号设计制造环节，优化产品设计制造性能，构建航天产品智能化和知识化设计制造系统体系。从而整体上全面提高航天产品自主创新设计和工程管理的水平，增强制造资源优化配置和快速响应制造能力。

大力提高卫星及其应用产品的数字化水平，使信息的获取、传输、处理更加快捷、准确，内容更加丰富，能够更好地满足各行各业对信息的需求。与此同时，大力发展基于航空航天行业应用的软件技术，开发自主知识产权的软件产品。利用航空航天已有的基础和产业化优势，发展既可以应用于航空航天产品又可以用于国家信息化建设的信息化产品和技术，充分利用航空航天的技术先导和人才优势，服务于国家的信息化建设。

参 考 文 献

[1] 卢川，巩潇，周峰. 工业控制系统历史沿革及发展方向［J］. 中国工业评论. 2015. 10：38-47.

[2] MIR 睿工业. 2017 中国 DCS 市场研究报告［R］. 2017.

[3] MIR 睿工业. 2016 中国 DCS 市场研究报告［R］. 2016.

[4] MIR 睿工业. 2016 中国 PLC 市场研究报告［R］. 2016.

[5] 机械工业强国战略研究. 中国工程院制造强国战略研究机械课题组. 2014.

[6] 中国工业机器人产业发展战略研究. 中国机械工业联合会. 2014.

[7] "十三五"战略性新兴产业规划咨询研究——工业机器人. 中国机械工业联合会. 2014.

[8] 2015 年机器人产业发展报告. 中国自动化学会. 2015.

[9] 我国自主品牌机器人发展战略研究. 中国机械工业联合会. 2015.

[10] 《中国制造 2025》重点领域技术路线图. 国家制造强国建设战略咨询委员会. 2015.

[11] 中国战略性新兴产业发展报告 2015. 中国工程科技发展战略研究院. 2015.

[12] 中国机器人产业发展白皮书（2016 版）. 工业和信息化部赛迪研究院. 2016.

[13] 机器人产业发展规划（2016—2020 年）. 工业和信息化部. 2016.

[14] 中国机器人产业发展现状与展望. 曲道奎. 中国科学院院刊，2015，30（3）.

[15] 我国工业机器人产业发展分析报告. 中国机器人网. 2015.

[16] 国内外数控系统技术研究现状与发展趋势. 蔡锐龙等. 机械科学与技术，2016（4）.

[17] 先进数控系统的发展趋势. 李云. 金属加工（冷加工），2016（6）.

[18] 我国数控系统的产业现状和发展分析. 李洪波. 金属加工（冷加工），2016（6）.

[19] 巨林仓主编. 电厂热工过程控制系统. 西安：西安交通大学出版社，2009.

[20] 谢碧蓉主编. 热工过程自动控制技术. 北京：中国电力出版社，2007.

[21] 广东电网公司电力科学研究院编. 热工自动化. 北京：中国电力出版社，2011.

[22] 宋洪柱. 中国煤炭资源分布特征与勘查开发前景研究：［学位论文］. 北京：中国地质大学，2013.

[23] 张博，聂明，张艺漫，李帆. 混煤燃烧特性分析及速度预测. 锅炉制造，2013，（4）：8-12.

[24] 杭莉莉. 超超临界机组自动化成套控制系统总体规划设计研究. 华东电力，2010，38（7）：1001-1004.

[25] 李鹏，宋永端，刘卫，孙黎翔，秦明. 风力发电机组控制技术综述及展望. 电气自动化，2010，32（5）：1-4.

[26] 王文静，王斯成. 我国分布式光伏发电的现状与展望. 中国科学院院刊，2016，（2）：165-172.

[27] 赵金龙，胡达清，单新宇，刘海蛟. 燃煤电厂超低排放技术综述. 电力与能源，2015，36（5）：701-708.

[28] 李杰聪. 智能电网技术发展综述. 广东科技，2009，（18）：249-250.

[29] 吕玉坤，豆中州，赵锴. 整体煤气化联合循环（IGCC）发电技术发展与前景. 应用能源技术，2010，（10）：36-39.

[30] 刘林波. 国内 300MW 及以上容量大型循环流化床电站锅炉发展及应用. 湖北电力，2014，（8）：42-46.

[31] 钟宇航，黄及娟，姜兰兰. 我国核电现状及发展趋势. 华北电力大学学报（社会科学版），2014，92（6）：7-10.

[32] Corman J. C. Coal to electricity: Integrated gasification combined cycle. Appl. Energy. 2011，10（4）：243-259.

[33] Rodrigues C. F. A，Dinis M. A. P，Sousa M. J. L. D. Review of European energy policies regarding the recent "carbon capture，utilization and storage" technologies scenario and the role of coal seams，Environ. Earth. Sci. 2015，74（3）：1-9.

[34] 李红军主编. 航空航天概论. 第 2 版. 北京：北京航空航天大学出版社，2011.

[35] 王海宇主编. 航空基础概论. 第 1 版. 西安：西北工业大学出版社，2009.

[36] 赵兵主编. 航天系统工程. 第 1 版. 北京：宇航出版社，2000.

[37] 谢础，贾玉红主编. 航空航天技术概论. 第 2 版. 北京：北京航空航天大学出版社，2008.

[38] 赵群力. 中国航空工业展望. 高科技与产业化. 2016（243）：32-35

[39] 林左鸣. 中国航空工业实现三大历史性转变. 航空制造技术. 2015，470（1）：38-41.

[40] 李健. 我国航天产业投入产出分析研究：［学位论文］. 南京：南京航空航天大学经济与管理学院，2008.

[41] 缪霞飞. 中国航空航天产业研发效率及影响因素分析：［学位论文］. 南京：南京航空航天大学经济与管理学院，2015.

[42] 严海宁，谢奉军. 我国航空工业区域布局的现状及成因分析. 太原理工大学学报（社会科学版），2010，28（4）：

11-14.

[43] 董瑞青. 2011 年全球主要国家航空航天产业发展现状及企业概述. 上海行业情报服务网. http：//www. hyqb. sh. cn/publish/portal0/tab1023/info8953. htm.

[44] 张卓，任盈盈，朱会保. 世界航空航天工业发展趋势及启示. 航空科学技术，2012（2）：72-76

[45] 贾秋锐，孙媛媛，陈萃. 航空制导武器制导技术发展趋势. 飞航导弹，2010（5）：62-64.

[46] 宋科璞. 飞行器制导、导航与控制系统学科发展研究. 航空科学技术学科发展报告，2014.

[47] 李果. 中国航天器未来发展的 GNC 关键技术. 空间控制技术与应用，2009，35（6）：1-5.

[48] 五院 502 所. GNC 系统助力载人航天十战十捷. 中国航天报，2013 年 6 月 26 日，第 46 版.

[49] 罗松保，张建明. 航空航天制造技术及设备的现状与发展趋势. 制造技术与机床，2003（6）：5-7.

[50] 杜兆才，姚艳彬，王健. 机器人钻铆系统研究现状及发展趋势. 航空制造技术，2015，473（4）：26-31.

[51] 袁培江，李永，史震云，赖婷，等. 航空制孔机器人推动中国飞机工业装配制造水平. 科技纵览，2015（2）：66-67.

[52] 缪东晶，王国磊，吴聊，杨向东，等. 自由曲面均匀喷涂的机器人轨迹规划方法. 清华大学学报（自然科学版），2013（10）：1418-1423.

[53] 季青松，陈军，范斌，孙技伟. 大型飞机自动化装配技术的应用与发展. 航空制造技术，2014，445（1）：75-78.

[54] 朱永国. 飞机大部件自动对接若干关键技术研究：[学位论文]. 南京：南京航空航天大学经济与管理学院，2011.

[55] 张建宝，王俊锋，孙宏杰，董波，等. 航天复合材料自动化成型技术研究现状. 全国复合材料学术会议，2012.

[56] 胡瑞钦，冯伟. 航天科技五院机械臂柔性力控技术应用于探月工程三期总装任务. 中国航天报，2015.

[57] 魏乐愚，杨宏青，荣田. 自动对接装配技术在航天产品对接装配中的应用研究. 航天制造技术，2011（5）：46-48.

[58] 张明，喻懋林，张玉生. 自动化技术在卫星天线高精度装配中的应用研究. 航空制造技术，2013，440（20）：26-29.

[59] 尹善胜. 航空航天行业的信息化建设. 计算机辅助工程. 计算机辅助工程，2009，18（2）：95-96.

[60] 贝宇红. 航天企业的信息化建设. 航天制造技术，2007（5）：51-54.

[61] 杨立溪主编. 惯性技术手册. 第 1 版. 北京：中国宇航出版社，2013. 1088.

[62] 包为民. 航天飞行器控制技术研究现状与发展趋势. 自动化学报，2013，39（6）：697-702.

[63] 张楠楠，董正强，安孟长. 世界航空航天制造技术特点与发展趋势研究. 军民两用技术与产品，2013（12）：12-15.

[64] 刘萍. 航空航天行业信息化存在六大问题——访 PTC 中国区高级副总裁刘同龙. 机械设计与制造工程，2007（16）：46-47.

[65] 张庆伟. 数字航天推动中国信息化发展. 机械设计与制造工程，2004，33（1）：4-6.